Practice of Chain Operation

连锁经营
管理实务（第2版）

陈宏威　主　编

尹　健　黄　静　罗刚毅　副主编

清华大学出版社
北京

内 容 简 介

本书阐述了连锁经营管理的基本理论与运作过程,介绍了连锁经营的基本知识、发展历史和现状、连锁经营的类型、业态选择与风险规避、连锁企业组织结构,并从连锁企业的角度重点介绍了企业战略管理、店铺开发策略、商品管理、店铺的布局设计与商品陈列、促销与定价管理、物流与配送管理、人力资源管理、财务管理和信息管理系统以及企业的经营绩效评估等方面的知识。

本书可作为高职高专连锁经营管理、工商企业管理、市场营销、物流管理、商务管理、电子商务等专业的教材,也可用于有志于从事连锁经营管理工作的人员自学。

图书在版编目(CIP)数据

连锁经营管理实务/陈宏威主编.--2 版.--北京:清华大学出版社,2015(2021.8 重印)
高职高专经管类专业核心课程教材
ISBN 978-7-302-38657-5

Ⅰ. ①连…　Ⅱ. ①陈…　Ⅲ. ①连锁经营-经营管理-高等职业教育-教材　Ⅳ. ①F717.6

中国版本图书馆 CIP 数据核字(2014)第 283789 号

责任编辑:刘士平
封面设计:杨　拓
责任校对:刘　静
责任印制:杨　艳

出版发行:清华大学出版社
　　　　　网　　　址:http://www.tup.com.cn,http://www.wqbook.com
　　　　　地　　　址:北京清华大学学研大厦 A 座　　　　邮　　编:100084
　　　　　社 总 机:010-62770175　　　　邮　　购:010-62786544
　　　　　投稿与读者服务:010-62776969,c-service@tup.tsinghua.edu.cn
　　　　　质量反馈:010-62772015,zhiliang@tup.tsinghua.edu.cn
　　　　　课件下载:http://www.tup.com.cn,010-83470410
印 装 者:三河市龙大印装有限公司
经　　销:全国新华书店
开　　本:185mm×260mm　　印　张:18.5　　字　数:422 千字
版　　次:2009 年 7 月第 1 版　　2015 年 4 月第 2 版　　印　次:2021 年 8 月第 6 次印刷
定　　价:55.00 元

产品编号:055637-02

20 世纪 80 年代,我国零售业开始积极引入连锁经营方式,并且迅速成为许多企业快速发展的重要途径。近几年来,随着我国经济的蓬勃发展,连锁经营作为一种现代企业的组织形态和经营制度,正在从零售领域向批发领域、生产领域、餐饮业和服务业迅速发展。

从 2000 年至 2010 年的 10 年间,零售业连锁百强企业销售规模的平均增长率为 32.7%,百强企业门店总数的平均增长率为 34.6%。中国零售连锁业的迅猛发展,对连锁专业人才需求的数量每年达到数十万。连锁人才的严重短缺,成为制约连锁企业快速发展的瓶颈。为适应当前我国连锁业快速发展对管理人才的需要,许多高等院校设置了连锁经营管理专业,并在工商管理类等专业开设了与连锁经营相关的课程。为了更好地满足高等院校的教学需要,促进我国的连锁经营迅速健康发展,提高我国零售业连锁企业的管理水平,我们编写了本书。

本书的宗旨就是系统地介绍连锁经营管理的基本理论与运作过程,使读者通过本书获得连锁经营管理的知识与实践技能,这些知识和技能包括以下几个方面的内容。

第一,连锁经营管理的基本理论。

第二,连锁企业经营管理的基本方法与技能。

第三,连锁企业经营管理的实践与操作。

本书将体系设计与连锁企业的工作过程有机地结合起来,理论与实际紧密结合,以使学生全面了解连锁经营所涉及的各个方面、连锁企业工作的各个环节,熟悉业务流程,掌握基本的岗位技能和操作方法。坚持"实践技能为重,理论够用为度"的原则,帮助学生在理解和掌握理论知识的基础上,强调应用性和岗位技能的培养,本书具有以下特点。

(1) 注重新成果的应用。本书在参考国内外有关专著、教材的同时,更注重吸收连锁企业和连锁经营管理教学中新科研成果的应用,尽量选用反映连锁企业经营中新经验和新成果的案例,对书中涉及的经济数据,除了为说明某些相关的理论外,尽可能采用最新的正式公布的统计数据。

(2) 整体性与系统性。本书通过对连锁经营概述、企业的组织结构、企业战略管理、门店开发策略、商品管理、店铺的布局设计与商品陈列、促销与价格管理、物流与配送管理、人力资源管理、信息管理系统、企业财务管理及经营绩效评估等方面的介绍,体现了连锁企业经营活动的整体性和与之相适应的整个教材的系统性。

(3) 强调理论与实际相结合。在借鉴国内外优秀连锁经营最新成果的同时,注重结合当前我国连锁企业面临的实际问题,列举大量案例,尤其是当前连锁企业普遍关注的热点问题,使学生能较快进入连锁企业的工作岗位。

(4) 强化能力训练。本书强调将知识转化为能力的训练,在阐述连锁经营理论及方法的同时穿插阅读资料、参考案例和相关链接等,通过训练提升学生对理论知识的理解和掌握,加强对连锁企业岗位技能的认知,在每个项目的后面安排了练习与讨论内容,训练学生进一步探索和运用所学的知识解决在连锁企业实际工作中遇到的问题。

(5) 规律性与逻辑性强。本书按照学生的认知规律,在每个项目首先提出学习目标(知识目标、技能目标),然后用案例导入本项目的学习内容,正文阐述相关理论与方法,并同步设计阅读资料、参考案例、相关链接和案例分析,最后在项目结尾安排了练习与讨论。各项目和模块之间有机组合在一起,存在内在的逻辑关系,方便学生学习和理解。

本书的编者由辽宁经济职业技术学院(辽宁经济管理干部学院)、沈阳工程学院、鞍山师范学院高职院的骨干教师组成,这些教师长期从事连锁经营管理教学工作或从事连锁企业管理工作,在连锁企业管理、教学和科研领域有着丰富的经验。本书具体分工如下。

项目一、项目四、项目五由辽宁经济职业技术学院陈宏威编写;项目二、项目八由辽宁经济职业技术学院黄静编写;项目三由鞍山师范学院高职院罗刚毅编写;项目六、项目十由沈阳工程学院尹健编写;项目七由沈阳工程学院邓丽丽编写;项目九由沈阳工程学院姚远编写。

在编写过程中,本书参考和借鉴了许多专家、学者的研究成果及网站资料,在此谨向所有参考文献的编著者以及给予编写工作大力支持的连锁企业专家表示衷心的感谢!由于编者水平有限,书中难免存在疏漏和不足之处,恳请各位专家和广大读者批评和指正。

本书的课件和习题答案可以到清华大学出版社网站(http://www.tup.com.cn/)下载。

作者 E-mail:chenhong-wei@126.com。

陈宏威

2015 年 3 月

目　录

项目一　连锁经营概述

学习目标

知识目标

- 理解连锁经营的概念、连锁经营的基本特征。
- 掌握连锁经营管理的 3S 原则，熟悉连锁经营的基本类型。
- 理解业态的概念，熟悉各种业态的选择。
- 熟悉连锁经营中存在的风险及风险评估。
- 了解国内外连锁经营发展的基本情况。

技能目标

- 学会将连锁企业的某些运作业务形成标准化的管理方案。
- 学会对连锁企业所采用的具体经营方式进行分析，能发现其中存在的问题。
- 学会对不同的连锁企业进行综合分析，正确地选择适合自己创业的企业。

案例导入

世界零售巨头——沃尔玛

沃尔玛百货有限公司由美国零售业的传奇人物山姆·沃尔顿先生于 1962 年在阿肯色州成立。经过 50 多年的发展，沃尔玛公司已经成为世界最大的连锁零售商，是世界上雇员最多的企业，连续 3 年在全球 500 强企业排名中位居榜首。

1991 年，沃尔玛年销售额突破 400 亿美元，成为全球大型零售企业之一。据 1994 年 5 月美国《财富》杂志公布的全美服务行业分类排行榜，沃尔玛 1993 年销售额高达 673.4 亿美元，超过了 1992 年排名第一的西尔斯，雄居全美零售业榜首。事实上，沃尔玛的年销售额相当于全美所有百货公司的总和。至今，沃尔玛公司有 8 500 家门店，分布于全球 15 个国家，员工总数超过 200 万人。

沃尔玛于 1996 年进入中国，在深圳开设了第一家沃尔玛购物广场和山姆会员商店。目前沃尔玛在中国经营多种业态和品牌，包括购物广场、山姆会员商店、中型超市等。经过 17 年的发展，截至 2014 年 4 月 30 日，已经在全国 21 个省、自治区，4 个直辖市的约 170 个城市开设了 400 多家商场、7 家配送中心和 9 家鲜食配送中心。

今天，连锁经营已经成为世界发达国家商业最重要的经营形式，沃尔玛在短短十几年中有如此迅猛的发展，不得不说是零售业的一个奇迹。

案例点评：沃尔玛在中国的成功固然有很多原因，但其中的主要原因在于其采用了连锁经营这种组织形式和经营方式。本项目将和同学们一起走近连锁经营，帮助同学们了解连锁经营的内涵，学习和掌握连锁经营的基本理论。

▌ 模块一　连锁经营的基本特征

一、连锁经营的基本概念

连锁经营是一种现代商业化的组织形式和经营方式，一般是指经营同类商品或服务的若干经营单位，按照一定的规则组成一个联合体，在总部统一领导下，实施集中化管理和标准化运作，使复杂的商业活动简单化，实现规模优势，以提高经营效益的一种经营方式。

从国内外的连锁经营情况来看，连锁企业必须由若干个分店联合构成，形成规模经营。在美国，有两个以上的分店联合就被称为连锁店（2～9个分店称为小型连锁店，9个以上称为大型连锁店）；在英国把10个以上的分店的集团称为连锁店；而日本一般把拥有11家以上的商店组织才称为连锁店。我国工商管理部门规定，连锁经营企业应由10个以上门店组成，实行规范化管理，必须做到统一采购配送商品、统一经营、管理规范、采购同销售分离。全部商品均应通过总部统一采购，部分商品可根据物流合理和保质、保鲜原则由供应商直接送货到门店，其余均由总部统一配送。

连锁企业是连锁经营的外在的组织形式，任何一家连锁企业都是由连锁总部、门店和配送中心构成的，在连锁总部的统一管理下，按照统一的规则和要求运作，并且彼此发挥着不同的职能。

阅读资料 1-1

华润万家有限公司

华润万家有限公司是中国香港规模最大、实力最雄厚的中资企业集团——华润（集团）有限公司旗下企业，同时也是中国最具规模的零售连锁企业集团之一。其中超市业务已连续多年位居中国连锁超市第一位。

华润万家于1990年代初在中国内地扩展业务，经过24年的发展，华润万家已经快速成长为中国最具规模的零售连锁企业品牌之一。目前，华润万家已进入全国32个省、自治区、直辖市和特别行政区，100多个重点城市，主营大型综合超市、生活超市、便利超市三种业态。

2013年华润万家有限公司实现销售额1004亿元，全国门店总数达到4637家，员工人数超过20万人。在中国连锁百强中排名第三。经过24年的发展，华润万家已经快速成长为中国最具规模的零售连锁企业。

二、连锁经营的基本特征

连锁经营作为一种现代化的经营模式，具有以下五个方面的鲜明特征：企业识别系统统一、商品及商品价格和服务统一、经营管理统一、经营理念统一、经营战略统一。

1. 企业识别系统统一

企业识别系统,是指连锁企业所有展示给公众的直观印象,包含招牌、商标、标准色、标准字、装潢、外观、卖场布局、商品陈列、包装材料与手提购物袋、制服、旗帜、收银台、名片、标志卡、意见箱、垃圾箱等硬件及礼节、口号、招呼、仪表等行为语言。连锁企业采用统一的企业识别系统,目的是使在众多连锁体系中的连锁分店形成一个统一的企业形象,赢得消费者的认同,扩大其整体影响,使各个连锁分店具备连锁企业的整体信誉和影响,以形成小店大声誉的经营优势。

2. 商品及商品价格和服务统一

为了达到整体经营效果,使消费者对连锁企业产生信任感和依赖感,连锁企业各门店所经营的商品都要经过总部精心策划与挑选,是按照消费者需求做出的最佳商品组合,并不断更新换代;所提供的服务也经过总部的统一规划,对所有门店的服务措施进行统一规范,所有商品的价格也要由总部统一制订,使消费者无论何时何地到任何一家门店,都可以享受到连锁商店提供的整齐划一的商品、价格和服务,从而增强顾客的忠诚度。

3. 经营管理统一

总部统一规划,制订规范化的经营管理标准,并下达给各门店认真执行,各门店必须遵总部所颁发的规章制度和一切标准化、制度化、系统化的规定。目前,连锁企业经营管理的统一性最集中体现在连锁企业的营运手册中,许多连锁企业都开发了自己的营运手册,并据此构成了其统一经营管理的连锁体系。

4. 经营理念统一

连锁企业的经营理念是企业的经营宗旨、经营观念、顾客服务、价值观念的综合,是企业全部经营管理活动的依据。包括为什么连锁、企业赖以生存的因素是什么、企业对消费者和社会的贡献是什么、企业的使命等。连锁门店作为一个成员店,无论规模大小、地区差异,都必须有一个共同的经营理念,这样才能将各门店连锁在一起,共同发展。

5. 经营战略统一

企业经营战略是企业为实现经营目标,通过对外部环境和内部条件的分析而制订的较长期的全局性的重大决策,经营战略主要是解决组织与市场环境相结合的问题,它是企业总体战略的具体化,其目的是使企业的经营结构、资源和经营目标等要素在可以接受的风险范围内与市场环境所提供的各种机会取得动态的平衡,实现经营目标。连锁企业在市场定位、经营战略、竞争战略的制订方面必须实行集中管理,企业的市场扩张与渗透、产品系列的开发、企业发展等战略实施方案也必须由总部统一规划和布置。

三、连锁经营管理的 3S 原则

连锁经营通过作业的标准化、经营活动的专业化、管理活动的规范化,实现了传统商业经营无法达到的规模效益。即通常所说的 3S 原则,下面分别介绍。

(一) 简单化

简单化(Simplification),是指将作业流程尽可能"化繁为简"。连锁企业的作业流程、工作岗位上的商业活动应尽可能简单,以减少经验因素对经营的影响。连锁系统整体庞大而复杂,必须将财务、采购、物流、信息、管理等各个子系统简明化,去掉不必要的环节和内容,以提高效率,使"人人会做,人人能做"。为了实现现场作业简单化,连锁企业会根据整个作业流程中的各工作程序,相应制订一个简明扼要的操作手册,使所有员工均依手册的规定来动作。这种手册对各个岗位均有详尽的规定,掌握和操作非常简单,任何人都可以在较短时间内驾轻就熟,即使有人员的频繁变动,也能借此手册迅速掌握要领,步入正轨。

（二）专业化

这里的专业化(Specialization)是指在连锁经营中,所有的商业活动都具有详细而具体的分工,以保证连锁经营的正常运转。即将连锁经营的各个环节根据不同的业务内容而分成各个业务部门,并使其固定下来。这种专业化既表现在总部与门店的专业分工上,也表现在各个环节、岗位、人员的专业分工上。

1. 连锁企业内部总部与门店之间的职能分工

总部的职能是管理,门店的职责是销售。连锁经营总部的重要职责之一就是研究企业的经营技巧,包括店容店貌的设计、货架的布局、商品的陈列、经营品种的调整等,这些都直接用于指导门店的经营,并且由于连锁企业是同行业、多门店的经营,总部统一开发的经营技巧可以广泛应用于各个门店,使所有门店的经营水平普遍提高,获得技术共享效益,同时分摊技术开发的成本。

2. 连锁企业内部不同业务部门之间的职能分工

例如,商品部负责采购和配送商品,对物流进行专业化管理;财务部负责对收付款业务,对现金流进行专业化管理;信息部负责对各种信息的收集、传递和分析,实现信息流的专业化管理;人力资源部负责对人力资源规划,对员工的招聘、培训、任用、薪酬和奖金进行专业管理。

3. 连锁企业内部不同作业岗位人员的职责分工

例如,会计人员、理货员、收银员、防损、库管等人员的职责。连锁企业可以根据实际需要通过招聘或内部培训获得必要的人才,再根据他们的经历、能力、学历,将其分配到合适的作业岗位上,做到人尽其才,使整个系统内的人力资源配置处于良好状态。

（三）标准化

连锁经营的标准化(Standardization)是指将一切工作都按规定的标准去做。连锁企业通过作业研究、数据采集、定性定量分析等方法,制订出简便易行又节约人力、物力的标准化规范,使所有工作都按标准去做。

连锁企业标准化工作主要表现在以下几个方面。

（1）商品、服务的标准化。连锁企业的商品订货、采购、验货、配送、商品陈列、销售,都要执行统一的标准,以满足消费者对标准化的商品和服务质量的要求,力求吸引顾客,扩大销售。

（2）企业整体形象的标准化。各门店运用统一的店名、店貌，使用统一的标志，进行统一的装饰、装修，并保持其外观、色彩、使用字体、价格标牌等的标准化。在员工服饰、营业时间、广告宣传、商品质量等方面也都保持一致性，从而使连锁企业整体形象标准化。

（3）生产、操作流程和服务设施的标准化。生产、制作、配制、加工某些产品和日配品或实施某项服务，要严格执行规定的生产、操作、服务程序和标准，保持最佳品质的商品和服务。

（4）考核评估标准化。企业对每一项工作和每一个岗位都有科学的考核标准，使各个工作岗位上的员工都执行统一的考核标准。

连锁企业经营管理的3S原则，是互相配合、互为条件、缺一不可的，要作为一个整体来实行。

参考案例 1-1

快餐集团的炸薯条作业

我们来看一下某快餐集团是怎么在炸薯条作业中体现3S原则的。这家公司将炸薯条的作业分解成七个简单的动作，作为作业人员只需要完成以下七个动作。

（1）用已经标准化的容器舀一勺薯条；

（2）用手将容器上凸出的薯条抹掉（此时容器里的薯条数量是标准重量的）；

（3）将薯条倒入油槽，此时油槽里的油温是事先设定好的；

（4）按一下时间控制开关；

（5）听到时间提示音后，用漏勺将薯条捞起；

（6）将漏勺抖一下，把勺中的油抖掉；

（7）将炸好的薯条倒入恒温箱中。

这样，好吃的薯条就做出来了。而用同样的油温，对同样重量的薯条炸同样的时间，其口感自然也是稳定的。完成这七个动作的培训是非常简单的，相信对于任何一名智力和动作协调性正常的人，要达到非常娴熟的程度只需几天时间。

在这个作业设计中，就充分体现了3S原则的精髓。首先把一个复杂的烹饪过程尽量简单化，分解到只需要七个简单的、任何人都可以轻松完成的动作。在一些环节上采用了标准化设计，如标准的土豆原材料，标准的容器、油温，标准油炸时间，标准的作业动作。而专业化则体现在两个方面：一是设计这些动作的人都是专业人士，在一个专门的试验场所花费了大量的精力和资源进行试验，最终才得出炸薯条的最佳口感，然后将整个作业过程简化，设计出一些作业标准和相关器具；二是从事作业的人员是经过严格的专业化分工的，一般只从事某一项作业，以力求对该作业做到最纯熟，从而使最终结果达到专业化的效果。

四、连锁经营与传统商业经营的比较

连锁经营作为一种现代经营方式和管理制度，是商业领域的一次重大的革命。要深入了解连锁经营所带来的革命性变化，需要将它与传统商业经营作一比较分析。

（一）连锁经营的规模优势与传统商业灵活应变的特色经营

1. 集中采购的规模优势

通过采购权的集中，使连锁店对外采购时集中采购，因而数量较大，可以以较强的议价能力与供应商讨价还价，获得低价进货的优势；同时，由于集中采购，较之单店独立采购要减少采购人员、采购次数，从而降低了直接采购成本。

2. 物流、配送的规模优势

在集中采购的基础上统一设置仓库或配送中心，要比单店独立存储更节省仓储面积，可以根据各店的销售情况，实现合理库存；通过总部集中配送可以选择最有利的运输路线，充分利用运输工具，及时运送，以免门店商品库存过多或出现缺货现象。

3. 整体促销的规模优势

由于连锁店门店遍布一个区域甚至全国，总部可以利用全国性或地方性的电台、电视台、报纸进行广告宣传，而连锁促销的广告费用可以分摊到多家门店，因此平均促销的成本并不高，而这对单个商店而言是难以做到的。

4. 研究、开发、培训的规模优势

单个商店固然也能聘请专家设计有关的照明技术、卖场布局等商业技术，也可以对自己的员工进行系统培训，但费用较高。而连锁企业由于研究、开发、培训的费用可以由多店承担，则可以开发计算机系统、商品陈列、照明、防盗等方面的一系列技术，并建立自己的专职培训部门，同时开发的成果可在整个连锁店推广，因而享有连锁经营所带来的研究、开发、培训方面的规模优势。

传统的商业单体店是独立经营管理的店铺，大多具有一定的经营特色，偏向于特色经营。单体店的优势在于能随时根据当地消费者需求变化灵活调整自己的经营策略，消费者的需求是复杂多变的，如果传统单体店能积极适应消费者的需求主动求变，也能在激烈的竞争中获得发展。

（二）连锁经营的规范管理与传统商业的经验管理

连锁企业中，总部最高管理层是决策中心，各职能部门是执行机构，众多门店是作业现场。只有集中管理、规范管理才能实现连锁企业的协调运行，否则各个职能部门的工作、众多门店作业的衔接就难以顺利进行，专业化分工所带来的优势难以转化为连锁企业的现实竞争力。连锁经营的标准化特征决定了其规范化管理的核心是以各项标准为基础形成的各项规章制度，这些制度将以往建立在经验基础上的管理随意性消除，代之以标准化的规范管理，保证了管理的稳定性，也避免了个人因素对连锁企业的营运可能造成的危害。

传统商业经营尽管也强调规范化管理，也会制订一些规章制度，但这种规范化是因人而异的，只要有新来的管理者认为自己的经验更可靠，就可以随时改变规则和制度。因此，传统商业经营管理仍然是以人为中心的经验管理。个人经验可能带来企业的发展，也可能给企业带来致命的打击，因而其管理是不稳定、不连贯的。

（三）连锁经营的快速市场扩张与传统商业的市场辐射范围有限

连锁经营是由一个总部和众多的门店所构成的企业联合体。这种联合化、网络化的组织形式兼有大企业和小店铺两方面的优势：一方面，连锁商店整体作为一个大企业，有规模经营的优势；另一方面，由于其所属的门店实行分散经营，深入居民区与消费者中间，又具有小店的渗透优势。这种网络组织一旦成熟，便天生具有一种扩张效应，表现在：一是它能广泛吸引合作者。由于连锁企业具有统一的企业形象、良好的企业商誉、广泛的销售网点以及巨大的销售数量，所以能广泛吸引供应商、中间商和投资者，并积聚大量资本，迅速扩张。二是随着规模不断扩大，连锁企业可以把自己各个门店中成功的经验在整个体系中推广，以丰富的开店经验不断地开出新的门店，这要比一个第一次开店的企业节约时间和精力。通过复制成功的经验模式，实现连锁企业快速扩张。

传统商业虽然也有一定程度的联合，但主要是局部的合作，这种合作往往是短期的，难以形成竞争优势，而且，无论单体店本身的面积有多大，其辐射范围总是有限的。因此，单体店要做大做强只有走连锁经营之路。

（四）连锁经营借助信息技术的精细化管理与传统商业的粗放式管理

进入信息时代以来，现代化电子计算机技术在连锁企业中发挥的作用越来越大，信息技术为连锁企业成功实施精细化管理提供了基础，从市场调查到市场战略的制订与实施；从门店的选址到企业卖场的管理；从选择供应商、订货、储存、配送、补货到会计记录、统计汇总、制作各种报表，几乎全部工作都已经计算机化了，信息技术为连锁企业成功实施精细化管理提供了保证。可以这样说，连锁企业为了使其庞大而分散的网络组织协调一致、有效运行，必须借助现代信息技术，现代信息技术为连锁企业经营管理插上了翅膀，把连锁经营带入了一个全新的发展时期。

传统的单体店由于受到信息技术成本的制约，很少投巨资采用先进的信息管理技术，即使采用也很难达到满意的效果。因此，大多数单体店仍然实施粗放式管理，导致其管理不能深入，管理水平难以提高。

■ 模块二　连锁经营的基本类型

连锁经营最初是以单一所有权形式即直营连锁形式出现的，随着经济的发展，连锁经营逐渐出现了不同的经营模式，这里主要介绍直营连锁、特许连锁和自由连锁三种主要类型及基本特征。

一、直营连锁

（一）直营连锁的概念

直营连锁又叫正规连锁，是连锁经营的基本形式。它是总公司通过独资、控股或吞并、兼并等途径开设门店，发展壮大自身实力和规模的一种连锁形式。在直营连锁中，公司总部直接经营、投资、管理各个门店,对各店铺实施人、财、物及商流、物流、信息流等方面的统一经营活动。

直营连锁商店的上层组织形式主要有两种:一种是母公司直接管理,不再另设连锁总部;另一种是没有母公司,而是设立总部,由总部统一管理下属各门店成员。在大型的直营连锁集团中,其组织结构一般设为三层:上层是公司总部,负责公司的长远发展规划;中层是负责若干门店的地区性管理组织或负责某项职能的专门管理机构;下层是各门店成员。

(二)直营连锁的主要特征

1. 同一资本

直营连锁以同一资本为主要连贯纽带,各连锁分店归一个企业、一个联合组织或一个人,由同一个投资主体投资开店,各连锁分店不具备独立的法人资格,不能作为独立的企业存在。

2. 经营管理权集中统一

连锁总部对各连锁分店拥有全部所有权、经营权、监督权,总部决定各连锁分店的经营种类、商品采购,统一确定商品价格,决定销售政策、制订统一的推销方案、统一商店的布置等。实施人、财、物、购、库、销等方面的统一管理。各分店必须在总部的所有管理制度的约束下统一地从事经营活动。

3. 统一核算

直营连锁实行总部统一核算,各连锁分店只是一个分设的销售机构,且各连锁分店经理是雇员而非所有者。销售利润全部由总公司支配,店长无权决定利润的分配。各个分店的工资奖金也由总部依据连锁企业制订的标准来决定。

二、特许连锁

(一)特许连锁的概念

特许连锁又称合同连锁、加盟连锁,是主导企业与加盟者之间依靠契约建立起来的一种经营形式。国务院于2007年年初颁布的《商业特许经营管理条例》将特许经营定义为:商业特许经营,是指拥有注册商标、企业标志、专利、专有技术等经营资源的企业(称特许人),以合同形式将其拥有的经营资源许可其他经营者(称被特许人)使用,被特许人按照合同约定在统一的经营模式下开展经营,并向特许人支付特许经营费用的经营活动。

(二)特许连锁的主要特征

1. 特许连锁是以特许人为主导企业构成的连锁经营组织体系

主导企业必须具有自己的注册商标、企业标志、专利、专有技术等经营资源,能以其独有的物质技术或知识产权而给企业带来经济效益。主导企业为了扩大经营,取得规模效益,其他企业为了借主导企业独有的物质技术或知识产权来获得更好的经济效益,而结成连锁经营组织体系。这种组织体系是以主导企业为核心的纵向经济关系。

2. 维系特许经营关系的纽带是特许合同

特许合同就双方的权利与义务作出了比较详细的规定,总部承担必要的责任与义务,如提供必要的技术指导,提供独有的商品、原材料,允许使用商标,进行必要的员工技术培训等。加盟者同样承担必要的责任与义务,如必须按总部提供的各项标准进行生产经营,必须按总部提出的经营管理办法办事,必须按合同规定的数量和方法向总部交纳一定的特许金额等。这些权利和义务是保证特许经营正常运转的纽带。

3. 经营管理权的集中和所有权的分散

一方面,经营管理权高度集中于主导企业,在店名、店貌、采购、经营、价格、服务和管理等方面,必须服从主导企业的统一管理,加盟者必须按照特许合同的规定严格执行生产经营任务,没有独立的生产经营权。另一方面,加盟者具有独立的企业法人资格和企业的人事、财务权,在特许连锁体系内部,各加盟者对其各自的门店拥有所有权,主导企业与各加盟者之间不存在所有权上的关系,加盟者对自己的经营成败负责。

4. 加盟者要向主导企业支付特许经营费用

一般情况下,加盟者在取得特许经营权时,要一次性交纳一笔加盟金,各特许连锁组织的加盟金视自身情况而定。对于主导企业提供的指导服务、统一开展的广告宣传,加盟者则要按合约规定,每月向主导企业交纳特许权使用费和广告费等。主导企业在合约有效期内应该持续提供各种指导和帮助,这种后续服务目的在于帮助加盟者了解、吸收和复制特殊技术,并在开业之后尽快走上正轨,取得收益。

参考案例 1-2

内蒙古"小肥羊"飘香全国

成立于1999年8月的内蒙古小肥羊餐饮连锁有限公司,以经营特色火锅及特许经营为主业,兼营调味品研发及销售。截至2011年12月底,小肥羊在中国内地拥有469家连锁餐厅,其中包括163间自营餐厅及272间特许经营餐厅,并在美国、加拿大、日本等地拥有20多间餐厅,是家喻户晓的中国餐饮连锁品牌。

"小肥羊"的经营策略就是依靠品牌力量汇聚众多分散投资者的资金。在"小肥羊"469家分店中,有250多家是特许加盟店。一般情况下,加盟者已经有了一定规模的饮食店面,只是借"小肥羊"的招牌和一定的秘方配料进行单店经营,并向"小肥羊"总公司交纳合同约定数额的加盟费。特许连锁虽然为"小肥羊"的统一管理带来了一定的困难,但是,不可否认的是,正是因为"小肥羊"的"借力发力",才使得自己在短短四年中取得骄人的成绩,成为中国本土餐饮业的领头羊。

"小肥羊"严格实施"三统一"原则:汤料羊肉标准统一、服务管理统一和视觉形象统一。全国"小肥羊"的羊肉和锅底全部由内蒙古总部统一向全国配送,它建设的深圳中央厨房迅速向全国各地的"小肥羊"分店推广。公司2004年在我国香港开设分店,香港"小

的同时,还要按合同规定向总部交纳管理费等。

3. 经营管理关系

直营连锁一般都采用以总部为核心,在人事、财务、价格、经营、分配等方面对所有分店进行直接、全面的管理。各分店只能执行总店的管理与决策,不能脱离总店管理体系独立地进行经营活动。

特许连锁的管理权仍高度集中于总部,但具有独立法人资格的加盟店,拥有对本店的所有权、财务管理权和人事权。

自由连锁无论是核心企业还是各成员店企业,在加入连锁组织之后,各企业原来的独立法人资格并未消失,每个企业仍在资产所有权、财务权、人事权和一定范围的经营权等方面保持着自主性和独立性。

(二)优劣势比较

1. 直营连锁的优势与劣势

(1)直营连锁的优势

① 统筹配置资源,提高企业运行效率。直营连锁能够通过总部的大批量采购,大幅降低经营成本和价格,可以统一调配资金、设备、商品及人员,有利于充分利用企业资源的节约,提高经营效率。各连锁店可以将主要精力用在商品管理和改善服务上。

② 管理规范化程度高,整体竞争力强。直营连锁经营企业的总部有权对所有分店实行全面、严格、统一、规范的管理,以保证直营连锁所有分店的管理水平能够达到完全的统一化和规范化,可全面提高连锁企业的经营管理水平和连锁企业的整体市场竞争力。

③ 决策的灵活性。连锁总部对门店的布局和新店的开发的决策具有较大的灵活性和方便性。由于各连锁店不是独立主体,其关闭、调整和新店的开设属于公司内部的事务,受外界制约相对较少,因此,总部能够有效地对所有分店进行严格的统筹管理,总部对分店布局和新店开发具有较大的灵活性和方便性。这样可较好地兼顾眼前利益和长远利益,全面落实企业的发展战略。

(2)直营连锁的劣势

① 资金的要求较高,风险较大。直营连锁的各门店都是由总公司投资开设,在发展连锁分店时,需要大量的资金投入,给企业造成很大的资金压力甚至限制总公司的扩张。若分店在经营中失败,总公司就要承担全部经营风险。直营连锁要求连锁总部必须具有较强的经济实力,同时也具有较高的风险。

② 门店缺乏灵活性。直营连锁的各项权力高度集中于连锁总公司,就会导致门店人员的积极性、创造性和主动性等方面都受到影响。再加上总部往往远离市场,对于市场的瞬息万变往往反应滞后,而处在市场第一线的分店权力有限,不能够灵活地对市场变化做出应对。

③ 市场拓展较慢。由于直营连锁是以单一资本向市场辐射,各门店由总部投资,因而易受资金、人力、时间等方面的影响,发展规模和速度受到限制,市场拓展方面进展较慢。

2. 特许连锁的优势与劣势

（1）特许连锁的优势

① 资金少、速度快、风险低。主导企业能够以较少的资金和有限的人员,迅速占领市场,加快连锁分店扩张的速度,大大减轻主导企业在进行分店扩张时所承担的投资与经营风险。经营权的转让实际上具有一种融资的功能,使主导企业的无形资产变成有形资产,从而增加公司的实力和发展能力。

② 有助于加盟者事业的发展。首先,对于那些具有一定资本、希望从事商业活动但又苦于没有经营技术和经验的加盟者,通过加盟主导企业,既可以利用主导企业的技术、品牌和商誉开展经营,又享有主导企业全方位的服务,享有连锁系统的广泛信息,所以成功的机会大、经营风险小、利润比较稳定。其次,加盟店经营好坏与店主的切身利益密切相关,有内在的激励和发展机制,更能推动加盟店事业的发展。

③ 提高了商业的组织化程度。主导企业卓越的经营方法和技术被广泛地应用,提高了为消费者服务的水平。同时,标准化的经营和有效管理,使消费者无论何时在哪个加盟店都能接受到标准化的、物美价廉的商品和服务。通过特许连锁方式来发展商业网点,不仅能够提高商业的组织化程度,而且有利于中小企业的稳定发展。

（2）特许连锁的劣势

① 总部与加盟店组织关系上,特许连锁不如直营连锁明确和清晰,一旦出现商品或服务的质量事故,总部与加盟店在承担营业责任上可能相互推诿,导致消费者的投诉无法及时得到解决。

② 如果连锁总部片面追求品牌授权金,大量发展特许店而又缺乏有效的管理和强有力的服务能力,导致个别企业经营失败,不仅会使企业形象受到严重损害,而且也会使投资者的权益受到侵犯,最终很有可能导致整个连锁系统的崩溃。

③ 可能造成总部知识产权的流失。拥有知识产权的主导企业将其独有的技术、产品、服务、管理等通过契约关系,特许给加盟者,加盟者必须对这些知识产权负有保密责任。如果加盟店不守信用,将主导企业所特许的技术、产品、服务等方面的关键部分泄露或者转让出去,会给连锁企业造成很大的损失,或加盟者闹独立也会泄露主导企业的知识产权。

④ 加盟者不能胜任工作时,总部无法更换。总部希望找到一些勤奋、有一定资产和经验的加盟者,一丝不苟地按总部的要求和程序来经营加盟店,既维护了总部良好的声誉,又给自己带来了可观收益,真正实现"双赢"。但如果发现店主不能胜任工作,总部不能像直营店那样随时更换店主,而且由于总部一般对加盟店都有经销区的保护,若某区的加盟店因其个人素质问题不能很好地开展工作,则意味着总部将要失去这片市场。

3. 自由连锁的优势与劣势

（1）自由连锁的优势

① 灵活性较强。各成员店独立性强,自主权大,利益直接,因而经营管理的责任心强。如果连锁经营体系管理得好,既能发挥连锁总店的规模优势,又能调动各成员店工作的积极性和创造性。

② 资金少,布点快。连锁总店在发展成员店时,需要投入的资金少,并且布点快,能

够较快地形成网点分店体系,扩大市场占有面。因而自由连锁具有扩张速度快、成本低的优点。

(2)自由连锁的劣势

① 自由连锁的联结纽带不紧密,凝聚力和约束力较弱;各成员企业的独立性强,管理比较松散,总部集中统一性较差,很难发挥出集中统一运作的优势。

② 过于民主,在一些重大经营问题上容易出现意见分歧、矛盾,难以达成协调一致的意见。因此决策比较迟缓,很难快速适应市场的变化。

③ 组织不稳定,总部集中统一运作的作用受到限制,发展规模和地域有一定的局限性,竞争力受影响。

为了更好地对三种连锁形式的特征、优劣势进行比较分析,下面列出它们的比较表,见表1-1。

表 1-1　三种连锁经营类型特征的比较

连锁类型 项目	直营连锁	特许连锁	自由连锁
决策	总部做出	以总部为主,加盟店为辅	参考总部旨意,成员店有较大自主权
所有权	总部所有	加盟店所有	成员店所有
经营权	非独立	非独立	独立
分店经理	总部任命	加盟店主	成员店主
商品来源	总部统一进货	总部统一进货	大部分经由总公司,部分自己进货
价格管理	总部规定	原则上总部规定	自由
促销	总部统一实施	总部统一实施	自由加入
总部与分店关系	完全一体	契约关系	任意共同体
分店建议对总部的影响	小	小	大
分店上交总部的指导费	无	5%以上	5%以下
合同约束力	总部规定	强硬	微弱
合同规定加盟时间	—	多为5年以上	多为1年
外观形象	完全一致	完全一致	基本一本

相关链接 1-1

餐饮连锁——肯德基家乡鸡和麦当劳汉堡包

在餐饮业的连锁经营中,最引人注目的要算肯德基家乡鸡和麦当劳汉堡包了。这两家享誉全球的快餐店都是在20世纪50年代初期通过授予特许权而迅速发展起来的,可以说它们将特许经营带到了一个新的发展阶段。

在此之前,各连锁经营总部的加盟店除了店名相同及产品相似外,其经营是各行其道的,且在服务与产品的质量上参差不齐,影响了其发展,有些甚至招致失败。而肯德基和麦当劳的创始者为了避免重蹈他人覆辙,在授权加盟者时采取了一种全新的管理制度,即要求所有加盟店出售的食品、饮料及服务品质与总部完全一致,就连店铺装修设计及营业员的服装都严格要求一致。为了监督各加盟店的经营,总部常派人暗地检查,发现有违规的店铺即给予处罚或取消特许权。

事实证明,这种管理方法相当成功,麦当劳快餐店目前已在 121 个国家和地区开设了 31 000 多家快餐店,在中国 25 个省市和直辖市的 108 个次级行政区域,麦当劳拥有 1 400 家餐厅。而肯德基已成为世界上最大的炸鸡连锁集团,截至 2012 年年底,已在全球 80 多个国家拥有 17 000 多家餐厅。在中国内陆 700 多个城市和乡镇开设了 4 000 余家餐厅,门店数量在中国区域西式餐饮业中独占鳌头。

肯德基和麦当劳的成功,不仅是快餐业的胜利,同时也是一种新的商业方式——连锁加盟的胜利。

■ 模块三 连锁经营的业态选择与风险规避

一、连锁经营的业态选择

(一)业态的概念

零售业态是零售企业为满足不同的消费需求,进行相应的要素组合而形成不同的经营形态。即针对不同的需求,按照既定的战略目标,有选择地运用商品结构、价格政策、销售方式、店铺选址、规模及形态等手段,提供销售和服务的类型化经营形态。

传统的零售业主要根据经营商品的类别(即卖什么商品)来划分不同类型的零售店,也称为业种店。现代的零售业则是根据消费者的需求特征,从商品组合、购物环境、商品陈列、交易结算、销售方式及相应的组织管理形式等方面(即怎样卖商品)来划分零售店。因此,被称为业态店。

连锁经营不是独立的零售业态,是一种企业经营形式和管理模式,它必须与具体的业态相结合,才能显示其存在形式和独特的魅力。

(二)零售业态的分类

2004 年,国家有关单位对零售业态分类进行了研究和重新修订。新国家标准按照零售店铺的结构特点,根据其经营方式、商品结构、服务功能,以及选址、商圈、规模、店堂设施、目标顾客和有无固定场所等因素将零售业划分为 18 种业态,包括食杂店、便利店、折扣店、超市、大型超市、仓储会员店、百货店、专业店、专卖店、家居建材商店、购物中心、厂家直销中心、电视购物、邮购、网上商店、自动售货亭、直销、电话购物等(详细参见附录 1)。

(三)连锁经营的业态选择

连锁经营作为一种现代的经营模式,在进行业态的选择时,还是要考虑到目标顾客特点、消费方式、购买方式、商品结构、商品组合和销售方法。

1. 目标顾客的选择

选择什么样的目标顾客、满足什么样的需求是现代连锁企业首先应解决的问题,这一选择就是要确定商店"面向谁"。如果满足消费者在短时间内完成饮食的需要,可以开设快餐店,如果满足消费者对基本生活的用品一次性购足的需要,可开设超级市场等。先确定服务于谁、满足什么样的需求是业态选择的首要因素。

2．消费方式和购买方式的选择

消费者的需求在不同的社会经济条件下,具有不同的消费生活方式,并且通过一定的购买方式体现出来。根据这种生活方式和购买方式来决定开设什么样的商店是业态选择的第二个考虑因素。如现代社会中,生活节奏加快,夜间活动时间增加,喜欢就近便利地随时购买即时消费的商品,可以开设便利店来适应这种生活节奏和购买方式。

3．商品结构的选择

在目标顾客已经确定,并确定了迎合这些特定目标顾客的消费潮流之后,那么以什么样的商品来服务顾客,来满足他们的需要就是最核心的问题了。如果要满足家庭主妇"一日三餐"最基本的生活需求,则开设的超级市场在商品结构上要突出以销售生鲜食品和蔬菜为重点。而要满足年轻人即时性消费的需求,则开设的便利店要以即时食品类商品为重点,并实行 24 小时营业等。

4．商品组合和销售方法的选择

根据顾客的需求要对商品进行组合,并选择最合适的销售方法把商品和服务销售出去。如超级市场中按消费者对基本生活用品一次性购足的消费特点,根据顾客各类商品需求量的大小,将商品按 20/80 法则进行组合,并对 20％的畅销品频繁地使用促销方法提高整个超市的销售量。

相关链接 1-2

家乐福的三大主打业态

目前家乐福的主要业态有大卖场、超级市场、折扣店。

1．大卖场

大卖场是由家乐福首先提出的零售业态,也是家乐福在全球地理分布最为普遍的业态。截至 2012 年年底,家乐福在中国内地已成功开了 218 家门店,主要为大卖场的经营模式,这是家乐福在中国最主要、最成功的业态形式。家乐福的大卖场所具有的一般特点是:主要是以极有竞争力的价格提供广泛的食品和非食品,平均约有 7 万种商品。营业面积大多是 7 000～12 000 平方米,能较完整地涵盖标准食品超市和百货商店的经营内容。大卖场这种大型超市模式是目前在中国发展速度最快、规模最大的零售业态。家乐福就是它的典型代表,另外也有一些国外的零售商业采取这种零售业态,国内的大部分大型超市也采取这种业态模式。

2．超级市场

超级市场规模处于大卖场与折扣店之间,例如,家乐福超级市场包括 Champion（冠军）、CS、Norte、Gb 和 Marinopoulos 等。这种业态都是以具有竞争力的价格提供绝大多数食品,场地面积一般为 1 000～2 000 平方米。其中"冠军"超级市场是家乐福一大品牌。

从家乐福创建到现在,其超市布局一直是大棚式的建筑物。这样的超市布局使得其投资少,经营机动性大。

3. 折扣店

家乐福的折扣店主要有迪亚、尉和Miniprc。这些折扣店大约提供800种食品,其中半数产品都是在迪亚品牌店销售的,折扣店的面积通常较小,一般为200～800平方米。折扣店是家乐福全球店数最多的业态,这种业态在法国本土分布极为普遍。迪亚已登陆中国市场。以销售知名品牌和自有品牌为主,从各个方面降低成本,向消费者提供最佳性价比商品。迪亚天天门店比较小,一般在300～500平方米,在成熟的国家又分为郊区店和市中心店,一般郊区店略大于市中心店,同时货品也较后者丰富。

二、连锁经营的风险及规避

(一)连锁经营中存在的风险

连锁经营虽然有巨大的优势,但也存在一定的风险。连锁经营中可能存在的风险有以下几种。

1. 由经营者带来的风险

连锁经营作为一种现代化的经营形式和组织形式,首先要求总部经营者具备相应的素质和能力。总部经营管理者要有把握全局的市场分析能力和很强的决策能力,能根据市场变化及时分析研究,提出正确方案,指导各门店有效运作。否则就有可能导致经营活动受挫。其次,要求加盟者必须具备相应的素质和能力。虽然,总部会对加盟的经营者加以一定的技能培训,但面对变化不定的市场及时做出不同的决策,这种经营才能和天分并非人人都具有。连锁总部提供给各分店的经营诀窍和经营模式并不能保证成功,只不过是提供了一个基本的业务工具,经营成功最主要的还是要靠加盟经营者的经营才能;而决策的失败意味着经营成果的丧失,由此带来一定的风险,这是由经营者带来的风险。

2. 规模扩张带来的风险

连锁企业的规模扩张包括网点的数量扩张和网点的质量提升。网点扩张通常涉及区域扩张和路径扩张,无论是选择何种区域扩张模式还是选择何种扩张路径,都存在风险,如果总部的扩张规模与市场环境、资金、人才、物流配送、信息管理及管理水平不相适应,就会产生规模扩张带来的风险。

3. 由市场带来的风险

随着居民收入水平的提高、生活条件的改善及生活环境的变化,消费者的生活方式及需求呈现多层次、多样化的趋势,使连锁经营者面对不确定因素的增加和更加激烈的市场竞争,即使是优秀的经营者也可能一着不慎,满盘皆输。这些风险是由市场本身带来的。

4. 总部指导不力及市场传递、广告宣传出现偏差等带来的风险

连锁经营者加盟的总部支援、指导不力,特别是信息传递、后勤支援、广告宣传等出

现偏差或力度减弱,给经营者带来意外的风险,甚至连锁集团倒闭,使连锁经营者遭受重大损失。

(二)连锁经营风险的规避

对连锁经营可能存在的风险进行风险规避的主要方法有自我评估、行业评估、连锁集团的评估、消费者评估和建立预警系统等。

1. 自我评估

首先要确定企业是否需要开展连锁经营。如果企业开展连锁经营,企业的品牌实力如何;是否有独特的技术、专利或管理技术;是否有开展连锁经营的人才储备;是否有足够的资金实力。其次,对于特许经营,加盟者要参加一个加盟体系,需检查自己是否适合成为加盟者,一定要明确地认识自我的需求及发展方向,确认自己能否融入某个连锁体系。因为加盟是一种事业而非一份工作,加盟给予的是经营传承而非成功的保证。

2. 行业评估

必须认真研究所选行业的发展前景:是属于流行性的行业,还是有发展后劲的潜力的行业,还是如餐饮业和日常生活用品的零售业一样的平稳性行业。

3. 连锁集团的评估

这里的连锁集团评估只能是针对特许连锁中的主导企业,考察的内容包括主导企业的经验、开店的时间、店铺数量、专业化程度、企业文化、人才实力、资金实力、服务状况、社会口碑、经济效益、产品生命周期、费用情况、店铺成活率等。

4. 消费者评估

首先是对当地消费者的评估。评估内容主要包括人数、年龄、收入水平、消费欲望、生活方式、家庭结构、文化层次、社会地位、消费结构、消费倾向等。其次是进行消费者比较评估。目的是考察清楚样板店的繁荣是不是等于自己开店的繁荣,进行比较研究,发现不同市场的差异,采取相对应的目标策略,才能把握消费者的消费行为。

5. 建立预警系统

我国连锁经营所涉及的行业是一般性的竞争性行业,市场变化大,竞争激烈。因此,连锁企业应建立完整而严密的风险预警系统和控制体系,从组织上和制度上保证每一种可能的风险因素都有监控,每一种业务都有管理规范,以便根据内外环境的变化及发展趋势及时采取相应对策,减少市场风险。

案例分析 1-1

"土掉渣儿烧饼"的流星命运

2005 年 3 月,武汉开始刮起一股"土掉渣儿烧饼"风。到 9 月"土掉渣儿烧饼"人气一路飙升,门店达到 39 家。总部打出承诺"一天可卖出 1 500 个烧饼,35 天收回成本",投资者们再也抵挡不住此般诱惑,纷纷掏了加盟费。

然而,从2006年初开始,"土掉渣儿烧饼"在武汉开始走下坡路。加盟店开始纷纷退出,加盟总部开始转让技术,这意味着其招商加盟已经告一段落。为什么"土掉渣儿烧饼"逃脱不了它的流星宿命?

1. 由经营者带来的风险

"土掉渣儿烧饼"的加盟商有以下几种。

第一类加盟商只是为了追求短期利润的快速增长。哪里赚钱多且见效快就往哪里投资,先捞得第一桶金再说。一旦发现市场出现萎缩趋势迹象,他们便会马上抽资退出,寻找下一个可供加盟的项目。

第二类加盟商没有那么多本钱。投资的目的往往是想赚一点钱,以维持生计。由于加盟总部没有把集中采购得到的优惠直接转让给加盟店,为了降低成本,有的加盟商竟绕过总部,自购肉馅。一旦加盟商自行采购,总部的规模经济体系将濒临崩溃。

第三类加盟商自己就是老板,投资此行并不纯粹为了赚钱,而是想涉足一个新领域。或者说他们也在模仿,因此出现了诸多加盟店私下进行"技术转让"的现象。

以上现象必然导致品牌质量和品牌形象的丧失,最终竞争失利。

2. 由市场带来的风险

消费者的初次购买动机大体相同:"看到很多人排队,也想前去尝尝新鲜。"大多数消费者再次选购前会更多地考虑产品的口味、卫生甚至是营养健康等。然而消费者对"土掉渣儿烧饼"的口味评价并不高,因此,消费者重复购买烧饼的比例越来越低。另外,市场上过多过滥的"土掉渣儿烧饼"品牌,冲淡了消费者的品牌意识,即他们并不在意哪一家是所谓正宗的,哪一家是仿冒的。因此,"土掉渣儿烧饼"并没有形成一批忠实的顾客群,而只能加入混乱的市场大潮中参与无差异竞争。

3. 总部的盲目扩张和指导不力带来的风险

首先,加盟门槛设置得太低,3万元加盟费和1万元的保证金,一般的中小投资者都能轻而易举地进入或退出这个市场,对加盟商的风险约束不大。其次,总部对加盟店店主和店员资质、店铺选址要求、营业面积等都没有严格的限制,很难保证店面的一致性和规范性。因此,加盟总部追求眼前利益,没有注重品牌长足发展,把培育品牌形象的黄金时间用来招商加盟,结果没有在消费者中形成稳固的品牌形象。

其次,扩张过快,发展后劲不足。要维护一个近40家门店的加盟体系的正常运作,健全的管理制度和完善的日常管理与监督非常重要。然而,总部一心只想如何招收加盟商,忽略了对整个加盟体系的运营管理。原本能力不高的加盟商,又缺乏总部的支持和统一管理,当然会陷入困境。

(资料来源:根据商业报道资料整理.http://biz.icxo.com)

问题讨论:

(1)分析"土掉渣儿烧饼"加盟连锁失败的原因。

(2)结合"土掉渣儿烧饼"加盟连锁失败的实际情况,提出规避风险的措施。

续表

名次	中文名称	公司名称	国别	零售销售额/ 百万美元	主要业态
4	麦德龙	Metro	德国	92 905	现购自运/仓储会员店
5	克罗格	Home Depot	美国	90 374	普通超市
6	好市多	Costco	美国	88 915	现购自运/仓储会员店
7	施瓦茨集团	Schwarz Unternehmens Treuhand KG	德国	87 841	折扣商场
8	阿尔迪南北商业集团联盟	Aldi Einkauf Gmbh & Co. Ohg	德国	73 375	折扣商场
9	沃尔格林	Walgreen Co	美国	72 184	超级市场、药品店
10	家得宝	Home Depot	美国	70 395	家居商场
11	塔吉特	Targel	美国	68 466	折扣店、大型综合超市、超级市场
12	欧尚	Auchan	法国	60 515	大型超市/购物广场/超级百货商店
13	永旺	Aeon	日本	60 158	大型超市/购物广场/超级百货商店
14	CVS Caremark	CVS Caremark	美国	59 599	药品店、大型综合超市、超级市场
15	艾德卡公司	Edeka Zentrale AG & Co. KG	德国	59 460	普通超市
16	7-11	Seven & i Holdings Co. ,Ltd.	日本	57 966	便利店/加油站商店
17	沃尔沃斯公司	Woolworths Limited	澳大利亚	54 614	普通超市
18	亚西农集团	Wesfarmers Limited	澳大利亚	52 208	普通超市
19	Rewe 集团	Rewe Group	德国	51 331	普通超市
20	百思买	Best Buy	美国	50 705	电子产品专卖店

二、中国连锁经营的产生、发展与现状

(一)中国连锁经营的产生与发展

中国连锁经营的产生与发展在中国台湾、香港地区和内地经历了不同的时间和发展过程。在台湾,连锁经营产生的较早,连锁业产生于1956年,当时较有名的连锁店有生生皮鞋、天仁茗茶、郭元益饼铺、宝岛钟表公司等。这些连锁体系大多以拓展直营店为主且成长速度缓慢,直到1961年,正章洗染店才以直营店与特许加盟并行的方式,以惊人的速度,在短短的两年内成立了100多家连锁店,此为台湾连锁业加盟的开始。1970年,统一企业引进美国南方公司的连锁便利商店经营技术,台湾逐渐进入快速发展的轨道。

中国香港在东南亚地区最先起步连锁经营，于 20 世纪 60 年代末开始出现了连锁经营方式。东江菜馆是香港饮食业尝试连锁经营的第一家企业，在商品零售方面，超级市场最早采用连锁经营。到了 20 世纪 70 年代，随着香港经济的起飞，连锁经营迅速发展起来，除了饮食业和超级市场以外，其他的服务性行业及商品零售业也越来越多地采用连锁经营。

在中国内地连锁经营起步虽然较晚，然而发展迅速。1984 年 8 月，首家以商标特许形式在北京落户的皮尔·卡丹专卖店的开业，被视为中国连锁经营的开端。1986 年天津立达集团公司创办了天津利达国际商场并在国内率先组建连锁商店。这也许是中国最早的具有现代特征的正规连锁店，以此揭开了我国连锁店发展的序幕。1987 年，"肯德基"首家连锁店落户北京，1990 年"麦当劳"连锁店也在深圳开设第一家餐厅。同年 1990 年 12 月广东东莞"佳美"公司在虎门开设了第一家美佳食品连锁超市，两年内连锁店增加到 18 家，销售额突破 7 000 万元。1991 年 5 月上海联华超市商业公司成立，成为上海连锁超市的"领头羊"。

进入 20 世纪 90 年代以后，国内连锁店迅速发展。1993 年开始，内地的连锁经营已从超市、快餐店开始向其他业态渗透。1995 年以后，是中国内地零售业发生巨变的时期，也是中国内地连锁业巨变的时期，世界顶级连锁企业在中国内地开始了"圈地运动"。全球第二大零售集团家乐福于 1995 年年底进入北京，全球第一大零售集团沃尔玛于 1996 年进入深圳，全球第三大零售集团麦德龙于 1996 年进入上海，世界第一家仓储式商店万客隆于 1996 年进入广州。截至 2008 年 2 月，全球 250 强零售商有 37 家进入中国内地市场，其中许多已经占据国内零售业的"制高点"，这些重量级的竞争对手给内地连锁企业带来了巨大的冲击和压力，迫使内地连锁企业重新思考出路，为生存而斗争。

在激烈的竞争中，中国内地连锁企业迅速成长起来。2000 年上海联华超市销售额终于超过上海第一百货公司，名列中国零售企业榜首，这标志着中国以传统单店为主的商业组织形式已成功转型为以连锁为主导的商业组织形式，中国商业开始真正步入现代化行列。在持续的变革中，中国连锁业获得了令人瞩目的发展，从 2000 到 2010 年的十年间，中国零售业连锁百强企业销售规模的平均增长率为 32.7%，百强企业门店总数的平均增长率为 34.6%，是中国连锁业发展最快的十年。

（二）中国连锁经营的现状

连续几年我国宏观经济、居民收入和消费品市场的快速增长，为我国连锁企业的改革和发展提供了良好的环境。从我国连锁经营的发展现状来说，主要表现在以下 6 个方面。

1. 连锁业增速放缓，步入稳定发展期

目前，中国零售行业已经从高速扩张期逐步进入发展调整期，行业的增长速度正在放缓。从 2008 到 2011 年，我国连锁企业的销售规模仍然呈现出持续快速的发展势头，连锁百强企业销售的环比增幅分别为 18.4%、13.5%、21.2%、20%，平均增幅为 18.2%。2013 年连锁百强企业销售规模达到 2.04 万亿元，比 2012 年增长 9.9%，是百强统计以来销售增幅最低的一年。2012 年以来，连锁百强的销售增幅持续回落，从 2011 年的 21%

下滑至 2012 年的 10.8%和 2013 年的 9.9%,百强企业销售额占社会消费品零售总额也分别从 2011 年的 11%和 2012 年的 9.3%下滑到 2013 年的 8.6%,说明连锁行业进入整体放缓但相对稳定的发展阶段。

2. 行业集中度稳步提高,龙头企业正在形成

2008 年我国连锁企业百强中,前 10 家企业的销售额占连锁百强的比例为 48%,2012 年上升到 52.8%,这进一步体现出了我国连锁企业行业集中度正在稳步提高。2012 年苏宁云商集团股份有限公司以 1 240 亿元的销售规模位居中国连锁百强榜首,而且从 2005 年至 2012 年苏宁云商集团股份有限公司、国美电器集团、百联集团有限公司的销售业绩已连续八年稳居百强连锁企业销售规模的前三名。这些大型连锁企业发展势头迅猛,规模效益明显,市场份额不断扩大,市场地位日益凸显。行业集中度的不断提高,已经在全国形成了一批较大规模的龙头连锁型企业。

3. 大型连锁企业扩张明显趋缓,更加注重区域性发展和向中小城市延伸

无论是国内大型连锁零售商还是在华跨国零售巨头,都总体放慢了扩张的步伐,连锁百强企业门店的增幅已由 2009 年的 18.9%下降到 2013 年的 7.6%。经过几年的高速扩张,一方面,在大型连锁企业层面的市场格局已初步形成;另一方面,一线城市现有门店地段的优势资源已基本被"瓜分",同时一些连锁企业经营上的困难在显露、放大。从 2010 年开始,国内外连锁巨头已由前些年的攀比式积极扩店转向理性审慎发展,以规避市场需求增长放缓和资金链条断裂等系统性风险,并购和向二、三、四线城市发展也将成为连锁企业扩张的重要手段。三、四线市场等成为发展热点等。

4. 行业多样化、业态丰富化

中国连锁经营将从零售领域向批发领域、生产领域和服务行业不断发展。连锁经营的方式已经从超市连锁拓展和运用到其他领域和业态中,如生产企业开设的专卖连锁店,将从服装、包袋、鞋类向汽车、家用电器、计算机、医药等行业发展。以批发商业组织的销售网合作连锁将得到长足的发展。服务行业的连锁经营广泛开展,将从旅游、餐饮、洗染、照相彩扩迅速向服务、速递、运输、租赁、法律、中介服务、社会化家政等领域发展。在零售业中,连锁经营将会迅速由超级市场向便利店、大型综合超市、仓储式超市、购物中心、折扣店、廉价店和家居中心等业态发展。

5. 连锁经营信息管理水平不高、物流基础设施较弱

近几年,我国连锁经营企业在信息管理和物流配送系统的硬件设施建设上取得了一定的成绩,但零售技术水平和信息管理水平还较为落后,物流配送系统的深度开发和利用、软件设施方面的建设等都滞后于发达国家。目前,我国连锁企业的信息管理和物流配送系统,大多还停留在收款监管和补货送货层次上,而对优化商品采购结构、库存结构、合理规划商品配送线路、加快商品周转速度、降低配送成本等高层次管理技术的开发和利用的进展速度还很缓慢。我国大多数连锁企业的物流成本仍然高达 10%左右,统一采购和配送水平只有 30%~60%,而发达国家连锁企业总体上的统一配送率在 80%以上,差距非常明显。

6. 资金技术的制约和人才的缺乏

发展连锁经营是实现企业从劳动密集型向技术密集型转换的过程,也就是说,企业不仅要对传统营运过程中的硬件设施进行改造,还要按现代信息技术管理的要求进行资源的配置,如条形码管理系统、销货管理系统(POS)、计算机信息管理系统(MIS)、电子订货系统(EOS)以及电子现金出纳机(ECR)技术的应用等,这需要较大的资金投入,同时也需要大量的连锁经营的管理人才和技术人才。目前,我国连锁经营管理人才总量匮乏、结构失衡、素质偏低,符合现代流通业发展要求的人才资源的短缺,已成为制约我国连锁业发展的瓶颈。

相关链接 1-4

2013 年中国连锁企业前 20 名的销售额和门店数

表 1-3 给出了 2013 年中国连锁企业前 20 名的销额和门店数。

表 1-3 2013 年中国连锁企业前 20 名的销售额和门店数

名次	企业名称	销售规模(含税)/万元	同比增长/%	门店数/个	同比增长/%	主要业态
1	苏宁云商集团股份有限公司	13 800 000	11.3	1 626	−4.6	家电专业店
2	国美电器集团	13 334 000	13.5	1 585	−5.9	家电专业店
3	华润万家有限公司	10 040 000	6.7	4 637	4.8	超/综/便
	其中:苏果超市有限公司	3 385 600	2.1	2 109	0.5	超/综/便
4	康诚投资(中国)有限公司(大润发)	8 072 000	11.4	264	20.5	综/购中心/便
5	沃尔玛(中国)投资有限公司	7 221 464	24.5	407	3.0	综/会/社区店
6	华联超市股份有限公司	6 881 838	0.2	4 600	−3.4	超/综/便
7	山东省商业集团有限公司	6 113 842	24.2	575	10.8	百/综/超/专
8	上海友谊集团股份有限公司	6 080 000	6.7	45	−8.2	百/综/超/专
9	重庆商社(集团)有限公司	6 029 699	10.6	326	−0.3	超/综/便/百/专
10	百胜餐饮集团中国事业部	5 020 000	−3.8	6 000	15.4	西式快餐
11	家乐福(中国)管理咨询服务有限公司	4 670 588	3.2	236	8.3	综/超/折
12	大连大商集团有限公司	3 948 386	6.1	200	0.0	超/百/专/其他
13	永辉超市股份有限公司	3 506 000	25.5	292	17.3	超/百/其他
14	物美控股集团有限公司	3 253 711	10.3	696	6.6	超/综/便
15	武汉武商集团股份有限公司	3 068 458	14.5	100	2.0	超/百/专/其他
16	石家庄北国人百集团有限公司	3 016 801	18.7	239	20.7	超/百/专/其他
17	农工商超市(集团)有限公司	3 000 119	−1.0	2 644	−3.3	超/综/便/折
18	中百控股集团股份有限公司	2 931 874	11.8	1 016	7.2	超/百/仓储/其他
19	长春欧亚集团股份有限公司	2 827 826	17.1	75	29.3	超/综/百/其他
20	宏图三胞高科技术有限公司	2 756 384	4.2	510	5.8	IT 专业店

项目小结

连锁经营是一种现代商业化的组织形式和经营方式。它的基本特征表现在 4 个方面的"统一",即企业识别系统统一、商品及价格和服务统一、经营管理统一、经营理念统一。连锁经营管理严格执行的 3S 原则即作业的标准化、经营活动的专业化、管理活动的规范化。其在经营规模、管理方式、市场扩张、管理手段等方面有着巨大的优势。连锁经营的类型可以分为直营连锁、特许连锁和自由连锁三种主要类型,这三种类型各有特点和适合范围。零售业态是零售企业的经营形态,我国零售业态分类的依据是其经营方式、商品结构、服务功能,以及选址、商圈、规模、店堂设施、目标顾客和有无固定场所等因素。现代连锁经营起源于美国,2000 年以来,中国连锁业高速发展,近两年来,连锁业增速放缓,步入稳定发展期。

练习与讨论

一、基本概念

连锁经营　直营连锁　自由连锁　特许连锁　零售业态

二、基本训练

1. 单项选择题

(1) 世界上最早的连锁经营形式是(　　)。
　　A. 直营连锁　　　　B. 自由连锁　　　　C. 特许连锁　　　　D. 加盟连锁

(2) 分店不具有企业法人资格的连锁经营形式是(　　)。
　　A. 自由连锁　　　　B. 特许加盟　　　　C. 直营连锁　　　　D. 加盟连锁

(3) 直营连锁、特许连锁、自由连锁的员工执行标准化、规范化操作的依据是(　　)。
　　A. 协议书　　　　B. 经济合同　　　　C. 3S 原则　　　　D. 操作手册

(4) 零售业是根据消费者的需求特征,从怎样卖商品的角度来划分零售店,被称为(　　)。
　　A. 业种店　　　　B. 业态店　　　　C. 零售店　　　　D. 批发店

(5) 1931 年 8 月,世界上第一家超级市场产生于(　　)。
　　A. 英国　　　　B. 法国　　　　C. 美国　　　　D. 荷兰

2. 多项选择题

(1) 连锁经营管理严格执行的 3S 原则是(　　)。
　　A. 标准化　　　　B. 专业化　　　　C. 简单化　　　　D. 规范化
　　E. 科学化

(2) 特许经营不可缺少的三个方面是(　　)。
　　A. 法定证明人　　B. 特许人　　　　C. 被特许人　　　　D. 特许合同
　　E. 行业协会

(3) 特许连锁适用的行业为(　　)。
　　A. 制造业　　　　B. 服务业　　　　C. 餐饮业　　　　D. 公共事业部门
　　E. 便利店

    (4) 对连锁经营可存在的风险进行风险规避的主要方法有(   )。

        A. 自我评估   B. 行业评估   C. 连锁集团的评估   D. 消费者评估

        E. 建立预警系统

    (5) 直营连锁的主要特征主要表现在(   )。

        A. 分级管理   B. 同一资本   C. 统一核算   D. 集中进货

        E. 经营管理权集中统一

3. 判断题

    (1) 连锁经营是一种现代商业化的经营形态。   (   )

    (2) 特许连锁适用于服务业、餐饮业以及便利店之类的小型零售业等领域。   (   )

    (3) 自由连锁的核心是各门店拥有独立的所有权、经营权和核算权。   (   )

    (4) 特许经营的特点之一是产权一体化。   (   )

    (5) 世界上最早的一家连锁店是美国于 1859 年成立的"大西洋和太平洋茶叶公司"。

                                                               (   )

4. 问答题

    (1) 连锁经营的基本特征有哪些? 连锁经营的 3S 原则是什么?

    (2) 连锁经营与传统商业经营有什么不同?

    (3) 直营连锁、特许连锁、自由连锁之间有什么区别?

    (4) 根据零售业态分类的标准,谈谈零售业态的类型及各业态的选择。

    (5) 怎样进行连锁经营业态选择和风险控制?

    (6) 中国连锁经营的现状主要表现在哪些方面?

三、实训项目

    (1) 选择一家便利店,试根据其业务为其形象、商品和服务水平制订出一套标准化的守则。

    (2) 分析本地零售企业连锁经营发展情况,并写出调查报告。

四、案例分析

标准化战略是连锁企业快速成长过程中最大的难题

    如家酒店,中国经济型酒店行业的领导品牌,中国酒店业海外上市第一股,现已在全国 30 个省和直辖市覆盖近 100 座主要城市,拥有连锁酒店 500 多家,形成了业内遥遥领先的最大的连锁酒店网络体系。如家酒店规模的迅速成长,很重要的因素之一是其成功的连锁加盟战略。

    屈成才《高成长企业咋就留不住人》一文讲到,新东方教育科技集团的高管们在选择扩张模式时,立志永远不做连锁加盟,为的就是保证质量,"宁可慢一点,也要稳一些。"本来,如家连锁酒店 CEO 孙坚也持同样的看法,因为对于酒店来说,服务质量即生命。但 2005 年,孙坚决定接受挑战,开始采用连锁加盟模式,这对如家的管理能力无疑是一大挑战。对此,孙坚承认:标准化管理是连锁企业快速成长过程中最大的难题。孙坚一直认为,没有做好充分准备,以特许加盟的形式迅速扩张不利于酒店管理质量的稳定。尽管连锁企业最大的优势在于标准,但是成也萧何,败也萧何,一旦无法保证标准化的顺利实施,失败就在所难免。可是,刚刚起步的经济型酒店市场为如家创造了无数机会,但如果不能抓住机遇,迅速扩张,企业则可能错失良机。两相权衡,如家终于按捺不住。

但通过连锁加盟,数量是达到了,质量能够保证吗?孙坚给出的答案是:标准第一!三角架构一个不能少。孙坚在如家内部,提出了"三角架构",希望以此应对如家迅速扩张的战略需求。孙坚介绍说,三角架构是指企业人力、系统和客源三个部分相互支撑、相辅相成。

(1) 人力。首先,建立管理培训学院,定位于企业大学。主要针对酒店内的管理人员进行培训,定期举办培训班,让所有人交流经验,互相学习。其次,实施未来经理人成长计划。选拔一批优秀的后备力量,安排 6 个月的见习期让他们轮岗学习,然后分派到各个分店做见习经理,跟随学习。最后,建立全员网络培训系统,构建员工标准化学习平台,让所有的员工养成学习的习惯,并且定期考核,直接与绩效考核挂钩。

(2) 系统。这主要包括服务支持中心和区域城市经营中心的建立。服务支持中心专门帮助各个连锁酒店解决实际问题,辅助完成各项改进计划;城市经营中心则负责各大分区酒店的管理。

(3) 客源。客源管理包括 CRM(嘉宾会员卡)、CRS(中央预订)两项内容。对如家来说,必须保证大量的客人是中小企业商务人士,如果失去这一性质,企业的客户定位就会出现偏差,品牌形象就会受到影响。进行客源管理之后,75%的客户将由中央客户系统输出和管理,这对于加盟店来说,是一个有效的管理制约,也是标准化管理的一项重要内容。

通过这样一个三角隐形架构,孙坚希望自己的管理可以有效控制加盟店,从管理层、员工、客户三个层面进行有效的标准化管理,把各地员工放在同一个平台上。孙坚同时也认识到,要想有效地完成标准化管理,必须建立一个强大的中央控制平台,如果没有这个重要前提,标准化管理就很难推行下去。在如家,这样的中央平台包括 4 项内容:中央管理平台、中央采购平台、中央财务平台,以及中央信息平台。通过中央管理平台加强控制,通过中央采购平台控制成本,通过中央财务平台有效预警,通过中央信息平台加强沟通。只有把各地区、各家酒店的员工放在一个平台上沟通,才有可能保证标准化管理的效果,形成取长补短、相互促进的局面。

(资料来源:中国物流与采购联合会网.http://www.cflp.org.cn)

问题讨论:

(1) 为什么说标准化战略是连锁企业快速成长过程中最大的难题?

(2) 如家如何实施其标准化战略?

项目二 连锁经营的组织结构

学习目标

知识目标

- 了解连锁企业组织结构设置的原则和程序；
- 了解连锁企业组织设计应考虑的影响因素；
- 掌握连锁总部、门店、配送中心基本功能。

技能目标

- 学会连锁企业总部组织结构设计；
- 学会连锁企业门店组织结构设计；
- 学会配送中心组织结构设计。

案例导入

沃尔玛的组织结构

沃尔玛的经营能取得巨大的成功，在于它有着一套高效完整的组织结构，沃尔玛的组织结构就像一只无形的手，操控着沃尔玛，对沃尔玛各方面的运作起到关键的作用。图 2-1 和图 2-2 是沃尔玛人事组织结构。

在沃尔玛的组织结构里，上层的 CEO 下面设立四个事业部，分别管理着购物广场（含折扣店）、山姆会员店、国际业务和物流业务，下面就是庞大的分店；另设两个商店管理事业部，通过事业部总裁、区域总裁、区域经理、店铺经理四个层次，直接对店铺的选址、开办、进货、库存、销售、财务、促销、培训、广告、公关等各项事务进行管理。

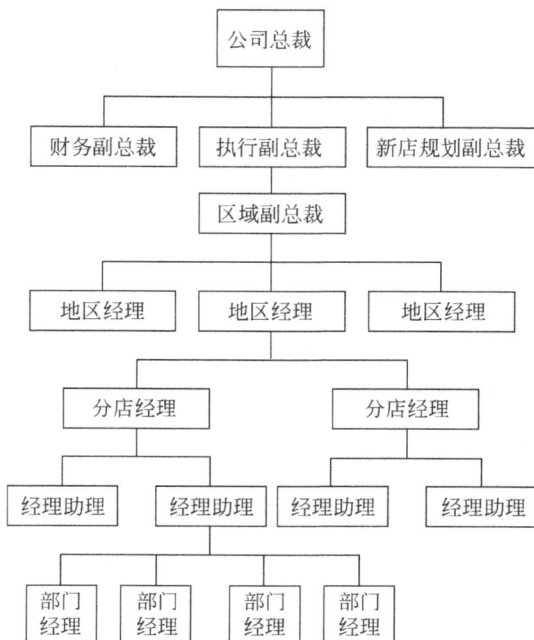

图 2-1 沃尔玛公司总部组织结构

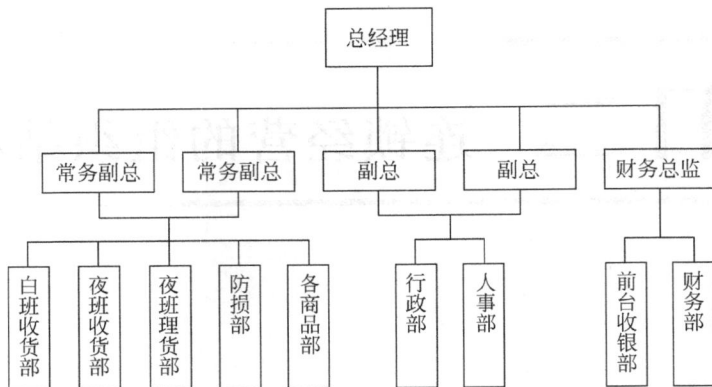

图 2-2　沃尔玛商店组织结构

■ 模块一　连锁企业组织结构设置的原则与程序

　　组织结构是指一个组织内各构成要素以及它们之间的相互关系,主要涉及企业部门构成,基本的岗位设置、权责关系,业务流程、管理流程及企业内部协调与控制机制等。其目的是帮助企业围绕其核心业务建立起强有力的组织管理体系。

　　不管哪种形式的连锁企业,其基本的组织结构一般由三个部分组成:总部、门店、配送中心。

　　总部:连锁企业的高级组织,是连锁经营的指挥领导层和经营决策层。

　　门店:是连锁经营的基础,承担具体实施的执行功能。

　　配送中心:是连锁经营的物流机构,是促进连锁经营成功的保证。

一、连锁企业组织结构设置的原则

　　连锁企业的组织设计与其他企业一样,都应遵循如下原则。

(一)效能原则

　　连锁企业是一种经济组织,它以营利为目的,利润最大化是它的首要目标。这是连锁企业的经济效益。另外,连锁企业还通过组织商品流通和流通服务,为社会提供劳务服务,促进生产的发展,满足人民群众不断增长的物质文化生活的需要。这是人们常说的企业的社会效益。连锁企业组织设计遵循效能原则,就是要建立合理的组织结构,使企业内部形成良好的运行机制,有利于提高工作效率,降低流通成本,为社会提供优质服务,使企业的经济效益和社会效益不断提高。

(二)统一协调原则

　　连锁企业的组织设计,必须使企业形成一个统一的有机整体。设计形成的组织结构应能保证企业运行时,各个部门和个人协调一致地工作。"下级服从上级,局部服从整体"是统一协调原则的基本要求。从事商流服务业务的连锁企业,经营过程中不需要什么技术设备,因而不受太多条件的制约,容易形成分散失控的局面。进行组织设计时,应充分考虑这一情况,保证对整体经营活动的有效控制。

(三)精简原则

所谓精简,是指企业的组织结构在满足经营需要、保证企业目标实现的前提下,把组织中的机构和人员的数量减少到最低限度,使组织结构的规模与所承担的任务相适应。机构臃肿、人浮于事,这一方面浪费了人力资源,另一方面由于多余环节的存在,增大了交往成本。而且人员一多,还会增加人际关系方面的矛盾。"小管理,大经营"是我国连锁企业几十年组织管理经验的总结。进行组织设计时,应根据这一经验,减少职能管理机构和管理人员,把更多的人力投入经营活动中去。

(四)责权一致性原则

责权一致性原则,要求组织结构中的各个部门和个人不仅要有明确的工作任务和责任,而且还要有相应的权力,即责权相适应。有责无权,不能保证组织机构正常履行工作职能,承担不了应有的责任。权力过大,会造成滥用职权,企业运行混乱。

(五)以营销为中心原则

商业连锁企业的中心任务是销售商品或为社会提供服务,又称为营销活动。营销活动是实现企业目标的基础工作,无论是企业经济目标还是社会效益目标的实现,首先取决于营销工作的好坏。所以,企业的组织设计必须以营销活动为中心,就是说,在企业组织结构中,营销机构是主体,处于主导地位。以营销活动为中心设计连锁企业的组织机构应做好三个方面的工作:一是要把企业的主要力量安排在直接从事营销活动的机构中,包括人员数量在整个组织中的比重应是最大的、人员的素质应该是最高的;二是营销机构必须是主要的直线机构,由各层次的主要负责人直接领导指挥;三是在企业内部的协调关系中,其他部门的活动应该有利于营销活动的顺利进行,保证营销目标的实现。

二、连锁企业组织结构设置的程序

(一)工作岗位设计

工作岗位是根据专业化分工原则,按工作职能划分而成的工作职位。工作岗位是构成企业组织结构的基本单位。连锁企业组织结构中的工作岗位,一般有采购、销售、保管、装卸、配送、会计、出纳、统计、合同管理等。不同类型的连锁企业,可根据自己经营业务的特点和企业内部的条件,或把岗位分得更细,或设计出具有综合性的工作岗位。但必须强调的是,工作岗位是根据企业组织目标的需要来设计的,不能设计出与目标无关的岗位。

(二)部门划分

所谓部门,是指企业组织结构中一个管理人员有权执行所规定的活动的一个明确区分的范围。划分部门就是确定这些范围。这些部门实际是承担某些工作职能的组织机构。所以部门划分也可称为组织机构设置。一个部门通常由若干个工作岗位组成。

划分部门,在遵循组织设计原则、考虑各种影响因素的前提下,还要具体体现两个特征:一是使部门与部门之间相对具有较大的独立性,即部门之间的相关性应该小;二是部门内部应相对具有较大的凝聚度,即部门内部的相关性要大。这是符合组织设计原则的,因为这样便于明确责权关系,减少协调工作量。

连锁企业中的部门归纳起来可分成三大类别,即业务部门、职能管理部门和后勤服务部门。

(1) 业务经营部门是直接参与经营业务活动的部门,也称为直线部门。如采购部、销售部、储运部及配送部等。它们是实现企业目标的操作部门,是企业组织结构的主体。

(2) 职能管理部门是对经营业务活动进行计划、指导、监督和调节的管理部门,如计划、财务、统计、劳资、物价等部门。它们不直接参加经营业务活动,但与经营业务活动有着直接的联系,它们与业务经营部门的联结主要是通过信息的传递。职能管理部门是企业组织中各级直线领导者的参谋和咨询机构。

(3) 后勤服务部门是间接为经营业务活动服务的部门。这些部门与职能管理部门不同,它与经营业务的关系并不那么直接,不能对经营业务活动发挥监督指导作用。属于这类部门的有人事、保卫、膳食、交通等。

划分业务部门的具体方法,通常有按职能划分、按地域划分、按产品划分、按业务环节划分等。各企业可根据自己的特点选择采用,也可同时采用几种方法。如生产资料连锁企业,常常在其总部所在地区按经营产品和业务性质划分部门,而在外地则按地域设置部门。

(三) 管理层次及管理幅度设计

管理层次和管理跨度是决定组织结构的两个重要参数,而且,管理层次与管理跨度是密切相关的。

任何企业的组织结构都应是一种梯形结构,即上级指挥机构少,下级指挥机构多。从上到下,根据管理的需要,通常设有若干指挥和管理层次。这些层次之间是一种隶属关系,从而形成职权上的等级链。管理层次设计就是确定等级链的级数。

管理幅度是指组织中的一个上级直接指挥下级的数量。显然,在组织规模一定的情况下,如果不考虑其他因素,则管理幅度越大,管理层次就越少;反之,管理层次就越多。

影响管理幅度的客观因素主要有:①职能的相似性;②职能的复杂性;③地理分布;④指导和控制工作量;⑤计划工作量;⑥协调工作量;⑦下属人员的能力;⑧信息沟通的程度。目前,人们主要还是采取定性的方法来确定管理跨度。一般认为上层的管理跨度应窄一些,4~8人为合适;下层管理跨度应宽一些,15~20人为宜。中层的管理幅度介于二者之间。这是因为,上层的管理工作复杂,属非结构化决策的问题较多。实际上,中层的管理幅度比上层窄,这是因为中层管理者承担着较多的向高层领导汇报工作的职能。

管理幅度确定之后,就可以组成一个由一定层次构成的组织结构。

(四) 领导职位确定

所谓领导职位,是指组织中各层次上各部门领导的工作岗位。工作岗位设计只是确定了一般工作人员的工作职位,对领导的职位,必须在部门和层次结构设计出来以后方能确定。确定领导职位就是明确领导者在组织中的等级地位,并以一定的职位名称来表示。企业组织中的领导职位,要根据企业的法律形式、领导制度、规模大小和组织结构的形式来设置,通常的领导职位有董事长、总经理、副总经理、经理、副经理、部长、副部长、主任、副主任等。

■ 模块二　连锁总部的组织结构

一、连锁总部的组织结构简介

连锁总部的组织结构设置会受连锁体系类型的影响,本章只对连锁企业的组织结构设置作初步介绍。

(一)总部管理模式

连锁总部最高管理层组织结构如图 2-3 所示。

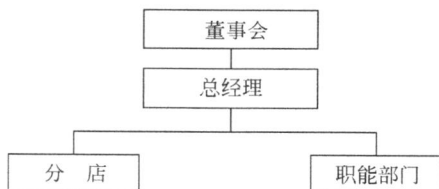

图 2-3　连锁总部最高管理层组织结构

(二)地区管理部管理模式

公司总部按地区设立若干个地区管理总部,由地区管理总部管理门店,总部不直接管理门店。这种模式适用于发展已有一定的规模,门店数量多、店型小且分布地区广的连锁企业。地区管理总部的组织结构如图 2-4 所示。

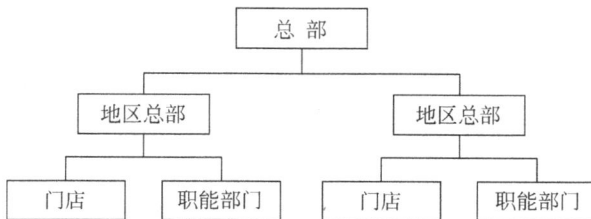

图 2-4　地区管理总部的组织结构

(三)连锁总部职能部门的组织结构

连锁总部职能部门的组织结构如图 2-5 所示。

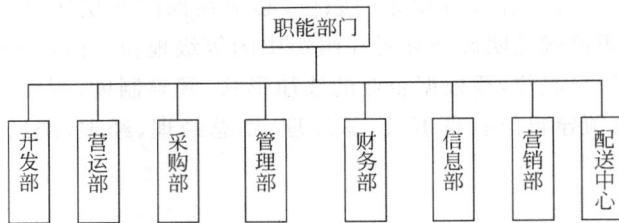

图 2-5　连锁总部职能部门组织结构

参考案例 2-1

苏果超市有限公司的组织结构

苏果超市有限公司,创立于1996年7月18日。它的前身是江苏省果品食杂总公司,"苏果"二字即取自其中的"苏"和"果"两字。2004年6月,华润控制苏果85％的股权。经过17年的艰苦创业历程,截至2012年,苏果网点总数2 098家,覆盖苏、皖、鄂、鲁、豫、冀6个省份,员工总数10万人,年销售规模425.6亿元。苏果超市是江苏最大的连锁超市,在全国同行业中连续多年位列前十强。"苏果"商标被国家工商总局认定为中国驰名商标。"苏果"品牌价值被世界品牌实验室评估为130亿元。

苏果超市有限公司的组织结构如图2-6所示。

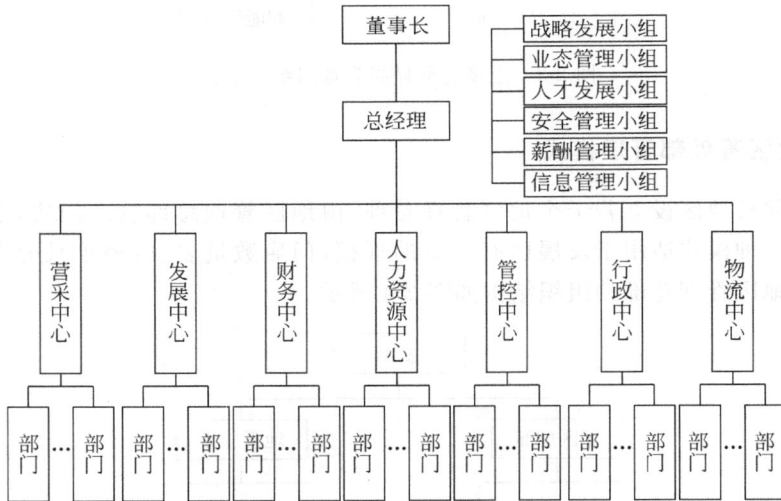

图 2-6　苏果超市有限公司的组织结构

二、连锁总部的基本职能

(一) 连锁总部的基本职能概述

连锁总部是为门店提供服务的单位,其基本职能是:基本政策制定、连锁门店开发、商品采购管理、商品配送管理、资金运作管理、商品促销管理以及门店营运督导等。

1. 基本政策制定

（1）制订发展战略。连锁企业要研究和制订企业的发展战略，例如，是发展单一连锁模式，还是多种连锁模式相结合（直营连锁、特许连锁、自由连锁）。

（2）明确组织形态。一般有两种：一种是由连锁企业总部直接管理下属所有门店，一般适用于区域性连锁企业；另一种是"总部—地区管理部—门店"，主要适合于大型连锁企业或全国型、跨国型的连锁企业。

（3）制定劳动人事政策。劳动人事政策是对连锁企业人员的录用、培训、考核、奖励、福利待遇等进行计划、组织、控制和协调等管理工作的一系列标准。

（4）制定商品采购政策。连锁经营的基本特征之一，是其商品采购政策实行购销分离。

（5）确立配送模式。按照市场占有率的要求，决定设立多少配送中心，同时考虑其配送中心如何划分的问题。

（6）制定商品销售政策。一是商品的价格政策；二是商品的促销政策；三是网点布局和商品陈列政策。

2. 连锁门店开发

连锁门店开发是连锁企业经营的基础，连锁企业总部应制订一整套门店开发操作规范，内容包括以下几个方面。

（1）开店操作规范。它主要包括：门店选择的各项标准；门店规划标准；工程发包准则；门店开发总流程表以及部门别、项目别工作计划表，开发及评估标准等。

（2）开店作业流程。开店作业流程包括以下内容：寻找备选门店、商圈调查、投资评估、门店购租、门店规划、门店营业准备和开店后评估。

3. 商品采购管理

在商品采购管理上，连锁总部主要解决以下几个问题：

（1）做好采购部经理、采购部工作人员的选择与配备。

（2）重点工作是主力商品的选择与培养。

（3）提高商品的适销率。

（4）加强采购计划的准确性。

4. 商品配送管理

在商品配送管理上，连锁总部主要解决以下几个问题：

（1）配送中心的规模与能力要与本连锁企业的发展规模和销售能力相适应。

（2）控制配送成本。

（3）提高配送的增值功能。

（4）界定好配送中心对门店服务的标准。

5. 资金运作管理

在商品资金管理上，连锁总部主要解决以下问题：

（1）安排好各种资金的比例关系，重点保证进货资金和发展资金的使用。

（2）及时做好销售款回笼工作。

（3）履行对供应商的商品货款结算制度。

6. 商品促销管理

连锁企业的销售是一种全方位的促销管理。选择和利用适当的促销手段，是增加连锁企业销售额的重要方法。促销效果的关键在于管理，有时未必与促销费用成正比。促销管理主要包括以下几个方面：

（1）设定促销目标。包括提高营业额、提高来客数、提高客单价等。

（2）拟订促销计划。主要考虑顾客购买特征、季节、月份、商品、促销主题及方式、宣传媒体、预期效益。

（3）计划执行与评估。根据促销方案与各有关部门、有关人员配合执行，并于促销活动结束后进行评估。

7. 门店营运督导

通常总部拥有一批经过专门培训的优秀督导人员，由他们负责对连锁企业各门店的指导和监督工作。督导员的主要业务有以下几个部分：

（1）与门店的信息沟通。

（2）门店的常规指导。

（3）门店商品管理。

（4）门店的经营状况。

（二）连锁总部在履行基本职能的过程中，充分发挥以下作用

1. 经验积累

连锁企业运作成败，总部责无旁贷。市场竞争依靠个人的经验恐难取胜。总部担负着连锁企业长期可持续发展的重任，有责任积累各种成功经验。明确未来发展方向，并将不断成熟的管理技巧传递给门店管理者，以便使所有门店的管理水平达到一致。

2. 教育培训

连锁店运作成功的关键在于如何将连锁运作的精华传递给每一个门店管理者和员工。即让每一个员工都能掌握连锁运作成功的经验。其中教育培训扮演了非常重要的角色。为此，连锁企业可以成立培训机构、培训大学。通过不同形式的培训，让企业的每一名员工接受企业的经营理念和岗位操作技巧，成为熟练的执行者。

3. 指导

门店的运营中难免出现问题，仅靠教育培训的课程训练是远远不够的，也无法解决某些实际问题。最有效的方法是：总部安排专业人员持续地指导门店运作。一是可以将总部的最新经营技术和政策及时传递给门店；二是可以及时解决经营中出现的各种问题，使门店运作更有绩效。

4. 营销

营销概念，它是指涵盖商品采购、价格制订、整体形象塑造、服务设计等于一体的一系列活动,是一个相当广义的概念。总部应该从战略的角度安排各种营销方案的工具和组合,从根本上提升企业的竞争力。营销是连锁总部必须长期研究的内容。

5. 展店

不断扩大门店数量是连锁企业扩大经营规模的重要表现。要达到高质量的开店成功率,总部必须设计出真正属于自己的开店策略,包括全面展店计划、市场潜力分析、商圈调查与评估、开店流程制订与执行、开店投资与效益评估,以保证连锁事业蓬勃发展。

6. 物流服务

连锁企业总部物流配送服务一般是以配送中心为核心,集中采购、统一配送,高效率地将门店销售的商品及经营所需的原料和用具送达各连锁店,从而达到降低成本、提高门店运作效率的目的。连锁企业的规模效益有很大一部分是通过总部的物流服务功能实现的。

7. 研发

研发功能对连锁总部是非常重要的。企业应根据目标市场上变化的顾客需求,持续不断地进行研发,研发出适合顾客需求的产品和服务,研发出更有效的运作体系,才能保证企业发展的活力。

8. 财务

财务功能包括连锁企业资金的筹集与有效运用。该功能发挥正常,能有效避免企业出现运营危机,甚至会因为资金的灵活调度而增加非营业方面的收入。

9. 信息

信息功能主要是指收集顾客消费信息、经营环境变化信息、国内外行业发展趋势信息、新观念和新技术及企业内部的信息,并进行必要的信息重组和整合。及时有效的信息收集与处理,对连锁企业制订科学的经营决策具有重要作用。

阅读资料 2-1

美国的电子商务部

在国美网上商城的总体规划中,我们已经强调过美国分站地区差异对于国美网站建设和运营的影响,并且已经初步确定了网站管理的原则,那就是:总部统筹,分部执行。

国美电子商务部总部设有两名部长,负责电子商务部的最高决策。部长下级设有三个主管,分别负责营销、营运和技术。主管下级再根据运营的八大要素细分为多个专员,专职负责,包括商品专员、价格专员、宣传专员、促销专员、物流专员、财务专员、售前客服专员、售后客服专员、会员营销专员、系统管理员等职位。

电子商务部总部的主要职责是从宏观上把握运营的八大要素并确定电子商务的发展方向;确定发展的阶段目标并规划发展过程;根据确定的发展目标给分部下达合理的工作指标;保障所有工作流程的畅顺;改善客户体验、美化页面设计;完善系统功能;确定工作流程和统一规范;协调电子商务部和其他部门的关系。

国美电子商务部设有 43 个分部,负责全国不同地区的电子商务业务。分部由总部直接管理,并对总部负责。分部设有营销专员和营运专员,其主要职责是从微观上执行运营的八大要素;执行总部的决策和规范;完成总部下达的工作指标。

因此,总分部之间的关系就是:总部统筹,分部按地区实际情况执行。

一方面,总部管理分部。分部接受总部的管理,执行总部的决策,完成总部的指标。

另一方面,总部协助分部。总部为分部向公司争取各种资源;总部时刻保证各分部的业务流程畅通;总部完善系统功能,简化制作;总部统一各种模板,减少分部工作量;协调电子商务分部和其他部门的关系。

三、总部各职能部门的职能

(一)企划部的职能

企划部是公司的参谋部。主要职能是把握公司经营现状和宏观环境动态,就公司的组织发展与经营事业制订和协调战略目标与规划,供总经理及其他部门参考。

(二)发展部的职能

(1)新开店址调查。包括人口数、家庭结构、收入水平、消费偏好、行业竞争状况等。

(2)编制新开店投资预算,估算投资回收期和投资收益率,交财务部审核以申请店面开发资金。

(3)制订店面建设、装修、设计统一标准,依此建设新店,进行内外部装修,或者包给外单位承建,但要对工程进度和质量进行严格监督和控制。

(4)店面营业设备的采购和安装。制定店面营业设备的使用和保养制度,并监督和不定期检查执行情况。负责店面及店面营业设备的维修和保养。

(三)店面经营部的职能

(1)店面经营业绩的考核制度的制定和执行。

(2)店长工作绩效的考核与人事变动的建议。

(3)店面岗位责任、作业规范、服务规范的制订与执行情况的监督和考核。

(4)将物流部制订的商品销售计划,根据区域各分店的具体情况(主要是市场环境、经营规模、经营状况与潜力等)分解后下达任务,指导店长执行与实现。

(5)店面经营指导,包括商品陈列、POP 广告设置、店员培训。

(6)推广先进店面的经营经验,督促和帮助落后店面改进经营状况。

(7)分店、分区域促销计划的制订和执行。

(四)物流部的职能

(1)商品采购制度的制定和执行。

(2)制订全公司分品种商品销售计划并制订和执行相应商品采购计划。

（3）制定商品开发政策，开发新产品，调整经营商品结构。

（4）定价策略及各种商品价格的制订和执行情况监督。

（5）公司统一促销策略的制订，统一促销活动的策划。执行、推动及效果评价。

（6）商品配送制度、仓储管理制度的制定与执行。

（7）物流活动的开展与管理，包括到货商品的验收、保管与维护，适当的流通加工（如分装、分等、配组），库存控制，对各分店的商品配送服务等。

（五）财务部的职能

（1）资金筹措、分配与使用等管理制度的制定。

（2）审核各部门开发项目的投资预算或经费预算，负责筹措资金，保证供给或提出预算修改方案。

（3）经营费用管理制度的制定与执行情况监督，营业成本控制工作的监督。

（4）总店与分店财务核算制度的制定与执行。

（5）公司的财务收支，包括供应商货款结算、税金缴纳等。

（6）提供会计财务报表。

（7）开展内部审计。

（六）行政部的职能

（1）公司劳资、福利、岗位考核、人事变动等制度的制定与执行。

（2）劳动人事合同和档案管理。

（3）人力资源的开发。

（4）公司人际关系与员工士气调查、分析、发扬或改进。

（5）公司后勤服务。

（6）保持和促进良好公共关系。

（7）接受消费者投诉，做出回复，监督有关部门处理，或上报总经理责成有关人员或部门处理。

（8）公司安全制度的制定与执行。

（9）公司办公用品采购、管理制度的制定与执行。

（七）信息服务部的职能

（1）公司管理信息系统的开发和维护。

（2）系统地进行人员培训。

（3）商品经营进、销、存各环节的数据统计整理和分析，满足有关经营部门对经营商品信息的需要，提高商品管理水平。

（4）定期或不定期地自主或应有关部门要求开展专题市场调研活动。

（5）保持与外部环境的密切联系，随时随地收集消费者需求变动趋势、行业竞争状况、经济景气等有关信息，进行加工处理，作出分析报告，供有关部门决策参考。

参考案例 2-2

苏宁电器连锁公司的组织机构

苏宁电器连锁公司内部组织体系划分为品牌营销、市场策划、连锁管理、物流配送、售后服务、行政后勤、人力资源、财务管理、信息系统九大专业职能领域,包括集团总部决策层、地区管理中心经营层、终端作业层三个管理层级,并且在全国连锁网络中实现了岗位设置与职能的统一化、标准化,所有的苏宁子公司都遵循相同的组织体系运作。

在组织管理方面,苏宁为有效地推进连锁事业的发展,从以下几方面作出改革:第一,调整集团内部的组织架构,实现扁平化管理,以连锁推进为目标,形成采购、连锁管理和地区销售相结合的管理体系;第二,形成统一的连锁管理规范文件,以统一形象、统一资源、统一服务;第三,以内部管理的 ERP 系统和外部交易的电子商务为手段,借助"中国电器网"发展连锁企业之间的 B2B 交易和面向全国公众的 B2B 网上购物;第四,同步建立售后服务和物流连锁,强化对连锁企业的后台支持系统。

模块三　连锁门店的组织结构

一、门店的组织结构

(一)门店组织结构简介

连锁企业实行的是总部集中性统一管理,因此,门店的组织结构相对比较简单。设计组织结构时主要考虑门店的性质、业态特征、规模大小及商品结构等因素。直营店通常由店长直接管理,同时下设副店长、值班长、组长等职务;特许店可由加盟店店主直接管理店内事宜,也可由店主另聘店长来管理。通常规模较小的门店不分组,也不设组长。

1. 规模较大的门店的组织结构

如图 2-7 所示。

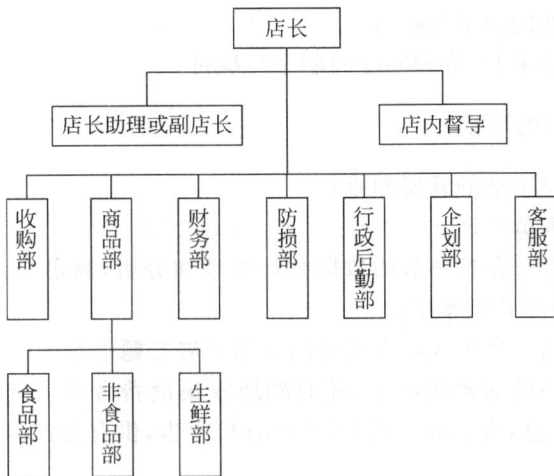

图 2-7　规模较大的门店的组织结构

2. 规模较小的门店组织结构

如图 2-8 所示。

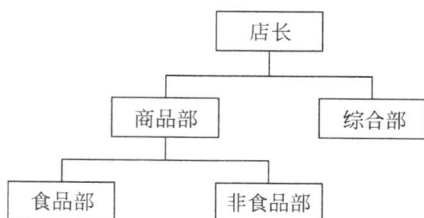

图 2-8　规模较小门店的组织结构

（二）门店人员配置

1. 根据店面经营情况定岗定编

一个门店需要多少岗位，要根据店面面积大小、经营种类多少、经营货物的性质、门店的档次等合理安排岗位编制。避免盲目录用员工，造成人力资源的浪费及机构臃肿的现象发生。

一项调查资料表明：对于零售超市一般 120～400 平方米的门店，每 100 平方米配一个员工；对于 400～2 500 平方米的门店，每 36 平方米配备一个员工；对于 2 500 平方米以上的门店，每 28 平方米配备一个员工。

2. 根据工作量来推算所需岗位

作为店长，首先确定各部门内必要的工作，将这些必要的工作分配到各个部门的员工，然后记录担任者一个月工作所需要的总时间，从而计算出此业务需要多少人。例如，某门店，一天的客流量为 1 000 人，购买商品的客户为 30%，1 名收银员 1 天可以接待 100 名顾客，那么该门店需要设置 3 个收银员岗位。

再比如，有两家快餐店，面积一样，经营品种一样。但是甲快餐店同时经营着送餐业务，而乙快餐店不经营送餐业务，只经营来店就餐。那么两家的岗位需求也是不一样的。

3. 根据销售指标来确定岗位

店长也可根据总公司确定的门店销售指标来估算需要的店员数目。计算公式如下：

$$总店员数 = \frac{总目标销售额}{每人目标销售额}$$

$$总店员数 = \frac{总目标利润额}{每人目标利润额}$$

每人目标销售额和每人目标利润额的制订，需要根据以往店员的平均销售额，再增加相应的比例确定。例如，某音像店去年一年平均每人月销售额为 1 万元，今年总公司计划将销售额提高 20%，可以算出今年该音像店的每人月目标销售额为 1.2 万元。

二、门店职能

门店的主要职能是按照总部的指示和服务规范要求，承担日常销售业务。所以说，

门店是连锁总部各项政策的执行者。具体职能如下:

(1) 门店环境管理,主要包括店面的外观管理与卖场内部的环境管理。

(2) 商品管理,主要包括商品质量、商品缺货、商品陈列、商品盘点、商品损耗以及商品销售活动的实施等方面的管理。

(3) 现金管理,包括收银管理和进货票据管理。

(4) 信息管理,主要包括门店经营信息管理、客户投诉与建议管理、竞争者信息管理等。

(5) 人员管理,主要包括员工管理、顾客管理,以及供应商管理。

相关链接 2-1

门店店长岗位职责(房地产中介连锁企业)

1. 门店店长职权

(1) 主持门店的整体工作,组织实施公司有关销售业绩方面的决议会议,负责完成公司下达的业绩任务。

(2) 组织实施门店年度、季度、月度工作和业绩销售以及广告促销计划。

(3) 拟订门店内部管理机构设置方案及各职位的职责范围和标准。

(4) 与人事部门共同拟订门店的基本管理制度和人事奖惩制度。

(5) 拟订门店佣金提成及奖励方案,并提交公司上级主管领导审批。

(6) 制定门店经纪人的各项具体管理规章制度。

(7) 提请聘任或者解聘门店业务主管和经纪人,并报区域经理或相关主管领导审批。

(8) 聘任或者解聘应由上级主管聘任或者解聘以外的房地产经纪人。

(9) 制订经纪人的招聘、工作指导与培训计划。

(10) 行使公司和主管上级授予的其他职权。

(11) 制订门店内奖金的分配奖励方案。

(12) 负责门店顾客关系维护和顾客投诉处理。具有一定范围内的客户赔偿权力。

(13) 具有对直接下属的奖惩权力以及对下属工作的监督和检查权力。

(14) 具有有限资金的支配权力。

(15) 具有对直接下属的工作争议的裁决权力。

(16) 具有门店店长职权范围内的其他管理和职权。

2. 门店店长岗位职责

(1) 负责门店工作业绩销售计划、量化目标的制订和落实。

(2) 负责组织销售市场调研、信息收集和政策法规的研究工作,及时掌握市场动态,跟踪把握市场行情,及时提出合理的整体业绩销售计划和方案,认真组织落实和努力完成门店的业绩销售目标。

(3) 负责门店内各项业务(如门店环境和员工工作状态监督、广告,门店会议、销售、培训、合同、按揭、收款、过户、房客源管理开发、财物管理、市场商圈调研,等等)的协调完成。

(4) 及时协调和整理解决客户和业主的各类投诉并及时反馈有关信息,认真做好门店各项服务工作。维护公司和门店服务水平及美誉度。

（5）负责向上级提交门店销售统计与分析报表。

（6）把握重点顾客，参加谈判和签订合约，负责成交合同的签收及审核。

（7）制订实施业绩销售费用计划及广告预算，严格控制销售成本。

（8）负责制订实际销售提成方案，并定期统计提交公司审核发放。

（9）负责对门店内房地产经纪人进行培训和管理，根据实际工作情况向公司建议奖励、留用、处罚及解聘房地产经纪人。

（10）定期向上级提交工作报告及工作计划。

（11）负责处理门店内员工之间的纠纷，做好协调工作。做到公平、公正。对事不对人。

（12）服从领导的工作安排，协调好上下级关系。

（13）负责门店内员工的各项具体工作要求和安排。定期和员工进行沟通和鼓励。

（14）负责门店内员工心态和工作状态的随时调整，保持门店内工作士气的最佳状态。

（15）分析门店和竞争对手的销售业绩，找出原因，提升销售业绩。

（16）与主管上级和公司其他门店店长沟通和协调，共同探讨业务发展状况和解决门店经营中遇到的问题。

（17）制订出详细的门店员工培训计划，并监督实施。

（18）门店内经纪人每日工作内容和完成情况的量化管理，考核监督。实施有效的经纪人时间和工作日程管理。

（19）举行门店公关活动、促销活动、软性宣传主题文字及发布等，上报区域经理及主管副总经理，做到有计划、按步骤地开展促销活动宣传工作。

（20）组织门店销售会议和每日例会。

（21）根据公司规定，对门店员工进行考核。

（22）完成公司或者直属上级交办的任务。

（23）负责健全部门组织架构，完善门店分工授权、检查、报告制度，对其业绩进行评估，做到一专多能，责任到人，合理调配，以保证部门各项工作业务（如销售、谈判、业务拓展、合同、公证、按揭、过户等）的完成，强化组织功能，树立专业团队意识。

（24）处理门店突发事件和公关危机处理，负责门店的公共关系拓展。

（25）审核关于门店广告，包括报纸广告、直投 DM 宣传册和橱窗房源内容等。

（26）建立良好市场口碑，延伸和提高公司品牌形象。

（27）提升员工工作士气，负责门店未来相关储备人才的培养。

（28）其他门店店长需要履行的职责。

阅读资料 2-2

屈臣氏——人才是把握成功的关键

目前屈臣氏在内地的员工总人数约为 3 000 人。到今年年底，将达到 5 200 人，员工主要构成是管理人员、店员、药剂师、物流后勤人员等。不过，屈臣氏计划将在全国招聘100 名店长。人才是零售商把握成功的关键。

对于店长的人选,应聘者首先需具备3年或以上零售业或客户服务的工作经验,其中至少2年担任零售业店铺管理职位;其次,在员工管理、培训、沟通、协调等方面具备领导才能;再次,具备安全、清洁、POP、收订货、报表等方面的业务能力;最后,衡量应聘者发展前景的是基于提高客户服务标准及店铺销售的商业技能。学历方面的要求是大学本科毕业。

屈臣氏公司在招聘人才的时候会根据不同岗位,考虑候选人的学习能力、知识背景和工作经验,但最基本的一点是团结精神和服务意识。在一般企业鼓励员工团结平等的基础上,屈臣氏将其"Discovery不断发现"的企业文化,以及"健康、美态、欢乐"的经营及生活理念渗透于员工,使员工在一个充满活力的环境下,不断发现新的目标、新的自我价值。

屈臣氏致力于在整个中国地区市场,让屈臣氏品牌家喻户晓。公司需要吸纳和培养大批量的符合公司文化的高素质、高潜力而且愿意与公司共同成长的人才。通过外部招聘、内部接班人计划、高业绩表现者培养计划、核心员工发展计划来实现公司的人才战略。

模块四 连锁配送中心的组织结构

一、配送中心的组织结构

(一) 配送中心定义

配送中心是指接受供应者所提供的多品种、小批量的货物,通过储存、保管、分拣、配货以及流通加工、信息处理等作业后,将按需要者订货要求配齐的货物送交顾客的组织机构和物流设施。

配送中心是现代电子商务活动中开展配送活动的物质技术基础。

配送中心就是从事货物配置(集货、加工、分货、拣选、配货)和组织对用户的送货,以高水平实现销售和供应服务的现代流通设施。

(二) 配送中心的组织结构

配送中心的内部组织结构一般由行政部门、职能部门、信息中心、账务部门、仓库部门、运输部门等组成。如图2-9所示。

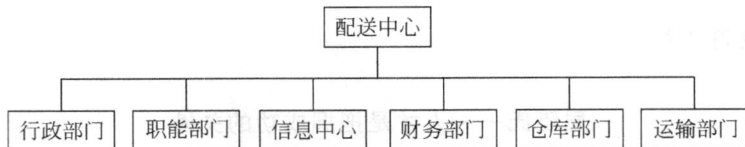

图 2-9 配送中心组织结构图

1. 行政部门

行政部门包括行政经理室和职能管理部门。行政经理室的主要职责是负责配送中心全面、高效的货物配送业务运转,保证货物顺利流通,满足各用户对货物的需求。职能管理部门则从不同管理角度深层次配合和协调配送业务的展开,是经理室管理职能的延续。

2. 信息中心

信息中心是配送中心的信息处理部门。它的主要职责是:对外负责汇总各项信息,包括各用户的生产和销售信息、订货信息,以及制造商或供应商信息;对内负责协调、组织各项业务活动信息等。

3. 账务部门

账务部门是配送中心专职处理业务单据的部门。其主要职责是记账和完成各类账单和报表,并保证其完整性,做好并监督业务单据的移交和签署;随时提供参考和配送业务的进、出、存以及运输数据;改进和设计业务单据和流程,使之更趋合理和科学。

4. 仓库和运输部门

仓库和运输部门是配送中心的具体运作部门,是配送中心完成配送任务的两大力量。仓库除了储存货物外,还负责配送环节的其他业务,因此设有理货区、配装区、加工区等功能区域。仓库的主要职责是及时、有效地安排货物进出库,保证货物数量和质量的完整性,同时根据用户或客户的不同要求组织不同货物的加工、分拣、配装,以满足业务单位的需要。

运输部门的主要职责是,接受指令,将已经完成分拣的单元货物按照最优路线送至各用户单位或指定地点,最终实现配送业务。

二、配送中心的功能

(一)配送中心的功能简介

配送中心的功能是:汇集连锁门店的订货信息,进行采购;从供货商手中接受多种、大量商品;进行储存保管、配货、分拣、流通加工,按众多商场的要求,配齐商品;以令人满意的服务,迅速、及时、准确、安全、低成本地进行配送。

配送中心的基本设施包括场地、仓库、运输车辆、计算机软硬件等。

连锁超市配送中心的形成和发展是物流系统化和规模化的必然结果,它集加工、理货、送货等多种功能为一体,是这些功能的综合体,具体体现在以下几个方面。

1. 保管功能

保管功能是配送中心的主要功能之一,但它与一般的仓库不同,其仓库形式、平面布置、设备组成等,首先要有利于实施拣选作业、拣选顺序、拣选路线、拣选方法等。为了充分利用仓库的空间,为了提高保管商品的入、出库频率,随着科技和生产的进步,货架向高层化发展,作业向机械化、自动化发展。保管机械向小通道或无通道发展。库存账目管理和货位管理向计算机化(WMS,MRP-2)发展,配送中心与相关企业的信息交换向网络化(ERP)发展。

2. 倒装功能

配送中心采购时为了降低运输成本,一般采用大包装或散装;此外,商品来自不同的制造厂或流通企业,运输包装的形式也各不相同。为了有利于配送中心的机械化和自动化作业,必须进行商品的集装单元化,即进行倒装作业。倒装作业一般在入库区和出库区的商品整理、检验作业时进行。

3. 拣选功能

商品在配送中心保管时,一般是按保管单元的形式来分区域存放。出库时,首先是按客户订单商品目录来进行拣选的,同一张订单的商品可能只有一种,但通常是若干种;同一订单的商品可能在一个区域内存放,但通常是在不同的区域内存放的。所需商品的数量可能是一个整保管单元,但有时不是一个整保管单元。应根据具体情况选择拣送方法:是采用一张订单,顺序到有关保管区去一一拣选;还是先分解成若干张订单,指令有关保管区分别拣选有关商品及其数量,然后再按订单一一汇总,这些都增加了配送中心设计的复杂性。

4. 流通加工功能

经济高效的运输、装卸、保管一般需要大的包装形式。但在配送中心下位的零售商、最终客户,一般需要小的包装。为解决这一矛盾,有的配送中心设有流通加工功能。流通加工与制造加工不同,它对商品不作性能和功能的改变,仅仅是商品尺寸、数量和包装形式的改变。例如,粮油配送中心是将大筒包装加工成瓶状小包装;饲料配送中心,则是将多种饲料的大包装,加工成混合包装的小包装。

5. 运送功能

配送中心需在其服务范围内,准时地把必要的商品按所要求的数量送达客户。为了减少客户的库存或做到零库存,运送是多频次的。这就需要配备相应的运输设备及装卸设备,这是做到良好服务的重要保证之一。

6. 信息管理功能

为了从供货商处准时地采购商品,然后准时地向客户配送,提供快捷满意的服务,并最大限度地减少库存,提高工作效率,信息的加工、处理十分重要。配送中心应具有完备的仓库管理信息系统,并又能与各供货商、各客户的 ERP 或其他信息系统实施实时的链接。

(二)配送中心岗位设置

配送中心的岗位设置应根据配送中心的作业流程来决定。一般来讲,配送中心可以设置以下岗位。

(1)采购或进货管理部。主要负责订货、采购、进货等作业环节的安排及相关的事务处理,同时负责对货物的验收工作。

(2)储存管理部。负责货物的保管、拣取、养护等作业的运作与管理。

(3)流通加工组部。负责按照要求对货物进行包装和加工。

(4)配货部。负责根据顾客订货的要求和组织运输的要求,对出库的商品进行分拣、拣选和配货(组配)。

（5）运输部。负责制订合理的运输方案,调度车辆和人力,将货物送交客户,同时对完成的配送作业进行确认。

（6）营业管理组或客户服务部。负责接收和传递客户的订货信息和送达货物的信息,处理客户投诉,受理客户退换货请求。

（7）账务管理部。负责核对进、出货表单,库存管理表单,配送完成表单等;协调、控制、监督整个配送中心的货物流动,同时负责管理各种费用发票和物流收费统计、配送费用结算等工作。

（8）退货与坏货处理部。当营业管理组或客户服务组接到顾客的退货信息后,应安排车辆回收退货商品,再集中到配送中心退货处理区进行清点整理,然后根据所退货的状况和退货的原因,按有关退货制度处理。以上岗位是一般配送中心应设置的主要岗位,但由于配送中心的规模、作业内容、服务对象不同,其岗位的设置上也会有所不同。

相关链接 2-2

沃尔玛的六种配送形式

沃尔玛公司共有六种形式的配送中心:第一种是"干货"配送中心,主要用于生鲜食品以外的日用商品进货、分装、储存和配送,该公司目前这种形式的配送中心数量最多。第二种是食品配送中心,负责配送不易变质的饮料等食品,以及易变质的生鲜食品等,需要有专门的冷藏仓储和运输设施,直接送货到店。第三种是山姆会员店配送中心,这种业态批零结合,有三分之一的会员是小零售商,配送商品的内容和方式与其他业态不同,使用独立的配送中心。由于这种商店1983年才开始建立,数量不多,有些商店使用第三方配送中心的服务。考虑到第三方配送中心的服务费用较高,沃尔玛公司已决定在合同期满后,用自行建立的山姆会员店配送中心取代。第四种是服装配送中心,不直接送货到店,而是分送到其他配送中心。第五种是进口商品配送中心,为整个公司服务,主要作用是大量进口以降低进价,再根据要货情况送往其他配送中心。第六种是退货配送中心,接收店铺因各种原因退回的商品,其中一部分退给供应商,一部分送往折扣商店,一部分就地处理,其收益主要来自出售包装箱的收入和供应商支付的手续费。

项目小结

无论哪种形式的连锁企业,其基本的组织结构一般都由三个部分组成:总部、门店和配送中心。连锁总部是连锁企业的高层组织,是连锁经营的指挥领导层和经营决策层;门店是连锁经营的基础,承担着连锁总部具体措施的执行功能;而配送中心是连锁企业的物流机构,是实现连锁经营成功的保证。连锁企业组织结构和职能的确立是连锁企业发展的重要环节,在经营和管理的运作中发挥着巨大的作用。

练习与讨论

一、基本概念

组织结构　配送中心　连锁总部　连锁门店　工作岗位

二、基本训练

1. 单项选择题

(1) 连锁企业的高级组织是(　　)。

　　A. 连锁总部　　　　B. 连锁门店　　　　C. 连锁地区事业部　D. 配送中心

(2) 连锁企业组织设计必须以(　　)。

　　A. 满足客户需要为中心　　　　　　B. 企业营销活动为中心

　　C. 企业经营业务为中心　　　　　　D. 企业未来发展为中心

(3) 配送中心在其服务范围内,准时地把必要的商品按所要求的数量送达客户,属于(　　)。

　　A. 储存功能　　　B. 分拣功能　　　C. 倒装功能　　　D. 运送功能

(4) 配送中心出货的第一道环节是(　　)。

　　A. 拣选　　　　　B. 组配　　　　　C. 送货　　　　　D. 检验

(5) 配货是指(　　)。

　　A. 按要求对货物进行包装和加工

　　B. 对货物进行保管、拣取、养护

　　C. 对出库的商品进行分拣、拣选和组配

　　D. 对进货的商品进行分拣、拣选和组配

2. 多项选择题

(1) 连锁企业组织结构设置的基本原则包括(　　)。

　　A. 效能原则　　　B. 统一协调原则　C. 精简原则　　　D. 责权一致性原则

　　E. 以营销为中心

(2) 门店人员配置可(　　)。

　　A. 根据店面经营情况定岗定编　　　B. 根据工作量来推算所需岗位

　　C. 根据销售指标来确定岗位　　　　D. 根据未来发展来确定所需岗位

　　E. 根据连锁总部要求来确定所需岗位

(3) 配送中心的内部组织结构一般由(　　)构成。

　　A. 行政和职能部门　B. 信息中心　　　C. 财务中心　　　D. 仓库部门

　　E. 运输部门

(4) 配送中心的职能包括(　　)。

　　A. 保管功能　　　B. 倒装功能　　　C. 拣选功能　　　D. 流通加工功能

　　E. 运送功能

(5) 连锁企业基本的组织结构一般是(　　)。

　　A. 总部　　　　　B. 卖场　　　　　C. 超市　　　　　D. 门店

　　E. 配送中心

3．判断题

(1) 连锁企业基本的组织结构一般由两个部分组成：总部和门店。　　（　　）

(2) 总部是连锁企业的高级组织，是连锁经营的指挥领导层和经营决策层。（　　）

(3) 门店是连锁总部各项政策的执行者。　　（　　）

(4) 连锁企业中的部门可分为三大类别，即业务经营部门、职能部门和配送服务。

（　　）

(5) 便利店、超市、百货店不设中央采购部门。　　（　　）

4．问答题

(1) 简述连锁企业组织结构设置的原则。

(2) 简述连锁企业组织结构设置的程序。

(3) 简述配送中心的基本职能。

(4) 简述配送中心的功能。

三、实训项目

(1) 观察一大型商店，了解其经营的业态与商品，设计出组织结构并描述其工作职能。

(2) 假设现在要以连锁经营形式发展便利店，营业面积为100平方米，试设计门店组织结构并描述其工作职能。

(3) 试编写门店店长岗位任务说明书。

四、案例分析

沃尔玛组织结构的特点及分析

1．沃尔玛组织结构的特点

沃尔玛公司总部采用的是事业部制的组织结构，在最高管理层下设置四个事业部，分别是：物流与供应链管理部、人力资源政策部、企业文化建设部、信息系统部。这种高度集权下的分权管理制度是沃尔玛为应对其规模庞大、品种繁多、技术复杂的形式设立的，它有以下两个特点。

(1) 组织扁平化

传统的零售企业组织结构为"金字塔形"层级结构。在这种结构中，上下级层级分明，每个人都有明确的权利和责任，中间为一个庞大的管理层。该结构在稳定的环境下，是一种比较高效的组织结构，适合企业的发展。但当前，企业面临的环境变化迅速，特别是在零售业，市场环境变化迅速，消费者需求日益多样化和个性化，金字塔形的组织结构已明显不利于零售企业的发展。同时，信息技术在零售业的广泛应用使扁平化结构和管理成为可能。世界零售巨头沃尔玛不断减少企业的管理层次，向下分权。

(2) 管理分权化

管理分权化已成为国外零售企业组织管理的共识。也是由消费者需求的多样性及技术在零售业的应用所推动的。分权化是指上层管理者把一些管理权和决策权与下级共享。这样做的好处是显而易见的，可以在较大程度上鼓励下级，并使其努力工作，从而更好地满足消费者的需求，提高工作效率。店铺销售的所有商品，除了部分生鲜食品考虑到保鲜的要求，由店铺在附近自行采购外，全部要由事业部的采购部门统一采购，物流

49

部门统一配送。这种连锁经营的模式,使得沃尔玛公司具有强大的市场竞争力。

2. 沃尔玛组织结构的作用分析

(1) 物流与供应链管理部保证沃尔玛高效的货物供应

沃尔玛建立了强大的配送中心系统,拥有全美最大的私人卫星通信系统和最大的私人运输车队,所有分店的计算机都和总部相连,配送中心从收到店铺的订单到向生产厂家进货和送货,只要两天的时间。集团专门从事信息系统工作的科技人员有1 200多人,每年投入在信息方面的资金不下5亿美元。沃尔玛的数据中心也与供应商建立了联系,从而实现了快速反应的供应链管理。厂商通过这套系统可以进入沃尔玛的计算机配销系统和数据中心,直接从POS得到其供应的商品流通动态状况,如不同店铺及不同商品的销售统计数据、沃尔玛各仓库的存货和调配状况、销售预测、电子邮件与付款通知等,以此作为安排生产、供货和送货的依据。生产厂商和供应商都可通过这个系统查阅沃尔玛产销计划。这套信息系统为生产商和沃尔玛两方面都带来了巨大的利益。

(2) 人力资源政策部为沃尔玛提供优秀人才

现在沃尔玛在其总部本顿维尔已建立了一个非常现代化的培训中心——沃尔顿零售学院。

沃尔玛为员工制订培训与发展计划,让员工们更好地理解他们的工作职责,并鼓励他们勇于迎接工作中的挑战。公司对合乎条件的员工进行横向培训和实习管理培训。横向培训是一个持久的计划,沃尔玛十分重视在工作态度及办事能力上有特殊表现的员工,他们会被挑选去参加横向培训。为了让有领导潜力的员工有机会加入领导岗位,沃尔玛还设立了管理人员培训课程,符合条件的员工被派往其他部门接受业务及管理上的培训。

(3) 企业文化建设部营造积极向上的企业文化

① 沃尔玛核心价值观。a.尊重每一位员工;b.服务顾客;c.每天追求卓越。

② 沃尔玛的经管理念——坚守"为顾客节省每一分钱"的原则。a.顾客永远是对的;b.顾客才是真正的老板;c.保证满意;d.超越顾客的期望;e.盛情服务;f.三米微笑原则;g.迎宾员;h.日落原则。

问题讨论:

(1) 结合导入案例,说明沃尔玛组织结构的特点。

(2) 找一个你熟悉的连锁企业,介绍一下它的组织结构,并对其结构的优缺点进行评价。

项目三 连锁企业战略管理

学习目标

知识目标

- 了解环境分析和企业目标选择的含义；
- 了解战略的含义，掌握各种经营战略的选择；
- 了解发展战略含义，掌握各种发展战略的选择；
- 了解竞争战略的含义，掌握各种竞争战略选择；
- 了解连锁企业品牌形象战略的内容；
- 掌握连锁企业品牌形象战略的系统组成。

技能目标

- 掌握连锁企业市场定位程序和方法；
- 能正确地制订企业的经营战略和竞争战略；
- 学会连锁企业品牌形象战略的设计及其导入。

案例导入

宜家家居的战略方案

宜家家居于 1943 年创建于瑞典，宜家品牌始终秉承"为尽可能多的顾客提供他们能够负担、设计精良、功能齐全、价格低廉的家居用品"的经营宗旨。作为现今最大的家具用品零售商，在全球 38 个国家和地区拥有 300 多个商场。自 1998 年进入中国市场至 2011 年，已有 12 家商场及一家物流中心。销售额每年都实现了两位数的增长，它的成功源于其准确的战略选择。

宜家家居在中国市场的 SWOT 分析表明，其优势在于采用差异化营销策略，设计和成本具有独特优势；劣势为在中国的目标市场是城市中产阶级、中等收入人群，与其在全球的"中低档家具"的自我定位不符，且不提供免费送货及安装服务；机会在于中国居民的消费水平在快速提高，对家具的需求增大；威胁在于成本上升，消费者对家具产品的安全性和环保性要求越来越高。根据上述分析，宜家家居在中国实施了本土化战略和低成本战略。具体来说，产品方面，突出产品设计多样化、个性化的特质，强化品牌形象，强化质量检验和监督，保证产品的安全性，保证产品质量。价格方面，通过优化公司管理、缩减采购环节、加强成本控制等来降低成本，根据中国消费市场实际情况适当调整价格和产品结构。渠道方面,充分利用中国大陆众多的供货基地和强大的分销网络有效调配货源,减少分销环节,同时在中国市场逐步增加自营店。促销方面,通过在线产品目录册、店内促销、社会公关活动等扩大企业知名度,树立和巩固国际知名家具企业形象。

(资料来源:白嘉.跨国零售企业本土化营销战略选择——以宜家为例[J].未来与发展,2011(8))

案例点评:连锁企业的战略管理关系到企业长远的发展方向和综合竞争力。企业战略决策要建立在对经营环境充分分析的基础上,通过连锁企业内外部环境分析,找到企业的优劣势、环境中的机会和威胁,进行有效的战略选择。战略不是简单的口号,还应包括具体的运作方法。案例中宜家家居找准自己的市场定位,确立自己的战略框架,并确立核心竞争力——本土化战略和成本领先战略,值得连锁企业借鉴。

模块一 连锁企业环境分析与市场定位

一、连锁企业经营环境分析

任何连锁企业都是在一定环境下生存和发展的。环境的发展、变化,给企业的生存和发展提供了机会,也带来了威胁。因此,连锁企业战略管理的起点,就是对连锁企业的经营环境进行分析。连锁企业的经营环境包括宏观环境和微观环境。

(一)连锁企业宏观环境分析

宏观环境,是指对某一特定社会中所有的企业或其他组织都发生影响的环境因素,包括经济因素、政治因素、社会因素、技术因素等。宏观环境的影响通常是广泛的,不涉及某一特定企业。有时,宏观环境因素的改变关系到组织的生死存亡。

1. 经济环境

经济环境是指企业经营过程中所面临的各种经济条件、经济特征、经济联系等客观因素,包括宏观经济周期波动、政府所采取的宏观经济政策、利率、通胀率、汇率、可支配收入等。经济环境是影响组织行为诸多因素中最关键、最基本的因素。

2. 政治环境

政治环境是指总的政治形势,它涉及社会制度、政治结构、党派关系、政府政策倾向和人民的政治倾向等。

政治的稳定无疑是组织发展必不可少的前提条件。政治环境的变化有时对组织的决策行为产生直接作用,但更多地表现为间接影响。

3. 社会环境

社会环境包含的内容十分广泛,如价值观念、消费风格、品位、宗教信仰、教育文化水平等都属于社会环境内容。

组织一经产生,就按照社会环境的要求进入一定的位置,但组织所处的社会环境并不是一成不变的。组织必须使其经营适应社会环境的变迁,也就是说,组织提供的产品和服务,以及它们的内部政策,必须随社会环境的改变而改变。

4．技术环境

任何组织都与一定的技术存在着稳定的联系，一定的技术是一个组织为社会服务或贡献的手段。一个组织拥有的技术先进与否，对组织的生存和发展影响极大。技术领先的企业组织，比那些没有采用先进技术的同类组织具有更强的竞争力。

（二）连锁企业微观环境分析

在连锁经营中，消费者、连锁企业以及供应商构成了连锁经营的核心，这是连锁经营能否正常进行的最关键因素，也是影响连锁企业发展的最为重要的微观环境。

1．消费者

消费者无疑是连锁企业发展最为重要的因素，能否拥有一个稳定的消费群体是企业健康有序发展的前提和基础。而连锁经营企业要想拥有、稳定并扩大自己的消费群体，就必须针对自己的顾客进行分析，分析可能的顾客源的多寡，分析顾客的消费新取向，分析其所面对的消费者的消费习惯和年龄比例、性别比例、职业构成、家庭规模、购买动机、购买次数等方面的特点，使之更好地服务于连锁企业的经营运作。

2．竞争者

连锁企业所面临的又一个重要的群体就是企业已经面临的和将要面临的竞争对手。企业发展的很多问题都与竞争者休戚相关，连锁企业一定要分析竞争者状况、分析对手的强弱、分析它的经营和发展战略、分析它的经营特色和理念，只有这样，才会知己知彼，百战不殆。

3．供应商

这里所指的供应商是广义上的供应商，它不仅包括连锁企业经营商品的直接提供者，还包括连锁企业经营所需人力、设备、燃料、电力等其他生产要素的提供者。供应商是连锁企业发展过程中最好的合作伙伴，因为连锁企业的稳定发展与供应商的密切配合密不可分。连锁经营企业各项要素的供应是企业日常正常运转的保障，那些直接为连锁企业供货的供应商更为重要，因为供货商所提供的商品的品质、数量和价格直接影响企业的销售状况和经营效益，而且对店铺进行供货的供应商供货及时、高效，持续供货能力，以及良好的信誉也直接影响着连锁企业的商品销售和企业形象。对供应商进行分析，可以有效免除连锁企业运营的后顾之忧，应该引起足够重视。

4．企业自身

企业自身分析包括企业有哪些内部资源、企业的内部资源是否具有不可模仿性、能否形成企业的核心竞争力等。

相关链接 3-1

我国家用医疗器械连锁企业宏观环境分析

1．政策环境分析

新医改明确指出，国家将逐年加大公共卫生体系和城市社区、农村基层医疗卫生建设,这将拉动医疗器械的需求,促进医疗器械市场的迅速发展。在中国,由于家用医疗器械仍处于自费阶段,未被纳入医保范围。大部分顾客会选择到家用医疗器械专营店去购买,这样就增加了家用医疗器械专营店的客户群。国家对医疗器械的监管将日益严格和完善。日趋完善的审批程序,在某种程度上来说,也限制了零售企业的快速发展。

2．经济环境分析

根据国家统计局数据显示,我国国民经济保持平稳快速发展,呈现出增长较快、结构优化、效益提高、民生改善的良好运行态势。人们收入提高,居民存款增多,居民消费潜力非常巨大,中国目前老人用在医疗方面的资金能力大约为8 000亿元人民币。但是,在实际消费当中只有1 000亿元的消费水平。主要是把资金挪用到给子女买房、结婚和教育等方面,大大削减了老人用于服务自己的健康保健和护理方面的消费。

3．人口环境分析

进入21世纪,中国也提前进入了老龄化的时代。但老龄服务业发展严重滞后,难以满足庞大老年人群,特别是迅速增长的"空巢"、高龄和带病老年人的服务需求。未来,老年产业将是新世纪最有生命力的朝阳产业之一,家用医疗器械零售市场是巨大的,而且还将迅速发展扩大。

4．文化环境分析

随着老龄化人口的增长以及经济条件的提高,再加上医院有限的医疗服务条件,人们越来越注重自我保健,也越来越偏向于在家里享受理疗护理服务,使得家用医疗器械零售行业有很大的市场需求。儿女们孝敬父母和长辈已经由以前送吃的、喝的、穿的改为保健、护理、理疗功能方面的产品。

5．技术环境分析

近年来,信息管理技术、物流技术、连锁组织技术等技术手段为连锁零售业提供了强大的技术支持。一方面,家用医疗器械连锁企业不断提升自己的技术水平、管理水平及物流管理水平以形成企业的核心竞争力;另一方面,由于医疗器械产品的特殊性,使得包装不能完全达到规范,比如拐杖、玻璃拔火罐等产品的包装,商品条形码普及率也较低,这给自动分拣和连锁配送及销售造成了一定的阻碍。

(资料来源:王灿.我国家用医疗器械连锁企业发展战略研究[D].北京交通大学硕士论文,2011)

二、连锁企业目标选择

连锁企业目标就是连锁企业经营活动在一定时期内所要达到的结果,也就是企业使命或愿景的具体化,并以此衡量企业的经营活动。企业目标表明到某一时间要达到的特定业绩目标,必须以定量的术语进行陈述,并且有实现的期限,说明到什么时候需要达到什么目标。

(一)建立企业目标的意义

(1)目标给连锁企业的发展指明方向;

(2)目标为绩效评价提供标准;

（3）目标帮助管理者有效地从事计划、组织、激励和控制工作；

（4）建立目标可以减少企业的不确定性；

（5）建立目标可以减少企业内部的冲突，增加协同作用；

（6）目标为分配企业的资源提供依据。

（二）连锁企业目标体系

连锁企业建立目标体系是进行战略管理的一个非常重要的步骤。连锁企业在总体战略目标指导下进行经营活动，并且通过不同层次的经营活动得以实现。企业总体战略目标根据企业具体情况又可分解为不同层次、不同职能部门的具体目标。各经营单位、职能部门又可根据自己实际情况制订本部门的目标。企业从全局出发对这些目标进行修正和整合，最后汇总成企业总体战略目标。经过自上而下和自下而上的反复讨论，就形成了连锁企业的目标体系。连锁企业目标体系详见图 3-1。

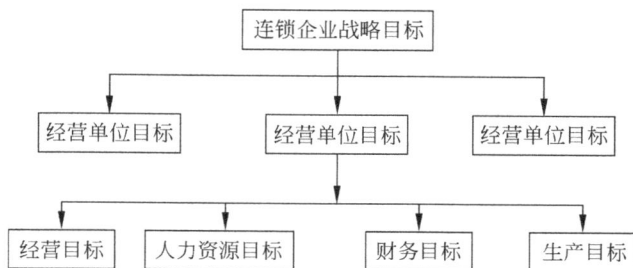

图 3-1　连锁企业目标体系

连锁企业战略目标是企业的总体、长期目标，是企业经营战略的核心，它反映了企业的经营思想，表达了企业的期望，指明了企业今后较长时期内的努力方向。完整的连锁企业战略目标一般包括盈利能力、生产效率、市场竞争地位、研究开发和技术水平等构成要素。

三、连锁企业市场定位

著名市场营销家菲利普·科特勒对市场定位下的定义是："为了适应消费者心目中的某一特定地位而设计公司的产品和营销组合的行为。"由此可见，市场定位的理念来自消费者心理的定位。如何运用商品经营和营销策略，将商品和服务定位于特定消费者的心理，是连锁企业市场定位要解决的根本问题。

（一）连锁企业市场定位程序

连锁企业进行目标市场定位，要在分析营销环境的基础上进行市场细分，勾勒出细分市场的范围，具体分析每一细分市场，最后根据企业资源条件和竞争对手情况，确定出目标市场。连锁企业目标市场定位程序的步骤如下。

1. 对市场即顾客进行细分

细分市场的主要变量有：①人口因素，包括年龄、性别、家庭人数、收入、职业、教育状况等。②心理因素,包括社会阶层、生活方式、个性等。③行为因素,包括使用时机、使用率、对企业和服务的态度等,连锁店市场细分最常用的变量还是年龄和职业。由于连锁店分析市场的着眼点不同,则市场细分使用的变量不同,即使是经营同类商品或服务的连锁店也是这样。

2. 对细分市场进行分析

对细分市场进行分析的主要内容有市场竞争状况和消费倾向。前者的分析会使连锁企业直接了解以后所面临的市场竞争激烈程度,这是日后企业发展所面临的生存环境,因此对这一过程要做到细致、科学、准确。消费倾向分析,是科学合理进行市场定位的基本内容。主要包括:①消费者行为分析,包括消费者购买的动机、场地;购买的时间与次数;来店购买所用的交通工具,等等。②消费者意愿分析,包括了解消费者感兴趣的商品与服务;对未来商店有何期望;希望在该地建何种类型的商店。③消费潜力分析,包括未来人口变化情况及人均收入变化情况,该分析类似于潜在市场规模分析。

3. 对连锁企业的经营目标和资源能力进行分析

即使细分市场从规模、竞争状况和消费倾向上看都很具有吸引力,连锁企业仍须从自身经营目标和资源条件上对细分市场加以分析。经营目标包括若干方面,其中最主要的是市场份额、利润率和收益率等。如果细分市场不能满足连锁店发展目标的要求,则应放弃。连锁店还应分析是否具有某细分市场所需要的资源条件,如相应的资金、人才、设备条件等。

4. 确定目标市场定位

连锁企业应在以上分析的基础上,选择自己的目标市场,连锁企业目标市场定位可分为三种类型:无差异型、差异型和集中型。这三种类型的定位各有优势局限,适用于不同特点的连锁店。

(二)连锁企业市场定位类型

1. 无差异型市场定位

连锁店采取这种定位,一是不考虑细分市场的区别,推出一种产品来追求整个市场。无差异定位的优越性在于成本的经济性,采用该定位的连锁店被看作是"制造业中的标准化生产和大批量生产在营销方面的化身",可以降低存货、运输、广告、调研等方面的成本。但是,当同行业中有多家连锁店或其他商业企业采用该定位时,就会使最大的细分市场内竞争加剧,而较小的细分市场的需求得不到满足,各连锁店的利润都会减少。较早建立的连锁店和传统的商业企业多数采取无差异的定位方式,企图占领整个市场,但往往失掉了整个市场。随着营销观念的更新和市场竞争的加剧,越来越多的连锁企业把目标市场定位在一个或几个细分市场上。无差异方式只适用于提供的产品或服务具有同质性的连锁店,如粮油连锁店、大部分快餐连锁店和美容、理发、洗染、冲印等服务业连锁店。

2. 差异型市场定位

连锁企业采取差异型市场定位就是同时服务于几个不同类型的细分市场,或者根据每一门店新处地理区域内的消费对象来确定服务内容和服务政策。这种定位具有市场的适应性和变化上的灵活性，一般要比采用无差异方式创造出更大的总销售额。

连锁经营由于分店众多，各地市场状况存在差异，所以因地制宜、选择不同的目标市场，是符合连锁经营特色的，有利于发挥连锁经营的规模优势，各分店最终可以形成合力攻占整个市场。但是，差异型市场定位会增加连锁店的经营成本，同时在制定不同的、互不冲突的服务内容和服务政策上也存在较大的难度。

阅读资料 3-1

万豪国际集团的品牌多样化经营

总部位于美国华盛顿的"万豪酒店"作为全球知名的连锁酒店品牌，是连锁企业实现品牌多样化的典范。从 1927 年创立至今，先后针对不同的细分市场成功推出了一系列品牌："公平"、"庭院"、"万豪"以及"万豪伯爵"等。后来，万豪酒店对市场进行了进一步的细分，在原有的四个品牌都在各自的细分市场上成为主导品牌之后，推出了更多的旅馆品牌。在高端市场上，"波特曼·丽嘉"酒店为高档次的顾客提供服务，"新生"作为间接商务和休闲品牌与"万豪"在价格上基本相同；在低端酒店市场上，万豪酒店衍生出"公平套房"；位于高端和低端之间的酒店品牌是"城镇套房"、"庭院"和"居民客栈"等，它们分别代表着不同的价格水准，并在各自的娱乐和风格上有效进行了区分。目前，万豪国际集团拥有 18 个著名酒店品牌，在全球经营的酒店超过 2 700 家，年营业额近 200 亿美元，多次被世界著名商界杂志和媒体评为首选的酒店业内最杰出的公司。无论在中国还是全球，万豪国际集团以其出色的服务水准、先进的设施和技术，以及优异的服务居于世界酒店集团之首，赢得了公众的广泛赞誉和客户的高度信任及拥戴。

（资料来源：百度文库.http://wenku.baidu.com）

3. 集中型市场定位

连锁企业只选择一个细分市场，这就是集中型市场定位。该定位使连锁企业提供的产品专一化，营销组合也是特定的，经营成本和管理难度都低。因此，只要连锁企业选择的细分市场恰当，就能获得较高的投资回报。连锁企业采用集中型市场定位要慎重选择细分市场，防范经营风险，因为连锁企业只将产品或服务提供给一个极小的市场，犹如"将全部鸡蛋放在一只篮子里"，经营风险大，一旦该目标市场的购买量发生突然变化，连锁企业将面临经营危机。

上述三种市场定位各有利弊，连锁企业究竟选择哪种类型市场定位，要考虑连锁企业资源情况、产品特点和市场状况。一般来说，如果连锁企业实力强、资源雄厚、产品同质化顾客的消费倾向大致相同，竞争者较少，就应采用无差异型市场定位；反之，应采用差异型或集中型市场定位。在差异型和集中型定位之间的选择中，通常的做法是：连锁企业组建和规模发展初期，选择集中型定位；当进入规模较快发展阶段，则可选择差异型定位。因为这时连锁企业随规模的扩大、市场占有率的提高和连锁运作的成熟，定位有差别的服务内容与政策的难度会降低，连锁企业有较强的实力向其他细分市场拓展。

案例分析 3-1

屈臣氏的市场定位

屈臣氏,1828年成立于广州,当时它还是一家小药房。经过多年的发展,1841年屈臣氏的业务已经拓展到了中国香港。到了20世纪初,屈臣氏在中国香港、中国内地以及菲律宾拥有了一百多家零售店和药房。1981年被香港首富李嘉诚名下的和记黄埔收购。自那以后,屈臣氏逐步成为全球最大的保健及美容产品零售商和香水及化妆品零售商之一。目前,其业务已经遍及全球40多个国家和地区,门店数已超5 000家,年销售额已经超过百亿港元。在中国200多个城市拥有超过1 000家店铺和3 000万名会员,是中国目前最大的保健及美容产品零售连锁店。

屈臣氏在调研中发现,亚洲的女性会花费比较多的时间去逛街购物,投入大量时间和精力去寻找最便宜且最好的产品来满足她们的购物需求。这与西方国家的消费习惯明显不同,中国内地的女性平均在每个店里逗留的时间是20分钟,而欧洲女性只有5分钟左右。屈臣氏就是利用能直接和顾客打交道,熟悉顾客心理及他们需求变化的优势,上架更适合消费者的产品。屈臣氏的目标顾客群体,总体来说是从18~35岁的时尚的且具有一定的挑战精神的女性,她们喜好用最好的产品来装扮自己,更喜欢在朋友面前展示自我。从消费心理上看,她们属于敢于优先使用者和爱美人群,敢于或乐于试用新开发出的产品,想要得到一定的面部和身体的较好保养,愿意用金钱为自己带来较大的外表变化,更愿意进行各种新的尝试。她们大多有中高的收入,平均个人收入基本超过2 500元/月,用于个人护理和健康保健品的消费金额在500元/月左右。屈臣氏中国区个人护理商店常务董事艾华顿曾说:"随着中国经济的增长,人们的收入会大大增加,而在这一阶段的女性是收入增长最快的一个群体,我们瞄准的目标群体是月收入在2 500元人民币以上的18~35岁的女性。"

针对这一目标市场的选择,屈臣氏以"个人护理专家"为市场切入点,以低价作为吸引点,围绕"健康、美态、快乐"三大理念,为消费者提供高性价比的产品、优雅的购物环境和专业的资讯等服务来传达积极美好的生活理念,做精、做细、做全目标客户市场。

(资料来源:汤馨然.品牌中的不朽神话——屈臣氏[J].商业经济,2013(3))

问题讨论:

(1) 结合案例,分析屈臣氏取得成功的关键因素是什么。

(2) 屈臣氏是如何进行市场细分的?

(3) 屈臣氏采用哪种市场定位类型?

■ 模块二　连锁企业的经营战略

一、连锁企业经营战略的含义

连锁企业经营战略是连锁企业为实现既定的经营目标,在对连锁企业的外部环境和内部条件进行科学、合理评估的基础上制订的较长期的、全局性的重大决策。它是企业组织活动长期性的基本设计图,主要解决企业组织与市场环境相结合的问题。

(一)连锁企业经营目标

所谓企业经营目标,是在充分分析企业外部环境和内部条件的基础上确定的企业各项经济活动的发展方向和奋斗目标,是企业经营思想的具体化,也是连锁经营企业制订经营战略的基础和核心。

就连锁企业而言,其经营目标由三个方面的内容组成。

(1)一切企业经营的根本目的是盈利,也就是在尽可能地降低成本的前提下获得最大的利润,这是企业建立的最主要的目标。

(2)作为连锁企业,无论是作为总部,还是作为加盟的分店,它有一个更为强烈的发展意识,就是谋求组织的不断扩大和发展。也就是说,连锁企业在发展过程中,在谋求利润最大化的同时,还要谋求整个连锁企业的不断扩张,以加盟店铺和下属分店的发展为依托,促进整个连锁企业的发展。

(3)通过企业集团的共同努力,促进社会的进步和发展也是连锁企业发展主要追求的目标之一。谋求社会价值一直是众多连锁企业发展的一个目标和愿望之一,其实现的主要方式就是不断开发自己的产品、提升自己的销售服务,同时积极利用自己的剩余利润回馈社会,参加一些社会公益活动,以实现自己的社会价值。

尽管从整体上看,第三个目标处于次要的从属地位,但从长期来看,这也是连锁企业经营发展的主要目标之一。而这一目标的实现更具有社会意义和现实意义。

(二)连锁企业经营战略的特征

(1)经营战略是根据企业总体发展的需要而制订的,追求的是企业的总体效果。

(2)经营战略阐述的是企业与市场环境相联系的方针。战略的要点并不在于企业内部管理,而主要是考虑环境对企业的要求。

(3)经营战略不限于短期的利益,它是企业为谋求长期生存和发展而进行的统筹规划。

(4)经营战略是与行动有关的设计,不是简单的口号和观念,它注重与现实的结合。

(5)经营战略不仅仅是无生命的财和物的设计图,它是有生命的人类组织活动的设计图,战略设计最重要的内容就是人。

二、连锁企业经营战略的选择

连锁经营战略包括顾客满意战略、市场化战略、规模经营战略、标准化战略和专业化战略。

(一)顾客满意战略

顾客满意战略就是站在消费者立场上考虑和处理问题,并将这种理念始终如一地贯穿于连锁企业从商品采购到最终销售的全过程。

1. 顾客的价值

要实施顾客满意战略,首先必须正确认识顾客的价值。顾客的价值不在于他一次购买的金额而是他一生能带来的消费总额,其中包括他自己和对亲朋好友的口碑效应。顾客的价值,可先用某位顾客的购买总额除以交易频率,得到顾客平均购买的价值,然后估计顾客在一定时期内的购买次数,计算其购买总量,加上该顾客口碑效应(即顾客宣传后有几个人成为公司顾客,又需用顾客个人购买量乘以放大乘数 $N+1$),所得结果,就是一个顾客相对某商品在一定时期内的价值。

2. 顾客满意的价值

顾客满意与企业利润存在着线性因果关系,而且忠诚顾客与企业利润之间存在正相关关系。实践表明,90%以上的厂商的利润来源 1/10 由一般顾客带来,3/10 由满意顾客带来,6/10 由忠诚顾客带来。

3. 获取顾客满意的价值方法

实施顾客满意战略的企业必须及时探求顾客的期望并走进客户的心。有效的探求要靠三个因素:焦点放在最重要的顾客身上;找出顾客和公司对服务定义的差异,消除企业—顾客之间信息的不对称;了解顾客真正的期望。同时,要树立员工第一的观念,因为员工与顾客接触频率最高,员工的服务直接影响顾客的满意度和忠诚度。协调员工服务背景、员工行为模式和消费者行为模式,贯彻顾客第一的经营理念。

相关链接 3-2

麦当劳的经营理念

麦当劳是当今世界上最成功的快餐连锁店,目前在 72 个国家开设了 14 000 多家,每天接待 2 800 万人次的顾客,并且以平均每 7.3 小时新开一家餐厅的速度发展着。而顾客走进任何地方、任何一家麦当劳餐厅,都会发现,这里的建筑外观、内部陈设、食品规格和服务员的言谈举止、衣着服饰等诸多方面都惊人地相似,都能给顾客以同样标准的享受。

麦当劳的创始人雷·克罗克在创业初期,就为自己设立了快餐店的三个经营信念,后来又加上"V"信条,构成麦当劳快餐店完整的 Q、S、C、V 经营理念。

Q(Quality)是指质量、品质。北京的麦当劳产品原料有 95%以上在当地采购。面包不圆和切口不平都不用,奶浆接货温度要在 4℃以下,高 1°就退货。一片牛肉饼要经过 40 多项质量控制检查。

S(Service)是指服务,包括店铺建筑的快适感、营业时间的方便性、销售人员的服务态度等。微笑是麦当劳的特色,所有的员工都面露微笑、活泼开朗地和顾客交谈、做事,让顾客感觉满意。

C(Cleanliness)是指卫生、清洁。麦当劳员工规范中有一项条文是"与其靠着墙休息,不如起身打扫",全世界一万几千家连锁店所有员工都必须遵守这一条文。员工上岗操作前须严格用杀菌洗手液洗手消毒,规定两手揉搓至少 20 秒钟再冲洗。

V(Value)是指价值,意为"提供原有价值的高品质物品给顾客"。麦当劳的食品营养经过科学配比,营养丰富、价格合理。让顾客在清洁环境中享受快捷营养美食,这就叫"物有所值"。

(资料来源:中国物流与采购网.http://www.cflp.org.cn)

(二)市场化战略

市场化战略以市场为主导,完全按市场规则来运作,这对处于继生产领域技术变革和现代化之后的背景下,把顾客满意作为自身经营宗旨的连锁企业显得更为重要。市场化的标准有以下几条准则。

(1)明晰的产权,连锁企业内部权责利明确;

(2)按市场运行规律运作,讲求实用和效率;

(3)市场为主导,即一切跟着市场走,紧紧把握市场的脉搏才能使企业立于不败之地;

(4)追求利润,努力扩大销售,降低成本。

(三)规模经营战略

规模经营战略是指连锁经营企业通过扩大经营规模和增加分店数量来获取经营利润的策略。它包括两个方面:一是扩张原有店面的经营规模;二是增加分店数量。实现连锁经营规模扩张战略的主要途径在于增加分店的数量,因为不同地域的消费量一般不会出现明显的变化,通过增加店面数量来增加客户居住地域的覆盖面,从而争取客户群体的扩大,实现规模化经营。达到规模经营的手段是多地区、多分店方式,通过不断地扩张来实现一定的规模,以求降低经营成本,同时增强连锁企业自身实力以便在竞争中实现规模优势。

(四)标准化战略

标准化战略是连锁企业适应市场需要而采用的新形式。随着市场竞争的加剧、顾客需求的多样化,顾客从对商品的认可转移到对商店的认可,所以标准化的经营可以树立商店的统一形象进而赢得更多的消费者。

连锁企业经营标准化,主要表现在商品服务的标准化和企业整体形象的标准化。标准化是连锁企业区别于其他企业的一个明显特征,也是连锁企业所具备的一个较大的竞争优势。作为连锁企业,要想吸引更多的顾客,也必须在标准化上下功夫,规范自己的行为,这就要求企业制订具有标准化战略思想的企业经营战略,以促进企业朝着正规、标准化方向不断迈进。

(五)专业化战略

连锁企业的专业化实际就是指连锁企业各组成部门专业分工明确,每个部门都有具体的业务职能,各司其职,以保证连锁经营的良好运作。连锁经营企业由总部、物流配送中心和各分店构成,这三个组成部分专业分工明确,各司其职,各尽其责,严格执行工作制度,是连锁经营企业实现高效率运转的有效保证,也是连锁经营企业实现较大效益以及较强竞争力的有效保证。因此,制订连锁企业的经营战略必须体现专业化的内容。

模块三　连锁企业的发展战略

一、连锁企业发展战略的含义

连锁企业发展战略是规划和促进企业不断壮大和扩张的战略举措。所谓连锁企业发展战略是指连锁企业为实现既定的发展目标,在对连锁企业的外部环境和内部条件进行科学、合理的评估基础上而制订的较长期的、全局性的重大决策。

在连锁经营企业资产积累到一定程度时,为求得更大范围内的客户群体,企业管理者就会考虑扩大再生产的问题,这种扩大再生产表现为企业分店规模的扩大和分店个数的增加。

二、连锁企业发展战略的选择

制订连锁企业的发展战略,首先必须对连锁企业的内外部环境进行评估。因为不同企业面临着不同的竞争者,处于不同的经营环境,连锁企业选择的发展方法、发展模式必然不同,其在制订相关的发展战略时的主导思想就必然存在着差别。

1. 发展的资本来源选择

资本是企业发展的关键,企业经营资本的来源主要有三个途径。第一个途径就是通过社会集资,不断扩大资金的积累额。这种形式通常主要是通过股票集资扩大资本金;第二个途径就是通过银行贷款,通常银行贷款是企业募集发展资金的主要途径;第三个途径就是通过企业自身的发展不断积累资金,通过一部分利润的积累,达到一定额度之后就投入到企业发展上来。但这需要一定的周期,直接制约着连锁企业扩展的速度和规模。因此这个途径很少被大型企业所采用,只是在一些中小企业,尤其是一些家族连锁企业中被广泛采用。

2. 发展的方向选择

所谓企业的发展方向就是企业向哪些行业进行拓展,向哪些区域进行扩张。向其他地域或行业的发展取决于两个因素:一方面如果该地域市场已高度饱和,成长已无潜力,则可以考虑向其他地域扩张;另一方面为了吸引更多的客户群,则要考虑到向其他行业的扩张,这是企业发展中较为困难的发展方向。因为所拓展的行业是企业不太熟悉的行业,进行相关信息的搜寻就需要很长时间,在进行可行性论证和评估方面经验有限,一般来说投资风险较大。如果行业扩展不利,不仅新扩展的领域不能盈利,而且对原有的经营业绩也会产生影响。因此,绝大多数企业在做这个战略规划时都会十分谨慎小心。向其他地域的扩展是目前连锁企业发展最普遍采用的模式,如果选址合理,加上企业良好的社会形象以及在其他地区被消费者的认可程度,企业可以在短期内就得到当地消费者的认可,很容易获得较好的利润收益。但是连锁企业在制订地域扩张战略时,必须考虑到两个方面的因素:一是所要扩张区域的市场情况与竞争水平;二是连锁企业总部以及各分店的分布与其扩张区域联系是否紧密。只要充分考虑到这些问题,企业发展战略的制订基本不会有什么大的失误,企业一定会朝着好的方向发展。

3．发展的方式选择

在企业发展战略的制订中,选择适合企业自身发展的扩张方式是十分重要的。对于一般的连锁企业而言,一个最佳的扩张方式就是自身不断增开新门店,这是最积极稳妥,而且是不会增加其他经营负担的扩张方式。第二种扩张方式一般为大中型连锁企业所采用,那就是利用自己在资金、技术方面的优势,对其他小型连锁企业进行兼并和改组,进而实现自己的扩张目的。第三种扩张方式就是对于特许经营的企业,可以通过特许权的授予增加更多的加盟店,来实现自己扩张的目的。这三种扩张方式不是固定不变的,也不是只能采用一种扩张方式,可以平行采用,只要对企业扩张有利就可以采用。

4．发展的速度选择

企业的发展固然是好事,但这种发展要以合理的速度为前提。其扩张速度不宜过快,因为盲目扩张会出现企业资金供应紧张,债务负担过重的现象。扩张过快会导致新开门店质量下降,而且企业规模的迅速扩大,会引起企业一系列不良反应,所以最好选择一步一个脚印,开一家成功一家的策略。

相关链接 3-3

苏果冲入连锁超市"第一方阵"

中国连锁零售业的巨头——苏果超市有限公司近年来发展神速。苏果一直坚持区域领先发展战略、多业态协同战略、营地(根据地)战略、开拓农村市场战略、双轮驱动战略五大发展战略。同时,积极推进业态创新、营销创新、管理创新、激励机制创新等创新发展举措,弘扬企业文化,企业发展呈现出蓬勃生机和无限活力。

苏果以经营业态多样化、连锁网络城乡化、物流配送现代化、企业管理科学化和服务内容系列化为核心,以"为民、便民、利民"为经营理念,始终坚持走贴近百姓、贴近生活的连锁经营之路,坚持业态的不断创新,现在已成功开发出具有苏果特色的平价店、社区店、标准超市、便利店、"好的"便利店五种业态,在国内独树一帜。五种业态在资源共享、优势互补的同时,苏果还在不断探索和开发"折扣店"业态经营模式和高档、时尚、高服务水平的便利店业态。

模块四 连锁企业的竞争战略

一、连锁企业竞争战略的含义

竞争战略是企业在发展到一定的市场规模后,为实现企业价值最大化而同业内其他企业之间产生的市场份额和客户占有率方面的争夺策略。现代市场经济必然存在竞争,竞争是企业发展的动力。受价值规律的支配,商品生产者和经营者为了获取更多利益,必须相互竞争。通过相互竞争,可以使企业更好地提高生产率,提高适应市场需求的能力,增强企业活力。市场竞争的意义主要表现在以下几个方面。

（1）最大限度地确保企业活动的自主性。企业在平等条件下参与竞争，不受任何组织指示、命令的控制，自主地开展经营活动。

（2）合理分配资源。在满足一定条件的基础上，市场竞争能带来合理的资源分配。

（3）充分调动经营者的积极性和主动性。优胜劣汰是市场竞争的规律，市场竞争的结果必然会产生失败者。企业要想在竞争中获胜，必须付出加倍的努力。另外，竞争本身所具有的挑战性，也可以激发经营者的上进心和成就意识，激发经营者努力奋斗。像世界著名的连锁集团沃尔玛、麦德龙等都是在激烈的市场竞争中逐步发展起来的，而在这期间，很多原来风光一时的企业逐渐消失，成长壮大起来的连锁企业都身经百战，经验丰富，有自己独特的竞争优势。

二、连锁企业竞争的主要表现

美国哈佛大学的著名战略学家、研究企业竞争战略理论的专家迈克尔·波特教授，为企业分析竞争局面提供了一条清晰的思路。按照波特教授的观点，一个行业中的竞争，远不只限于原有的竞争对手，而是存在着五种基本的竞争力量，即新加入者的威胁、现有企业的竞争、替代品的威胁、供应商的讨价还价能力和买方的讨价还价能力，这五种竞争力量之间相互影响、相互制约，形成了行业中的竞争结构。以此作为分析竞争的框架，连锁企业竞争也面临五种竞争力量：

（1）由日益深化的零售全球化所导致的外资连锁企业进入中国市场的竞争。

（2）其他行业的资本进入连锁经营领域所带来的竞争。

（3）随着消费市场的升级和"买方市场"地位的巩固，消费者在连锁经营领域的"话语权"力量形成的竞争。

（4）随着科学技术的发展和产品的升级换代，供应商与零售商控制的对抗力量所导致的竞争。

（5）行业内已有企业间的竞争，包括同一业态间的竞争和不同业态间的竞争。

其中，经济全球化所带来的竞争压力，外资进入中国市场和零售全球化是当前中国零售业最重要的竞争力量。

三、连锁企业竞争战略的选择

连锁经营企业的主要竞争策略有以下三种。

1. 总成本领先战略

总成本领先战略即追求成本优势，使企业的成本低于竞争对手的成本，在市场上以低成本取得领先地位，形成优势的策略。连锁企业赢得成本优势，意味着可以获得高于行业平均水平的收益，意味着当别的企业在竞争过程中利润为零甚至亏损的时候，该企业仍然可以获利。

总成本领先战略的核心是较低的经营成本或费用。该战略要求企业必须确保以低价购进原材料，采用先进的技术设备，建立高效率的生产经营体制，努力降低各种费用。根据木桶原理，在竞争残酷的市场中，只要有一个环节成本降不下来，就会影响整体成本优势的发挥，所以，追求成本的优势必须做到每一个可控制的环节成本降到最低。

相关链接 3-4

我国连锁企业创造成本优势的主要途径

我国连锁企业创造成本优势的主要途径有以下五个方面。

第一，进行成本分析，找出对企业经营成本影响最大的几个因素。实施成本领先战略的连锁企业，首先要了解本企业的成本现状，看自己有没有成本优势、是否可能创造出成本优势，以及创造成本优势的关键环节是什么，找出那些对企业经营成本影响最大的或企业降低成本潜力最大的因素。

第二，进行系统的成本控制。制订成本控制目标和成本控制计划，动员全体员工，实施系统的成本控制。

第三，努力创造规模经济效益。连锁企业必须努力扩大连锁经营规模，发展多店铺的联合经营，提高组织化程度，依靠大规模的购销活动，提高市场占有率，实现规模效益。

第四，利用连锁经营优势，与供应商建立良好的合作关系，努力降低采购成本。

第五，建立自有品牌。我国连锁企业完全可以选择一些虽然无名但产品质量有保证的生产企业，使之为自己生产，并且建立自己商店的品牌，在自己的连锁网内以较低的价格销售，这也有利于提高连锁企业的知名度和竞争实力。

（资料来源：全球品牌网.http://www.globrand.com）

2. 差异化战略

差异化战略又称错位竞争战略，是指企业向顾客提供一种区别于竞争对手的、独特的产品或服务的战略，它是一种追求标新立异、与众不同的战略。差异化战略并不意味企业可以忽视成本，但成本在此不是战略的根本目标。如果说低成本战略侧重于从企业内部建立竞争优势，那么差异化战略则侧重于企业外部，即根据市场需求的差异性及其在这方面的竞争情况建立企业优势，这是差异化战略意义的根本所在。

差异化战略是回避直接竞争的基本手段。实施该战略最主要解决的问题是确定在哪些方面或把哪些要素差异化。实现差异化的具体步骤如下。

（1）先找出可能建立的差异点，如商品、服务或在其他方面的差异。找出与其他连锁企业的不同是建立差异、实现差异化的最关键环节，也是建立差异的起点。

（2）对差异化建设进行可能性及可行性分析。在确定可能建立的差异点之后，还要对这些差异建立的可能性进行系统的分析和科学的论证，即所要建立的差异能否给整个连锁企业带来更多的收益，这是差异能否建立的最主要标准。同时还要分析建立这种差异的可行性，即按企业自身拥有的资源和能力，能否创造出这种差异。

（3）确定增强差异性的强化点——差异因素。建立差异的可行性论证通过后，连锁企业就可着手确定影响差异的关键因素，并逐一列出，进行相关的研究和考察。

（4）制订差异性的实施计划并建立差异。

上述几个程序进行完后，企业即可调动资源，制订实施计划并执行该计划，创造符合市场需求的差异。

阅读资料 3-2

大润发"便宜再便宜"

"大润发是一个可怕的竞争者,它几乎没有任何短板",一位前家乐福高管称。目前,沃尔玛和家乐福单店大约只能达到大润发单店 60%～80% 的销售业绩。如果大润发在家乐福、沃尔玛门店 2 公里内开设新店,大约可抢走其一半顾客,而沃尔玛和家乐福在大润发老店周边 2 公里范围内开设新店,则只能带走大润发 1/4～1/3 的客流量,彼此竞争力差距由此可见一斑。原因何在? 价格便宜。大润发不压榨供应商,而是与供应商订立共同成长计划书式的购销合同,一同制造低价的疯狂商品,但又保证毛利率。2008 年,抛向市场的"999 元电动车",三个月销售额即达 3 000 多万元;大润发的廉价大米促销令人印象深刻。为了让东西便宜再便宜,大润发独创了一套 KISS 战略,即让它简单到任何人都看得懂。为了采购到充足的水蜜桃,大润发甚至会包下无锡整座水果山。为了吸引客流,大润发坚持免费班车接送顾客,雨天会有大批员工为顾客撑伞,正是这种优质的差异化经营为缔造中国最大零售王国奠定了坚实的基础。

(资料来源:王明鼎.浅论商业连锁企业的差异化经营[J].品牌,2011(10))

3. 目标集聚战略

目标聚集战略即确定企业的重要目标,然后通过长期集中的资源投入来追求主要目标的实现,带动企业整个经营活动的开展。

对连锁企业来说,企业目标聚集战略的实施,可以有效地抵御来自各个方面的竞争。因为它不是四面出击,对竞争对手的所有商品和服务展开全面的竞争态势,而是有目的地针对对手的弱势产品或弱势服务有的放矢地展开竞争,集中开发商品和服务。所以企业或者能够比其他竞争者更经济地满足消费者的要求,或者能够比其他竞争者更周到地满足顾客的需求。建立一个对手所不能比拟的竞争点,使得企业在竞争中获得更多的主动权。无论是哪一种情况出现,企业都可以在自己所选择的细分市场中获得较高利润,抵御各种力量的攻击。

以上三种竞争战略,任何一个企业如果能够成功地贯彻其中一种基本战略,或者成为产业中的低成本领先者,或者在产品或服务的某些方面取得独树一帜的经营差异性,或者集中资源在某一特定的细分市场取得成本优势或新异性,那么它都可以获得高于行业平均利润的超额利润。

如果企业同时追求多种基本竞争战略,并能同时获得成本领先和差异化的竞争优势,那么它就能获得更高的收益。因此,确定自己的竞争战略是一个企业取得竞争优势的关键,通常企业必须在上述三种基本竞争战略中作出抉择。

案例分析 3-2

法国家乐福的竞争战略

法国家乐福在竞争过程中制订了较为合理的总成本领先战略。为了降低成本,家乐福制订了一个长期的发展策略,其战略主要有以下四个方面。

（1）本土化战略。即在员工使用以及销售的商品上实行本土化战略。据调查，家乐福在中国的分店，除了少数法国的高层管理人员外，其余95％的员工都是在当地招聘的。在经营商品上也采取本土化战略，如家乐福在法国以外的分店所经销的商品较多的比例都是本地商品，而非法国商品。在中国，家乐福超市销售的95％的商品都是来自中国的。这些本土化措施，大大降低了在人员以及商品上的投入，既可以节约采购运输成本，又可以使商品价格相对低廉，对顾客产生更大的吸引力，从而保证了企业的竞争优势。

（2）严格的成本控制。"省下来的就是赚到的"这句话在家乐福的营运过程中体现得很充分，这也是家乐福长期获利、经营规模不断扩大的经营宝典之一。事实上家乐福一个最主要的盈利方式就是通过节约成本来扩大自己的利润空间，而不是通过商品加价向顾客索取。其具体的战略措施包括：第一，装修简单化。简单甚至简陋的装修能够节省一大笔装修费用，从而使经营费用减少，经营成本降低，把资金用到其他更需要的地方去，加快资金周转。第二，损耗最小化。商品的损耗高低也是能否获利的关键，往往一件商品的损耗造成的损失需要五六件同样商品的销售才能弥补。家乐福对损耗进行严格管理，实行员工定岗责任制，以求损耗最小化，降低经营成本。

（3）通过批量订货，获得最大让利。由于家乐福具有遍布全球的销售网络，商品采购量大，因而备受供应商青睐。为了进入家乐福全球采购网，生产商和供应商宁愿对家乐福采取最大限度的让利，以最低的价格供货。通过直接进货，供应商降低了流通成本和营销费用，而低廉的进价保证了低廉的售价，低廉的售价又带来大量的货物销售，如此形成良性循环使家乐福获得了较强的市场竞争力。

（4）较低的广告费用。家乐福经常采用的广告形式有两种：一是直投（DM）广告，定期在所在商圈的社区内发放；另一种是店内焦点广告（POP），在卖场内营造打动顾客的氛围，使卖场始终处于欢快和令人激动的状态中。相比之下，媒体上的广告投入就显得非常少。这种策略大大降低了它的营销费用，使它的低价策略得以长久维持。

这样通过一系列的低成本战略，家乐福大大降低了其商品销售成本，从而保证了其在与对手的竞争中一直处于优势地位。

问题讨论：

（1）家乐福从哪些方面实现了较为合理的总成本领先战略？

（2）你认为家乐福还可以从哪些方面着手实现总成本领先战略？

■ 模块五　连锁企业品牌形象战略

一、连锁企业品牌形象战略的含义

连锁企业品牌形象战略是指企业管理者对连锁企业品牌形象进行策划、设计及系统化，将企业的经营理念、管理特色、社会使命感、商店风格及营销策略等因素融入其中，通过整体传播手段将其传达到消费者，使消费者对品牌形象产生一致的认同感和价值观，以赢得消费者的依赖和忠诚的一种规划活动。

连锁企业的经营理念是该企业的经营宗旨、经营哲学、价值观念、企业定位和中长期战略的综合,是其全部经营管理活动的依据。连锁企业无论拥有多少门店,都必须持有共同的经营理念,只有经营理念真正统一,连锁企业才能将各门店锁在一起,无限发展,永续经营。

二、连锁企业品牌形象的含义及内容

(一)连锁企业品牌形象的含义

连锁企业品牌形象是指在消费者头脑中所唤起和激活的有关商店的所有客观或主观的、正确或错误的想象、态度、意见、经验、愿望和感觉的总和,也可以简称商店形象。它是连锁企业的表现和特征在公众心目中的反映。

(二)连锁企业品牌形象的内容

(1)商品形象。商品形象是企业品牌形象的基础。消费者对企业品牌的认知首先是通过对其商品功能的认知来体现的。一个企业品牌不是虚无的,而是因其能满足消费者的物质的或心理的需求,这种满足和其提供的商品息息相关。当消费者对商品评价很高,产生较强的信赖时,他们会把这种信赖转移到抽象的企业品牌上,对其产生较高的评价,从而形成良好的企业品牌形象。

(2)员工形象。员工形象主要包括企业家形象和员工形象。企业家形象是指企业领导人的政治思想水平、知识水平、工作能力、创新精神、气质风度等给外界公众和企业内部职工的印象。在一定程度上,企业家形象是企业形象的缩影,深深地影响着公众对企业的评价。员工形象是企业员工在职业道德、文化素质、知识水平、精神风貌、言谈举止、行为方式等方面的总体素质和外在表现,员工形象是企业形象的重要组成部分。

(3)服务形象。服务形象是指企业及员工在经营活动中所表现的服务态度、服务方式、服务质量、服装仪表等给消费者和社会公众留下的印象。随着国民经济的发展和人民生活水平的提高,企业之间的竞争已从低水平的价格竞争向高档次的服务竞争发展。因此,良好的服务形象会给企业带来巨大的效益。

(4)环境形象。企业的环境形象是指企业生产经营和购物环境的建设及总体表现,主要包括商店的店址、营业建筑及外观环境、商店的外观、商店的招牌、橱窗设计以及其他。周到完善、干净整洁、舒适、富有人情味的购物环境对商品营销起着主要作用。企业环境是商店的"脸面",它是消费者对商店形成第一印象的要素,是企业形象的重要组成部分,决定了消费者是否进入某一家商店。

(5)社会形象。社会形象是指企业长期以来给社会公众留下的印象和感觉,主要包括企业是否有社会责任感;企业对消费者的态度;企业内部是否和谐;企业是否创新、进取;员工对企业是否有责任感、自豪感等。

三、连锁企业品牌形象的识别系统组成及设计

企业形象识别系统(CI)是指企业有意识、有计划地将自己企业的各种特征向社会公

众主动地展示与传播,使公众在市场环境中对某一个特定的企业有一个标准化、差别化的印象和认识,以便更好地识别并留下良好的印象。

连锁企业的品牌形象系统 CI 一般分为三个方面,即企业的理念识别系统(MI)、行为识别系统(BI)和整体视觉识别系统(VI)。CI 的核心目的是通过企业行为识别和企业视觉识别传达企业理念,树立企业形象。

(一)连锁企业品牌理念识别系统

1. 理念识别系统的含义

连锁企业品牌形象理念识别系统(MI)是指一种通过企业经营理念定位来传达企业宗旨、企业精神、企业目标,从而展示企业独特形象的设计系统。它也是整个企业识别系统的核心和依据。

2. 理念识别系统的内容

(1)经营宗旨。经营宗旨是指企业长期的发展方向、目标、目的、自我设定的社会责任和义务,明确界定公司在未来社会范围里是什么样子,其"样子"的描述主要是从企业对社会(也包括具体的经济领域)的影响力、贡献力,在市场或行业中的排位、与企业关联群体(客户、股东、员工、环境)之间的经济关系来表述。

(2)企业价值观。企业价值观是指企业决策者对企业性质、目标、经营方式的取向作出的选择,是员工所接受的共同观念,是长期积淀的产物,企业价值观是企业员工所共同持有的,是支持员工精神的主要价值观,是把所有员工联系在一起的纽带,是企业生存发展的内在动力,是企业行为规范制度的基础。

(3)企业精神。企业精神是以经营哲学为指导,建立在共同价值观、共同理想和信念的基础之上的,为企业内部员工所具有的共同内心态度、思想境界和理想追求。它表现了企业的精神风貌和企业的风气,是企业员工共同遵循的价值取向、理论信条和共同的行为规范,是企业素质的综合反映。

3. 理念识别系统的设计

(1)企业实态调查。主要目的是掌握原来的企业品牌形象的状态,了解内外部公众对企业原有理念的反映,重新评价原有理念。对内部公众包括企业高层决策人员和企业员工的调查主要是看原有理念是否反映了企业的发展目标、实际情况,是否对员工有着实实在在的激励作用,是否真正塑造了企业文化,具有很好的凝聚力。

(2)原有企业理念评价。根据企业实态调查的结果反馈,评价原有的企业理念是否概括了企业的个性特色、是否适应现实与未来的发展环境和发展战略、是否为企业员工所普遍认同、是否对社会企业公众有影响力等,要对原有理念的优劣有充分的认识,形成完整的评价意见。

(3)企业形象定位。要以企业实态调查为基础,参照原有企业理念评价,对建立的企业形象进行定位。企业实态调查提供企业可能达成什么,以及公众需要什么、原有企业理念评价,告知原有理念的缺陷和不足,然后为了改进原有理念,在公众需求意向和企业发展潜力之间寻求契合点,并根据这个契合点来设想和规划未来的企业新形象,企业新形象应该在公众和员工心目中占有何种位置、新形象中最可能产生良好效果的个性特色是什么。这种预估的结论便是企业形象定位。

（4）企业新理念设计意向征集。为了充分反映和表现定位后的企业形象个性特点，必须对企业理念进行重新设计。新理念设计之前，要尽可能听取各方面的意见，特别是要充分听取企业员工的意见，企业员工处在企业的不同工作部门，处于工作的前沿，与企业休戚与共，他们最容易发现企业内部的一些弊病，并往往对企业理念、企业管理有着好的建议和独到的想法。

（5）企业理念定位。这是理念设计的关键一环，要在初步建议方案的基础上，仔细研究从何种角度、以什么为侧重点来表达企业理念，并制订出最后的确定方案。

（6）具体设计。根据企业理念定位、形成多种设计方案，提出设计初稿。

（7）评价、筛选与定稿。初稿完成后，要对设计进行评价，看其是否表达到位，是否反映了定位，是否简明扼要、便于识记，从而筛选出最好的一系列作为定稿，加工修订完善，形成完整的企业理念。

（二）连锁企业品牌形象行为识别系统

1. 连锁企业品牌形象行为识别系统的含义

企业行为识别系统（BI）是以企业理念为核心，表现企业内部的组织、管理、制度、教育等行为，以及对社会的公益事业、公共关系等的动态识别形式。它是在企业整个经营管理活动中，以企业理念为指导所设计的企业全体员工自觉遵守的工作和行为方式。企业导入企业行为识别系统，就是统合行为，展现理念。

企业理念要得到有效的观测实施，首先必须科学构建企业这一行为主题，包括确定企业组织形式、建立健全企业组织机构、合理划分部门、有效确定管理幅度、科学授权。企业主体架构完善，企业的运行机制才能完善，企业的行为才能有基础保证，企业的理念才能真正贯彻执行。

2. 连锁企业品牌形象行为识别系统的内容

（1）企业内部的行为识别系统。包括员工教育，组织建设，工作环境，职工福利，管理经营运作，商品开发，内部关系的协调与沟通，工作软环境的再创造，各项方针、政策、制度的制定与实施。

（2）企业对外的行为识别系统。包括市场调查、商品购进与销售、公共关系行为规范、广告宣传、促销活动、服务活动、社会公益性及文化性工作、各项对外协调及传播性工作。

3. 连锁企业品牌形象行为识别系统的设计

（1）作业标准化。制订各项作业的执行标准是维持连锁企业品牌形象的一个基础性工作，必须从每一个工作岗位的执行标准开始设计，一切活动都要围绕连锁企业理念体系和形象主题，进行规范化管理。

（2）员工操作规范化。企业应通过严格的培训使员工按标准操作，尽量向社会公众展示企业活动行为准则和经营理念。

（3）员工行为规范化。制订的行为规范是员工共同遵守的行为准则。它包括的内容：职业道德、仪容仪表、服务礼仪、电话礼貌、迎送礼仪、宴请礼仪、舞会礼仪、服务态度、谈话礼节和体态语言等。行为规范化，既表示员工行为从不规范转向规范的过程，又表示员工行为最终要达到规范化的结果。

（4）员工教育。员工教育分为干部教育和一般职工教育。干部教育主要是政策理论水平教育、法制教育、决策水平及领导作风教育。一般员工教育主要是与其日常工作相关的一些内容，如经营宗旨、企业精神、服务态度、服务水准、员工规范等。员工教育的目的是使行为规范化，符合行业行为系统的整体要求。

（5）环境建设。环境建设主要包括视听环境、温湿度环境、嗅觉环境、商场布局、商品陈列、商场装饰环境、员工精神风貌、领导作用、合作氛围等。营造干净、整洁、舒适、温馨融洽、团结互助的企业内部环境，不仅能保证员工的身心健康，而且是树立良好企业形象的重要方面。因为，这是给社会公众留下的第一印象，第一印象给人的感觉最深，一旦形成就难以改变。

📖 **阅读资料 3-3**

"中华老字号"全聚德的标准化管理

全聚德始建于 1864 年，以经营果木挂炉烤鸭而闻名海内外，是著名的"中华老字号"餐饮企业。全聚德通过标准化制度体系的建立和完善，使企业得到了规模化的发展，也使全聚德的企业管理逐渐向现代企业制度靠近。

1. 全聚德的产品标准化

全聚德经过多方调查研究，将其主打产品烤鸭及配料进行了标准化，并从 100 多种菜品当中提炼出 40 多个进行标准化，从用料、制作工艺、色泽、营养成分等方面进行测试，统一标准。连锁店必须能提供包含烤鸭系列的 40 道贯标菜，其他的菜则可以根据当地消费者的需求，适度进行差异化、本地化，开发经营具有当地特色的消费者欢迎的菜品。

2. 全聚德的设备和人才的标准化

目前，全聚德用的是第 4 代烤炉，由计算机自动化控制，烤出的烤鸭与手工烤制的色香味完全一样。不但如此，全聚德还集技、工、贸于一体，拥有国内一流的现代化禽类加工制坯生产线、国外引进的餐饮专用荷叶饼生产线、微波杀菌生产线及各种专业设备，有不同吨位的保鲜、速冻、低温冷冻库及冷藏、保温车辆等；组建了集中配送中心，对全聚德集团 60 余家连锁店的鸭坯、荷叶饼、甜面酱实行统一配送。在人力资源建设方面，全聚德与高校联合开办高级管理人员 MBA 班、厨师班、服务员大专班、全聚德餐饮学院，建立了专门负责培养所需的经营人员、技术人员、服务人员的全聚德培训中心及与之相适应的各类培训教育教材和培训手册，形成从上而下的人才培训网络。

3. 全聚德的制度标准化

全聚德建立了发展连锁经营所必需的一整套体系：①无形资产管理体系，即商标注册管理、授权使用、权益维护制度及企业的 CIS 系统、经营理念等。②连锁开发管理体系,即连锁企业规模标准、装修标准、加盟商选择标准、市场选择标准、项目开发程序、营建手册等。③质量运营管理体系,即企业环境标准、菜品质量标准、服务程序及标准、督导制度、秘密顾客检查制度、ISO 9002 质量管理制度等。④统一配送管理体系,即配送中心和半成品加工基地的建设、统一配送物品品种及质量标准、统一配送物品的价格及结算制度、统一配送执行情况的督导检查制度、统一采购制度等。全聚德印发了《全聚德特许经营管理手册》、《商标管理办法》、《特许权使用费管理办法》、《加强集团企业经营管理工作意见》、《特许经营合同》、《商标使用许可合同》等一系列文件,为企业开展连锁经营奠定了制度基础。

(资料来源:张永,张浩. 中国老字号企业连锁经营模式研究——以全聚德为例[J]. 管理学报,2012(12))

(三) 连锁企业品牌形象视觉识别系统

1. 连锁企业品牌形象视觉识别系统的含义

企业视觉识别系统(VI)是企业识别系统的重要组成部分。它是在理念识别(MI)和行为识别(BI)的基础上,通过一系列形象设计,将企业经营理念、行为规范等,即企业文化内涵,传达给社会公众的系统策略,是企业全部视觉形象的总和。

企业视觉识别系统将企业的品牌理念与核心价值通过视觉传播形式,有组织、有计划地传递给客户、公众及企业员工,从而树立起统一的企业形象。因为视觉识别系统是连锁企业品牌形象的直接传达系统,故被称为"企业的脸"。

2. 连锁企业视觉识别系统的内容

(1) 基本要素。包括企业名称、企业品牌标志、企业品牌标准字、企业专用印刷字体、企业标准色、企业象征造型与图案、企业宣传标语、口号以及各要素相互之间的规范组合等。

(2) 应用要素。包括办公事务用品、建筑及室内外环境、衣着服饰、广告宣传、产品包装、展示陈列、交通工具、礼品等。

3. 连锁企业视觉识别系统的设计

视觉识别系统设计是最外在、最直接、最具有传播力和感染力的设计。该设计是将企业标志的基本要素,透过视觉符号设计出经营者的理念、精神,有效地推广企业及其产品的知名度和形象。

(1) 企业标志的设计方法。企业标志以图形符号来表达信息,其基本设计方法有连字法、组字法、字形法、抽象法、象形法、图画法和综合法等。标志需要阐释、开掘与扩展其含义,使之成为品牌形象的载体。一个成功的企业标志,应该具备设计独特、容易识别、适合性、美观大方和力求单纯等特点。

(2) 吉祥物。吉祥物一般具有人物特征,亲切、可爱。它是品牌包装中很能体现民族心理、传统文化的外在表现体。吉祥物一般在消费者心目中容易引起情感的交流和共鸣,故多为消费者所喜爱。吉祥物传播的品牌形象个性极强,需要认真设计。

(3) 标准色、标准字及造型、徽章图案。企业要将这些基本要素延伸到连锁店里所有消费者都能看到的地方,包括海报、广告、商务用品、员工服装、购物袋、服务台、运输工具、招牌、室内设计等。

四、企业形象战略 CI 的导入

连锁企业 CI 的战略导入,是一个有组织、有计划的整体过程,一般需要经过准备、调研、策划、设计、实施与控制五个阶段。

1. 准备阶段

首选成立 CI 策划小组,并选择和确定外部的专业策划和设计部门,聘请外部专家。其次是学习有关 CI 战略的知识,研究实施 CI 战略的意义、目标及重点。最后初步确定导入 CI 战略所需的经费和时间。

2. 调研阶段

通过对企业内部的高层主管和内部员工的调查,对外部的顾客、经销商、供应商、投资者及社会一般公众的调查,了解企业的经营情况、发展战略、竞争状况及企业文化等情况。分析和评价企业原有形象的合理性(即是否符合企业的精神理念、经营目标、经营特色)、认知性、竞争性,以便有针对性地进行设计和策划,改善企业形象。

3. 策划阶段

首先,根据调研分析的结论,确定企业形象策划的目标。是巩固现有企业形象,还是改善现有的企业形象,或是重塑新的企业形象?其次,确定企业形象的社会定位、市场定位和风格定位,规划企业在社会公众心目中的特定位置和印象。再次,选择和确定企业形象的表现形式,制订能充分展现良好的经营者形象、市场形象、社会形象、内部形象和综合形象的企业内外部活动计划。最后,制订企业形象计划的实施方案和管理办法,确定各项活动的具体方式,所需时间及日程安排、经费预算,各项活动的组织安排、主办单位及协办单位等。

4. 设计阶段

进行企业识别系统设计,并在企业内部员工及企业外部公众中进行实验和检测,经过反复修改后确定下来。在此基础上制订企业的 CI 手册,手册主要包括以下内容。

(1)企业理念识别系统。具体有企业宗旨、企业精神、价值观念、方针政策、战略目标等项内容。

(2)企业行为识别系统。包括企业各个部门、各种岗位上的全部行为规范和行为模式。这部分是企业开始沿着新轨道安全、有序、高效运行的全部制度和规程,必须使企业全体员工人手一份,并把这部分作为员工辅导、基本要素的组合系统以及应用要素等。

(3)企业视觉识别系统。包括基本要素、附属基本要素、基本要素的组合系统以及应用要素等。

(4)企业综合感觉识别系统。包括策划人员在企业信誉形象、道德形象、管理者形象、员工形象、经营环境形象等项目上的策划成果。

(5)企业信息传播识别系统。包括企业在信息传播项目上的策划成果,主要分为真实、系统的信息适用的媒介,艺术、科学的渠道,灵敏、快捷的反馈等内容。

5. 实施与控制阶段

首先,在原来 CI 策划小组基础上成立 CI 战略管理机构。其次,进行沟通和培训。

召开企业形象方案发布会,散发企业的 CI 手册,举行高层管理者、部门经理研讨班,并有计划地对全体员工进行 CI 知识培训及规范行为训练。再次,落实和实施 CI 战略活动计划。改善公司环境,规范员工行为,开展公益性活动、公关活动及广告促销活动的计划。最后,监督和控制 CI 战略的实施。监督管理 CI 战略计划的执行,对各项活动的实施绩效进行测定,定期检查、评估战略实施情况及实施效果,对 CI 进行调整和修正。

案例分析 3-3

"绿巨人"星巴克的品牌形象识别系统

1. 星巴克理念识别系统

(1) 六大使命宣言

① 提供完善的工作环境,并创造相互尊重和相互信任的工作氛围。

② 秉持多元化是我们企业经营的重要原则。

③ 采用最高标准进行采购、烘焙,并提供最新鲜的咖啡。

④ 高度热忱满足顾客的需求。

⑤ 积极贡献社区和环境。

⑥ 认识到盈利是我们未来成功的基础。

(2) 经营理念

星巴克始终坚持"尊重员工,从顾客出发,与员工及客户多赢"的经营理念。

(3) 价值观

"星巴克出售的不是咖啡,而是人们对咖啡的体验。"这是星巴克的价值主张。

(4) 保证品质坚守的四大原则

① 拒绝加盟,星巴克不相信加盟业主会做好品质管理。

② 拒绝贩售人工调味咖啡豆。星巴克不屑以化学香精来污染顶级咖啡豆。

③ 拒绝进军超市,星巴克不忍将新鲜咖啡豆倒进超市塑胶容器内任其变质走味。

④ 选购最高级咖啡豆,做最完美烘焙的目标永远不变。

2. 企业行为识别系统

(1) 经营模式

坚持"直营"路线是星巴克的一大经营战略。星巴克几乎所有的店面都是直营店。由总部进行直接管理,统一领导,目的是控制品质标准。当然也有例外,星巴克进军海外市场大部分选择与当地合作伙伴共同经营。但同样也恪守直营的戒律,由星巴克直接管理,保证每家海外商店都是百分之百的美国星巴克血统。

(2) 供货商管理

星巴克对供应商的挑选、评估等程序相当严格,星巴克花费大量人力、物力、财力来开发供应商,力求与供应商保持长期稳定关系。

(3) 员工教育

星巴克的每一位工作伙伴在每天营运的过程中,就是不断地实践"one cup at time"。这种一次务实地做一个选择的积极态度,正是展现"个人责任"变世界的方法。星巴克伙伴透过每一次和客人在店里相遇的机会与瞬间,创造独一无二的服务与体验价值,"承诺用自己的智力、心力和劳力,热情地解决问题,而且绝不再争功诿过。"

（4）人力资源管理

① 文化与理念:星巴克总是把员工放在首位,坚持"员工第一"的理念和价值观。

② 员工招聘方面:星巴克在选员工时,重视人的本质。

③ 员工培训:核心训练是培训员工具备为顾客服务的理论和技巧。

④ 薪酬福利制度:薪资锁定在业界前25%。

⑤ 员工激励制度:创新激励、报酬激励、鼓励授权。

五、星巴克视觉识别系统

（一）星巴克的标志

星巴克的商标有两种版本(见图 3-2)。第一种版本的棕色商标的由来是一幅16世纪斯堪的纳那维亚的双尾美人鱼木雕图案,她有赤裸乳房和一条充分地可看见的双重鱼尾巴。后来星巴克被霍华·萧兹先生所创立的每日咖啡合并,所以换了新的商标。第二版的商标,沿用了原本的美人鱼图案,但做了些许修改,她没有赤裸乳房,并把商标颜色改成代表每日咖啡的绿色,这样融合着原始星巴克与每日咖啡特色的商标就诞生了。

目前位于美国西雅图派克市场的第一家星巴克店铺仍保有原始商标,其内贩售的商品也多带有这个商标。这所谓的第一家事实上已经迁离原址,虽然仍在派克市场街上。

图 3-2　星巴克商标

（二）标准色与标准字

星巴克的绿色徽标是一个貌似美人鱼的双尾海神形象,这个徽标是1971年由西雅图年轻设计师泰瑞·赫克勒从中世纪木刻的海神像中得到灵感而设计的。标识上的美人鱼像也传达了原始与现代的双重含义:她的脸很朴实,却用了现代抽象形式的包装,中间是黑白的,只在外面用一圈彩色包围。20年前星巴克创建这个徽标时,只有一家咖啡店。如今,优美的"绿色美人鱼",竟然与麦当劳的"m"一道成了美国文化的象征。

Starbucks含义来源一:Latte就是StarBucks中的拿铁,其实是意大利文,意思是奶油。含义来源二:大家都知道Starbucks的名字来自《白鲸记》中爱喝咖啡的大副。这个名字让人想起了海上的冒险故事,也让人回忆起早年咖啡商人遨游四海寻找好咖啡豆的传统,多少有些饮水思源的寓意。

（资料来源:http://www.doc88.com/p-112616146334.html)

问题讨论：

（1）为什么星巴克优美的"绿色美人鱼"，竟然与麦当劳的"m"一道成了美国文化的象征？

（2）为什么星巴克人认为：他们的产品不单是咖啡，咖啡只是一种载体？

项目小结

连锁企业作为一个与外界保持密切联系的开放系统，需要与外界环境不断地进行各种资源和信息的交换，其运行和发展不可避免地受到种种环境力量的影响。连锁企业通过经营环境分析掌握整体市场状况，通过划分和了解细分市场，并结合本门店实际情况及竞争状况进行目标市场定位，明确连锁企业赖以生存的具体市场。

连锁企业的战略包括四个方面：经营战略、发展战略、竞争战略和品牌形象战略。经营战略是企业为实现其基本经营目标，通过对企业的外部环境和内部条件分析而制订的较长期的全局性决策。发展战略则是企业发展到一定阶段时，需要扩大生产规模，为实现企业资产的扩大再生产、获得规模效益而作出的决策；企业进行发展战略要综合考虑发展的资本来源、扩张发展的方向、方式及扩张速度的选择。竞争战略是企业在发展到一定的市场规模后，为实现企业价值最大化，在同业内与其他企业之间进行的市场份额和客户占有率方面的争夺策略。连锁企业可供选择的竞争战略包括总成本领先战略、差异化战略、目标集聚战略。连锁企业品牌形象战略是指企业管理者对连锁企业品牌形象进行策划、设计及系统化，将企业的经营理念、管理特色、社会使命感、商店风格及营销策略等因素融入其中，从而形成良好的企业品牌形象。连锁企业品牌形象的识别系统是塑造连锁企业品牌形象的重要手段和方法。它将连锁企业经营理念和精神文化，运用统一的整体传达系统，传达给企业周边的公众或团体，并使其对企业产生一致的认同感与价值观。其主要构成要素有三个，即理念识别系统、行为识别系统和视觉识别系统。

练习与讨论

一、基本概念

连锁企业战略　市场定位　经营战略　发展战略　竞争战略　企业品牌形象

二、基本训练

1. 单项选择题

（1）（　　）是对某一特定社会中所有企业或其他组织都发生影响的环境因素。

    A. 宏观环境　　　　B. 微观环境　　　　C. 企业环境　　　　D. 所有环境

（2）（　　），即进入与退出屏障的高低将影响新加入者的入侵。

    A. 竞争力量　　　　B. 潜在顾客　　　　C. 行业壁垒　　　　D. 政府

（3）连锁店采取（　　）定位，是不考虑细分市场的区别，推出一种产品来追求整个市场。

    A. 无差异型市场定位　　　　　　　　B. 差异型市场定位

    C. 集中型市场定位　　　　　　　　　D. 技术型市场定位

（4）连锁店采用集中型市场定位要慎重选择（　　　　），防范经营风险。

    A. 市场规模　　　　　B. 细分市场　　　　　C. 经营战略　　　　　D. 经营目标

（5）（　　　　）市场定位会增加连锁店的经营成本。

    A. 选择型　　　　　　B. 集中型　　　　　　C. 无差异型　　　　　D. 差异型

（6）（　　　　）是连锁企业形象的直接传达系统,故被称为"企业的脸"

    A. 理念识别系统　　　　　　　　　　B. 行为识别系统

    C. 视觉识别系统　　　　　　　　　　D. 感觉识别系统

2. 多项选择题

（1）以下属于宏观社会环境的有（　　　　）。

    A. 价值观念　　　　　B. 宗教信仰　　　　　C. 教育文化水　　　　　D. 通货膨胀

    E. 市场经济

（2）消费者分析包括（　　　　）。

    A. 消费习惯　　　　　B. 年龄比例　　　　　C. 职业构成　　　　　D. 购买动机

    E. 家庭规模

（3）影响细分市场的主要变量有（　　　　）。

    A. 人口因素　　　　　B. 行为因素　　　　　C. 企业资源　　　　　D. 宏观环境

    E. 心理因素

（4）连锁经营企业的发展需要考虑的因素有（　　　　）。

    A. 资本因素　　　　　B. 方向因素　　　　　C. 速度因素　　　　　D. 方式因素

    E. 经济因素

（5）连锁商店经营标准化,主要表现在（　　　　）的标准化。

    A. 商品服务　　　　　B. 企业整体形象　　　　　C. 经营规模　　　　　D. 业态

    E. 业种

（6）以下选项中属于连锁企业品牌形象理念识别系统的内容的有（　　　　）。

    A. 经营宗旨　　　　　B. 企业价值观　　　　　C. 教育训练　　　　　D. 企业精神

    E. 企业标志

（7）连锁企业的品牌形象系统 CI 一般分为（　　　　）。

    A. 企业的理念识别系统（MI）　　　　　　B. 企业综合感觉识别系统

    C. 行为识别系统（BI）　　　　　　　　　D. 整体视觉识别系统（VI）

    E. 企业信息传播识别系统

3. 判断题

（1）战略只是对企业未来的谋略,不涉及具体的实施方案及实施控制。　　　　（　　　）

（2）微观环境具有可更改性,也就是说可以通过自己的努力,对微观环境中的不利因素加以改变。　　　　（　　　）

（3）顾客的价值指他一次购买的金额。　　　　（　　　）

（4）规模经营战略是指连锁经营企业通过增加分店数量来获取经营利润的策略。（　　　）

（5）一般来说,如果连锁店实力强、资源雄厚,产品同质化顾客的消费倾向大致相同,竞争者较少,应采用无差异型市场定位。　　　　（　　　）

4. 问答题

(1) 制订连锁企业的经营战略,为什么要进行经营环境分析?

(2) 市场细分与市场定位的关系是什么?

(3) 运营战略、发展战略和竞争战略三者间是什么关系?

(4) 实施顾客满意战略如何计量顾客价值?

(5) 连锁企业制订发展战略应考虑哪些因素?

(6) 连锁企业如何进行竞争战略选择?几种竞争战略互相排斥吗?

(7) 连锁企业品牌形象的内容有哪些?

(8) 连锁企业品牌形象的识别系统组成内容有哪些?

三、实训项目

(1) 请对牛奶行业的宏观、微观环境进行分析。

(2) 假设你想开设一家连锁书店,请对书店进行市场细分,并确定该书店的市场定位。

(3) 请分析麦德龙在中国的市场竞争战略。

(4) 请分析肯德基的企业品牌形象识别系统。

四、案例分析

沃尔玛的战略管理

沃尔玛是全球最大的连锁企业之一,它取得今天辉煌的成绩与其成功采用的战略管理密切相关。

在沃尔玛创业初始,山姆·沃尔顿面对像西尔斯、凯马特这样强大的竞争对手,采取了以小城镇为主要目标市场的发展战略。在20世纪60年代,像凯马特这样的大公司对于在人口低于5万人的小镇开分店根本不感兴趣。而山姆·沃尔顿的信条是即使是5 000人的小镇也照开不误,而且山姆对商店选址有严格要求,首先要求在围绕配送中心的600公里辐射范围内把小城镇逐个填满后,然后再考虑向相邻的地区渗透。这样正好使沃尔玛避开了和那些强大对手的直接竞争,同时抢先一步占领了小城镇市场。当沃尔玛在小城镇立稳脚跟后,开始实施农村包围城市的战略,开始向大城市渗透。

与此同时,沃尔玛为了进一步建立和保持长久的竞争优势,把"天天平价"和"保证满意"确定为沃尔玛的战略目标,想尽一切办法在每一环节上把成本降至最低,取得了在行业上的成本领先者地位。同时为了满足顾客的需求,不断推出新的服务方式和服务项目,如山姆会员店、超级购物广场、一站式购物、免费停车、免费送货等,最终以超一流的服务赢得了顾客的忠诚,取得了在服务方面的差异化。

沃尔玛公司由于能够成功实施在价格方面的总成本领先战略和服务方面的差异化战略,因而建立了远远超过其他竞争对手的巨大竞争优势,最终凭借这些优势,将西尔斯、凯马特等对手一一击败,建立起今日的零售王国。

那么,是什么使得沃尔玛公司具有如此强大的市场竞争力和扩张能力呢?其中的奥秘就在于它独特的自成一体的战略管理。

1. 天天平价

当你走进沃尔玛的大门,第一眼看到的一定是"天天平价,始终如一"的标识,就连沃尔玛的购物袋上印的也是这句话,这句话对沃尔玛的重要程度可见一斑。

天天平价和一般的削价与让利有着本质的区别。天天平价是折扣销售额的基础,是把减价作为一种长期的营销战略手段,减价不再是一种短期促销行为,而是作为整个企业市场定价策略的核心,是企业存在的根本,是企业发展的依托。

沃尔玛公司正是在所有折扣连锁店中将这一战略贯彻得最为彻底的一家公司,它想尽一切方法来降低成本,力求使沃尔玛商品比其他商店更便宜。这一指导思想使得沃尔玛成为本行业中的成本控制专家,它最终将成本降至最低,真正做到天天平价。

深圳沃尔玛店与我国一家房地产商合作,落脚在罗湖区一个居民小区楼群下的几层楼房,免去了豪华装修和过高的场地租金,所有管理人员是在一个大平面里用玻璃打出隔断来办公。美方总裁与一位中国香港总监办公室各自仅有 5 平方米大小。这家拥有千名员工的商店只有 3 辆小轿车。商店严格规定不在这些与生产直接关系不大的地方乱花钱。沃尔玛有个规定,外出采购商品花销不可超过进货额的 1%,出差人员住廉价店,步行是常有的事。深圳沃尔玛店迄今为止没有做过任何广告,他们的做法是,"价廉物美、方便、实惠",靠客的口碑去传播声誉。在商店管理中,严格推行"减员简构"的方针,由此沃尔玛开创 50 多年里一直保持了销售额与成本比的最低水平,国际零售界通行比例为 5%,而沃尔玛仅 2%。

2. 保证满意

"保证满意"是在沃尔玛商店中悬挂最多的标语之一,这是沃尔玛对顾客作出的承诺,也体现了沃尔玛的经营理念。

沃尔玛的经营哲学认为顾客永远第一,商店需要不断地了解顾客的需要,设身处地为顾客着想,最大限度地为顾客提供方便。沃尔玛把为顾客提供超一流的服务摆在和"天天平价"同等重要的战略高度。

在零售行业,舒适的购物环境、优质周到的服务必然与较高的价格相联系;而价格低廉的折扣商店,顾客得到价格上的优惠,却往往无法享受到优质的服务。沃尔玛公司努力地将二者结合起来,做到在提供廉价商品的同时,保证顾客能享受到超值服务。

沃尔玛这样告诫第一天进店的新员工:"顾客来到商店,是他们给我们付工资的。因此,无论如何,我们都要好好对待顾客,永远要尽力帮助顾客,永远要走到你的顾客身边,问顾客你是否能帮助他们。"

在沃尔玛商店,你还随时可以看到这样的标语:"一、顾客永远是对的。二、顾客如有错误,请参见第一条。"

沃尔玛还宣称:"我们争取做到每件商品都保证让你满意。如果不满意,可以一个月内退货,并拿回全部钱款。"

(资料来源:季辉.连锁商业营销与管理[M].重庆:重庆大学出版社,2004)

问题讨论:

(1) 沃尔玛创业之初选择了怎样的市场定位,为什么?

(2) 沃尔玛是如何实践顾客满意战略的?

(3) 沃尔玛通过哪些方面实现总成本领先战略?

(4) 沃尔玛进行了哪些扩张的发展方向选择?

项目四 连锁门店开发策略

学习目标

知识目标

- 熟悉连锁企业扩张战略的内容；
- 了解商圈调查的目的、内容,掌握商圈调查的方法；
- 了解商圈的含义,掌握商圈的设定和分析的方法；
- 了解连锁店选址的原则,掌握选址方法。

技能目标

- 学会商圈调查的调查问卷的设计；
- 学会商圈分析和店址分析；
- 能正确地选择开店的地址。

案例导入

百思买网点扩张与选址战略受挫

百思买集团(Best Buy),全球最大的家用电器和电子产品零售集团。2011 年 2 月 22 日,百思买宣布关闭在中国内地的 9 家门店以及在上海的中国零售总部。

1. 百思买网点扩张战略

(1) 百思买区域扩张战略

区域扩张战略就是网点空间布局战略。百思买采用的是圈地模式。仅在上海就开设了 6 家门店。将可能开设的门店数量尽量开完,再寻找另外的开店区域,以便充分挖掘该区域的市场潜力,发挥资源整合优势,减少后勤服务成本,增加宣传效果,达到获取规模效益的目的。

(2) 百思买网点扩张路径

① 自建。百思买通过自身力量逐步拓展市场,采取开设直营连锁店的形式。新的连锁店按照企业统一的模式运营。但是,百思买采取直营连锁店的形式前期需要投入大量资金。另外,采取直营连锁店的形式会使得发展相对缓慢。百思买总部需要对新区域市场有一个了解、认识、把握的过程,当地消费者需要时间了解、接受新的进入者。

② 并购。百思买集团以 3.6 亿美元获取了五星电器 75% 的股份。这其实也就意味着百思买将按照"中国模式"来经营中国市场。2011 年五星电器计划开设 40~50 家新

店,这将会使百思买控股的五星电器门店在 2012 年达到 210 家左右。自五星电器被收购后,百思买便采取"双品牌"战略。这样更容易使百思买进入中国市场,并且可以利用五星电器原有的人力资源,减少投资成本,加快扩张速度。

（3）百思买的 S&B 战略

S&B(scrap and build)即剪裁与重建。百思买在中国经营不善产生危机时,管理层果断决定退出中国市场。对于连锁企业来说,规模上不去,只能提高单店盈利来摊薄成本。遗憾的是,百思买两者都没有做到。行业专家分析,百思买"买断经营"和自聘销售员的零售业态,使得其开店成本居高不下。

目前,在国内的家电零售连锁店存在两种模式,一是以国美、苏宁为代表,以向厂商收取卖场租金为主,其余的店面装修、具体销售等事宜均由厂商自行解决;二是以百思买为代表,更类似经销商的角色,自己负责采购销售,以赚取商品差价为主。但与前者相比,百思买的模式需要大量的资金投入,并且也不受国内家电厂商的欢迎。

2. 百思买选址分析

百思买中国内地首家门店选址在上海的徐家汇江山大厦,距此 100～200 米的地方,曾是国美电器宝良店所在地,2004 年 9 月国美因经营不是很理想而退出;而在江山大厦斜对面,第六百货、汇金广场以前都销售家电,最后因生意不好都相继转型退出。百思买以经营数码通信类产品见长,但江山大厦已被宏图三胞、太平洋数码广场、百脑汇、美罗城包围,竞争压力可想而知。

当被询问在中国市场获得哪些教训时,百思买高层将自己的失败归结于中国消费者"要价格不要服务",说明百思买至今没明白自己输在哪里。中国并不是没有消费能力,而是百思买在进军中国市场时没有充分了解行情,及时改变自身的销售模式。

（资料来源:杨建莉.青年创业网.http://www.qncye,2013-02-22,有改动）

案例点评:百思买在网点扩张的路径上采取直营连锁和并购的方式并无不妥,但是在选址上存在明显的失误,在扩张网点时并未充分考虑中国实际情况。下面将介绍连锁企业的网点扩张与选址战略。

■ 模块一　连锁网点的扩张战略

连锁企业的规模扩张主要是网点扩张,这里不仅指网点数量的扩张,同时也指网点质量的提升。一个优秀的连锁企业在不断新建网点的同时还会对原有质量不满意的网点进行调整,以保证每一个"点"连接起来形成一张有效的"网"。

一、连锁网点布局战略

连锁网点的布局战略模式主要有两种模式:圈地模式和跳跃模式。

（一）圈地模式

圈地模式是指连锁企业在一个区域内集中资源开店,将可能开设的门店数量尽量开完,再寻找另外的开店区域,以便充分挖掘区域的市场潜力,发挥资源融合优势,降低管理成本和后勤服务成本,增强宣传效果,以达到获取规模效益的目的。

1. 圈地模式的两种方式

圈地模式的具体操作方式有两种,一种是以一个城市为目标,集中资源在该城市迅速铺开网点,形成压倒性阵势,以吸引消费者的注意。这种网点布局战略对消费相对分散且区域性竞争不明显的便利店、冷饮店尤为适用。

另一种操作方式是连锁企业在考虑网点布局时,先确定物流配送中心的地址,然后以配送中心的辐射范围为半径逐步扩张。这种方式更注重配送中心的服务能力,以求充分发挥配送潜力。配送中心的辐射范围一般以配送车辆 60～80 公里/小时的速度,在一个工作日(12 小时/24 小时)内可以往返配送中心的距离来测算。这种布局战略对要求商品配送快捷、高效的标准超市等尤为适用。根据我国一些运转较正常的连锁超市的情况来看,配送中心的成本一般要占整个连锁超市销售额的 4%,所以尽力挖掘配送中心的潜力,降低配送成本是连锁企业在网点布局时不得不考虑的重点。

2. 圈地模式的优势

(1) 可以降低连锁企业的广告费用。

(2) 可以增大形象上的乘数效果。

(3) 可以节省人力、物力、财力,提高效率。

(4) 可以提高商品的配送效率,保证送货及时。

(5) 可以充分发挥配送潜力,减少总部的投资压力。

3. 圈地模式的风险

(1) 采取这一扩张模式,必须等待在一个区域开完计划的门店数量才能进入另一个区域,因此连锁企业要完成在全国的整体布点工作可能需要较长的时间。

(2) 由于这一扩张模式是一个一个区域的渐进式开店,因此有可能其他一些当前值得进入的区域或城市在等待中丧失了最佳机会,让部分对手抢占有利地址。

(二) 跳跃模式

跳跃模式是指连锁企业在当前值得进入的地区或竞争程度相对较低的地区分别开设门店,即看准一个地方开一家,成熟一家开一家,可以同时不断跳跃式地在各区域开店。连锁企业采取这种方式扩张主要出于两种目的:一种是企业希望占领某个大区域的市场,先不计成本,不考虑一城一池的得失,而是先考虑整体网络的建设,对有较大发展前途的地区或位置,先入为主,抑制竞争对手;另一种是希望避开强大竞争对手,先求生存,再求发展。

1. 跳跃模式的优势

(1) 可以抢先占领有较高价值的地点,取得先发制人的优势。由于各种竞争加剧,未来某地区的进入成本将会远远高于目前的进入成本,尤其是某些连锁企业的经营模式对地点有特殊的要求,因此,尽早在主要市场选定理想地点将使连锁企业的扩张活动变得更为主动。

(2) 企业优先将门店开设在商业网点相对不足的地区或竞争程度较低的地区,可以避开强大竞争对手,迅速站稳脚跟。较偏远的地区或城市郊区往往被大型连锁企业所忽略,那里租金低廉、开店成本低,商业网点相对不足,不能满足当地居民的需要,企业在该地区能有效地避开与强大竞争对手的正面冲突,从而形成自己的优势,取得规模效益,以便后来居上。

2. 跳跃模式的风险

(1)对于那些对物流配送要求较高的连锁企业,在缺乏可供依赖的社会化配送中心的情况下,采取跳跃模式的连锁企业需要充分考虑自己的物流配送能力,如果门店之间跨度太大,企业物流配送跟不上,就难以满足各门店的需要。

(2)由于不同地区的市场差异性太大,企业难以根据不同市场的要求选择适销对路的商品,无法满足消费者的需要,因而在发展初期难以有效地整合企业资源,这可能使连锁企业陷入战线过宽带来的困境。

(3)连锁企业设店的区域跨度过大,必然要求更多的权力下放来适应不同市场的需要,如果连锁企业没有相应的管理控制系统,则容易出现一盘散沙的状况,不利于树立连锁企业的统一形象。

(4)跳跃模式对门店的管理人员要求较高,在总部后勤服务不到位的地方设店,门店管理人员必须独立处理相关事务,必须具备较高的能力与素质,否则会延长门店经营的摸索期或亏损期。

对于创建时间不长的连锁企业,多数专家建议不要将战线拉得过长,以免顾此失彼,得不偿失,但以上两种区域扩张模式并不是完全互相排斥的,连锁企业可以根据自身的情况设计适当的区域扩张战略,甚至可以将两种模式有效地结合起来。

相关链接 4-1

沃尔玛收购好又多　成中国零售老大

2007年2月,沃尔玛宣布:已完成对好又多35%的股权收购。

好又多超市总部位于广州,此前在国内近30个城市开了101家门店。收购好又多,能够给予沃尔玛的最大价值便是这些商业网点资源,通过收购可以实现快速扩张,填补沃尔玛在华南市场的最后一块空白,同时又有助于扩充其在华东、华北以及华西等地的门店规模,尤其是这些地区的一些中心城市,使得市场布局更为合理。

收购好又多,使沃尔玛一举成为中国零售老大。虽然沃尔玛一直稳坐全球零售老大的交椅,但在中国市场,无论是开店速度,还是经营业绩都落后于家乐福。截至2007年,沃尔玛在中国36个城市共有68家购物广场,而其主要竞争对手家乐福在中国拥有95家卖场。收购好又多之后,沃尔玛在中国拥有店面数字将达到174家,远远超过对手麦德龙、乐购等,成为中国最大的超市巨头。

收购好又多后,沃尔玛继续谋划中国市场。沃尔玛表示要在20年内使之在中国的规模达到在美国本土的规模。因为对它来说,"中国是世界上唯一一个能让沃尔玛复制其在美国取得的成功的国家"。要想在中国市场重现全球零售业巨无霸的风光,收购好又多仅仅是个开始。

二、连锁网点扩张路径

连锁企业网点扩张路径主要有四种：自建、并购、加盟、合作。

（一）自建

自建是指连锁企业借助自己筹集的资金，通过对当地市场详细的商圈分析，对备选地址逐一优选，确定店址并开设新的直营连锁门店，通过自身力量逐步拓展市场。国内外大多数连锁企业早期扩张均采取这一路径开设直营连锁门店。

1. 优势

新的连锁门店一开始就能按企业统一经营模式运行，迅速走上正轨，有利于企业的一体化管理，公司原有的经营理念和经营模式能不折不扣地贯彻实施，有助于树立良好的企业形象。由于选址时对当地商圈进行了周密的调查与分析，前期的市场调查对新店开业后的经营策略调整有很大帮助。

2. 风险

这种方式前期需要投入大量资金，企业必须有雄厚资金支持，且对内部资源应用要求较高，发展相对较慢。企业需要对新区域市场有一个了解、认识、把握的过程，当地消费者需要时间了解、接受新的进入者，因而初建的门店需要一个过渡期才能站稳市场。

（二）并购

并购是指连锁企业采取资本运营的方式，将当地现有的企业收购、兼并过来，再进行整合，使兼并企业能与母体企业融为一体。并购是目前国内外比较流行的一种扩张方式，近年来，我国零售业就发生了多起并购事件，如沃尔玛收购好又多、特易购收购乐购、国美电器收购永乐大中等，但并购并不适合所有企业，因为并购存在相当高的风险。

1. 优势

通过收购、兼并，连锁企业可以共享市场资源，扩大顾客基础，提高还价的实力，容易进入一个新的市场。因为兼并过来的企业是当地已经存在的企业，熟悉当地情况，已经积累了一定的无形资产，被当地消费者所接受，并购能使总部迅速占领新的市场，可以利用被并购企业的人力资源，如果运作较好，投资成本可以相对减少，而扩张速度也会加快。

2. 风险

被兼并企业本身的组织结构、管理制度以及企业文化与母体企业相关度较高，还需要对其按母体的标准进行改造，有一个磨合期，这同样需要成本。寻找合适的被并购企业需要机会，这可能会贻误进入一个新市场的时机，并购本身及整合被并购企业是一项复杂的工作，需要高超的管理技术和专业知识。

（三）加盟

加盟一般称为特许经营，是总部将自己所拥有的无形资产包括商标、商号、专利和经营管理模式等许可给投资者或加盟商，加盟商按合同规定在总部的统一指导下从事经营活动。加盟是连锁企业低成本、高速度的扩张方式,但它需要一定的条件,也同样存在一定的风险。

1. 优势

可以节省大量资金投入和时间成本,迅速提高市场占有率;还可以节省总部的人力资源和财力,风险小;能充分利用加盟者在当地的人缘优势和经营积极性,可以提高成功率。

2. 风险

加盟更适合一些门面较小的商店,不适合所有零售业态和服务行业,这使该路径扩张范围受到限制;管理特许门店难度较大,加盟双方容易闹矛盾,总部不能随意更换店长和工作人员,不利于整体营销战略的实施;个别加盟店的行为或经营失败会对总部品牌形象造成损害,不利于树立良好的企业形象。

(四) 合作

合作是指连锁企业与有合作意向的伙伴进行多方面的合作,既包括引入战略投资伙伴共同开发新市场,也包括与合作方结成联盟体采取复合连锁的方式进入新市场,还包括向合作方输出管理、输出人力资源方式,共同开发某地区市场,如深圳万泽药店与万佳超市结盟共同开拓广州市场,万佳开到哪,卖场里面就有万泽的门店进驻。

1. 优势

可以利用合作伙伴的人力、财力、物力等资源,减轻总部的投资压力;也可以利用合作方的影响力迅速占领市场,降低投资风险;双方可以共享顾客资源;相对于加盟的形式,合作形式更为灵活,店面招牌可以灵活处理,或打上连锁企业商号,或采用双商号;合作方式较加盟更容易被对方所接受,双方在平等的位置上谋求双赢。

2. 风险

合作伙伴有权参与决策,连锁企业不能独立决策,这不利于统一管理;市场的开拓受到制约,不能按连锁企业自己开店的一贯模式运作,时间和速度不能控制;合作方式不太稳定,由于其他情况变化,容易导致合作失败或合作终止。

连锁企业四种扩张路径比较见表 4-1。

表 4-1 连锁企业四种扩张路径比较

项　　目	自　　建	并　　购	加　　盟	合　　用
资金来源	总部	总部	加盟者	合作双方
管理统一性	高度统一	中度统一	高度统一	低度统一
扩张速度	慢	快	快	不定
稳定性	高稳定性	中稳定性	低稳定性	低稳定性
企业形象	一致	不太一致	一致	不太一致
风险	高	高	低	低
操作难度	相对简单	难	较难	较难

三、连锁门店的裁剪与重建

连锁企业的裁剪与重建战略即 S&B(scrap and build)战略,也称连锁企业的修枝战略。是关于撤除某一家、某一地区的门店或者对某个旧门店进行重新装修改造以使其更符合公司长远发展方向的战略。其目的在于去除冗店,重新调整连锁企业扩张中的地区内部和地区之间的连锁门店分布状况,调整门店形象及经营策略,建立更为有效和紧凑的销售网络,以提高企业竞争力,获得长期的发展。

连锁企业实施 S&B 战略一般出于以下几种情况。

1. 店铺危机

在开新店过程中,一些连锁企业选择了不合适的店址(因为最好的店址已被竞争对手占满了),导致经营不善,而且在未来的几年情况也不会有太大的改善,需要进行裁剪。另外,由于城市建设,如修筑铁路、居民区,或其他政治、经济等原因,导致原先选定的店址需要放弃或搬迁,从而实施 S&B 战略,这种情况又被称为店铺地段危机。

2. 经营危机

由于门店本身经营不善,考虑成本合理化的要求,为整顿亏损店而实施 S&B 战略。一方面,撤除缺乏竞争力的店铺,如缺少停车场的大店,销售额难以提高的小型店或地段欠妥的店铺等;另一方面,由于投资成本增大,而这些成本包括防火设施、防止环境污染设备的投资,以及店租等,裁撤旧店或投资新店之后,企业能够获得更为合理的投资回报率。当然,借着裁撤亏损店的机会,还可以改装店铺,发展新的业态。

3. 市场危机

由于市场差距显著化,商品和楼面结构不合时宜采取 S&B 战略。造成市场差距的原因是:消费者停止流动,结果形成具有不同特性和购买力的区域划分;居民或商圈的年龄人口结构呈现出极端化倾向;流动性强的消费者集中到某一地区。这三种情况都会使门店的商品结构和楼面结构不能适应顾客的需求,结果形成市场差距。这时的 S&B 战略,重点在于以变更业态的方式重建商店网络。

4. 合作危机

由于连锁企业与合作伙伴之间的关系变化而引起实施 S&B 战略。这种现象容易出现在双方合作共同开发一个地区的市场。当合作方产生变故时迫使连锁企业不得不进行调整。

5. 管理危机

由于连锁企业过度扩张或盲目扩张后,发现自己没有足够的资源和管理能力支撑或控制所有门店,就会对一些地域分布较远的门店进行裁剪。例如,有些连锁企业发现专注于地方性市场而不是全国性市场可能会干得更好,或现在尚无能力进军全国市场,于是对原来的盲目扩张予以修正。

阅读资料 4-1

凯玛特盲目扩张加速破产

美国凯玛特在扩展速度上的盲目性是加速其破产的一个最主要的因素。

凯玛特在扩展方面存在的问题主要表现在以下几个方面：首先是成长速度太快，以致一味地关注扩张新店，却忽视了对已有店铺的管理，结果使店内购物环境下降，商品过时，还经常缺货；其次是在经营战略上脱离了使其成功的经营全国性知名品牌的做法，转而更多地经营自有品牌，缺乏高质量的产品争夺顾客；另外，背离了折扣百货连锁必须通过规模获得效率的原则，没有将折扣商店向大型化方向发展，保持区域性的竞争优势，相反却把商店规模缩小到 3 000 平方米，也没有扩大经营商品的范围。这些经营上的问题造成公司整体销售虽然上升，但利润却不断下降。由于扩展的速度没有合理地得到控制和重视，凯玛特最终没有逃脱破产的命运。

（资料来源：李曙明.构建你的连锁王国——连锁经营的运作与管理[M].北京：中国商业出版社,2006)

■ 模块二　商圈的设定与分析

在选址之前有一项重要的工作就是对周围的商圈进行调查与分析，商圈分析是新设门店合理选址的前提。

一、商圈的概念及形态

（一）商圈的概念

商圈是指以商店所在地为中心，沿着一定的方向和距离扩展，吸引顾客的辐射范围。也就是说，商店吸引其顾客的地理区域或来店购买商品的顾客所居住的地理范围。商圈的范围或者大小不仅是空间距离的概念，而且是所覆盖的消费者数量与涉及的空间距离的综合概念。

一般来说，商店的商圈由核心商圈、次要商圈和边缘商圈组成。

（1）核心商圈，是最接近商店并拥有高密度顾客群的区域。一般认为，核心商圈中所能覆盖的顾客数占商店顾客总数的 55％～70％。核心商圈是关系商店能否赢利的关键商圈。

（2）次要商圈，是位于核心商圈之外，顾客密度较稀的区域。一般认为，次要商圈中所覆盖的顾客数占商店顾客总数的 15％～25％。

（3）边缘商圈，是位于次要商圈之外，顾客密度最稀的区域。一般认为，边缘商圈所覆盖的顾客数只占商店顾客总数的 5％～10％。具体如图 4-1 所示。

通常核心商圈所占的地理区域最小，次要商圈所

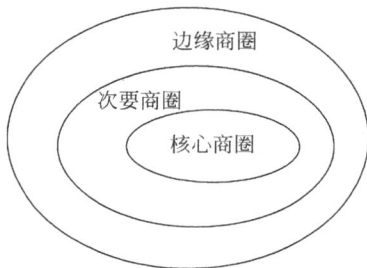

图 4-1　商圈形状

占的区域较大,而边缘商圈所占的地理区域最大。商圈的范围及其各构成部分的大小受到商店的业态、规模、位置、媒体接收状况等诸多因素影响而不同。具体如图 4-1 所示。

(二)商圈形态

商圈形态是进行商圈分析的基础,一般而言,商圈形态具体分为下列 5 种。

(1)商业区。商业行业的集中区,其特点是商圈大,流动人口多,热闹,各种商店林立。消费习性为快速、流行、娱乐、冲动购买及消费水平高等。

(2)住宅区。该区住户集中,而且比较多,至少须有 1 000 户以上。住宅区的消费习性表现为:消费群稳定、便利性、亲切感、家庭用品购买率高。

(3)文教区。该区附近有大、中、小学校。文教区的消费习性表现为:消费群以学生为主,消费金额普遍不高,休闲食品、文教用品购买率高。

(4)办公区。该区的办公场所多而集中。办公区的消费习性表现为:便利性、外来人口多、消费水平较高。

(5)混合区。该区住商混合、住教混合。由于城市功能日益出现多变性,商圈形态也趋向复合式,所以混合区具备多种商圈形态的消费特色,属于多元化的消费习性。

二、商圈设定方法

由于连锁店所处位置、规模大小、购物出行方式及购物频率的不同,就有不同的商圈范围,需要进行具体的分析。其主要方法有:经验商圈设定法、顾客问卷调查商圈设定法、定量商圈设定法。

(一)经验商圈设定法

(1)根据业态不同,设定商圈的范围。不同业态的商圈其辐射范围区别很大。超级市场与百货店、购物中心等业态相比,商圈偏小,来店单程时间约为 10 分钟。超市奉行小商圈主义,地处社区或居民区,商圈人口 7 万~12 万;以经营食品为主的超级市场的商圈更小,商圈人口仅为 3.5 万~5 万人。据调查表明,人们对肉、鱼、蔬菜、水果的经常性购物距离不足 2 千米,而服装、化妆品、家具、耐用消费品购物距离为 4~5 千米。连锁店的每个小型商圈又互相连接,形成由点及线到面的销售网络,占领市场的能力还是很强的。

(2)根据所处位置不同,设定商圈范围。受交通条件等因素的影响,分店所处的位置影响其商圈的范围,一般位于都市中的分店商圈要大大小于位于城郊分店的商圈范围,当然这还要考虑竞争店位置等因素。以超市为例,根据日本超级市场的调查统计,超级市场位置与商圈范围如表 4-2 所示。

表 4-2　超级市场位置与商圈范围

商　　圈	徒步商圈范围	自行车商圈范围	小汽车商圈范围
都市	300~500 米	700~800 米	
郊区	500 米	1 500 米	3 000 米

（3）根据店的规模不同、连锁企业知名度不同,设定商圈范围。一般连锁店的规模越大、连锁企业知名度越高,商圈范围越大;反之则越小。根据法国超级市场调查统计,超市规模与商圈范围如表4-3所示。

表4-3 超级市场规模与商圈范围

规　　模	面积(平方米)	商 圈 范 围
小型超市	120～399	步行10分钟之内
中型超市	400～2 499	步行10分钟或开车5分钟
大型超市	2 500以上	驱车20分钟左右

（4）根据顾客购物出行方式不同,设定商圈范围。出行方式越现代化、机械化,商圈范围越大;反之则越小。例如,表4-4所反映的日本情况,郊外超级市场的徒步商圈范围为500米,自行车为1 500米,而小汽车达3 000米。此外,地形也影响商圈的范围,如坡道、山河、汽车通行量大的道路和铁路等。

（5）根据顾客购物频率不同,设定商圈范围。受收入水平及消费习惯的影响,居民购物频率显示出不同的特征,即使是对于同一种商品也会出现购物频率的差异。这种差异会影响连锁分店的商圈范围。一般说,顾客购买的频率越高,商圈范围越小;反之则越大。但在市郊或小镇,如无其他超市,原来半径为500米的商圈可延伸到3 000～4 000米以外。顾客购买频率与商圈范围如表4-4所示。

表4-4 顾客购买频率与商圈范围

位　　置	每天购买	每周3～4次	每周1次
都市	300米	500米	700～800米
郊区	500米	700～800米	1 500米

（6）商圈的习惯划分标准。以连锁店铺位置为圆心,依据习惯性的一定距离为标准,画出半径。国内外习惯用的半径标准如表4-5所示。

表4-5 商圈划分标准

商圈类型	交通工具特征	距离(半径)	时　　间	时　　速
核心商圈	徒步	600米	10分	4千米/小时
次要商圈	自行车	1 300米	10分	8千米/小时
边缘商圈	汽车	6 000米	10分	40千米/小时

实际商圈的确定可以根据店铺位置的具体情况,对上述半径标准进行具体调整,最终描述出每个商圈的实际范围。

（二）顾客问卷调查商圈设定法

在实际运作中,连锁企业可以通过问卷调查方法来进一步确定商圈,其步骤如下。

（1）设计调查问卷。问卷的主要项目有:①顾客的住址;②顾客的来店频率(次/周、次/月);③顾客去大型店购物的频率;④顾客去竞争店购物的频率。调查问卷见表4-6。

表 4-6　商圈范围调查问卷

姓名		性别		年龄		家庭住址	
问　　题			备 选 答 案				
你可以接受的往返于超市的距离是多少			（　）500 米		（　）500～1 000 米		
			（　）1 500～2 500 米		（　）无所谓		
你可以接受的往返于超市的时间是多少			（　）15 分钟		（　）15～30 分钟		
			（　）1 小时内		（　）无所谓		
你平均每周去超市几次			（　）1～2 次		（　）3～4 次		
			（　）5～6 次		（　）每天都去		
你去超市购买的主要商品是什么			（　）食品		（　）生鲜类食品		
			（　）日用品		（　）服装鞋帽		
			（　）家用电器		（　）其他		
附近的几家超市中,你最经常去哪家购物			（　）超市 A		（　）超市 B		
			（　）超市 C		（　）超市 D		
你认为这家超市最吸引你的原因是什么			（　）距离较近		（　）价格低廉		
			（　）服务态度		（　）促销活动		
			（　）商品齐全		（　）其他		
如果在附近新开一家超市,你最希望具备什么特点			（　）价格低廉		（　）商品齐全		
			（　）服务态度好		（　）购物环境好		
			（　）促销活动多		（　）其他		

（2）制作商圈地图。在收集来的问卷中,选取 100～150 份,在地图上将顾客问卷上填写的住址标示出来,并将各住址用线连起来,商圈的范围便展现出来。

（3）计算商圈内的住户数。确认商圈后,利用住户资料计算出户数。

（4）计算销售额。户数乘以每户每月的生活费用支出(食品、饮料和日用品的支出),即为该超市的营业额。

（5）划分商圈层次。商圈的范围一般可按销售额与市场占有率分为 3 个层次,即第一商圈(市场占有率在 30％以上,占该店销售额的 70％)、第二商圈(市场占有率在 10％以上,占该店销售额的 25％)、第三商圈(市场占有率在 5％以上,占该店销售额的 5％)。商圈层次的划分见表 4-7。

表 4-7　商圈层次的划分

商 圈 层 次	市场占有率	占本店销售额比例
第一商圈	30％以上	70％
第二商圈	10％～30％	25％
第三商圈	5％～10％	5％

（三）定量商圈设定法

1. 雷利法则

威廉·雷利在 1929 年提出的商圈设定方法被称为零售引力的雷利法则。雷利认为商圈规模由于人口的多少和距离商店的远近而有所不同,商店的吸引力是由最邻近商圈的人口和距离两方面发挥作用的。雷利法则的基本内容是：在两个城镇之间设立一个中介点，顾客在此中介点上可能前往任何一个城镇购买，即在这一点上，两城镇商店对此地居民的吸引力完全相同，这一点到两城镇商店的距离即是两商店吸引顾客的地理区域。其公式为

$$D_{AB} = \frac{d}{1 + \sqrt{\dfrac{P_B}{P_A}}}$$

式中：D_{AB}——A 城镇商圈的限度（中介点到 A 城镇的距离）；

P_A——A 城镇人口数量；

P_B——B 城镇人口数量；

d——A、B 两城镇之间的距离。

【例 4-1】 A 城镇人口为 36 万人，B 城镇人口为 9 万人，A、B 两城镇相距 30 千米，计算其商圈中介点的位置。

解：
$$D_{AB} = \frac{30}{1 + \sqrt{\dfrac{9}{36}}} = 20（千米）$$

即 A、B 两地的商圈中介点位于距 A 地 20 千米处。

计算结果表明，A 城镇吸引与中介点距离 20 千米内的顾客，B 城镇吸引与中介点距离 10 千米的顾客。这就设定了 A 城镇与 B 城镇中商店的商圈范围。

雷利法则通过确定一个位于两区域间的中介点，并根据此点来确定商圈大小。该法则表明特定区域人口越多、消费规模越大、商业基础越发达，对顾客的吸引力就越大，商圈也就越大，而处于中介点上的消费者不论到哪里购物利益均等。雷利法则既可以用于不同城市商业之间的定量分析，也可以用于同一城市内不同商业区之间的定量分析。但雷利法则的成立必须有两个前提：一是两个地区同样地接近主要公路；二是两个地区的零售商的经营能力一样。

利用雷利法则来设定商圈简单易行，特别是在资料不全时尤为适用。但它只考虑到两区域的人口和距离，而未考虑交通时间和网点集散顾客的能力，且该法则并不是确定某一网点的商圈，而是确定某一区域的商圈。此外，若存在广告的影响，或顾客对某特定商店的忠诚和某些商店有特殊吸引力时，会减弱雷利法则的有效性。

2. 赫夫法则

20 世纪 60 年代，美国零售学者戴维·赫夫提出了在城市区域内商圈规模预测的空间模型。赫夫法则从不同地区商品的种类、顾客从家庭住所到购物区所花的时间及不同类型顾客对路途、时间的不同重视程度三个方面，对商圈进行了分析。商品种类以商业区各商店某类商品的总销售面积来测算。赫夫法则考虑到网点的营业面积、顾客的购物时间、顾客对距离的敏感程度等，经统计计算可得出消费者从不同距离到目标店购物的概率，根据企业的不同情况设立不同的概率标准，选择一定概率下的距离设定商圈范围。其模型的公式为：

$$P_{ij} = \frac{\dfrac{S_j}{(T_{ij})^\lambda}}{\displaystyle\sum_{j=i}^{n} \dfrac{S_j}{(T_{ij})^\lambda}}$$

$$E_{ij} = P_{ij}C_i = \frac{\dfrac{S_j}{(T_{ij})^\lambda}}{\displaystyle\sum_{j=i}^{n} \dfrac{S_j}{(T_{ij})^\lambda}} C_i$$

式中：i——某地区；

   j——某商店；

   P_{ij}——i地区消费者到商店 j 购物的概率；

   S_j——商店 j 的规模（营业面积）；

   T_{ij}——i地区到商店 j 所用的时间；

   λ——通过实际研究或相关运算加以确定的消费者对时间或空间距离重视参数；

   E_{ij}——i地区消费者到商店 j 购物的人数；

   C_i——i地区消费者人数。

【例 4-2】 假设一家超市在考虑三个选址位置。在这三个位置日用品的总营业面积分别是 9 000 平方米（商店 A）、6 750 平方米（商店 B）和 1 000 平方米（商店 C）。消费者居住地距离这三个位置的时间距离分别是 30 分钟、15 分钟和 10 分钟。通过调研，消费者时间距离的重视参数为 2。试计算消费者到每个商店的购物的概率。假如该地区消费者有 1 000 人，求到各商店购物人数的概率是多少，并计算到 9 000 平方米营业面积的（A 店）购物的人数。

$$P_{ia} = \frac{\dfrac{9\,000}{30^2}}{\dfrac{9\,000}{30^2} + \dfrac{6\,750}{15^2} + \dfrac{1\,000}{10^2}} = 20\%$$

$$P_{ib} = \frac{\dfrac{6\,750}{15^2}}{\dfrac{9\,000}{30^2} + \dfrac{6\,750}{15^2} + \dfrac{1\,000}{10^2}} = 60\%$$

$$P_{ic} = \frac{\dfrac{1\,000}{10^2}}{\dfrac{9\,000}{30^2} + \dfrac{6\,750}{15^2} + \dfrac{1\,000}{10^2}} = 20\%$$

$$E_{ia} = 20\% \times 1\,000 = 200（人）$$

即消费者住所到 A 商店购物概率为 20%；到 B 商店购物概率为 60%；到 C 商店购物概率为 20%；在距 A 店 30 分钟的时间距离的范围内有 200 人会前往该商店购物。

赫夫模型尽管只得出了概率性的结果，但它仍然是一个很实用的模型，国外在调查大型零售店对周边商圈的影响力时也常用这一模型。赫夫法则对预测新设商店的销售非常有意义，在零售商进行选址时，可以借助赫夫法则的数学模型评估店址的潜在商圈，预测销售额。但赫夫模型中概率值的确定较复杂，而且没有考虑消费者对不同商店的偏好，因此，在应用该模型时应注意到这些问题。

三、商圈分析

商圈分析就是经营者对商圈的构成、特点、范围以及影响商圈规模变化的因素进行调查、评估和分析,它有大环境分析和小环境分析之分,大环境分析确定该地区有无开店的价值,小环境分析确定该地区开店的最佳地点,这部分我们主要从大环境来分析,小环境分析放在下面的地点位置选择时考虑。

(一)商圈分析的作用

商圈分析的作用主要体现在以下三个方面。

(1)商圈分析是合理选址的基础。新店经营者选址时要了解商圈的详细资料,在明确商圈范围和分析市场商圈内人口规模和特点、劳动力市场情况、商品的供应情况、竞争程度等各种市场和非市场因素的基础上,预测经济效益,评估店址价值,选择合适的店址,使商圈、店址、经营条件有机结合,创造出经营优势。商圈分析在这一过程中极为重要。

(2)商圈分析有助于制订竞争经营策略。尤其是在日趋激烈的市场竞争环境中,仅仅运用价格手段显得太有限了。连锁店为取得竞争优势,广泛采取非价格竞争手段,诸如改善形象、完善售后服务等。经营者通过商圈分析,了解商圈的详细信息,并根据顾客的需求特点采取竞争性的经营策略,从而吸引顾客,成为有竞争力的赢家。

(3)商圈分析有助于制订市场开拓战略。一个连锁店经营方针、策略的制订或调整,总要立足于商圈内各种环境因素的现状及其发展趋势。通过商圈分析,可以帮助经营者制订合适的市场开拓战略,调整商店经营战略和经营方针,不断延伸经营触角,扩大商圈范围,提高市场占有率。

此外,商圈分析还可以帮助商店测算出一定区域内分店设置的最佳数目,能够准确识别市场地理位置的特点,帮助经营者掌握竞争状况、金融服务、交通运输、政策法规、商品配送、劳动力供给等情况。

(二)商圈分析的内容

这里的商圈分析将从人口状况、经济状况、竞争状况和基础设施状况四个大方面来进行分析。

1. 人口状况分析

人口状况分析包括人口总量和密度、年龄分布、职业分布、居住条件、总的可支配收入、人均可支配收入、人口变化趋势、消费习惯等方面的现状和发展趋势。人口数量是衡量商圈内需求大小的重要参数。通过对这些资料的统计分析,有利于把握商圈内未来人口构成的变动趋向,并为市场细分和企业定位提供有用的信息。

2. 经济状况分析

商圈内经济状况好,居民收入稳定增长,则零售市场就会随之增长;在分析中,要对购买力指数引起足够重视,因为比较不同商圈的购买力指数,可为发现潜在的消费市场提供依据。

$$购买力指数 = A \times 50\% + B \times 30\% + C \times 20\%$$

式中：A——商圈内可支配收入总和(收入中去除各种所得税、偿还的贷款、各种保险费和不动产消费等)；

   B——商圈内零售总额；

   C——具有购买力的人口数量。

购买力指数可以反映出一个区域的市场潜力,通过比较不同商圈的购买力指数,可为发现潜在的消费市场提供依据。

3. 竞争状况分析

竞争状况是商圈分析中的一个非常重要的因素,包括现有竞争者的商业形式、数量、规模、新开店的发展速度、各竞争商店的优势与劣势、近期与远期的发展趋势以及商圈内零售饱和度等。商圈饱和度是判断商业圈内竞争激烈程度的一个指标,通过计算或测定某类商品的零售饱和指数,可以看出商业圈内同行业是过多还是不足,以决定是否选择在此开店。饱和指数是指现存商场每平方米营业额。新建商场可能使这一指数降低,一定要考虑待建和正在施工的商场面积。如果饱和指数理想,可选择在该区开店。

零售饱和指数(IRS)的计算公式为

$$IRS = \frac{C \cdot RE}{RF}$$

式中：IRS——商业圈的某类商品零售饱和指数；

   C——商业圈内的购买某类商品的潜在顾客数；

   RE——商业圈内每一顾客的平均购买额；

   RF——商圈内经营某类商品商店的营业总面积。

【例 4-3】 假设在商圈内有 10 万个家庭,平均每个家庭每周在食品及日用品中支出 200 元人民币,共有 15 个连锁店在商圈内,共有 144 000m² 销售面积。则该商圈的饱和指数为多少？

解： $IRS = 100\,000 \times 200 \div 144\,000 = 138.89$

该商圈商店每周每平方米营业面积的食品及日用品销售额的饱和指数为 138.89,用这个数字与其他地区测算的数字比较,指数越高说明商圈饱和程度越低,开店成功的可能性越大。

4. 基础设施状况分析

区域内的基础设施为商店的正常运作提供了基本保障。例如,交通状况、车站的性质、自建与租借连锁店机会的大小、区位规划限制等。商圈内交通的顺畅程度、公交车的路线安排、站位设置、道路过往限制等,均会影响客流量大小,此外税收、执照、营业限制、劳动力保障等,也是影响网点生存的重要条件,都需要认真分析。

参考案例 4-1

麦当劳的商圈调查

麦当劳非常重视收集商圈的一切情报,比如,商圈中有哪些竞争餐厅？主要卖些什么商品？最近是否有新餐厅开张？商圈共有多少人口？生活水平如何？哪里是人口最集中的地方？流动人口量有多大？最近将有什么新建筑物出现？何时、何地举行何种集会？等等。

在进行商圈调查时，麦当劳特别关注竞争对手的经营状况。它认为只有掌握竞争对象的动态，才能制订切实可行的经营决策。

麦当劳的店长以平均每个月一次的频率去周围的竞争餐厅"报到"，以在那里用餐的形式收集各种情报。从竞争餐厅的店堂设计到商品推出、价格变化、商品质量口味、服务质量都是其观察的对象。比如，他会透过马路对面那家快餐店的玻璃面观察大概有多少顾客在那里就餐，从停车场的汽车牌照可初步推测出有多少是随意过来的家住在附近的居民，又有多少顾客是特意从远处赶来的。当然在此同时，该店的促销手段和菜单广告也会尽收眼底，真正做到"知彼知己，百战不殆"。

在麦当劳餐厅的专门文件夹里，备有一张用各种颜色做着标记的商圈竞争地图和一份完整的竞争餐厅资料，资料内容主要包括店名、地址、电话号码、营业时间、休息日、餐厅面积、客席数、停车场面积、餐厅的外观印象、推测销售额、推测顾客数、商品的种类和价格以及客厅的总部情况等。店长每次"侦察"完毕后，都会将收集到的竞争餐厅资料汇总后放进专门文件夹中进行保管。

■ 模块三　门店的选址

在经过商圈的分析之后，就要为某个区域是否开设门店作出决定，进而确定门店的具体位置。门店店址在很大程度上决定了门店可以吸引的有限距离或区域内的潜在顾客的数量，从而决定了门店可以获得的销售收入的高低。所以必须对连锁店的预设店址进行充分分析。

一、店铺选址的重要性与选址的原则

（一）门店选址的重要性

（1）门店选址是一项长期性建立战略性的投资，关系着企业的发展前途。零售店铺无论是租借的还是购买的，一经确定，就需要大量的资金投入，营建店铺不可以像人、财、物等经营要素可以作调整，而是有长期性。

（2）店址是连锁店铺确定经营目标和制订经营策略的重要依据。不同地区的地理环境、人口状况、交通条件、市政规划等特点，分别制约着其店铺顾客来源及特点和连锁店铺对经营的商品、价格、促进销售活动的选择。经营者在确定经营目标和制订经营策略时，必须考虑店址所在地区的特点、实施性和目标的可实现性。

（3）店址选择是否得当，是影响连锁店铺经济效益的一个重要因素。店铺的正确选址就意味着其享有优越的"地利"优势，在同行业商店之间，在规模相当、服务水平基本相同的情况下，选址正确必然会有较好的经济效益，所以，在零售店铺建设过程中，不可忽视店址的影响。

（二）店铺选址的原则

（1）应遵守并执行国家和地方的法律、法规。连锁店在选址过程中，如果出现各种矛盾，必须以国家的利益为重,要认真遵守并自觉地执行国家和地方所出台的一系列法律、法规。

(2)应具有前瞻性。选址时要考虑未来环境的变化,特别是要对竞争的态势,也就是要对所在地发展的前景作出评估。对于经营者来说,所选的地址应具有一定的商业发展潜力,并且有利于网点的扩充,这样才能在该地区具有竞争优势。

(3)方便顾客购买。连锁店选址应选择在交通便利的地方,尤其是以食品和日用品为经营内容的连锁店应选择在居民区内,满足顾客就近购买的要求,并且地理位置要方便顾客的出入。

(4)方便商品配送。连锁店要达到规模效应,关键在于统一的商品配送,在进行网点设置时要考虑是否有利于商品的有效配送,降低运输成本,保证各连锁店的商品供应,做到相互调剂,平衡配送。

(5)获得经济和社会效益。连锁店地址的选择要有利于发挥企业的特色和优势,形成综合服务功能,获得最大的社会效益和经济效益。连锁店在选址时要分析它在经济上的合理性,保证所开设的每一家店都能赢利。

二、资料搜集与分析

选址的第一步就是搜集有关资料,这是进行商圈分析的前提,无论是地区的选择还是具体店址的确定,都必须建立在掌握详细资料的基础上。

(一)资料的收集

市场调查的资料必须准确、可靠、全面、有效,否则预测的结果与未来的实际情况误差太大,以致没有使用价值或导致决策的失误。因此,应该慎重地选择资料的来源,既可以用第一手实地调查的资料,也可以选择第二手间接调查的资料。

1. 公开的信息渠道

连锁企业可以从一些已经公开的文献中搜集有用的二手资料,利用二手资料可以节约大量的时间和经费,而且可以为问题的研究提供有效的帮助。许多专家建议:"只有二手资料数据用尽了才会开始寻找原始数据。"部分资料的来源参见表4-8所示。

表4-8　部分资料来源

资 料 类 别	资 料 来 源
人口数、户数资料	城市政府、户籍管理部门或居委会
城市规划、建设指定用图	城市政府、住宅局或城建管理部门
竞争分布图	实地调查、行业协会、工商部门
竞争店销售业绩	实地调查、行业协会、工商部门
商业业态与格局的发展变化	城市政府、行业协会、工商部门

2. 市场调查公司

连锁企业可以请专门的市场调查公司帮助搜集相关信息资料,这是目前较常用的一种方法。调查公司具有较高的专业性,有助于连锁企业获得选址所需的准确资料。我国调查公司数量很多,但它们的水平参差不齐。大型调研公司信誉好,组织能力也较强,拥有自己的信息库,但收费也较高;当地的小公司收费较低,但它们的信息搜集能力又值得怀疑。要甄别这些公司的能力,要求选址人员有丰富的经验。

在选择市场调查公司时,连锁企业还可考虑各个城市统计局下属的城市调查队,它们进行商圈调查的方法很普通,但很有效。利用城市调查队与统计局的关系可以得到本城市长时段的基本情况数据,而且可以具体到区、城乡结合部甚至街道。

3. 政府部门和有关专家

政府部门也是企业信息资料搜集的重要来源,如城市规划部门。事实证明,如果企业的选址人员对该城市五年或十年的建设规划不熟悉,将有可能导致企业选址失败。选址人员最好能经常接触政府有关部门的负责人,以便及时得到最新的有关城市建设规划或政策动向。此外,选址人员在获取政府信息时,最便捷的方式是接触各行各业的专家,他们与相应的政府部门都保持着密切的联系,而且与专家的交流有时会获得意想不到的效果。规划专家对城市商业中心转移等方面的预测要比大部分业内人士的分析准确。

4. 房地产等相关行业的从业人员

选址人员还可以从房地产业、制造业、代理商等相关领域获得有价值的信息资料。连锁企业与房地产业密切相关,有些连锁企业没有足够的选址人员,干脆就委托房地产中介代为选址。针对不同消费群体的连锁企业应该将店址选在有相应租/售价格阶层的房屋集中区,这是业界所公认的规律。

5. 实地调查

实地调查是连锁企业常用的信息资料搜集方法之一。在企业无法搜集到全面的二手信息资料,又无法找到可以信任、收费适宜的市场调查公司时,实地调查是唯一可以采用的方法。常用的实地调查有:观察访问法、小组座谈会、电话调查、邮寄问卷等。实地调查按调查对象可分为顾客调查和竞争店调查。

(1)顾客调查。顾客调查包括顾客购物倾向调查、顾客购物动向调查和顾客流量调查,它们的调查方法如表 4-9 所示。

表 4-9　顾客调查

调查项目	调查目的	调查对象	调查方法	调查项目
购物倾向调查	了解居住地消费者的年龄、职业、收入、购买倾向,以调查可能的商圈范围	学校或家庭	邮寄调查问卷或直接访问,或依据居住地点进行家庭抽样调查	居住地名、家庭构成、户主、年龄、职业、工作地点、所购商品类别、购物倾向
购物动向调查	了解设店预定地的实际消费购买动向,以调查连锁业的商业力	设店预定地点行人数的调查或连锁店主力顾客的调查	在设店地点采取面谈的方式,按照一定时间间隔对通行的人进行抽样调查,时间以 10 分钟内为佳	居住地名、年龄、职业、上街目的、使用的交通工具、上街频率、各类商品的购买动向
客户流量调查	在设店地分日期、分时间段对人流进行调查作为确立营业体制的参考	在不同时间段通过设店预定的人数	实地观察	通过调查地点的男性、女性(包括儿童、青年、中年、老年)的人数

　　顾客购物倾向调查的优点是居住地购物倾向与设店预定地的评价易于比较,缺点是用于调查的费用较高;购物动向调查的优点是调查费用较低,缺点是对于居住地与设店地购物依存度较难明确把握;顾客流量调查的优点是调查费用较低,缺点是调查时间较长,并且要分不同的时间段进行调查。

　　(2)竞争店调查。竞争店调查包括竞争店营业场所调查、竞争店商品构成调查、竞争店价格线调查和竞争店出入顾客数调查,它们的调查方法如表4-10所示。

表4-10　竞争店调查

调查项目	调查目的	调查对象	调查方法
竞争店营业场所构成调查	竞争店的楼层构成,以作为新店楼层构成的参考	设店预定地所在商圈内竞争店主力销售场所及特征销售场所	销售人员与促销人员共同进行针对营业面积、场所、购物环境、销售体制的调查,以便共同研究
竞争店商品构成调查	在调查竞争店营业场所构成的基础上,对商品构成细目进行调查,作为新店商品类别参考	与前一项竞争店调查相同,着重于主力商品更深入地调查	在主力商品调查方面,由销售人员、采购人员和销售促进人员共同进行,着重于商品量的调查
竞争店价格线调查	对常备商品的价格线与价值进行调查,以作为新店的参考	与前一项竞争店调查相同,对于常备商品,对一定营业额或毛利额以上的商品进行调查	采购人员与销售人员共同进行,对于陈列商品的价格、数量进行调查,尤其是逢年过节繁忙期间的调查更为重要
竞争店出入顾客数调查	调查出入竞争店的顾客人数,以作为新店营业体制的参考	针对出入竞争店15岁以上的顾客	在竞争店现场记录出入店的顾客数,以了解竞争店各时间段、各日期出入竞争店的顾客人数,尤其注意调查特殊日期或各楼层的客流量

(二)店址分析

　　地点分析是选址分析的第二项重要内容,是指在确定值得进入的商圈内寻找一个最佳的位置,以吸引目标顾客前来购物。地点分析需要更深入、更细致的调查,一般需要考虑以下内容。

1. 业务类型与地点类型的匹配性

　　地点类型主要分为三类,第一类是孤立店类型;第二类是经规划的购物中心;第三类是自然形成的商业中心。上述三种位置类型具有不同的优势和劣势,连锁企业管理者要确定适合自己门店的位置类型,关键是要分析自己的业务类型与哪种位置类型相匹配。

　　(1)独特型连锁企业。独特型连锁企业通常拥有与产品或服务相联系的高质量形象。顾客从较远的社区被吸引而至,原因是产品或服务具有独特性和竞争者数量较少,如园艺中心、裱画店、机车喷漆公司或高档饭店。一个社区内,这种产品或服务选择的余地通常较小,而且,该类型的产品或服务常常具有较高声望。这种类型的门店位置不论设在哪里,都能吸引顾客。

　　(2)竞争型连锁企业。竞争型连锁企业提供与商圈内其他企业相同或相似的产品或服务,这样,便利程度便成为决定企业选址的主要因素。便利食品店、冰激凌店、快餐店、多纳圈饼店和药店,这些不同的商店均属于竞争型连锁企业。它们常常位于商圈内,集中于自然形成的商业中心、购物中心、一般商业区或办公区、工厂附近等交通繁忙和消费者集中的地区。这类企业通常是价格竞争和便利导向型的,应该尽量避免靠近直接竞争者。

(3)比较型连锁企业。化妆品店、家具装修公司、鞋店、体育用品店、五金店、花店、电子产品店、计算机店、机车修理店、机车用油中心、印刷中心、旅行、娱乐和休闲等公司是比较型连锁企业。对于这些公司来说,店址应接近竞争者,以便于潜在顾客对产品进行比较。比较型连锁企业常常沿商业区分布,位于购物中心或临街道的路口。因此,这种类型的商店选址有两个关键点:一是靠近竞争者,以便顾客进行比较;二是向顾客提供有效帮助,解释自己产品或服务的优点和价值。

2.客流分析

一家商店若要获得成功,必须有足够的顾客来源。大型商店往往会有专程前来购物的本身客流,而小型商店只能分享别人的客流或吸引其他目的的游客,此时,截流能力显得十分关键。截流能力是指截取到处流动的顾客的能力,我们可以通过评级来确定。通常在一个购物中心或自然形成的商业中心,都有一个客流量最高的具体位置,这个位置通常都有一家或一家以上的核心商店。位于顾客常行走路线(如停车场、公共汽车和地铁站)上的商店截流能力较强,位于购物中心核心商店之间的店铺也能从来往于它们之间的顾客获益。当然,我们还要深入了解客流规律,即行人的年龄结构、职业特点、高峰时期和稀薄时期、流动的目的等,以便针对性地进行选址,抓住真正的目标顾客。

3.竞争对手

一般来说,在开设地点附近如果竞争对手众多,只要该门店经营独具特色,也会吸引大量的客流,创出门店的信誉,促进销售增长;否则,将难以获得发展。

对竞争对手的分析主要包括以下内容:①竞争店与所开设新店的距离,以及在地理位置上的优劣势;②竞争店的销售规模与目标定位;③竞争店的目标顾客层次特点;④竞争店商品结构和经营特色;⑤竞争店的实力和管理水平。

4.交通便利性

交通是否便利,地理位置是否优越,也是选择店址的一个重要因素。方便的交通要道,来往行人较多,具有设店价值。交叉路口的街角,由于公路四通八达,视野开阔,来往人多,也是设店的好位置。但是,有些道路中间隔了一条很长的中央分向带或栏杆,限制行人、车辆穿越,则会影响设店的价值。交通便利性还要考虑物流配送的便利性,有足够的停车场对大型连锁企业而言是十分关键的。

5.城市发展规划

城市建设的长远规划也会对商店将来的经营带来重大影响,有些地点从近期来看,可能是店址的最佳选择,但可能随着城市的改造和发展将会出现新的变化而不适合设店;相反,有些地点近期看可能并不理想,但从规划前景看又可能很有发展前途。这就要求在选择新店址时,一开始就应从长远发展的角度着眼,因此,要详细了解该区的街道、交通、市政、绿化、公共设施、住宅及其他项目的规划,使店址既符合近期环境特点,又符合长远规划,避免造成损失。

6. 周围环境

店址周围的环境将对门店经营的成功与否产生巨大影响。首先,要仔细分析周边商店的聚集状况。聚集状况一般有四种类型:异种连锁业的聚集、有竞争关系的连锁业的聚集、有补充关系的连锁业的聚集、多功能聚集。这些聚集类型对特定的企业而言又可分为有益的聚集与有害的聚集,有益的聚集使门店之间形象协调,不会产生恶性竞争,能有效地扩大购物商圈,带来更强的市场吸引力;有害的聚集使门店形象冲突,随时爆发恶性竞争,不能扩大商圈,却争夺有限的市场。其次,必须对店址周围环境诸如建筑、治安、卫生等情况进行仔细分析。

7. 物业本身

物业本身是否符合开店需要、物业的租赁和购买成本,对门店选址具有决定意义。物业面积和形状必须与所开门店的设计思路基本吻合,如果物业成本与销售潜力不相上下,就不值得去开发。

案例分析 4-1

肯德基快餐店选址分析

1986年9月下旬,肯德基快餐店开始考虑进入中国市场。它们面临的首要问题是:第一家肯德基店址应当选在何处?这一决策对将来肯德基在中国市场的进一步开拓至关重要。现在有三个地点可供选择:上海、广州、北京。

上海。上海是中国最大的市场,有1100多万居民、19000多家工厂和中国最繁忙的港口,是中国最繁荣的商业中心,其优越的经济地位在国内显而易见。上海的明显优势是在这里容易获得合乎质量的充足的肉鸡供应,通过兴办合资企业,泰国的正大集团已经在东南亚地区建立了10个饲料厂和家禽饲养基地,可以为上海供应肉鸡。肯德基的东南亚办公室与正大集团有着良好的关系。虽然上海一向是主要的商业中心,但改革开放之初人民收入水平增长不快,能否迅速接受西方快餐文化还是个疑问。此外,它的噪声和污染令旅游者感到沮丧,西方游客不多。

广州。广州是可供选择的另一个方案。它位于东南部,离中国香港很近,作为中国14个沿海开放城市之一,广州于1984年成为优惠外资的经济特区,这样,广州在批准外资项目、减免税收和鼓励技术开发方面被授予更多的自主权,而且广州人的收入水平近几年增长很快。广州是西方商人经常光顾的地方,同时也是旅游者从香港出发作一日游的好地方。广州与香港相距不到120千米路程,公路铁路交通都很便利。在广州做买卖很容易得到肯德基香港办公室提供的服务。另外,广东地区的中国人也更熟悉西方管理惯例和西方文化。广东和香港讲同样的粤语,差别不大,初步调查表明找到一个充分供应肉鸡的来源也没有什么困难。

北京。北京是中国的政治文化中心,这里有900万居民,人口数量仅次于上海。北京的外来人口数量众多,有潜在的消费群体。北京是中国的教育中心,是高等学府的聚集地。北京是那些向往故宫、长城、十三陵的西方游客的必到之地,这意味着肯德基将会有一个稳定的外汇收入。因此,如果从北京做起,无疑将更吸引人们的注意力,并且不言而喻地表明政府的赞同态度,这将有助于今后往其他城市的进一步发展。调查也表明,北京城郊有好几个家禽饲养基地。

问题讨论:

(1)肯德基在中国选择第一家店址主要考虑了哪些因素?

(2)如果你是肯德基的决策者,你会选择哪座城市作为首次进入的目标?为什么?

三、门店位置的选择

(一)点、线、面布局

连锁企业并非分店越多越好,而要充分考虑企业的发展方向和长远利益,所以网点布局要处理好布点、布线与布面的关系。布点是在连锁网点开发线路上发展连锁分店,目的是快速构筑市场面;布线是明确发展的方向和线路,尤其在要开拓异地市场时更应以布线为核心;布面则是先在开拓线路上寻找一个或若干个区域市场,在其中大量发展分店,当达到一定规划时再开发下一个区域,其目的是提高连锁店在某一区域的市场占有率。其中,布点是实施布线与布面的关键与基础。

(二)确定备选店址的方法

寻找合适的地址必须仔细分析一个以上的地点,好的店址都应该在选择中诞生。因此,选址员要做的下一项工作就是确定几个符合标准的备选店址,以供决策者参考和决定。确定备选店址的方法主要是根据前期搜集的资料作初步判断,剔除不符标准的店址,从中选出一些可供考虑的地址。确定备选店址的具体方法有图上作业法、对手跟进法和现场考察法。

1. 图上作业法

图上作业法是连锁企业选址常用的方法,绘图技术也显示出一个选址员的专业水平,对人们达成共识很有帮助。好的备选店址的示意图应该将该地区或该商圈内的所有竞争店址和备选店址用不同的标记画出来,并显示出这些位置的交通状况和密切相关的信息,这样有助于判断哪里的条件最具竞争力,发现未充分开发或被现有竞争者忽视的区域。

2. 对手跟进法

在现实中,我们经常可以看到一家大型的超级市场经常跟随着快餐店,麦当劳附近总有一家肯德基,而国美的不远处常会发现苏宁,这不是一种巧合,而是一种有效的选址方法。尤其是对那些缺乏选址经验的企业而言,跟着行业中的领头人走,既简便易行,又可以节省自己的选址费用,并利用"扎堆效应"带来商气和客流。这种选址方法有一定的风险:一是租金风险,后进入者比先进入者往往要承受租金上涨的风险,而对先进入者有利的店址未必适合后进入者;二是任何对手的选址都不可能完美,因此要经过分析,不能盲目地跟进。但这种选址方法为我们提供了一条捷径。

3. 现场考察法

选址员亲自到初步选定的地区从多个方面进行反复的现场考察,以确定备选店址的方法。备选店址的选择绝不能关在房里"运筹帷幄",即使拥有再多的信息资料,也抵不上一次亲临实地的真实感受。如经常以各种交通工具检验交通状况,设身处地地想象将来顾客的购物经历及预期问题。站在可能建店的地方,在道路的两侧观察并计算过往的人流,想象将来顾客来此处购物的情景。现场考察法需要选址员具有一定的经验积累。

参考案例 4-2

家乐福的选址要求

家乐福 1995 年进入中国市场,2008 年销售额达到 338.2 亿元人民币,在该年的连锁企业排行榜上名列第 6 位。2008 年年底在中国内地 25 个城市已经成功开设了 134 家门店,拥有 3 万多名员工。家乐福在中国每开一家新店都严格按照其选址要求进行。

1. 地理位置要求

(1) 交通方便(私家车、公交车、地铁、轻轨),人口密度相对集中;

(2) 两条马路交叉口,其一为主干道;

(3) 具备相当面积的停车场,比如,在北京至少要求 600 个以上的停车位。

2. 建筑物要求

(1) 建筑占地面积 15 000 平方米以上;

(2) 最多不超过两层;

(3) 总建筑面积 2 万~4 万平方米;

(4) 转租租户由家乐福负责管理;

(5) 建筑物长宽比例为 10∶7 或 10∶6。

3. 停车场要求

至少 600 个机动车停车位,非机动车停车场地 2 000 平方米以上,免费提供给家乐福公司及顾客使用。

4. 租金要求

较低的租金、长期的租赁合同(一般是 20~30 年)。

项目小结

连锁经营的优势在于规模,规模扩张战略涉及扩张区域、扩张路径和对原有不达标的门店进行调整。店铺开发是连锁扩张的手段,要建立在市场调查的基础上,进行详细的商圈调查、商圈设定与商圈分析。商圈设定的方法有经验商圈设定法和定量商圈设定法,商圈大环境分析包括人口状况、经济状况、竞争状况和基础设施状况等;小环境的地点分析包括业务类型与地点类型的匹配、客流、竞争对手、交通便利性、城市发展规划、周围环境、物业本身等因素。搜集资料来源有：公开的信息渠道、市场调查公司、政府部门和有关专家、房地产等相关行业的从业人员、实地调查等。连锁店选址时要遵循一定的原则，做好点、线、面分布的战略发展规划，进一步对店址的位置环境进行调查与分析，确定备选店址。确定备选店址的方法有图上作业法、对手跟进法、现场考察法。

练习与讨论

一、基本概念

裁剪与重建战略　商圈　商圈分析　饱和指数　赫夫法则　现场考察法

二、基本训练

1. 单项选择题

（1）连锁企业的规模扩张主要是指（　　）。

　　A. 合建自建　　　B. 收购并购　　　C. 网点扩张　　　D. 加盟联合

（2）核心商圈中所能覆盖的顾客数占商店顾客总数的（　　）。

　　A. 65%～80%　　B. 55%～70%　　C. 60%～80%　　D. 70%～80%

（3）商圈的范围一般可按销售额与市场占有率分为 3 个层次，即第一商圈的市场占有率应在（　　）。

　　A. 70%以上　　B. 50%以上　　C. 30%以上　　D. 40%以上

（4）商圈的范围一般可按销售额与市场占有率分为 3 个层次，即第一商圈的商品销售额应在（　　）。

　　A. 80%　　　　B. 70%　　　　C. 60%　　　　D. 50%

（5）购买力指数可以反映出一个区域的（　　）。

　　A. 市场规模　　B. 市场连续性　　C. 市场拓展性　　D. 市场潜力

（6）连锁网点布局要处理好布点、布线与布面的关系。其中，布点是实施布线与布面的（　　）。

　　A. 基础　　　　B. 关键　　　　C. 核心　　　　D. 关键与基础

2. 多项选择题

（1）连锁网点的布局战略模式主要有（　　）。

　　A. 圈地模式　　B. 直线模式　　C. 曲线模式　　D. 自建模式
　　E. 跳跃模式

（2）连锁企业网点扩张路径主要有（　　）。

　　A. 自建　　　　B. 并购　　　　C. 联合　　　　D. 加盟
　　E. 合作

（3）市场调查的目的是（　　）。

　　A. 设定商圈范围　B. 交通是否便利　C. 调查商圈顾客　D. 调查竞争对手
　　E. 调查市场环境

(4) 商店的商圈是由（　　）组成。

    A. 核心商圈　　　　　B. 外围商圈　　　　　C. 次要商圈　　　　　D. 相关商圈

    E. 边缘商圈

(5) 连锁企业商圈设定方法主要有（　　）。

    A. 经验商圈设定法　　　　　　　　　　B. 顾客问卷调查商圈设定法

    C. 观察商圈设定法　　　　　　　　　　D. 定量商圈设定法

    E. 定性商圈设定法

(6) 选址时应遵循的原则为（　　）。

    A. 前瞻性　　　　　B. 方便商品配送　　　　　C. 方便顾客　　　　　D. 战略的长期性

    E. 经济和社会效益

(7) 连锁企业确定备选店址的方法主要有（　　）。

    A. 雷利法则　　　　　B. 图上作业法　　　　　C. 对手跟进法　　　　　D. 现场考察法

    E. 赫夫法则

3. 判断题

(1) 连锁店生意的好坏主要取决于连锁店位置。　　　　　　　　　　　　（　　）

(2) 商圈的饱和指数越大，则意味着该商圈内的饱和度越高。　　　　　　（　　）

(3) 商圈饱和指数是判断商业圈内竞争激烈程度的一个指标，新建商场会使这一指数提高。　　　　　　　　　　　　　　　　　　　　　　　　　　　　　　　　（　　）

(4) 连锁企业的分店越多越好，这样能充分考虑企业的发展方向和长远利益。

                                                 （　　）

(5) 核心商圈中所能覆盖顾客数占商店顾客总数的 55%～70%，通常所占的地理区域最大。　　　　　　　　　　　　　　　　　　　　　　　　　　　　　　　　（　　）

4. 问答题

(1) 连锁企业区域扩张战略的两个模式各有什么优势和风险？各适用于什么情况？

(2) 连锁企业四种扩张路径各有什么优势和风险？能否综合运用进行扩张？

(3) 商圈分析的作用有哪些方面？

(4) 门店选址应按什么程序进行？

(5) 门店选址应遵循什么原则？

(6) 店址位置分析包括哪些方面内容？

(7) 试述连锁企业如何进行店址的选择。

三、实训项目

(1) 假定在某一地区开店，针对这一商圈的调查内容，试设计一份调查问卷。

(2) 城市 A 的人口为 30 万人，城市 B 的人口为 270 万人，两地间的距离为 40 千米，求其商圈分界点的位置。

(3) 假设一家超市在考虑三个选址位置。在这三个位置，食品类的总营业面积分别为 60 平方米（A 店）、90 平方米（B 店）和 150 平方米（C 店）。潜在顾客群的住所距离这三个位置分别为 7 分钟、10 分钟和 15 分钟。通过调研，顾客对出行时间的重视程度为 2。试分别测算此地区的消费者到这三个商店购物的概率是多少？假设该地区消费者有

10 000 人,计算到 A 商店购物的人数是多少。

（4）一家经营食品和日用品的小型超市需测定所在地区商圈饱和度,假设该地区购买食品及日用品的潜在顾客是 40 000 人,每人每周平均购买额是 90 元,该地区现有经营食品及日用品的营业面积为 30 000 平方米,计算该商圈的饱和度。

（5）某连锁分店选址在一居民区,试进行实地的商圈调查与分析,判断是否可以在此开新店。

四、案例分析

7-11 便利店选址策略

在日本的零售业中,便利店作为一种追求便捷、优质服务的商业形式,一直占据着举足轻重的地位。而在这一新型零售业态中,7-11 公司可以说是鹤立鸡群,俨然成为世界便利店的楷模。7-11 公司卓越的店铺和商品管理是它经营的最大特点和优势,也是其生存发展的基石。良好的店址选择是其店铺开发过程中首要和最受重视的要素,而店址选择的失误将直接导致店铺运作的低效率和投资损失。因此,选址历来是 7-11 店铺管理中十分重要的内容。

便利店店铺开发过程中主要考虑四个因素：一是店址;二是时间;三是备货;四是快速(不需要加工)。在店址的选择上,7-11 公司考虑的一个基本出发点是便捷,从大的方面来讲,就是要在消费者日常生活的行动范围内开设店铺,诸如距离居民生活区较近的地方、上班或上学的途中、停车附近、办公室或学校附近等。总的来说,7-11 公司特别注意在居民住宅区内设立店铺,而且在决定店铺位置的时候,非常注意避免在下述地点建店,即道路狭窄的地方、停车场小的地方、人口较少的地方以及建筑物过于狭长的地方等。

1. 加盟四原则

7-11 公司店铺设立决策除了考虑地点和周围环境外,还有一个因素也是十分重要的,那就是 7-11 对加盟的经营者的素质和个人条件有较高的要求,正因为如此,7-11 公司在与经营者签订契约之前,都要按一定的标准严格审查加盟者的素质和个人条件。在素质方面,主要是强调经营者要严格遵守 7-11 公司店铺经营的基本原则,这是 7-11 公司经营的核心和诀窍,所以作为经营者不仅要能够理解这些原则对店铺运营的作用,而且要在实际经营中很好地执行。这些基本原则主要有四点,即鲜度管理(确保销售期限)、单品管理(单品控制,防止出现滞销)、清洁明亮(有污垢立即清扫,保持整洁明亮的店铺)和友好服务(热情、微笑待客)。个人条件是 7-11 公司在店铺设立过程中十分注重的因素,这也构成了 7-11 公司店铺管理的一大特色。这些因素包括加盟者的身体健康状况、对便利店的了解程度、性格、夫妻关系融洽与否、孩子的大小以及本人的年龄等。

2. 辅助决策机制

如果说以上还是从细微之处来考察店铺设立,那么 7-11 公司还有其他一些战略性的措施以确保店铺设立的正确性和及时性。第一,店铺的建立是否与伊藤洋华堂的发展战略相吻合。在伊藤洋华堂已进入的地区,由于商业环境和商业关系都已经建立和完善。所以,在这些地区,7-11 公司可以立即进入。第二,在进入新地区时,根据地方零售商的建店要求从事店址考察,并在此基础上,探讨有无集中设店的可能,即在目标市场实行高密度、多店铺建设,迅速铺开市场。由于集中设店能降低市场及店铺开发的投资,有利于市场发展的连续性和稳定性,便于7-11公司的高效率管理,因此,它已成为7-11公司在店铺建立管理中的主要目标和原则。在实际操作过程中,7-11公司往往会收到很多要求建店的申请,却并不是接到申请后就立即建店,而是根据7-11公司的地区发展规划,在同申请者充分沟通后再作决定。

7-11公司店铺的开发由其总部负责,总部内设有开发事业部,在开发事业部中,店铺开发部与店铺开发推进部是分开的,前者是对既存的零售店进行开发;后者是从事不动产开发和经营。从工作的难易程度讲,前者更为困难。因为前者是在对现有商家进行改造的基础上形成的,那些商家投入了大量的资金、人力和物力,颇有背水一战之意,这就要求7-11公司能及时给他们以指导,保证其经营获得成功。而对7-11公司来说,从大量的申请者中选出富有竞争力的商家也是一件极具挑战而工作量又很大的工作。

问题讨论:

(1) 7-11公司开设分店时考虑了哪些重要的因素,其中除店址的选择外,哪些因素你认为也是非常重要的,为什么?

(2) 结合当地的情况,你认为什么位置适于开设一家7-11便利店,为什么?

项目五 连锁企业的商品管理

学习目标

知识目标

- 了解商品定位的含义,掌握商品组合的方法及优化商品组合的方法;
- 明确商品分类的原则,掌握商品管理的方法;
- 了解采购制度的种类及特点,熟悉商品采购计划与调拨的内容;
- 明确连锁企业与供应商的合用方式,掌握选择供应商的原则及条件。

技能目标

- 正确地进行商品组合;
- 能够熟练应用所学知识进行常见商品的经营分类;
- 学会商品采购的分析,并能够掌握商品采购方法;
- 学会对供应商的管理,并能对供应商的状况进行评价。

案例导入

麦德龙成功的营销策略

麦德龙公司作为德国的商业龙头企业,是世界第三的零售批发超市集团,分店遍布31个国家。麦德龙于1995年来到中国,1996年,在上海普陀区开设了第一家商场,截至2013年7月28日,麦德龙在中国的39个城市共有58家分店。麦德龙在经营上最大的特点就是有自己独具特色的营销策略。

1. 有限的目标顾客

绝大多数普通超市的目标消费群是无差异性的,即服务对象是全体普通消费者,消费者短期内的重复购买率高,但每次的购买量不大,多为临时性、随机性消费行为。而仓储式超市的目标消费群比较明确,麦德龙针对"有限"客户,即只对工商领域的经营者、群体消费层实行会员制,会员必须是具有法人资格的企事业单位。

2. 商品定位

商品内容丰富,品种齐全,通常在20 000种以上,可满足客户"一站式购物"的需求。如麦德龙商品种类中食品占40%,非食品占60%。食品类商品以时令果蔬、鲜肉、鲜鱼、奶制品、冷冻品、罐头、粮食制品、饮料、甜点为主,品种相对稳定。非食品领域的商品则按季节和顾客需要定期调整,涉及范围较广,不仅包括日常生活用品、办公用品,还包括小型机械工具类产品。仓储式超市摆设的绝大多数商品都是捆绑式或整箱销售,除家电类、机械类产品外很少有单件摆设展示的商品。

3. 特色化商品营销

面对零售业内竞争压力逐渐增大,麦德龙不是单纯以价格低廉吸引顾客,而是从商品入手,以独家商品、特色商品及自有品牌商品吸引顾客。在每个麦德龙卖场都有一些诸如奶酪、吉士、黄油、咖啡、咖喱粉等特有的进口商品和一些跨地域的特色商品,比如青岛麦德龙是全市最早销售泥螺、腊鸭、糯米藕等南味食品的超市。此外,麦德龙的自有品牌商品除了日常生活用品还有五金工具等。

4. 销售模式

麦德龙集团最终只选择了现付自运制。现付自运制是顾客在超市内自由挑选商品,结算时只能使用现金,不能赊账或使用信用卡等,超市不向顾客提供资金账期,购物后顾客自己将商品运回。这种模式适应了快速高效的销售需要,大大降低了超市的营运成本。

5. 商品管理

麦德龙的商品采购管理实行中央采购制,即连锁总部统一采购,各地连锁店无独立的采购决策权。总部统一采购后根据各连锁店的销售情况分别确定配送计划,进行统一配送。麦德龙通过商品信息系统掌握商品进销存的全部资料,从商品的选择、订货、再订货,收货到销售、收银,每一个环节都通过计算机完成。信息系统根据历史资料,自动地预测销售,制订采购计划,产生订单,将存货控制在最合理的范围。

6. 供货商管理

作为一家跨国连锁零售集团,麦德龙对供货商提供产品的质量和供货能力的稳定性要求很高。因此它们在与供应商建立购销关系时一般不采用常规签订书面购销合同的方式,而是按照已确立完整的交易惯例,通过一套系统的操作程序来获得质量稳定的商品,保证可靠的供应。

案例点评:商品管理在连锁企业的营销中发挥着重要的作用。正确地进行目标顾客的定位和商品定位是企业营销活动的基础,科学的商品组合和商品分类既给企业带来可观的销售额,也给顾客提供了方便。商品采购与供应商管理为销售提供了可靠的保障。下面我们将学习商品管理这一内容。

模块一 商品定位与商品组合

一、商品定位

连锁企业在目标市场、业态确定了以后,就要考虑用什么样的商品来满足目标顾客的需求,即要进行商品定位。商品定位的优劣将直接影响连锁企业的销售额和在顾客心目中的形象。

（一）商品定位概念

商品定位是指连锁企业针对目标消费者和生产商的实际情况，动态地确定商品的经营结构，实现商品配置的最优化状态。商品定位包括对商品品种、档次、价格、服务等方面的定位。商品的定位不是一个静态的过程，它必须随着季节、时间及顾客的偏好等因素随时加以调整。连锁企业更倾向注重消费者的利益，所以商品定位是企业决策者对市场判断分析的结果，同时又是企业经营理念的体现，也是商场通过商品来设计企业在消费者心目中的形象。

（二）商品定位的原则

1．准确把握店铺业态的原则

每一种零售业态都有自己的基本特征和商品经营范围。正是由于这种业态的差别，才决定了连锁经营商品的重点不同。因此，连锁企业的商品定位一定要与其所选择的业态相一致，要尽量通过商品定位的特点来突出其业态的特色，或者按照业态的要求来突出商品定位的特殊性。

2．适应消费者需求变化的原则

弄清目标消费者的详细情况，有针对性地组织商品服务满足消费者的消费需求。随着经济的发展，消费者的生活水平在不断提高，其消费日益成熟，在这种情况下，连锁企业的商品定位一定要与消费者的消费结构相适应，要随时调整自己的商品经营结构。

3．掌握影响目标顾客因素的原则

影响目标顾客的因素很多，但最重要的是地理因素、人口因素、心理因素。地理因素是指连锁商店所处的位置和环境。人口因素是指目标顾客的性别、家庭状况、收入水平、文化程度、年龄及对顾客的消费习惯和消费心理产生的影响。随着人们收入水平和教育程度的提高，目标顾客的心理因素越来越明显地影响到消费习惯并进而影响到连锁企业的商品定位。连锁企业只有对目标顾客影响较大的因素进行分析，才能准确地进行商品定位。

4．商品定位的动态管理原则

由于消费者的需求是在不断发展变化的，竞争对手的情况也是在不断发展变化的，物质生产部门为社会提供的商品也是在不断创新的，因此，企业按上述三个原则确定了商品定位后，绝不可能一成不变，企业必须根据市场需求的发展变化和消费者的消费需求变化而不断地调整商品的定位。

（三）商品定位的依据

不同业态有不同的消费群体和不同的商品定位。超市以经营生鲜食品为主；百货商店重视对时尚商品的经营；专业店则经营同一专业的商品；专卖店经营精品品牌。不同业态有不同的商品定位。

（1）按消费者的消费收入定位。消费收入是多层次的，不同收入的家庭形成不同的商品结构。零售商品定位既要面对广大消费者基本需要的大众化商品，也要满足中高收入消费群体对中高档商品的消费需求(见表 5-1)。

表 5-1 不同收入家庭的商品消费结构

商品/类型	高档消费品	中档消费品	低档消费品
富裕型消费	△△△	△△	
小康型消费	△	△△△	△△
温饱型消费		△	△△△

(2) 按不同区域零售商店的商品定位。购物中心、市商业中心和交通便利的繁华区域一般地租贵、成本高,要有较大的利润空间,多经营适应时尚需求的中高档商品,而处于街头巷尾的零星小店,则经营价格低廉的生活必需品。

(3) 按照不同地区经济发展水平对商品定位。在一般情况下,经济发展水平不同,可分为温饱型、小康型和富裕型等商品结构。虽然它们之间在一个区域内交叉存在,但不同经济类型有不同的商品主体。零售企业的商品定位必须适应不同的经济条件对商品的不同需要。

参考案例 5-1

麦德龙明确定位促发展

麦德龙主要是根据自己所确定的目标顾客来确定自己的商品定位,其中比较重要的就是:限定客户,凝聚力量。

其一,麦德龙认为,如果公司不限定自己的客户,让所有人都来,公司的运营成本就要增加,管理难度也会加大。例如,可以在货架上放一件一件的商品,也可以放一箱一箱的商品。如果在货架上摆一箱可口可乐,一件一件地放,要放 24 次;一箱一箱地放,一次就够了,可以从接货处直接用机器将货品摆上货架。公司选择那些愿意一箱一箱购买的客户,而不是那些一件一件购买的客户,这样可以减少操作成本。操作成本的减少就意味着人员成本的减少,因此,麦德龙的商店不需要太多的人。

其二,如果公司知道有哪些用户,就可以分析他们的需求,对市场进行细分,增加他们喜欢的商品,撤去他们不需要的商品,这样可以优化麦德龙的商品品种。其他零售店可能需要 40 万种商品去满足他们的顾客需求,而麦德龙只需要 15 万种。限定客户的经营,使麦德龙公司大大地降低了成本,使企业集中力量放在最有利的市场上去经营,这是集中化的市场营销战略,为企业增强竞争力留住客户夯实了基础,也使核心竞争力得到提升。

麦德龙的基本特点就是:目标顾客明确,仅仅服务于专业顾客。商场根据产品范围和需求而设计,其结构明确,着眼于自助服务。商品陈列在货架上,每类产品及商品组合之间的空间按存货需要和具体轮换情况而确定。

(资料来源:苗雨.麦德龙明确定位促发展[J].中国花卉报,2006)

二、商品组合

（一）商品组合概述

所谓商品组合是指一个企业经营的全部商品的结构，即各种商品线、商品项目和库存量的有机组成方式。即通常所说的商品广度和深度的结构组合（见表 5-2）。所谓商品广度是指连锁企业提供的商品线的数量，即商品种类的数量，如化妆品类、食品类、服装类、家具类等。连锁企业提供的商品种类多，称为商品广组合；反之，则是商品窄组合。所谓商品深度是指同一种类商品可供选择的品种数量，即同一种类商品中，不同质量、不同尺寸、不同花色、不同品牌或产地等的数量。连锁企业提供的某一种类商品品种数量多，称为商品深组合；反之，则是商品浅组合。商品组合是商品定位的核心和集中表现，规划合理的商品组合，对形成连锁企业的商品特色、赢得竞争优势有着重要的作用。

表 5-2　商品广度和深度的结构组合

商 品 组 合	商 品 品 种	
	深	浅
广	商品种类多，商品品种多	商品品种多，商品种类少
窄	商品品种少，商品种类多	商品种类少，商品品种少

（二）商品组合的原则

1．商品化原则

所谓商品化原则是指将生产制造商和供应商所提供的商品转化为经营商品的过程。商品化过程必须满足消费要求和商品销售要求。产品商品化的过程包括：对产品进行鲜度等技术性处理—以产品的重量大小等进行分类包装—给产品赋予品牌及价格—商品陈列并配合适当的促销手段。

2．品种齐全原则

由于消费者日益强调时间节约和"一次购足"的观念，所以在确定商品组合时一定要尽可能地扩大经营品种，使顾客能一次性购足其所需物品。同时应关注政策动向即消费潮流，不断调整品种结构，导入新品。

3．重点产品原则

商品不断开发，品种不断增加，而门店的营业面积是有限的，所以对经营商品的品种必须优选，把销售额大的商品作为重点商品，进行重点管理。将各种商品按销售额大小顺序排列，计算出各种商品的销售额比重和品种比重（单品比重和累计比重）划分类别。通常把商品分为三类：其中 A 类商品销售额比重为 75%，品种比重为 15%；B 类商品销售额比重为 20%，品种比重为 20%；C 类商品销售额比重为 5%，品种比重为 65%。分别采取不同的管理方式。

4．商品群原则

商品群就是用一定的方式将若干特定的商品组成的一个经营单位或经营区域。在市场商品日益丰富的现代社会,消费者在商品的选择过程中往往无所适从,这就需要经营者给消费者以适当引导,如可针对礼品商品群体作以"太太生日礼品"、"丈夫生日礼品"、"父母生日礼品"、"儿童节日礼品"、"情人节日礼品"等为题的组合来带动商品销售。

5. 利润导向原则

商品价格是商品经营应考虑增加利润的途径。第一,零售价决定采购价,依据"顾客愿意付多少钱"进行采购;第二,新产品导入可适当收取进场费;第三,要求供应商将某些产品当作特价品;第四,尽可能按薄利多销原则销售商品。

(三) 商品组合的方法

由于商品广度和深度可以有多种组合,形成了目前连锁企业不同的商品组合,这些不同的商品结构组合各有利弊。

1. 广而深的商品组合商品

这种商品组合是连锁企业提供种类较多的商品,而且每类商品可供顾客选择的品种也多,一般为较大型的综合性商场所采用。由于大型的综合商场的目标市场是多元化的,需要向顾客提供一站式购物,因而必须备齐广泛的商品类别和品种。

(1) 优点:目标市场广阔,商品种类繁多,选择性较强,商圈范围较大,能吸引较远的顾客专程前来购买,顾客流量较大,基本上能满足顾客一次进店购齐一切的愿望,培养顾客对商店的忠诚度,并且能很好地稳定老顾客。

(2) 缺点:商品占用资金较多,而且很多商品周转率较低,导致资金利用率较低;此外,这种商品组合广泛而分散,试图无所不包,但也因主力商品过多而无法突出特色,容易形成企业形象一般化;同时,商店必须耗费大量的人力用于商品采购上,由于商品比较容易老化,商店也不得不花大量精力用于商品开发研究。

2. 广而浅的商品组合

这种商品组合是指连锁企业经营的商品种类多,而每一种类商品中花色品种选择性少。在这种组合中,商店提供广泛的商品种类供顾客选择,但对每类商品的品牌、规格、式样等给予限制。这种策略通常被廉价商店、杂货店、折扣店、普通超市等零售商店所采用。

(1) 优点:目标市场比较广泛,经营面较广,能形成较大商圈,便于顾客购齐基本所需商品;便于商品管理,可控制资金占用;强调方便顾客。

(2) 缺点:由于这种商品组合花色品种相对较少,满足需要能力差,顾客的挑选性有限,很容易导致失望情绪,不易稳定长期客源,形成较差企业形象。长此以往,零售商店不注重创出商品特色,在这样一个多样化、个性化趋势不断加强的今天,即使门店加强促销活动,也很难保证门店经营的持续发展。

3. 窄而深的商品组合

这种商品组合是指连锁企业经营较少的商品种类,但每一种类的商品花色品种很丰富。这种组合体现了连锁企业专业化经营的宗旨,主要为专业店、专卖店所采用。一些专业商店通过提供精心选择的几种商品种类,在商品组合中配有大量的花色品种,吸引偏好选择的消费群。

（1）优点：专业商品种类充分，品种齐全，能满足顾客较强的选购愿望，不会因花色品种不齐全而丢失销售；能稳定顾客，增加重复购买的可能性；易形成门店经营特色，突出门店形象；便于门店专业化管理，树立专家形象。这种模式为今天广大的消费者所欢迎。

（2）缺点：过分强调某一大类，不能一站式购物，不利于满足消费者的多种需要；很少经营相关商品，市场有限，风险大，需要对行业趋势做准确的判断，并更加努力地扩大商圈。

4．窄而浅的商品组合

这种商品组合是指零售商店选择较少的商品种类和在每一类中选择较少的商品品种。这种组合主要被一些小型商店，尤其是便利连锁店所采用。这种策略要成功使用，有两个关键因素，即地点和时间。在消费者想得到产品的地点和时间内，采取这种组合可以成功。

（1）优点：投资少，成本低，见效快；商品占用资金不大，经营的商品大多为周转迅速的日常用品，便于顾客就近购买。

（2）缺点：种类有限，花色品种少，挑选性不强，易使顾客产生失望情绪，商圈较小，吸引力不大，难以形成门店的商品特色。

相关链接 5-1

沃尔玛商品结构策略

沃尔玛在经营发展上采取了很多策略，其中就有自己比较独特的商品结构策略。沃尔玛在经营商品品种选择上主要以销售量大、周转速度快、购买频次多的中档商品为主，适度兼顾高低档商品。商品销售量大、周转速度快是沃尔玛经营利润来源的前提条件，因为沃尔玛在商品销售中利润率很低（1.7％左右，而行业平均为5％以上），主要靠年销售规模优势向生产厂家收取商品上架费、商品折扣、年底退佣及资金占用费等取得收益。

沃尔玛在商品组合上采取"二八原则"，用20％的主力消费产品创造80％的销售额，根据零售业态的不同形式采取不同的商品组合。例如，山姆会员店向消费者提供"一站式购物"服务，商品结构宽度广、中深度，也就是商品种类齐全但单一商品类别适度齐全，商品品种在3万～6万种，而且50％以上的商品为食品类；家具商店商品结构为宽度广而深，商品品种在8万种左右，产品品种非常齐全；折扣店商品结构为窄而浅；购物广场的商品结构则采取窄而深，主要是生活日用品。

（资料来源：精品资料网.http://www.cnshu.cn）

（四）优化商品组合的方法

在商品组合的过程中，会有一些商品的组合不是非常合理，如何使商品的组合更有利于销售，总结有以下"六个正确"是优化商品组合时应遵循的原则：正确的商品、正确的数量、正确的时间、正确的质量、正确的状态，以及正确的价格，以下分别对这六个原则作详细的说明。

1. 正确的商品

正确的商品首先是指在整个计划中商品组合是否合理,商品的广度和深度的结合是否可以完全满足顾客的需求;其次是选择的商品是否在国家法律、法规所允许销售的商品范围内;再次是这些商品是否符合本企业的价值观、企业形象及企业政策,这点对于企业品牌会有很大的影响,所以一般著名的企业都会把不符合企业政策的商品拒之门外,即使那是一种畅销商品。

2. 正确的数量

正确的数量是指所提供的商品数量是否合理,商品的广度和深度的结合是否平衡,在满足顾客对选择性需求的同时,又不会造成品种过多和重复。商品的数量一定要根据顾客的实际需要及门店的实际面积结合决定,并分解到具体的小分类中,保证整体的数量及各小分类的数量分配都是最优化和平衡的。

3. 正确的时间

商品组合计划必须正确掌握时间性,符合四个方面的要求:首先是季节性,整个商品组合必须有明确的季节性,商品本身向顾客传递着强烈的季节性信息;其次是对市场趋势和市场变化的捕捉;再次是对一些特别的事件有充分的准备;最后是要在合适的产品生命周期引进新商品。

4. 正确的质量

这里所说的质量包括了产品的安全性、可靠性及质量等级三方面。首先,在选择商品的时候必须要对产品的安全性进行评估,要求供应商提供相关的证明文件、安全认证等,尤其是食品,选择时更应该遵循严格的标准,这对顾客和企业本身都是一种负责任的做法;其次,产品使用功能及可靠性也需进行评估;最后,对于产品的质量等级进行正确的选择。

5. 正确的状态

这里的状态是指产品的自然状态或物理状态。很多产品由于其本身的特点,对贮存和售卖环境、销售人员有特殊的要求,那么采购在选择商品的时候需考虑门店的环境、设备、人员、安全、陈列、空间等各方面是否有能力销售该商品。

6. 正确的价格

整个商品组合的定价应该要从顾客、竞争对手、供应商价格政策以及企业自身的定价策略四个方面考虑。要特别注意的是:第一,定价的时候要考虑顾客对该商品的价格敏感度以及该商品的需求的价格弹性(价格变化对销售的影响程度);第二,不但要考虑单个商品,而且要考虑整个类别的整体价格形象和综合利润率,对不同角色的商品应有不同的定价机制,在保证良好价格形象的同时保持合理的利润水平。

以上六个原则是相互结合、缺一不可的,是商品管理人员在做商品组合计划及日常管理过程中都应该遵循的基本原则。而顾客需求是这些原则产生的基础,所以采购人员无论任何时候都要保持顾客导向的大原则。

▌ 模块二　商品分类与管理

一、商品分类

商品分类就是把商品按照一定的标准进行分门别类。对品种繁多的商品进行分类，是连锁企业科学化、规范化管理的需要，它有利于将商品分门别类地进行采购、配送、销售、库存、核算，提高管理效率和经济效益。同时也有利于消费者有目标地选购商品，节省购买商品的时间。

商品分类可以根据不同的目的，按不同的分类标准进行。以连锁超市为例，商品分类一般经常采用综合分类和商品群分类。

（一）综合分类

综合分类是将所有商品划分成大分类、中分类、小分类和单品四个层次，目的是便于管理，提高管理效率。

1．大分类标准

大分类的主要标准是商品特征，是超级市场最粗线条的分类。如畜产品、水产、果菜、日配加工食品、一般食品、日用杂品、日用百货、家用电器等。

2．中分类标准

中分类是大分类中细分出来的类别。其分类标准主要有以下几种。

（1）按商品功能与用途划分。如日配品这个大分类下有牛奶、豆制品、冰品、冷冻食品等中分类。

（2）按商品的制造方法划分。如畜产品这个大类下有鲜肉、熟肉制品。

（3）按商品产地划分。如水果蔬菜这个大类下有国产水果与进口水果的中分类。

3．小分类的标准

小分类是中分类中进一步细分出来的类别，主要分类标准有以下几条。

（1）按商品功能与用途分类。如在"猪肉"分类中，可进一步细分出"排骨"、"里脊肉"、"猪蹄"等小分类。

（2）按商品规格和包装分类。分类时，规格、包装形态可作为分类的标准。例如，在饮料分类中，可细分出"瓶装饮料"、"盒装饮料"等小分类。

（3）按商品成分分类。如百货大分类中，"鞋"分类中，可细分出"皮鞋"、"布鞋"、"塑料鞋"等小分类。

4．单品

单品是商品分类中不能进一步细分的、完整独立的商品品项，是连锁企业商品经营的基本单位。

阅读资料 5-1

伊藤洋华堂的单品管理

伊藤洋华堂又名伊藤荣堂,是日本主要零售企业,在日本全国各地经营百货公司,同时也是世界著名便利店7-11的母公司,近年更积极在中国多个城市包括成都、北京等拓展零售业务。

单品管理是伊藤洋华堂在20世纪80年代提出并逐步完善的重要经营理念,现在已经发展成为其经营理念的核心,并为世界零售业界所认可和称道。单品管理模式将商品管理的重点和基点直接置于能够产生顾客需求差异的充分细分的商品品种(单品)之上,在经营活动中通过随时详细掌握每一种单品的销售动向,不断调整商品结构,力求最大限度地准确接近顾客的需求。同时以此为依据,精确确定进货的品种和数量,最大限度地解决了零售业最为常见也最难以解决的"库存损失"和"机会损失"问题。

伊藤洋华堂依靠强大的计算机系统解决了单品管理对大量的信息处理的高要求,为单品管理思想的实现奠定了可靠的技术基础。依靠单品管理的思想和手段,伊藤洋华堂准确地把握着市场的不断变化,以此确定精确的经营计划,将"库存损失"和"机会损失"控制到了最低状态,实现了理想的利润水平。因此,尽管销售额排名并非日本第一位,但其利润额却长期为日本零售业界之魁首。

(二) 按商品群分类

商品群是依照商品观念所集合成的商品群体,它也是商场商品分类的重要依据。

1. 主力商品

主力商品是指所完成销售量或销售金额在商场销售业绩中占举足轻重地位的商品,主力商品是无论是销量还是销售额均占重要比重的商品。它的选择体现了企业在市场中的定位以及整个商场在人们心目中的定位。主力商品的构成一般可以考虑以下几类:

(1) 感觉的商品。在商品的设计上、格调上都要与商场形象相吻合并且要予以重视。

(2) 季节的商品。配合季节的需要,能够多销的商品。

(3) 选购性商品。与竞争者相比较,易被选择的商品。

2. 辅助商品

辅助商品是与主力商品具有相关性的商品,其特点是销售力方面比较好,其重点为:

(1) 价廉物美的商品。在商品的设计上、格调上可不必太重视,但对于顾客而言,却在价格上较为便宜,而且实用性高。

(2) 常备的商品。对于季节性方面可能不太敏感,但不论在业能或业种上,必须与主力商品具有关联性而且容易被顾客接受的商品。

(3) 日用品。即不需要特地到各处去挑选,而是随处可以买到的一般目的性的商品。

3. 附属品

附属品是辅助商品的一部分,对顾客而言,也是易于购买的目的性商品。其重点为:

（1）易接受的商品。即展现在卖场中,只要顾客看到,就很容易接受而且立即想买的商品。

（2）安定性商品。具有实用性,但在设计、格调、流行性上无直接关系的商品,即使卖不出去也不会成为不良的滞销品。

（3）常用的商品。乃是日常所使用的商品,在顾客需要时可以立即指名购买的商品。

4．刺激性商品

为了刺激顾客的购买欲望,可以针对上述三类商品群,选出重点商品,必要时挑出某些单品来,以主题系列的方式,在卖场显眼的地方大量地陈列出来,借以带动整体销售效果的商品。其重点为：

（1）战略性商品。即配合战略需要,用来吸引顾客,在短期内以一定的目标数量来销售的商品。

（2）开发的商品。为了考虑今后的大量销售,商店积极地加以开发,并与厂商配合所选出的重点商品。

（3）特选的商品。利用陈列的表现加以特别组合,其有强诉求力且是易于被冲动购买的商品。

相关链接 5-2

屈臣氏商品分类方便顾客挑选

屈臣氏不同的商品各自归位,以方便顾客挑选。走进店铺映入眼帘的是各种各样的提示与引导,皮肤护理专区、沐浴专区以及头发护理专区,细分到美容用品、唇部护理专区以及女士护理专区、纸制品专区以及家庭用品专区,还有专为男士准备的专区,端头以及端头的两侧的特别促销商品,热卖精选还有旅游套装触手可及,需要什么商品在专区柜台任意选购随便选择,来到屈臣氏不但可以获得"健康美态",店铺还准备了丰富的饮品糖果以及休闲食品,深得女性垂青。顾客愿意来店铺购物,店铺的生意一定会火爆,业绩一定会提升。

二、商品管理

商品是连锁企业创造效益的主要源泉,所以商品的管理在连锁企业中占有至关重要的位置。

（一）商品管理原则

商品管理应坚持商品齐全和商品优选的原则。

商品齐全就是要保证顾客来店时能够买到日常必需的商品,因此,商品品种要齐全。具体要求是：商品的品牌要全,商品的大类、品种和规格之间的结构比例要合适。

商品优选就是要选择主力商品,在经营中,实际上大部分的销售额只来自一小部分商品,即 80% 的销售额是由 20% 的商品创造的,这些商品是企业获利高的商品,要作为商品管理的重中之重。

（二）商品管理要点

（1）检查商品是否脱销，随时正确把握商品销售数量，保证订货的正确性；

（2）陈列面管理；

（3）合理掌握库存；

（4）随时检查补充；

（5）售价管理；

（6）前进陈列检查；

（7）POP 管理的检查，确保商品陈列与广告相符；

（8）引进新产品速度的检查；

（9）价签管理。

（三）商品管理的方法

1．商品销售排行榜法

现在大部分连锁企业的销售系统与库存系统是连接的，后台计算机系统都能够整理出每天、每周、每月的商品销售排行榜。从中就可以看出每一种商品的销售情况，调查其商品滞销的原因，如果无法改变其滞销情况，就应予以撤架处理。在处理这种情况时应注意：

（1）对于新上架的商品，往往因其有一定的熟悉期和成长期，不要急于撤架。

（2）对于某些日常生活的必需品，虽然其销售额很低，但是由于此类商品的作用不是盈利，而是通过此类商品的销售来拉动门店的主力商品的销售。

2．商品贡献率法

单从商品排行榜来挑选商品是不够的，还应看商品的贡献率。销售额高、周转率快的商品，不一定毛利高，而周转率慢的商品未必就利润低。没有毛利的商品销售额再高，这样的销售又有什么用？毕竟企业是要生存的，没有利润的商品短期内可以存在，但是不应长期占据货架。看商品贡献率的目的在于找出卖场的商品贡献率高的商品，并使之销售得更好。

3．损耗排行榜法

商品损耗指标是不容忽视的。它将直接影响商品的贡献毛利。例如，日配商品的毛利虽然较高，但是由于其风险大，损耗多，可能会是赚的不够赔的。曾有一家门店的涮羊肉片的销售在某一地区占有很大的比例，但是由于商品的破损特别多，一直处于亏损状态，最后唯一的办法是，提高商品价格和协商提高供货商的残损率。对于损耗大的商品一般是少订货，同时应由供货商承担一定的合理损耗，另外有些商品的损耗的原因是商品的外包装问题，这种情况，应当及时通知供应商进行修改。

4．周转率法

商品的周转率也是优质商品管理的指标之一，谁都不希望某种商品积压流动资金，所以周转率低的商品不能滞压太多。

5．新近商品的更新率法

连锁企业周期性地增加商品的品种,补充门店的新鲜血液,以稳定自己的固定顾客群体。商品的更新率一般应控制在 10％ 以下,最好在 5％ 左右,另外,新进商品的更新率也是考核采购人员的一项指标。需要导入的新商品应符合超市的商品定位,不应超出其固有的价格带,对于价格高而无销量的商品和价格高无利润的商品应适当地予以淘汰。

6．商品的陈列法

合理的商品陈列能使销售额增加许多。例如,加强门店的主力商品和高毛利商品的陈列面的考虑,适当地调整无效的商品陈列面。对于同一类商品的价格带陈列和摆放也是调整的对象之一。

（四）商品的引入与淘汰

连锁企业的一个重要工作,是不断提升商品的活力。而提升商品活力的方法,是通过商品管理和商品分析,主动进行商品引进和商品淘汰。

1．新产品的引入

（1）新产品的开发

新产品的开发途径主要有以下几方面。

① 从畅销的各因素出发选择开发新产品。选择新商品的主要标准是畅销品的因素。一种新产品出现在市场上时,考查其市场销售潜力,可以从其功能、质量、价格、包装、广告、商标、售后服务等方面进行综合评估。最常见的是打分法,将多种因素按不同程度折成数字来评估某一新上市商品,高于某一水平即可列入企业培养的对象。

② 从过去的销售记录中开发自有品牌商品。目前很多连锁企业在开发自有品牌商品时,主要是根据过去的销售统计资料。通过选择一些销售量大而品牌忠诚度不太高的行业产品作为自有品牌开发的对象,往往容易成功。日本 7-11 便利店公司通过 POS 系统的商情搜集,将消费需求提供给由生产商、批发商和 7-11 公司共同组成的商品开发团队,源源不断地开发出紧随消费者需求发展步伐的新产品,不仅提升了商品价值和获利空间,而且还创造了 7-11 便利店商品差异化的竞争力。

③ 从竞争对手的营销推广中选择开发新产品。连锁企业的竞争对手很多,这些商店同样也面临着引入开发新商品的问题。因此,从竞争对手的营销推广活动中去发掘新的畅销商品不失为一条捷径。经常到竞争对手的商店里仔细观察,可以知道正在流行何种商品,或何种商品较为畅销。因为几乎所有商店总会把销路最好的商品陈列在最显著的位置,或为了推广某种商品,卖场内往往会贴有各种各样促销的 POP 广告。

④ 从发达地区和流行起源地选择开发新产品。一般来说,流行是从沿海传到内地,从大城市传到小城市,从都市传到乡村的。因此,可比较国内流行发源地如广州、上海、深圳等流行商品,这些城市的超级市场或百货商店,大都销售比较超前的流行商品,对开发新的畅销商品有一定借鉴作用。

参考案例 5-2

沃尔玛的自有品牌开发策略

自有品牌,又称为商店品牌,是指零售企业从设计、原料、生产到经销全程控制的产品,由零售企业指定的供应商生产,贴有零售企业品牌,在自己的卖场进行销售的产品。沃尔玛自有品牌涉及食品、服装、玩具、家居等多个领域,其开发自有品牌采取如下策略。

1. 扩大经营规模

沃尔玛发展自有品牌具有庞大的规模效应,它不仅能在与生产企业的谈判中占据主导权,压低自有品牌商品的价格,更能通过庞大的销售网络让自有品牌商品迅速销售,以减少自有品牌商品的库存和对资金链的挤压,况且,沃尔玛这样的大企业更能让消费者对其自有品牌的商品产生信任感。

2. 严控"质量关"

沃尔玛的自有品牌商品都是严控价格和质量的统一。例如,沃尔玛在中国销售自有品牌纸巾的利润很薄,沃尔玛并没有为了降低成本、提高利润率而降低生产标准,找一般企业生产。相反,沃尔玛找到了"维达"纸业。"维达"纸业是中国纸业的老大,并荣获过中国驰名商标。

3. 采用"子品牌"

沃尔玛的自有品牌商品几乎很少采用"沃尔玛"这个"母品牌"作为商标标示和商品品牌。因为沃尔玛深知,只有在自有品牌商品的质量、消费者认知度完全稳定后,才能与自身"母品牌"进行完全挂钩,实现双赢。

4. 搞好零供关系

沃尔玛作为一个零售商,发展自有品牌只是为了更好地谋求"天天平价"的理念,给消费者带来更多实惠,不能为了突出自有品牌的商品而过分挤压品牌生产企业。通过采取合作共生的方式,充分重视品牌生产企业的利益,在商品陈列、促销配合、订货付款等方面都应当保留品牌生产企业应有的地位与权益。

(2) 新产品的引入程序

① 编制新产品引进计划。商店必须对每一年度的新产品开发作出系统的规划,内容包括增加新分类、增加新项数、增加商品组合群、确立每一分类的利益标准、季节性重点商品计划、自行开发商品计划等。

② 新产品评估。商店有关人员应就新品的进价、毛利率、进退货条件、广告宣传、赞助条件等项目予以初评。初评之后,还需经过具有商品专业知识的人员所组成的采购委员会的复评,对拟引进的商品进行筛选。复评的项目除初评项目外,还需对产品的口味、包装、售价及市场接受程度等项目进行具体的评价,以防止不符标准的商品流入商店销售。

③ 新产品试销。对连锁企业而言,贸然将新品引入所有门店销售风险很大,所以最好是选择部分门店先进行试销,再就试销结果作出是否推广到所有门店的决策。如果新品试销效果良好,则采购人员应配合进货,制作新的商品陈列配置表。

④ 正式引入的准备工作。引入一项新产品需要做好许多准备工作,如条码输入、定价、陈列、促销、库存定位、商品知识培训等。在新品全面引进门店之前,连锁总部还需事先以书面或计算机连线方式告知门店,并给予前置时间,要求门店限期做好新品引入的各项作业。

⑤ 新产品引入后的跟踪管理。新产品导入后要专门对其销售状况进行跟踪观察、记录与分析,不能把新商品导入就"放牛吃草",不闻不问。只有新产品销售额必须达到同类销售商品的平均额,方可列入企业的采购计划商品目录中,成为正常经营商品。引入失败的新商品,要分析原因,防止日后出现失误。

2. 滞销商品的淘汰

(1) 滞销品淘汰的标准

① 以一定时期规定的最低销售数量或销售额为淘汰标准。预先规定某一商品品类应达到的销售标准,如果该商品连续几个月未达到该标准,即可考虑是否淘汰。那些单价低、体积大的商品,销售数量太少,而占用的货架和面积过多,会影响整个门店的经营效率,因此,门店应定期进行分析,规定一定货架空间的销售标准,以作为商品淘汰的参考。

② 以一定时期销售额排在最后的一定数量或百分比作为淘汰标准。例如,以三个月销售排行榜资料为参考,以最后100种商品为淘汰的对象,或是以排行榜最后的3%作为淘汰标准。以这种标准作为淘汰标准,要注意的是:这种商品的存在是否为了使门店的商品结构显得更为丰满齐全,而不仅仅为了销售;这种商品是因为季节性的原因才滞销。如果属于上述两种情况,则这类商品不应淘汰。

③ 商品质量出现问题也应列为淘汰对象。例如,被技术监督部门或卫生部门宣布为不合格的商品,必须列入淘汰范围;另有消费者退货达一定程度或消费者意见比较大的,也应列为淘汰商品的范围之中。

(2) 滞销品淘汰的程序

① 列出滞销品清单。门店通过制订的淘汰标准,列出淘汰品清单。根据滞销品的标准进行数据分析。例如,以销售额排行榜3%为淘汰基准、以每月销售额未达到50个单位为基准、以商品品质为基准等,找出销售不佳、周转慢或品质有问题的商品作为淘汰品。

② 查明滞销原因。有关人员应进一步分析滞销商品的真正滞销原因,究竟是商品不佳,还是人员作业疏失,如缺货未补、订货不准确、陈列定位错误等,然后再确认是否淘汰。确认淘汰的商品应填写商品淘汰申请单。

③ 确定淘汰方式。商品淘汰方式主要有两种:一种是退回厂家;一种是自行处理。采购合约上注明可以退换货的商品,应在规定时期(如食品保质期前半年)将商品及时退回供应商;如果属于商店买断商品,不允许退换货,或无法退回给供应商的商品(如进口商品、远距离采购的商品等),可自行处理,采取一次性削价处理方法,或者作为促销的奖品送给顾客。

④ 统一淘汰作业。淘汰滞销品之前,连锁总部应提前向商店告知滞销品的项目及退换货作业程序。滞销品如退给厂商,应及时通知厂商取回退货,如要各门店自行处理,总

部应将处理方式及时告知各门店。总部最好确定统一的淘汰日期,淘汰商品最好每个月固定集中处理,不要零零散散地处理。例如,可以规定每月的 15 日为淘汰日,所有柜台或门店便在这一天把淘汰商品下架清理。

⑤ 做好淘汰记录。淘汰作业结束后应做好淘汰商品的记录工作,每月汇编成总表,整理成档案,以避免重新将滞销品引进。

相关链接 5-3

超市商品结构的调整策略

门店在经营过程中经常会遇到这样的问题:为什么我们门店的商品总是吸引不了顾客? 为什么我们店的不动销商品会越来越多? 如果季节变化了,又该淘汰哪些品种,引进哪些品种? 当门店遇到以上几个方面的问题,该如何有效地解决呢? 此时此刻,调整商品结构就恰恰成为解决以上问题的重要方法。

由于门店商品可分为大类、中类、小类、单品,因此,门店同样可通过大类商品结构的调整—中类商品结构的调整—小类商品结构的调整—单品结构的调整的步骤来调整好门店的商品结构,以增加门店商品的畅销度,提高门店销售额。调整商品结构具体步骤如下。

1. 确定大类商品品种数

运用的报表:各便利店类别综合分析表。

确定的基本步骤:通过报表了解门店现有的各大类经营品种数—分析门店大类商品陈列的空间有多大,以确定是否增加或减少该类品种数—分析该大类商品销售额及毛利额—根据顾客日常对商品品种问题的反映及季节变化的需要最终确定大类商品的品种。

2. 确定中类商品品种数

运用的报表:商品月份销售趋势表。

确定的基本步骤:根据每月各中类商品销售的情况进行中类经营品种的确定。

3. 确定小类商品品种数

运用的报表:各便利店类别综合分析表。

确定的基本步骤:运用各便利店类别综合分析表中每小类商品经营品种与总部经营品种的对比,并分析每一小类不动销商品品种数,确定引进品种数或淘汰品种数。

模块三 商品采购与调拨

一、商品采购

采购是连锁经营企业商品流转的首要环节。抓好采购环节,不仅是为了使门店能正常营业,也是门店创造效益的经营管理重点。

（一）商品采购制度

现代连锁企业的采购制度一般有总部授权门店的采购制度、总部集中的采购制度和总部有限授权的采购制度三种。

1. 总部授权门店的采购制度

总部授权门店采购，即由总部授权给门店进行商品的采购。这种制度一般适用于连锁企业组织刚刚形成，总部的采购机构还没有正常运转之时。

此种采购制度有一定的优点：①门店有较大的经营自主权；②采购具有弹性，能灵活适应市场，符合消费者的需求。但也有缺点：①无法发挥连锁的规模采购优势，难以压低进价；②难以塑造连锁店统一化、标准化企业形象。因此，此种采购制度方式仅能在连锁体系尚未健全的初期采用，不宜长期实行。

2. 总部集中的采购制度

总部集中采购，即把采购权集中在连锁总部，由总部的采购部门负责全企业所有商品采购，商品的导入、淘汰、价格制订及促销计划完全由总部统一规划实施，门店只负责商品的陈列、销售工作，对商品采购仅有建议权，而无决定权。

总部集中采购制度的优点：①实现了采购和销售的专业化分工，使各门店专心致力于销售，既能提高连锁企业的整体劳动效率，又能提高各门店的销售业绩；②可以发挥统一进货的集中议价功能，并形成连锁体系价格形象的一致性，同时，由于采购量大，可以较易取得商品的经销权和代理权，又便于掌握货源；③企业的整体营销活动易于规划，有利于塑造企业的整体形象。但总部集中采购也有一定的缺点：①商品变化的弹性较低，有时较难满足消费者的需求；②连锁总部的采购人员和门店的销售人员易产生对立。虽然存在上述不足，但总部集中采购仍是最能发挥连锁经营优势的采购制度。

3. 总部有限授权的采购制度

总部有限授权采购，指主要商品由总部统一采购，少量只适用门店区域特性的商品授权门店自行采购。该方式把集中采购和门店有限采购结合起来，使采购的统一性和灵活性得到较好的发挥。因此，也是连锁企业通常采用的一种采购制度。

（二）商品采购方法

这里主要介绍两种常用的商品采购方法。

1. 定期采购

定期采购法是指企业每间隔一个周期采购一批商品补充库存的一种采购方式。间隔周期的长短是根据该商品的平均日销售量，商品的备运时间、储存条件、供货特点、经营目标等因素确定的。

定期采购的优点是：采购时间固定，便于管理，并能多种商品同时进行合并采购，降低了采购成本。其缺点是：由于不经常检查和盘点库存，易出现缺货现象，因此，为了使可能的缺货降低到最低程度，连锁企业应注意监测此类商品的库存和销售变化，及时补充库存。

2．定量采购

定量采购是指当库存量下降到预先规定的库存数量(订货点)时,按规定的数量进行采购以补充库存的一种采购方式。当库存量下降到订货点时马上按预先规定的订货量采购商品。定量采购的特点是采购量确定,订货点确定,采购时间不固定。定量采购的采购批量也可以参考经济采购批量的计算方法。

定量采购的优点是:能随时掌握商品变动情况,采购及时,不易出现缺货现象;每次订货数量固定,且是预先确定好的(有些是经济批量),方法简便。其缺点是:需要经常对商品进行详细检查和盘点,工作量大;由于各种商品的采购时间不一致,难以制订周密的采购计划,不便于采购管理,也不能享受多种商品集中采购的价格优惠。

(三) 商品采购计划

商品采购计划集中于四项基本决策:采购何种商品、何种采购方式、何时采购商品和储存商品在哪里。

1．采购何种商品

(1) 连锁企业必须决定经营何种质量的商品。确定商品质量必须考虑的因素有:理想的目标市场、竞争、企业形象、商店位置、库存流转、赢利性、制造商品牌或自有品牌、消费者服务、人员、可感知的产品与服务价值和约束性决策。

(2) 连锁企业必须决定经营何种商品以及商品的创新程度。应考虑的因素有:目标市场、产品/服务增加潜力、流行趋势及理论、企业形象、竞争、顾客细分、顾客反应、投资成本、赢利性、风险、约束性决策和衰退期商品的撤出。

2．何种采购方式

连锁企业针对不同的商品一般要采用不同的采购方式。

(1) 大量采购,是连锁企业为了节省采购费用,降低采购成本而一次性把一种商品大批量地采购进来。这种采购方式的优点是可以降低一次性的采购成本,获得进货优惠;缺点是需要占用大量资金和仓储设施。大量采购的商品数量一般很难找出规律性,主要依靠连锁企业的经营需要、仓储条件和采购优惠条件等情况而定。

(2) 适量采购

适量采购就是对市场销售均衡的商品,在商店保有适当的商品库存的条件下,确定适当的数量来采购商品。适量采购的关键是确定适当的采购数量,如果数量不当,将直接影响企业销售,增加进货成本。我们称这一适当的采购数量为经济采购批量。经济采购批量尽管是理论上的一个数字,但商店需要测算出这一时期的经济采购批量,为实际的采购工作做参考。

3．何时采购商品

连锁企业应确定每一种商品在什么时候储存。对新产品,连锁企业必须决定什么时候第一次陈列和销售。对已有产品,企业必须计划一年内的商品流转规律。为了恰如其分地订购商品,企业必须预测一年内的商品销量及其他各种因素:高峰季节、订货和送货时间、例行订货和特殊订货、库存流转率、折扣和存货处理的效率。

4. 储存商品在哪里

企业常常决定将多少商品存放在销售现场，多少存放在库房，以及各分店之间商品如何分配。各门店的地理位置越分散，准确地辨别各门店所需商品品种的差别就越重要。当门店的目标市场相似时，应根据销售额分配商品。

（四）确定供应商与货源

选择供应商是一项十分复杂的工作。连锁企业需建立一个供应商准入制度，建立一个选择供应商的标准，以便对供应商进行资格审查。（这个问题我们将在模块四供应商管理中详细介绍。）

阅读资料 5-2

家乐福在中国的商品采购

2011 年，家乐福没有因为产品报价提高而缩减在中国地区的采购量，预计 2012 年在中国地区的采购会继续增加。

目前家乐福全球 72% 的采购都是来自中国。家乐福集团在华采购出口的产品种类主要包括家用百货、纺织、家电和食品 4 大类。近 5 年，家乐福全球采购在亚洲采购的产品中，中国产品的占比高达 70%。家乐福在零售行业首创的食品安全快速检测实验室曾对中国供应商进行食品抽检，结果显示合格率达 99%。

家乐福全球采购有着相当严格的业务流程，包括收集信息、询价、比价议价、评估、索样、决定、订购、进货验收、付款等内容。其流程具体分为 4 个步骤，即寻找货源、资格认证、组织谈判与跟踪生产过程。家乐福的采购原则十分明确，不仅提供平价商品以吸引广大的消费者，更重要的是提供最好的商品、最低的价格和最优质的服务，以保障消费者的权益。

质量体系产品是家乐福自有的生鲜农产品品牌，包括水果、蔬菜和肉品。家乐福 1990 年在法国本土开始发展家乐福质量体系产品，中国家乐福第一个质量体系产品于 1999 年上市。家乐福与普通供应商的结款账期通常为 60 个工作日，而为了适应农村地区的实际情况，加快了与农民专业合作社的结账时间，目前为 15 个工作日。同时，支付方式也更具灵活性。

与供应商的合作还体现在家乐福质量体系产品的"可追溯性"上，一旦发生食品安全事故，不仅可以找到责任人，也有助于事后分析原因，找到解决方案。第三方机构派遣人员不定时地对生产基地进行检查，对产品的样本进行检测。

二、商品调拨

调拨作业是连锁企业门店之间的商品调剂或调动。它是某门店发生临时缺货，且供应商或配送中心无法及时供货，而向其他门店调借商品的作业。

（一）调拨发生的原因

（1）门店销售急剧扩大，而存货不足。

（2）供应商送货量明显不足。

（3）顾客临时下大量订单。

（二）调拨注意事项

1. 调拨前注意事项

（1）若是临时大量订单，门店在接单前最好先联系一下其他门店，确认可调拨数量是否足够，不要任意接单，以免影响连锁企业的商誉。

（2）门店之间的商品调入与调出，必须在双方店长同意下才能进行。

（3）做好调拨车辆安排。

（4）做好工作人员与时间安排。

2. 调拨时注意事项

（1）必须填写调拨单，拨入、拨出门店均须在其上签名确认。

（2）拨出或拨入时均须由双方门店验收检查并确认。

（3）调拨单一式两联，第一联由拨出门店保管，第二联由拨入门店保管。

（4）调拨单须定期汇总送至总部会计部门，以配合账务处理。

3. 调拨后注意事项

（1）拨入、拨出门店均须检查存货账与应付账是否正确。

（2）拨入门店应注意总结教训，重新考虑所拨入商品的最低安全存量、每次订货量以及货源的稳定性，尽量避免重复发生类似事件。

模块四　供应商开发与管理

供应商开发与管理是连锁企业开展采购活动的重要环节，连锁企业通常拥有成百上千家供应商，选择到了优秀的供应商就相当于选择到了好的商品。

一、连锁企业与供应商的合作方式

1. 寄卖（代销）

连锁企业以寄卖的方式接受供货商供货。与供货商的合作常见两种形式：一是供货商只提供商品，场地、售货员和管理等支援工作则由连锁企业负责；二是供货商既提供商品又提供售货员，售货员的薪酬由供货商提供，而连锁店则成了引厂进店或第三方平台，只管收取费用，风险转嫁给了供货商。现在，一些连锁企业对新进店代销的货品收取上架费、堆头费等。

2. 买断（购销）

所谓买断经营，就是用现金支付方式大批量地独立购买供应商的商品经营权和所有权,付款方式从原来的约期付款改变为现款结算,对购进的商品只要不存在质量问题,一律不再退货。

实行买断经营最重要的一个条件就是连锁企业要有足够的实力,能够大批量地进货,压低进货价格,提高市场竞争力。买断了经营的风险,也就买断了利润。由于买断支付现款,供货商自然会在供货价基础上再降低几个百分点。

3. 引厂进店(连锁店铺设专柜)

连锁店铺设专柜是连锁企业和供货商根据事先的合作条件共同开设的品牌销售专柜。有些供应商为了突出自己的品牌和企业形象,会要求连锁企业为其开设专门展柜销售自己的产品。这对连锁企业来说,是重要的营销机会,也是采购产品和调整产品结构的机会。

专柜的销售人员数目、来源、培训和日常管理由连锁店和供货商商定。此外,供货商还要与连锁店协议货物进出专柜的程序、手续以及退换货的手续。设置专柜也会增加对厂方人员、设备管理的难度。这就需要连锁企业加强供货管理。

二、供应商的开发

(一)选择供应商的原则

1. 将不同种类的供应商群体进行有效组合

连锁企业在商品采购过程中,不能将某一品种,全部在一家公司采购。无论何种品种,也无论属于哪个商品系列,都有必要将其中有关的各个品种的供应商进行相应的组合。选择三个以上的供应商进货,促使三个供应商相互竞争,避免依赖单一供应商,进而降低经营风险和成本。

2. 主力商品选择两三个供应商

主力商品的供应商不宜太多,如果有太多的供应商,则分摊在每一个供应商的供货量就会减少,不会引起供应商的重视。选取两三家强大的供应商来保证货源即可。若供应商过少,则会出现两种情况:一是使企业过分信赖某一供应商,增加经营风险;二是若企业的采购量在占对方全部交易量的60%以上,则企业在改变供应商时,就会出现很多问题。一般来说企业的采购量应控制在占供应商全部交易量的10%左右,最多占30%。

3. 根据价格区间的不同,选择不同供应商

价格在一定程度上反映着商品的层次和商品定位。每家供应商所生产的商品会在某一价格段上,在每个商品系列,通过有效整合产品供应商,会提高竞争力。连锁企业根据自己的经营战略也只能选择某一价格区间内的商品经营,企业可以根据价格来选择供应商。

4. 优胜劣汰,不断更换供应商

连锁企业在每个不同的发展阶段上,应不断变换供应商,优胜劣汰,以保证货源的稳定。对那些供应窘迫,无法按时间、数量和品质供货及服务不好的供应商,要及时淘汰。对那些同连锁企业密切协作,互利共赢,符合企业战略,共同发展起来的供应商应维系稳定。

（二）供应商的选择条件

连锁企业在选择供应商时，一般要考虑以下几个方面的基本条件。

（1）齐全的企业资料。对于初次与连锁企业接触的供应商，要求其务必提供齐全的企业资料，以便对其资信等各方面进行调查、评估。

（2）货源的可靠程度。包括商品供应能力和供应商的信誉；供应商是否有能力满足企业需要商品的花色、品种、规格、数量及准确的交货期等要求，以及在以往的交易中信誉和履约等情况。

（3）商品质量和价格。商品质量和价格主要是分析商品质量是否稳定可靠，是否与消费者的需求特点和企业生产经营的需要相符，商品包装是否美观大方及牢固等。在价格上是否达到预计毛利率水平，该价格是否为消费者和企业所接受，质价是否相符，有无合适的折扣和其他的优惠条件等。

（4）供应商结算条件。供应商结算条件包括结算方式是否灵活方便及有利于连锁企业，有无延期付款或较长付款期限的优惠条件。

（5）供应商服务条件。供应商服务条件包括周到的服务，如代发运、代办理各种手续、按客户要求改换包装等，还有完善的售后服务。特别是采购一些技术含量较高的商品，应选择能够提供配套服务的供应商。

（6）促销条件。如供应商是否利用当地宣传媒介做商品广告；一些促销活动如营业促销、有奖销售、附送赠品、发放优惠券、先试后用等活动都需要得到供应商的大力支持，供应商能否派促销人员和技术人员到连锁企业提供促销服务等。

（7）其他条件。供应商其他条件包括路途的远近、交通是否方便、运输方式、进货费用、交货准确率等。

（三）供应商开发的流程

在开发供应商时，一般遵循以下流程。

（1）寻找潜在的供应商。获取供应商信息的来源主要有专业媒体广告、互联网、同行和旧供应商介绍、供应商推销员、专业展览、行业报刊、相关企业协会及媒体的招商广告等。通过这些调查对供应商进行初步了解和筛选。

（2）实地考查供应商。对经过筛选确认初步合格的供应商进行实地考察，了解供应商的生产现状、规模、人员组织结构等情况，核查供应商的各种条件是否符合企业的标准。

（3）发出询价。在供应商审查完毕以后，向合格供应商发出询价文件，一般包括商品图案、规格、样品、数量、交付日期、供货价格等要求。收到报价后，对其条款要做详细记录。

（4）报价分析。比较不同供应商的报价，对其合理性有初步的了解。

（5）选取合适的供应商，签订采购合同。在确定了可供选择的供应商后，连锁企业就应与供应商就交易内容及条件开展进一步协商。在采购谈判达成一致后，双方还要签订采购合同，明确双方的权利义务，以保证采购活动正常稳定地进行，用法律手段来保护企业。

三、供应商的管理

供应商管理是连锁企业采购业务的一项重要工作,也是整个业务活动的关键环节,企业必须制定并严格执行相应的规章制度。对供应商管理着重要做好下面的七项工作。

(1) 对供应商进行分类与编号。分类的方法一般可按商品来划分,以便于管理。比较简便的编码方法是用四位数码。第一位为商品大类代码,后三位为供应商代码。若使用更细的分类码,其原则也是一个供应商一个代码。供应商的分类最好能与公司的商品分类相一致,以便于管理。

(2) 建立供应商档案。将每一个供应商基本资料归档,包括公司名称、地址、电话、负责人、营业证件号、注册资本金和营业资料等。

(3) 建立供应商台账。将每一个供应商供应的商品建立台账,包括商品代码、商品名称、营业证件号、规格、单位、进货量、进货额、销售量、销售额、进价、售价、毛利和供应商代码等。

(4) 统计分析销售状况。对每一个供应商所提供的商品数量、销售金额按一定时期进行统计,列出供应商销售额的排列表,作为采购谈判的重要依据。

(5) 对供应商进行评价。可按一定标准将供应商分为 A、B、C、D 四个等级,实施分类管理,如 A 类供应商可由采购主管亲自管理。

(6) 对采购合同的管理。连锁企业应事先制订一份规范的采购合同书,供采购人员使用,同时制订包括合同签订、审核、记载、检查、处理等内容的合同管理细则,并配备专职或兼职管理人员,统一负责合约的造册和存档,并随时掌握采购合约的履行和注销情况。

(7) 建立商品及服务检查制度。采购人员应定期抽查或从门店了解供应商所供商品的品质、销售状况、供应商服务状况,及时向总部汇报,并与供应商及时沟通,有问题应要求供应商限时改进。供应商评价表如表 5-3 所示。

表 5-3　供应商评价表

项　　　目	评　　价				得分
	A	B	C	D	
商品畅销程度	非常畅销(10)	直销(8)	普通(6)	滞销(2)	
缺货率	2%以下(15)	2%~5%(10)	5%~10%(6)	10%以上(2)	
配送能力	准时(15)	偶误(10)	常误(5)	极常误(2)	
供应价格	比竞争店优惠(20)	与竞争店相同(12)	略差于竞争店(8)	与竞争店差距大(2)	
促销配合	配合极佳(15)	配合佳(10)	配合差(5)	配合极差(2)	
商品品质	品质佳(10)	品质中(8)	品质差(6)	时常出现坏品(2)	
退货服务	准时(10)	偶误(8)	常误(6)	极常误(2)	
供应商经营能力	潜力极佳(10)	潜力佳(8)	普通(6)	潜力小(2)	

1. 评价半年一次,一年两次,计平均得分;

2. 得分 70 分以上为 A;60~70 分为 B;50~60 分为 C;50 分以下为 D;

3. A 级供应商年度适当表扬。

相关链接 5-4

沃尔玛与家乐福的供应商关系对比

良好的供应商关系,对于采购部门的采购工作有着至关重要的作用。从沃尔玛与家乐福的供应商关系对比中,可以略见一二。

先看沃尔玛。沃尔玛利用自己的市场力量来推动与供应商的深度合作,推动双方的数据系统的互联,向供应商提供市场需求和销售信息,帮助供应商控制成本,推动供应商的生产制造与其物流设施做好衔接。加上每年在中国市场的巨额采购,沃尔玛建立了与供应商的良好发展关系。2002年,沃尔玛向中国供应商宣布,不收取供应商的"进场费",更愿意把更多的市场利润让利于供货商,并与他们保持良好的协作关系。

再看家乐福。家乐福的物流成本的节约过多地依靠供应商,甚至在降低门店最低定货量的同时还要增加送货频率,这样虽然家乐福的库存减少了,但供应商的物流成本增加了。有些时候供应商与总部谈好的交易条件到了门店是要附加的,因为家乐福是最大的,供应商也无可奈何;家乐福近期采取的分区采购政策,也使得供货商从过去习惯于以一对一的模式变成了以一对多,这样无疑加大了供货商的运营成本。

通过以上对比可以看出,沃尔玛的供应商关系管理优于家乐福。这是因为沃尔玛是让利于供应商,把供应商看成共赢的合作伙伴,并致力于帮助供应商降低成本,从而实现自身企业成本的降低。而家乐福则不同,家乐福把供应商看作竞争对手,并把自己成本的降低建立在供应商成本的增加上,显然是不利于双方的长期共赢合作的。

项目小结

商品管理是连锁企业经营中十分重要的一部分,在确定目标市场以后,连锁企业首先要考虑用什么样的商品来满足目标顾客的需求,商品定位就是连锁企业针对目标消费者和生产商的实际情况,动态地确定商品的经营结构,实现商品配置的最优化状态。通过商品定位设计企业在消费者心目中的形象。

商品组合是在商品定位的基础上,企业提供给顾客的全部商品,包括顾客可以选择的所有商品种类和商品品种。商品组合是商品定位的核心和集中展现,合理的商品组合,对形成连锁企业的商品特色、赢得竞争优势有着重要的作用。

商品分类就是把商品按照一定的标准进行分门别类。对品种繁多的商品进行分类,是连锁企业科学化、规范化管理的需要,它有利于企业提高管理效率和经济效益。同时也有利于消费者有目标地选购商品,节省购买商品的时间。

商品管理时则要采用不同的方法对商品进行有效管理,使适合销售的新商品能够迅速引进,滞销商品能够及时淘汰,使商品结构更加优化。

连锁企业的商品采购包括:建立采购制度;确定采购方法;制订采购计划;确定供应商与货源。连锁企业的商品调拨是连锁企业门店之间的商品调剂或调动。

供应商开发与管理是连锁企业开展采购活动的重要环节,连锁企业与供应商的合作方式有寄卖、买断、引厂进店三种形式;供应商的开发包括选择供应商的原则、供应商的选择条件和供应商开发的流程;供应商管理是连锁企业采购业务的一项重要工作,也是整个业务活动的关键环节,企业必须制定并严格执行相应的规章制度。

练习与讨论

一、基本概念

商品定位　商品组合　主力商品　商品分类　商品调拨　自有品牌商品

二、基本训练

1. 单项选择题

(1) 连锁企业商品的更新率一般最好控制在(　　　)左右。

　　A. 5%　　　　　　　　B. 10%　　　　　　　C. 15%　　　　　　　D. 20%

(2) 商品群是依照商品观念所集合成的商品群体,其中辅助商品是(　　　)。

　　A. 战略性商品　　　　　　　　　　　B. 与主力商品具有相关性的商品

　　C. 价廉物美的商品　　　　　　　　　D. 易接受的商品

(3) 商品分类可以根据不同的目的,按不同的分类标准进行。大分类的主要标准是按(　　　)划分。

　　A. 商品规格　　　　　　　　　　　　B. 商品包装

　　C. 商品功能与用途　　　　　　　　　D. 商品特征

(4) 商品广度是指连锁企业提供的商品线的数量,若提供的商品种类多,则称为(　　　)。

　　A. 商品宽组合　　　　　　　　　　　B. 商品长组合

　　C. 商品广组合　　　　　　　　　　　D. 商品窄组合

(5) 商品深度是指同一种类商品的品种数量多少,若提供的品种数量多,则称为(　　　)。

　　A. 商品浅组合　　　　　　　　　　　B. 商品宽组合

　　C. 商品广组合　　　　　　　　　　　D. 商品深组合

2. 多项选择题

(1) 连锁企业商品定位的依据包括(　　　)。

　　A. 按消费者的消费收入定位

　　B. 按不同地区经济发展水平对商品定位

　　C. 按不同区域零售商店的商品定位

　　D. 按企业所在地区的交通及繁华情况定位

　　E. 按企业商品组合定位

(2) 主力商品的构成包括(　　　)。

　　A. 感觉商品　　　　B. 季节商品　　　　C. 儿童商品　　　　D. 一般性商品

　　E. 选购性商品

(3) 辅助商品的构成有(　　　)。

　　A. 化妆品　　　　　B. 常备的商品　　　C. 物美价廉的商品

　　D. 日用品　　　　　E. 首饰

(4) 商品组合的方法主要有(　　)。

　　A. 广而深的商品组合　　　　　　　　　　B. 广而浅的商品组合

　　C. 窄而深的商品组合　　　　　　　　　　D. 窄而浅的商品组合

　　E. 季节性商品组合

(5) 商品组合的原则包括(　　)。

　　A. 商品化原则　　　B. 品种齐全原则　　　C. 重点产品原则

　　D. 商品群原则　　　E. 利润导向原则

(6) 商品分类按商品群进行分类的有(　　)。

　　A. 主力商品　　　　B. 辅助商品　　　　C. 单品　　　　D. 附属品

　　E. 刺激性商品

(7) 连锁企业常用的主要采购方法有(　　)。

　　A. 定期采购　　　　B. 定量采购　　　　C. 大量采购　　　　D. 适量采购

　　E. 定期采购

(8) 连锁企业与供应商的合作方式有(　　)。

　　A. 寄卖(代销)　　　B. 买断(购销)　　　C. 招商　　　　D. 出租

　　E. 引厂进店(连锁店铺设专柜)

(9) 商品计划集中于四项基本决策包括(　　)。

　　A. 采购何种商品　　B. 何时采购　　　　C. 储存在哪里　　　D. 何种采购方法

　　E. 何种采购方式

(10) 连锁企业供应商开发的流程有(　　)。

　　A. 寻找潜在的供应商　　　　　　　　　　B. 实地考查供应商

　　C. 发出询价　　　　　　　　　　　　　　D. 报价分析

　　E. 选取合适的供应商,签订采购合同

3. 判断题

(1) 商品定位就是企业确定自己在消费者心目中的位置。　　　　　　　　(　　)

(2) 所谓商品组合是指一个企业经营的全部商品。　　　　　　　　　　　(　　)

(3) 商品分类就是把商品按照一定的标准进行分门别类。　　　　　　　　(　　)

(4) 主力商品无论是销量还是销售额均占重要的商品。　　　　　　　　　(　　)

(5) 所有滞销品都应马上撤架。　　　　　　　　　　　　　　　　　　　(　　)

(6) 商品的存在是为了使商场的商品结构显得丰满齐全,这样的商品不应淘汰。

　　　　　　　　　　　　　　　　　　　　　　　　　　　　　　　　(　　)

(7) 调拨是发生在连锁企业门店与配送中心之间,调节商品的作业。　　　(　　)

(8) 总部集中采购,就是由总部的采购部门负责全企业所有商品的采购。　(　　)

4. 问答题

(1) 商品定位的原则有哪些?

(2) 优化商品组合的方法有哪些?

(3) 新产品引入的程序是怎样的?

(4) 滞销品淘汰有什么标准?

（5）常用的商品分类的标志有哪些？

（6）供应商的选择条件有哪些？

（7）供应商开发的流程包括哪些方面？

（8）对供应商的管理要做好哪些方面的工作？

（9）商品调拨时需要注意哪些问题？

（10）简述现代连锁企业的采购制度一般有哪些？各有什么优缺点？

三、实训项目

（1）调查当地几家超市、百货、专卖店、专业店，了解它们的业务流程。

（2）调查某一连锁企业的商品结构，分析其商品结构特征，并提出商品结构的调整建议。

（3）假如你是校园小超市经理，请利用所学知识：①拟出经营商品大类；②拟出采购方法。

（4）一便利店库房面积有限，为了避免出现商品脱销和商品积压两种经营失控的现象，请你设计一下：如何采购既能避免上述情况的出现，又能减少费用？

四、案例分析

日本卡斯美超市的采购管理

日本卡斯美目前拥有 102 家超级市场，年销售额约为 1 480 亿日元，折合人民币 123 亿元，经营品种约为 1.2 万种。卡斯美总部负责商品采购业务的部门被称为商品部。商品部以商品的进货、开发和管理为中心，其职能包括起草进货和销售计划，并负责商品开发、制品开发和渠道开发。

1. 确定商品分类表

开办超市，首先要做的工作就是决定卖什么商品，即把商品的大分类、中分类及小分类确定下来。这就要根据当地的消费水平、消费习惯来确定商品分类表。由于各地区生活习惯的差别，各地超市的商品分类表也不相同。分类框架设定好后，再筛选，找寻应备齐的具体商品品种，最后建立起自己的 MD 体系（商品体系）。

日本超级市场的商品分类框架一般设定为 5 个梯度（五段分位法），即部门、品群、小分类、品种、品目。

根据当地实际情况编制出的商品分类表是推行标准化的内容之一，作用极大。一是界定所经营的商品范围；二是对经营业绩按商品结构进行分析。做商品分类后，计算机系统也同时对卖场进行分类管理，分析销售额、毛利率、损耗率、费用额、客单价、卖场销售效率、周转天数的变更。

2. 确定大众品和实用品

根据业态理论，超市经营居民日常生活需要的食品和日用品，也就是高消耗、高周转的大众品和实用品。大众品不是指便宜的商品，而是一般老百姓日常生活要吃或要用的东西。实用品是指用完了还要周而复始地去购买的东西。

3. 确定商品陈列面表确定小分类的适当规模

在确定商品陈列面表时，首先，卡斯美在理论上认为，商品陈列的货架越多、展示越充分,所实现的销售额也就越大。但是摆放多少货架总有个度,多少是适当规模、各个小类引进多少个名目、摆在多少个货架上最出效益呢?并没有现成的计算方法,需要采购员对每个小类的陈列面与销售额进行对比、分析。确定各个小分类的适当规模的原则是:要满足一般老百姓生活需求品的目录数的80%;了解其他商场各个小分类的布局情况,容易陈列,方便顾客选择购买。

4. 新产品的导入

在日本,厂商推出新品有固定的日期,一般是春、秋两季各1次。每年年初,日本大厂商召开新产品发布会,各商业单位采购员到那里去看,针对感兴趣的新品索取资料。在导入新品的时候,先要把旧的商品砍掉。由于计算机程序比较完备,采购员在商品底账上敲进一个记号,第一次导入新品时,为了避免风险,一般先选择标准店铺进行试销,做堆头陈列,统计每天的顾客量、销售额、计算PI值。试销一星期,如卖况较好可引进,其陈列面数的安排可与老产品进行类比作出,如卖况不好就不再引进。在电视上做广告的新品要比别人更快地导入。

5. 老产品的淘汰

在卡斯美,老产品的淘汰也是采购员的职责之一。当有新品引进时必先淘汰老产品,否则货架上的商品品目就会越来越多,而陈列面会越来越少,销售额就会下降。淘汰老产品的标准主要是依据销售额。采购员根据计算机系统提供的小分类销售报表、商品销售额排序、商品销售量排序、ABC分析、部门管理表等资料,能够非常精确地淘汰掉那些卖况差的品目。

(资料来源:中国大物流网.http://www.all56.com)

问题讨论:

(1)卡斯美采购方法有哪些优点?

(2)中国超市是否适合采用卡斯美采购方法?

项目六　连锁店铺的布局设计与商品陈列

知识目标

- 熟悉店铺布局设计的原则、要素；
- 掌握店铺外观布局设计包含的内容和方法；
- 掌握店铺卖场内部的布局设计的内容和方法；
- 掌握店铺商品陈列的基本原则和方法。

技能目标

- 能够进行店铺的外观类型选择、命名、橱窗设计；
- 学会合理分配卖场面积，设置商品区域的位置；
- 能运用商品陈列设计的基本理论进行正确的商品陈列。

案例导入

屈臣氏店铺设计成功秘笈

2009 年 2 月 17 日，美国的知名杂志《福布斯》最新公布的全球权力富豪榜中，中国香港富豪李嘉诚名列第 11 位。李嘉诚上榜的主要理由有两个：第一是他旗下的和记黄埔控制着世界最大的货柜码头营运；第二是经营着世界最大的保健和美容产品零售连锁店——屈臣氏。这足以体现屈臣氏在国际上的地位以及影响力。

当你站在屈臣氏的店铺门口，会发现一个有趣的现象："顾客一个又一个地进店铺，你却很少发现顾客立刻出来，不一会儿，屈臣氏的店铺就挤满了顾客，顾客手中提着购物篮，慢慢地逛着……"统计数据显示：屈臣氏单个店铺一周的平均交易次数超过 6 000 次，顾客在店铺的平均停留时间达到 25～30 分钟。尽量地让顾客在店内自由选购，是零售经营业绩优秀的基础，屈臣氏努力从店铺设计方面去实现这一点。到目前为止，屈臣氏的店铺形象已经改进为第六代店铺了，但其最主要的成功秘笈是"发现式陈列原则"的应用。

屈臣氏发现式陈列原则认为，店铺管理的精髓是创造一个友善的、充满活力且令人兴奋的购物环境，让顾客易于找到独特、具创意、有趣、高品质及物有所值的产品。发现式陈列原则的精髓如下。

（1）在合适的时间、提供合适的商品、以合适的价格、陈列合适的数量于合适的地方。

(2) 目的：尽可能让顾客很方便发现。所以在屈臣氏的陈列原则里,让顾客发现是最主要的。

大家都知道,屈臣氏个人护理用品主要为 18～45 岁的年轻白领一族为目标客户,屈臣氏在长时间的经营及研究中认为,这一群体购物的最大特征是:冲动性以及享受性,他们是在满足了物质需求的基础上向精神享受过渡的一个群体。所以,让他们容易发现是促进销售的最有效手段。

屈臣氏是如何在自己的店铺中实现这些原则的?

第一个发现：发现屈臣氏

为了降低成本,屈臣氏店铺经常会选择在地下一层,但是为了努力让顾客发现,屈臣氏会把这个原则的执行比一般连锁店做得更到位,更直接。"就在这里"、"就在负一层"、"地下一层"等很直接的字眼,这些招牌经常会出现在屈臣氏店铺附近,同时在以下几方面屈臣氏也会经常使用。

(1) 尽量利用广告牌;

(2) 非临街店铺一定有招牌指示;

(3) 大面积色块,容易发现;

(4) 甚至采用员工长时间引导;目的就是让顾客发现附近屈臣氏的位置。

第二个发现：发现经营范围

即使一个不熟悉屈臣氏的人,当他站在屈臣氏店门口时,也能对店铺的经营范围一目了然,并且能即时察觉到主要的推广主题,能清晰无疑地从门外看到店内,从而实现吸引顾客进入店内选购商品的目的。

为了实现这个目的,屈臣氏经常会采用如下方法。

(1) 醒目的门面设计;

(2) 明亮的灯光;

(3) 降低货架高度;

(4) 清晰的经营分类指示牌;

(5) 门口清楚的推广信息,等等。

第三个发现：让顾客发现吸引的源头

尽可能地吸引顾客进店,这对于店铺经营来说是非常关键的,如何做到吸引人的元素在店铺门口体现出来? 研究发现,塑造舒适的购物环境、良好的店务管理,经常保持商品陈列的新鲜感,对鼓励顾客进入门店有非常大的帮助。屈臣氏认为有效的方法有以下几种。

(1) 宽敞的大门;

(2) 宽敞的通道;

(3) 丰富的促销信息;

(4) 经常更换的促销堆头商品;

(5) 有吸引力的促销商品陈列在显眼的位置。

第四个发现：店铺内的发现

店铺是产生交易的场地,店铺的布局与陈列是最关键的,屈臣氏在店铺内的发现原则是这样要求的:

（1）容易发现经营品类，并找到自己需要购买的商品；

（2）容易发现促销活动以及优惠的商品；

（3）容易发现新商品；

（4）容易发现推荐商品；

（5）容易发现商品的价格；

（6）容易发现员工的服务；

（7）容易发现专业的咨询指导；

（8）容易发现付款的地方。

实现这些"发现"的目的是提高顾客在店铺内自助消费的能力，并在引导下尽量购买更多的优惠商品，享受购物的乐趣。实现这些的方法如下。

（1）清晰的商品陈列分区，明显的区域指示标识。

（2）合理的商品陈列。

（3）明显的价格标识。

（4）主题明确的促销陈列。

（5）员工关注顾客的需求。

（6）将相关的产品临近陈列，而使顾客更容易寻找到产品。

（7）核心部门（化妆品、护肤品、个人护理品）重点陈列在视野开阔的位置以显其权威性。

（8）将保留畅销的"销售推动走廊"作为屈臣氏店铺的特点。

（9）屈臣氏店铺三种"购物体验"既明确分区又相关布局：美态包括专柜、非开架陈列、护肤品及饰品；欢乐包括护发、沐浴、口腔、男士用品、纸制品、小工具、小食品；健康包括保健品、卫生用品等品类。在布局中，以上产品需要共同陈列，也就是说，不可分开陈列，例如口腔护理用品不脱离日用品陈列，护肤品不脱离化妆品陈列。

（10）化妆品作为主要大类应陈列于各店铺前部。

（11）保健品及日用品作为"目标购物"部门，可陈列于各店铺的后部。

（12）化妆品和护肤品作为提供近似购物体验的部门，邻近陈列在一起。

（13）婴儿用品作为保健品和日用品的"桥梁"部门，陈列于两者之间或者邻近两者之一。最理想的是如果布局允许，陈列于保健品的一侧。

（14）食品总是陈列于收银台旁边。

（15）杂样产品（美容工具、饰品）规划为"欢乐"部门之一，主要陈列于高客流的位置——通常紧邻主通道或者收银台。

（16）愉快购物体验放在第一位，将所有的相关产品共同陈列，最大限度地利用每一米促销货架。

（17）在店铺醒目位置陈列"推动走廊"，突出最佳促销堆头。

（18）收银台尽量放在店铺的中部或者中前部，收银台与保健品区域一般是分开的。

（19）浓郁的促销氛围布置，体现当前推广的促销活动。

（20）店内声音与音像设备，推广促销活动。

以上20个要点是实现屈臣氏店铺内容易发现的要点。

（资料来源：http://wenku.baidu.com，经作者整理）

案例点评：店铺设计，不仅仅是装修的问题，其实软装饰方面才是最重要的，灯光亮度、货架的选择、卖场的布局、商品的选择以及陈列、促销活动的规划、促销氛围的布置，还有员工的服务，都是非常重要的。可以说卖场作为零售终端，起着引导顾客消费、刺激顾客购买的作用，所以以店铺的布局和商品的陈列尤为重要。

▌模块一　店铺设计与布局的基本要求

连锁店铺布局是指对门店销售空间的分配。店铺以建筑物为界，分为店铺内部环境和外部环境。内部环境是指店铺内部空间的布局，主要包括销售区域的分割、商品的陈列和展示、货架柜台的陈设组合、店堂广告店内服务设施等。外部环境主要包括门店的外观造型、店面、橱窗店头广告招牌等。

一、连锁店铺设计与布局的原则

一位营销专家曾说过："科学的、独具匠心的商品结构与卖场布局，能赋予商品自我推销的能力。"连锁门店的卖场布局设计应研究消费者的行为特点，为消费者提供最适宜的环境条件和最便利的服务设施，使消费者乐意到商店并能够舒适、方便地参观选购商品。具体而言，店铺布局规划要掌握如下原则。

(一)让顾客想进来，让顾客容易进来

让顾客进入卖场是发挥卖场魅力的首要条件。卖场的布局规划，必须首先思考如何让顾客很"容易"、"自然"地进入店中。因为一个卖场，即使产品丰富、价格便宜、服务亲切，但如果顾客不愿来或不知道怎样进来，那一切都等于白费。所以如何让顾客"很容易地进来"是根本。利用醒目的店名、标志吸引顾客的目光，将店门开在顾客最方便进店的位置上。店门处不能有任何障碍物，让顾客能顺利、方便地进入商店，这是布局的第一个原则。

(二)创造良好的购物环境，让顾客停留得更久

今天的顾客已不再把"逛商场"看作一种纯粹的购买活动，而是把它作为一种集购物、休闲、娱乐及社交为一体的综合性活动。因此，零售店铺不仅要拥有充足的商品，还要创造出一种适宜的购物环境，使顾客享受到完美的服务。

要充分利用有效的空间，尽可能做到照明、音响以及装潢布置的有机配合，创造一个良好的、有独特个性的购物环境。到超级市场和便利店购买商品的顾客即时冲动性购买的比例占 70%～80%。因此，适宜的购物环境，丰富、新鲜的商品都会刺激顾客的购买欲望。顾客在货架前停留的时间越长，购买商品的可能性就会越大。

(三)突出特色，让顾客在店内能够方便地接触到所有的商品

店铺内部环境的设计必须坚持以顾客为中心的宗旨，满足顾客的多方面要求。应依照经营商品的范围和类别以及目标顾客的习惯和特点来确定，以别具一格的经营特色，

使顾客一看到外观就驻足观望,并产生进店购物的愿望;一进店内,就产生强烈的购买欲望和新奇感受。店内所有商品的摆放都能让顾客看得见、摸得着,不论高处的或低处的商品,用不着服务人员的协助都可以自如地取放。

(四)最有效的利用空间,提高效率

连锁店都希望将有限的空间用来展示更多的商品,以增加营业额、降低单位租金成本。简单而言,卖场可划分为"前场"和"后场"。规划之初,应将前场与后场的面积进行合理的分配,通常所采用的标准是 8 ∶ 2。但目前土地的成本越来越高,使用卖场租金标准租来的场地充当仓库或处理场,成本会提高。在物流系统逐渐发达之际,超市及便利店可努力创设、改进自己的物流系统,或与其他物流系统合作,尽量将有效的空间都用来做卖场,以增加营业额,降低成本。

相关链接 6-1

日本商店的"六易"和"三字诀"

日本商店的高质量经营众所周知,但到底有什么秘诀呢?有人对日本的成功商店总结出了"六易"和"三字诀"。

"六易"包括:

(1)商店容易看到。就是说商店的地点应选择在人流集中的街道和路旁。店铺的设计布局应具有直观视觉效果。

(2)商店容易进来。顾客在发现商店之后,很快产生一种亲和力,能很轻松地踏入商店而不至于有任何抵抗因素。

(3)店内容易走动。店内布局合理,顾客进入之后有一种宾至如归的亲切感,可以自由地走动而不至有任何束缚感。

(4)商品容易看到。商品的陈列强调视觉效果,使顾客很容易看清商店主营的商品,并从中发现自己所需要的商品。

(5)商品容易拿到。货架的高矮适宜不同的消费者,男士商品、女士商品、儿童商品都触手可及。

(6)商品容易买到。店内货物陈列齐全,商品的品种、花色齐备,能满足不同消费者的需要,且价格适度,接近顾客的消费水平。

"三字诀"包括:

(1)低。"低"指售货员姿态低,对顾客尊重,为顾客设想,使顾客高兴。

(2)感。"感"就是售货员从顾客选定商品,到商品包装、收钱、找钱、交货时,都应把握时机,恰当地对顾客说声谢谢。

(3)欣。"欣"就是微笑,给顾客一种心理的安全感和亲切感,即使是顾客不能购得满意的商品,也要微笑着送迎顾客,和气生财。

(资料来源:禹来.卖场设计与管理[M].广州:广东经济出版社,2004)

二、连锁店铺设计与布局的要素

连锁店的店铺设计是一项全面而复杂的工作。一个成功的店铺设计主要取决于以下各个因素以及它们之间密切的联系。

（一）消费者生活方式和价值观念

门店设计与地域消费者的需求有着直接而密切的关系。只有对商圈内消费者的生活方式、购买习惯、价值观念有充分的了解，才能创造出针对商圈顾客需求的带有生活提案的门店设计。由于消费者在生活方式、价值观念、收入水平、购买习惯、饮食习惯等方面存在着很大的差距，其卖场的表现和向顾客所诉求的内容自然不同。

（二）目标顾客和企业经营概念

商家确定了自己的目标顾客，这只是站在自己的角度上的一种认识，这种认识只有得到顾客识别才有意义。目标市场的确立应具有双重的含义：首先，商家必须明确自己是什么性质的企业；其次，要让顾客认识到你是什么性质的企业。只有当两者一致时企业的经营才能展开。当企业确定了目标顾客，就要围绕目标顾客确立自己有别于其他企业的经营概念，而顾客的识别就是对企业经营概念的认识。

（三）商品的分类和构成

企业的经营概念是通过门店卖场中的商品演绎和表现出来的。卖场是由若干部门和商品品种构成的，它们之间的不同组合决定了卖场的性格和特征。这就要求在对卖场进行设计时，应充分理解商品的特性、商品知识、重点商品、主力商品、季节商品、新商品、流行商品等，同时还要了解这些商品的购买对象以及他们使用这些商品时的生活场景。

（四）商品布局与商品陈列

如果说以上的部分是卖场设计中的企划部分，那么商品布局、商品陈列、商品表现则带有鲜明的计划特征。在企划阶段强调的是卖场设计中的理性分析，它是卖场中非可视的部分，而计划阶段则强调计划和实施，它是将企划中的思考在卖场中用视觉表现出来，使两者达到统一。这个部分之所以带有鲜明的计划特征，是因为它们与企业的销售计划、促销计划、宣传计划等联动进行，是通过各营销技术手段，在卖场的平面与立体的空间形成视觉效果。

▌模块二　店铺的布局设计

一、店铺外观布局设计

连锁店铺的外观设计是其外部形象，是卖场建设的重要组成部分，是静止的街头广告，也是吸引顾客的一种促销手段。好的外观设计利于消费者有效地识别门店，对美化卖场的环境起着重要作用。它主要包括店面外观、出入口、店面名称与标志、招牌、橱窗等。

（一）店面外观类型

店面的外观类型一般有以下三种。

1. 全封闭式

全封闭式店铺的内外用门扉隔开，出入口尽可能小，面向大街的一面用陈列橱窗或有色玻璃遮蔽起来。这种店面能隔绝噪声，阻挡寒暑气和灰尘，能为顾客提供一个较舒适的购物空间，还可以延长顾客在店内停留的时间。这种设计适用于珠宝首饰、工艺制品、书籍等商店。这种设计体现了商店经营贵重商品的特点，给顾客高档、安全的感觉，适应顾客追求舒适、幽静购物环境的心理。

2. 半开放式

半开放式店铺出入口稍大些，并配有陈列橱窗，从外面经过能够较方便地看清店铺内部的情形，用店内商品引起顾客的兴趣，尽可能无阻碍地把顾客引导到店内。这种设计适用于经营化妆品、服装等的专业化店铺。因为购买这类商品的顾客预先都有购买商品的计划，一般是顾客从外面看到了感兴趣的商品，才进入店内，因此店面开放度不要求很高，顾客可以在店内安静地挑选商品。

3. 开放式

开放式店铺的店面全部敞开，即面向马路的一面全部开放。顾客自由出入，不受任何阻碍。这种设计适用于经营水果、蔬菜、海鲜产品及日用品的店铺。因为购买这类商品的顾客希望直接看到商品和价格，所以应多设开放入口，顾客从街上可以很容易地看见商店内部和商品。

（二）卖场出入口的设计

店铺卖场出入口的设计要综合考虑商店的营业面积、地理环境、客流量、经营商品的特点及安全管理等因素，其数量多少应因地制宜，合理布局。大型卖场的出入口最好分开，以便利顾客出入，顺畅客流。中小型卖场的出入口可根据建筑的规范在适当部位设置。

卖场出入口的设计具体要注意以下几点：

（1）门面要尽量保持清洁。门面不清洁的，会影响顾客的光顾。

（2）门窗尽量透明。让顾客在外面就能看见部分商品。

（3）入口处一定要通畅。一般不要设门，如果必须设门，最好设置自动伸缩门。

（4）空间设置要合理。屋顶要有适当的高度，顾客不会产生压迫感，通道和店堂之间没有阶梯和坡度，由店门进入店内的通道要保持适当的宽度。

（三）店面名称与标志设计

1. 店铺命名的原则

（1）简洁明快、易读易记

店名招牌本身是一种广告方式，店名简便易读，朗朗上口，能在消费者的记忆中留下深刻印象,并易于传播。例如,狗不理包子铺、美佳发廊等。

(2)暗示商店经营属性,方便购物

店名一般会表明其经营的属性特征、商品类别,让消费者一目了然,方便消费者选购,起到引导消费者购买的作用,满足消费者求速、求便的心理。而且要体现门店卖场的服务宗旨、商品形象,使人看到或听到名称就能感受到其经营理念,产生愉快的联想,对商店产生好感。例如,大光明眼镜店、金履鞋店等。

(3)启发联想,愉悦顾客

有的店名是利用富于想象的词语来命名的,使顾客很容易产生共鸣,并对商店产生某种好感。如李宁体育用品商店、满客隆超市等。

(4)体现经营特色、服务传统和企业文化

每个商店都有自己的经营特色和服务传统。一些有悠久历史的老字号因为树立了良好的社会声誉,赢得了消费者的信任,时至今日仍备受青睐。如同仁堂药店、三联书店等。

(5)规范统一、受法律保护

店铺卖场命名必须做到规范,应尽量向国际惯例靠拢,力求规范统一。同时,要及时对其名称进行注册,以求得法律的保护。

2. 店标设计

店标是指店面标志系统中可以被识别,但不能用语言表达的部分。店标是区别于其他店铺的一种独特设计,代表的是连锁企业门店与卖场的本身,是其形象的说明。它的作用是将连锁企业的经营理念、经营内容、经营作风等要素传递给广大消费者。门店卖场的店面标志,按其构成主要有三种类型,即文字标志、图案标志、组合标志。

店铺的标志设计应该坚持的基本原则主要是:

(1)要有创新意识,做到构图新颖别致,富于个性化,与其他门店卖场的标志区别开来。这样的标志图案才能感染人,产生深刻影响。

(2)含义深刻,能够体现出店铺的个性特点、精神风貌、独特品质、经营理念、经营范围等。

(3)保持稳定期。也就是说,店铺的标志一旦确定,在相当长的一个时期应该保持稳定,切不可多变。

(4)与国际接轨,标志设计应逐步国际化、统一化。

(5)符合法律规范,标志设计必须符合有关法律、法规的要求。

(四)店铺招牌设计

招牌作为连锁店铺的象征,具有很强的指示与引导的作用。具有高度概括力和强烈吸引力的店铺招牌,对消费者的视觉刺激和心理影响是很重要的。

招牌设计的基本原则有以下几个方面。

1. 色彩搭配合理、醒目突出

消费者对于招牌的识别往往是先从色彩开始再过渡到内容的,所以招牌的色彩客观上起着吸引消费者的巨大作用。因此,要求色彩选择上应做到用色协调,具有较强的穿透力。色彩搭配应合理且醒目突出,使消费者过目不忘。

2．内容准确、简洁突出

店铺招牌必须做到内容准确、简明扼要,让消费者容易记住,这样才能达到良好交流的目的。同时,字的大小要考虑中远距离的传达效果,具有良好的可视度及传播效果。

3．选材精当、耐久耐用

在各种材质的选择中,要注意充分展示全天候的、不同的气候环境中的视觉识别效果,使其发挥更大的效能。这就要求招牌必须使用耐久、耐用且具有抗风性能的坚固材料。

4．安置得当、与环境协调

每个店铺应根据自己的实际情况选择招牌的安置方法和地点,应注意招牌安置的视点和视角。一般来说,眼睛离地面的垂直距离为 1.5 米,以该视点为中心,上下 25°～30°范围为招牌设置的易见位置。在招牌的设计中,还应注意与周围环境的配合与协调,即与周围的建筑环境、风格,以及相邻建筑的招牌不发生冲突。

（五）店铺橱窗设计

在现代商业活动中,橱窗既是一种重要的广告形式,也是装饰商店店面的重要手段。橱窗作为商品陈列宣传的重要手段,对于门店卖场展示其经营类别,推销商品,吸引消费者购买具有重大意义。

橱窗的设计要点有以下几个方面。

（1）橱窗原则上要面向客流量大的方向,橱窗陈列要反映出连锁店的经营特色,使媒体受众看后就产生兴趣,并想购买陈列的商品。

（2）橱窗多采用封闭式,便于充分利用背景装饰、管理陈列商品和方便顾客观赏。橱窗的规格应与商店整体建筑和店面相适应。

（3）橱窗底部的高度,一般离地面 80～130 厘米,成人眼睛能看见的高度为好,所以大部分商品可从离地面 60 厘米的地方进行陈列,小型商品从 100 厘米以上的高度陈列;电冰箱、洗衣机、自行车等大件商品可陈列在离地面 5 厘米高的部位。

（4）道具包括布置商品的支架等附加物和商品本身。要求道具的摆放越隐蔽越好,要突出广告商品,道具占用的位置要比商品少许多。

（5）灯光的使用要求光源隐蔽、色彩柔和,避免使用过于复杂、鲜艳的灯光。尽可能在反映商品本来面目的基础上,给人以良好的心理印象。

（6）背景颜色的基本要求是突出商品,而不要喧宾夺主。形状一般要求大而完整、单一,避免小而复杂的烦琐装饰。颜色上尽量用明度高、纯度低的统一色调。

相关链接 6-2

店面设计的窍门

1．店铺色调的选择方法

代表商店个性的因素有店名字体和标志性颜色（主题色彩、关键色彩）。

字体就是把商店经营理念以及经营商品的形象以美术体的文字表现出来。

颜色是最能给人以冲击力的,所以商店标志性颜色应该选择能够充分向顾客展示商店形象的色彩。选定的颜色不仅要用在作为外观组成部分的遮篷招牌或者横楣招牌上,而且还可以用在外观设计的方方面面,或者店内装饰中,使之成为帮助顾客认识本店的助手。

一般而言,食品店、饮食店、体育用品商店、休闲服装店等应该采用暖色调,以年轻人为对象的店应该用浅色调,经营中高级商品的店可以选用色调有所控制的茶色、白色、灰色、蓝色、紫色等。

2. 醒目广告牌要突出个性

过去店家为了引起行人注意,通常使用店头偶人模型等醒目广告,这种广告幽默有趣,确实产生了引人注目的效果。例如,表现请顾客付款的"信乐烧的小狐狸"、招手请顾客光顾的"招财猫"、不断点头哈腰表示欢迎和感谢的"大头招福偶人"等,这些恐怕谁都见过。有的店铺采用独具个性的标志(比如米老鼠和唐老鸭式的故事人物,以及漫画等作品中出现的故事人物),这类店铺最著名的是肯德基连锁店推出的山德士人像。而且把这类标志作为门面的一部分,屋顶招牌的形式制成雕刻形状或立体形状也是凸显店铺个性的方法之一。把这种标志做成巨大的立体螃蟹状,使其旋转,虽然不太雅观但也是非常醒目的招牌。

3. 用光线吸引顾客

人有被明亮的东西或者闪光的东西吸引的习惯,因此,店铺招牌使用灯光非常有效。灯光招牌有许多种类,比如在平面招牌上用聚光灯等聚焦照射的"灯光反射招牌"、过去使用蜡烛(现在使用电灯)的灯笼、内部设置荧光灯等光源用透射光线进行照明的行灯型(日本特有的)"半间接灯光招牌"。另外还有装入氖气等发光的霓虹灯招牌、使用小灯泡等进行灯饰的所谓"直接灯光招牌"。

这里值得一提的是,利用有色电灯光的灯饰招牌总称"灯饰招牌",与此对照的门帘、普通招牌则称为"非灯光招牌"。

除此之外,还有称为"电子广告"的招牌,所谓"电子广告"就是利用"频闪"的小灯泡制成电子显示屏,通过闪亮以显现图形和文字的招牌,"电子公告栏"和"电子招牌"等映射在电子屏上的都是"电子广告"。

4. 纹丝不动的不如有动感的

一般而言,人的眼睛还会被动态东西所吸引,商店招牌中日本传统的"门帘商号"、称为"飘带招牌"的长条旗以及西方用的旗帜等都有动态感。使用随风飘动的招牌、电力驱动的招牌都可以吸引行人的目光。

另外,灯饰招牌以及霓虹灯招牌等利用灯光的闪烁也能吸引行人的注意。

这里顺便再介绍一下欧洲商店、旅馆和酒吧等经常使用的悬挂招牌,悬挂招牌就是在垂直伸向道路方向的细杆上挂上一个招牌板,经风一吹就会来回摆动。虽然结构非常简单,但是由于招牌伸出来,所以能够让行人立刻认识店铺,可以说是非常引人注目的招牌。

5. 招牌色调可以参考国旗颜色

如果招牌不能在很远的地方清楚看到,则毫无意义。从远处望去能够看到并且能够得到理解的招牌说明它的"识别性(认知性)"比较高,此外能够吸引行人的目光,说明该招牌"诱导性(注目性)"比较高。

为了使招牌具有以上两个特性,合理使用色彩至关重要。色彩使用时的一般注意事项如下。

(1) 文字背景底色应该使用突出文字(图形)的颜色。一般而言,底色和图形颜色在亮度和鲜艳性方面差距越大越能给人留下强烈印象,并且红色、橘黄色和黄色等暖色调比绿色、蓝色和青紫色等冷色调更好。

(2) 不要使用相似色彩。色彩相似,容易同化而看不清楚(同化效果)。

(3) 不要使用相近亮度(明亮调)。相距一定距离时观察,底色和图形边线容易模糊,难以使眼睛注视点停留下来(利布曼效果)。

(4) 包括底色在内色彩控制在两三种以内。如果色数增加,从远处看色彩斑驳,有如融合在一起难以分辨。考虑到这一点,招牌用色应该参考各国国旗颜色的使用,每个国家的国旗设计都考虑到远处辨别情况。

二、店铺营业现场的布局设计

(一)营业现场面积的合理分配

连锁店营业现场面积一般可分为营业面积、仓库面积和附属面积三部分。各部分面积划分的比例应视商店的经营规模、顾客流量、经营商品品种和经营范围等因素而定。

1. 营业面积

营业面积包括陈列、销售商品面积,顾客占用面积(包括顾客更衣室、服务设施、楼梯、电梯、卫生间面积、餐厅、茶室等)。营业面积空间又分为商品空间、店员空间和顾客空间。

(1) 商品空间。商品空间指商品陈列的场所,有箱型、平台型、架型等多种选择。

(2) 店员空间。店员空间指店员接待顾客和从事相关工作所需要的场所。有两种情况:一是与顾客空间混淆;二是与顾客空间相分离。

(3) 顾客空间。顾客空间指顾客参观、选择和购买商品的地方。根据商品不同可分为商店外(如汽车展)、商店内和内外结合等三种形态。

2. 仓库面积

仓库面积包括店内仓库面积、店内散仓面积、店内销售场所面积等。

3. 附属面积

附属面积包括办公室、休息室、更衣室、存车处、饭厅、浴室、楼梯、电梯、安全设施等占用的面积。

根据上述细分,一般来说,营业面积应占主要比例,大型商店的营业面积占总面积的

60%～70%，实行开架销售的商店比例更高，仓库面积和附属面积各占15%～20%。

（二）营业现场货位布局设计

商场布局是指营业场所内各种货架的基本摆放形式，一般可分为两类：格子式布局和曲线式布局。

（1）格子式布局。格子式也称线条式布局，是一种十分规范的布局方式，它是利用直角通道将商场划分为若干规则的形状，各通道之间互相连接，形成迂回路线。采用这种布局方式可以最大限度地利用销售空间，节约成本。销售场地整齐、有序，方便消费者寻找商品。缺点是布局单调，缺少变化，会使消费者感到乏味。多用于连锁超市、便利店等。

（2）曲线式布局。曲线式是呈不规则的曲线通道的形式，可任意布置货位，它是根据建筑物和经营特点而将货位灵活设计为各种不同组合，或独立，或聚合，或圆形，或方形，通道也自然形成弯弯曲曲的不规则形。这种布局方式的优点是富于变化，使消费者浏览方便，它能创造出百货商店卖场活跃、温馨的销售气氛。不足之处是空间利用率低，装饰成本较高，容易给消费者造成混乱感觉。大型百货店多采用这种布局方式。

（三）营业现场通道及附属设施的设计

通道是指顾客在商店内购物行走的路线。通道设计的好坏直接决定着店内消费者流动是否合理、消费者的心情是否舒畅、顾客能否顺利地进行购物、企业的商品销售业绩等诸多方面。

在通道设计时应注意以下原则。

（1）通道要保证足够的宽度。商店入口等主要通道要宽敞，以双向多人相会时也不需避让为宜。而售货场所之间的通道以在有消费者驻足浏览、挑选商品时，也不影响其他消费者的往来通行为准则。一般来讲，营业面积在600平方米以上的零售店铺，卖场通道的宽度要在2米以上，副通道的宽度要在1.2～1.5米之间，最小的通道宽度不能小于90厘米，即两个成年人能够同向或逆向通过（成年人的平均肩宽为45厘米）。

（2）要尽量避免直而长的通道，以免使消费者产生走不到头、枯燥、单调的感觉。

（3）通道的装饰要有指示的作用，方便消费者区分各类通道和寻找所购买的商品。但其装饰不宜过分花哨和鲜艳，以免因吸引了消费者过多的注意力，而削弱了对商品的关注。

（4）楼梯、电梯的位置应与主通道相连接。一般的大型商场中，应有两处以上的楼梯或电梯或自动扶梯，且应上下道分开，以利客流的形成与循环。商场的问询处、接待处、服务处等应设在入口或主要通道附近，以满足消费者寻求方便的心理。

三、店铺营业现场商品布局设计

店铺营业现场的商品配置是影响经营成败的关键，商品配置不当，会造成顾客想要的商品没有，不想要的商品太多，而且还浪费卖场空间，积压资金，最终导致经营失利。连锁店铺营业现场商品配置可从以下几个方面入手。

（一）商品面积的配置

以满足消费者需求为前提，最有效与最经济地确定店铺营业现场面积后，应如何分配具体商品陈列面积呢？以下介绍几种方法。

1. 根据陈列需要配置

陈列需要法就是根据某类商品所必需的面积来确定相关面积，服装部和鞋部较适宜采用此方法。

2. 根据消费支出比配置

假设不论什么产品品种，每平方米所能陈列的商品项数都相同，那么为满足消费者的需求，卖场各项商品的面积配置比率应与居民消费支出的比率相同。但目前连锁店的商品结构比与居民消费支出的结构比有很大差异，何况各项产品因陈列方法的不同，所需的面积也有很大的差异。但是仍需以此数字为基准，进行最简单分配后再作调整，各部门面积的比例如表 6-1 所示。

表 6-1　商品配置面积分配表

部　　门	居民消费支出结构比例/%	面积分配比例/%
水果蔬菜	24	12～15
水产品	12	6～9
畜产品	18	12～16
日配品	9	17～22
一般食品	7	15～20
糖果饼干	7	8～12
干货	10	10～15
特许品	6	3～5
其他	7	4～6

3. 根据利润率配置

根据利润率配置就是连锁店根据消费者的购买比例及某类商品的单位面积的利润率来定商品配置，零售超市和书店采用此法较适宜。例如，超市卖场内的商品面积配置就是与消费者日常支出的商品取向比例相同的。

4. 参考竞争对手的配置，发挥自己特色

在做卖场配置前，可以先找一家竞争对手或是某家经营得很好、可以模仿的店，先了解对方的卖场配置，然后根据自己的卖场状况，根据自己所处区域的特点及竞争的状况作出商品面积配置的抉择。

（二）商品位置的配置

1. 商品位置配置应考虑的因素

（1）周转率。高周转率的商品一般都是顾客要寻找的商品，即必需品，应放在商品配置图较明显的位置。

（2）毛利。毛利高的商品通常也是高单价的商品，应放在较明显位置。

（3）单价。高单价商品的毛利可能高也可能低；高单价又高毛利的商品应放在明显位置。

（4）需求程度。在非重点商品中，具有高需求高冲动性、随机性需求特征的商品，一般陈列在明显位置。销售力越强的必需品，给顾客的视觉效果应越好。其主要能见因素为：顾客的视线移动，一般由左到右；视线焦点一般在视线水平的商品；最不容易注意到最底层商品。

（5）空间分配。运用高需求或高周转商品来拉顾客的视线焦点，纵横贯穿整个商品配置图；避免将高需求商品放在视线的第一焦点，除非该商品具有高毛利的特性；高毛利且具有较强销售潜力的商品，应摆在主要视线焦点区内；潜在的销售业绩越大的商品，应该给予的排面越多。

2. 常见商品位置配置方法

针对商品种类繁多的特性，商品位置的配置习惯按消费者的购买习惯来确定较好，并且相对地固定下来，方便消费者寻找。连锁门店的商品位置的配置，应按照消费者每日所需商品顺序作出动态性的规划，也就是说，要按照消费者的购买习惯来分配各种商品在卖场中的位置。"民以食为天"，一般来说，每个人一天的消费总是从"食"开始，所以可考虑以菜篮子为中心设计商品位置的配置。通常消费者到超市购物顺序为：蔬菜水果—畜产水产类—冷冻食品类—调味品类—糖果饼干—饮料—速食品—面包牛奶—日用杂品。这种购物习惯各国几乎一致，如图6-1所示。

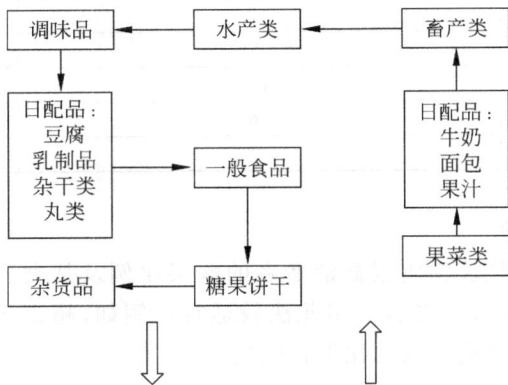

图 6-1　连锁门店商品配置图

3. 卖场磁石点的设计

所谓磁石点，是指超级市场的卖场中最能吸引顾客注意力的地方，磁石点就是顾客的注意点，要创造这种吸引力主要是依靠商品的配置技巧来完成的。

商品配置中磁石理论运用的意义是在卖场中最能吸引顾客注意力的地方配置合适的商品以促进销售，并且这种配置能引导顾客逛完整个卖场，达到增加顾客冲动性购买率的目的。

卖场磁石点分为五个，应按不同的磁石点来配置相应的商品，如图6-2所示。

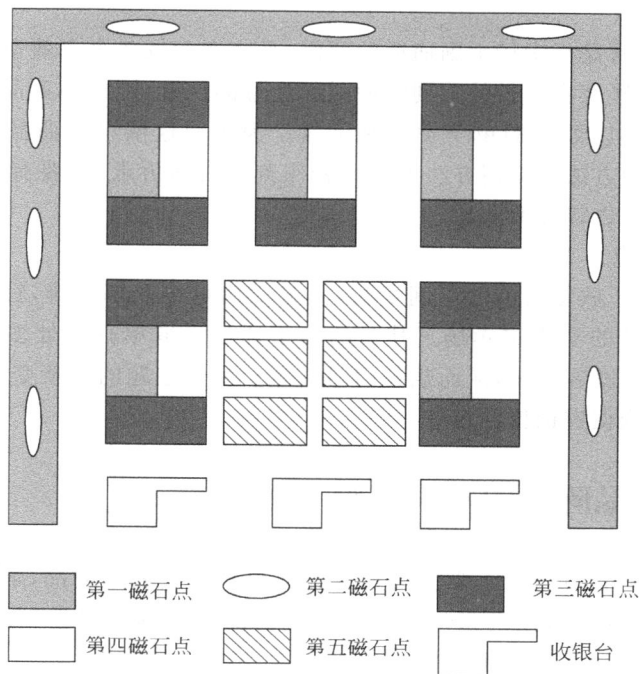

图 6-2 磁石点配置图

（1）第一磁石点

第一磁石点位于卖场中主通道的两侧，是顾客必经之地，也是商品销售最主要的地方。此处配置的商品主要是：主力商品、购买频率高的商品、采购力强的商品。

这类商品大多是消费者随时需要，又时常要购买的。如蔬菜、肉类、食品（牛奶、面包、豆制品等），应放在第一磁石点内，可以增加销售量。

（2）第二磁石点

第二磁石点穿插在第一磁石点中间，一段一段地引导顾客向前走。第二磁石点在第一磁石点的基础上摆放，主要配置以下商品：流行商品，色泽鲜艳、引人注目的商品，季节性强的商品。

第二磁石点需要超乎一般的照度和陈列装饰，以最显眼的方式突出表现，让顾客一眼就能辨别出其与众不同的特点。同时，第二磁石点上的商品应根据需要隔一定时间便进行调整，保持其基本特征。

（3）第三磁石点

第三磁石点是指超市中央陈列货架两头的端架位置。端架是卖场中顾客接触频率最高的地方，其中一头的端架又对着入口，因此配置在第三磁石点的商品就是要刺激顾客，留住顾客。通常可配置下列商品：特价商品、高利润品、季节性商品、厂家促销商品。

值得特别提出的是，我国目前有一些超级市场根本不重视端架商品的配置，失去了很多赢利机会，一些超级市场选择的货架两头是半圆形的，根本无法进行端架商品的重点配置，应加以改进。

（4）第四磁石点

第四磁石点通常是指卖场中副通道的两侧，是充实卖场各个有效空间的摆设商品的地点。这是个要让顾客在长长的陈列线中引起注意的位置，因此在商品的配置上必须以单项商品来规划，即以商品的单个类别来配置。为了使这些单项商品能引起顾客的注意，应在商品的陈列方法和促销方法上对顾客作刻意表达诉求，主要有：热门商品、有意大量陈列的商品、广告宣传的商品。

（5）第五磁石点

第五磁石点位于收银台前的中间卖场，是各门店可按总部安排，针对各种节日组织大型展销、特卖活动的非固定卖场。其目的在于通过采取单独一处多品种大量陈列方式，造成一定程度的顾客集中，从而烘托门店气氛。展销主题的不断变化，也给消费者带来新鲜感，从而达到促进销售的目的。

▌模块三　商品陈列的基本原则

商品陈列是指利用柜台、货架以及其他陈列用具摆放展示商品，最大限度地吸引顾客，为顾客参观、选购创造便利条件。科学合理的商品陈列可以起到刺激销售、方便购买、节约人力、利用空间、美化环境的作用。

商品陈列的基本要求是将顾客需求的商品正确无误地摆放在适当的位置，陈列的关键在于"商品的正确配置"，因此，连锁门店商品陈列应遵循以下原则。

一、分区定位的原则

分区定位原则就是要求每一类、每一项商品都必须有一个相对固定的陈列位置；商品一经配置后，商品陈列的位置和陈列面就很少变动，除非因某种营销目的而修改商品配置图表。为便于顾客参观、购物，必须公布商品配置位置分布图和商品指示牌。如有多层卖场还应设立各楼层商品指示牌。一般来说，商品的货位布置图设置在卖场主要入口处的显要位置，而每一楼层的商品指示牌多设在每一楼层的楼梯处或自动滚梯入口处，这样可使顾客在一进门或一进新楼层口处就能初步了解自己所要买的商品的大概位置。商品分布若有变化，必须及时修改商品配置位置分布图和商品指示牌。

二、易见易取原则

商品陈列的易见是指商品的摆放应力求醒目突出，以便迅速引起消费者的注意，激起顾客的冲动性购买。

要使顾客一眼就能看到商品并看清商品。

首先，必须注意陈列商品的位置、高度、商品与顾客之间的距离以及商品陈列的方式等。人们通常无意识地观望高度为 0.7～1.7 米，上下幅度为 1 米，通常与视线大约成 30°范围内的物品最易引人注意。因此，商店可根据消费者的观望高度与视角，在有限的空间里陈列商品于最佳位置。顾客看到的商品越多，他们买东西的机会也会越多，但不是说只在此位置陈列商品，而是以此为基线陈列。

其次,陈列要整齐规范,标价应准确醒目。每一种商品都应该陈列在其相应的位置上,正面朝向消费者,避免出现商品移位,挡住其他商品的视线;商品不应摆在货架里,而应向前整齐陈列;商品价格牌应与商品相对应,位置正确;陈列的商品应与上隔板之间留有 3~5 厘米的空隙,让消费者的手容易伸入。

最后,商品应易取。易取是指在顾客对商品产生了良好的视觉效果后,就有了触觉的要求,就会拿起来观察,进一步了解商品,最后做出购买与否的决定。因此,商品陈列还应使顾客取放商品方便、挑选自由,这是刺激顾客购买的重要环节。易取还包含对某些商品需提供拿、取的工具,如散装冷冻饺子、冻虾等需提供铲子;易取也包含对某些商品不仅使顾客容易拿在手上,也容易、方便地放回原处。

三、满陈列的原则

商品满陈列原则是指在商品陈列中,不管是柜台还是货架,商品陈列都应保持丰满整齐。通过丰富、有序的商品陈列可以增强商品自身的表现力,使顾客感到可选择的余地很大,提高顾客对商场的信任度;商品满陈列还可以减少内库的库存,提高货架的存储能力,提高销售量,加速商品周转,提高所有连锁门店商品周转的物流效益,使连锁企业达到最好的销售效果。美国的一项调查显示,陈列丰满的超市与陈列不丰满的超市相比较,按照不同种类的商品,其销售量可分别提高 14%~39%,平均可提高 24%。

要使商品陈列做到丰富、品种多而且数量足,并不是一股脑儿将所有商品毫无章法地摆在卖场上,将柜台、货架塞得满满的,而是要有秩序、有规律地摆放。商品之间可留有适当的间隔,也可在摆放商品时组合成一定图形或图案(如米字线的形式),同时可以达到使商品丰富的效果。一般连锁门店对于货架上放满商品有两个规定:第一,长 1 米的陈列货架(每一格)一般至少要陈列 3 个品种;第二,按营业面积计算,卖场面积 1 平方米商品的品种陈列量平均要达到 11 个或 12 个品种。

四、先进先出原则

先进先出原则是指补充陈列商品时要依照先进先出的要求来进行,即先把原有的商品取出来,然后放入补充的新商品,再在该商品前面陈列原有的商品。先进先出是保持商品品质和提高商品周转率的重要控制手段,对于运用敞开式销售方式的超市门店来说显得尤为重要。因为顾客总是购买靠近自己的前排商品,如不按照先进先出的原则进行商品的补充陈列,那么陈列在后排的商品会永远卖不出去。许多商品尤其是食品都有保质期限,消费者会很重视商品出厂的时间,用先进先出法来进行商品的补充陈列,可以在一定程度上保证顾客买到的商品的新鲜度。

五、关联性原则

商品陈列的关联性原则是指为了激发消费者潜在的购买欲望,方便其购买相关商品,将相关联的商品相邻摆放陈列,以达到促进销售的目的。许多商品在使用上具有关联性,如牙膏和牙刷、西装和领带等。运用格子式货架布局的门店,关联性商品应陈列在通道的两侧,或陈列在同一通道、同一方向、同一侧面的不同组别的货架上,而不应陈列在同一组双面货架的两侧。

图6-3和图6-4分别表示错误和正确的关联性商品陈列法。

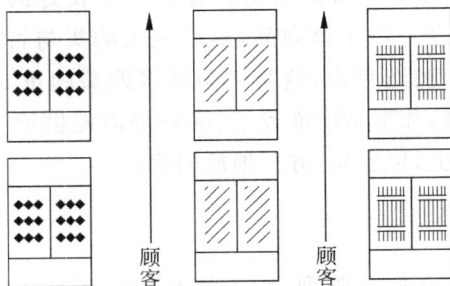

图6-3　错误的关联性商品陈列

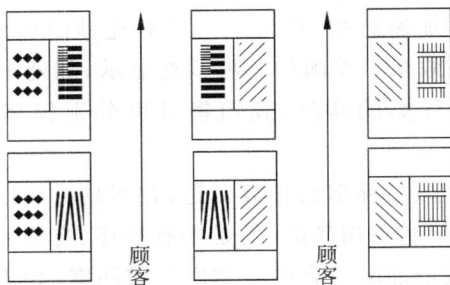

图6-4　正确的关联性商品陈列

六、同类商品垂直陈列的原则

同类商品垂直陈列原则是指门店内运用货架进行商品陈列时要遵循同类不同品种商品进行垂直陈列的原则,避免横式陈列。

同类商品垂直陈列的好处是:

(1) 同类商品垂直陈列更方便顾客选购。同类商品如果要横式陈列,顾客挑选商品会感到不方便,因为人的视线上下垂直移动更为方便,而横向移动比较不方便。

(2) 同类商品垂直陈列更显整齐丰富。横向陈列会使得陈列系统较乱,而垂直陈列会使同类商品成一个直线式的系列,体现商品的丰富感,会起到很强的促销效果。

(3) 同类商品垂直陈列,会使得同类商品平均享受到货架上各个不同段位(为上段、中段、下段)的销售利益,而不至于产生由于同类商品的横向陈列使商品都处于一个段位,以致带来销售要么很好,要么很差的现象。同时也不会由于同类商品的横向陈列造成其他类别的商品的平均销售利益降低。

模块四　商品陈列的基本方法

一、商品陈列基本方法概述

（一）商品陈列的主要类型

1. 分类陈列

分类陈列就是将种类繁多的商品按一定的标准分类陈列展示，以使各类商品一目了然，方便顾客选择，不断促进商品销售。如可以按照消费者购买习惯、按细分市场甚至商品的色别、款式等进行划分。这一方法使用广泛，便于消费者集中选择、比较、购买，满足消费者省时、省力、求好、求快的需求。例如，婴儿用品专柜、糖尿病人食品专柜、户外运动用品专柜等。

2. 主题陈列

主题陈列也称展示陈列，即在商品陈列时借助商店的展示橱窗或卖场内的特别展示区，运用各种艺术手法、宣传手段以及陈列器具，配备适当的且有效果的照明、色彩或声响，打出一个明确的主题，突出某一重点商品，吸引顾客的注意力。

一个明确的主题渲染可使顾客产生联想和强烈的购买欲望。因此，展示陈列必须明确打出一个主题，以吸引顾客的注意力，使其产生一定的联想和强烈的购买欲望。

3. 季节陈列

在季节变换时，商店应相应的按照季节变换随时调整一批商品的陈列布局。季节商品陈列关键是强调"季节性"，季节商品陈列要永远走在季节变换的前面，根据季节变换把应季商品集中进行陈列，以满足顾客应季购买的心理需求，有利于扩大销售。例如，夏天来临，可将空调、电风扇、电冰箱、家用冷藏和冷冻箱、冷饮水器具、家用制冰激凌器具等集中进行陈列。同时注意商品前景色调的变化，给顾客创造一个凉爽的购物环境。

4. 综合配套陈列

综合配套陈列也称视觉化的商品展示。近年来，由于消费者生活水平的日益提高，消费者的消费习惯也不断改变。为了能和消费者的生活结合在一起，并引导消费者提高生活质量，在商品收集和商品陈列表现上可运用综合配套陈列法：强调销售场所是顾客生活的一部分，商品展示的内容能符合顾客的生活形态。目前，在日本、欧美等发达国家，综合配套陈列法已得到很普遍的应用。

5. 促销陈列

促销陈列是针对促销商品所做的专门陈列。在大卖场中，新商品如果没有好的促销支持，同样不会有持续的销量增长。通常来讲，新品要取得很好的销量，必须做到四个"合适"：即合适的品质、合适的价格、合适的时间、合适的位置。合适的位置是说将商品放置于卖场的何处。在零售价格和上市时间确定的情况下，新品的陈列位置及陈列面积是非常讲究的，能起到事半功倍的效果。

6．样品陈列

样品陈列是指连锁门店某专柜中具有代表性的商品的单独展示。样品陈列给人以醒目、明了的感觉，是一种局部陈列，有一定的向导功能和美化卖场的功能。由于样品陈列的陈列空间范围较小，所以只能容纳少量商品的陈列。在陈列内容上，一般从新产品、流行商品的颜色款式中选择适量样品；在陈列的表现形式上，力求简洁、明快、醒目；在陈列手法上，顾及周围的展示效果，除要考虑背景设计外，大多采用无景象衬托的陈列为主，再辅以支架道具的配合，构成一个陈列体的立体画面。

阅读资料 6-1

7-11 商品陈列的过人之处

1927 年创立于美国的 7-11，主要业务是零售冰品、牛奶、鸡蛋。1964 年，它推出了便利服务的"创举"，将营业时间延长为早上 7 点至晚上 11 点，自此，7-11 传奇性的名字诞生。1972 年 5 月，日本 7-11 的第一家门店在东京开业。从此，作为"儿子"的日本 7-11 在很短时间内迅速强大。1992 年，作为加盟者的日本 7-11 正式当家做主。现在，它的业务遍及全球 29 多个国家和地区，共设立了 2.3 万多个零售点，每日为 3 000 万的顾客服务，稳居全球最大连锁便利店的宝座。在竞争激烈的流通业，7-11 是靠什么力量茁壮成长到今天这个规模？从商品陈列来看，7-11 确实有它的过人之处。

1．7-11 商品陈列的原则

7-11 在进行商品陈列时，一般都遵循以下几个原则。

（1）商品陈列一定要简单明了、有次序，让顾客能在最短的时间内找到所需的商品。

（2）通道的宽度应设置在 80～90 厘米，不让顾客感到拥挤，方便选取商品。

（3）商品的大类摆放在一定时间内尽量保持不变，这样可以比较方便顾客购物。

（4）特价商品的堆头展示应醒目，要避免堆头过大、过杂，以免影响效果，降低便利店单位面积的销售额。

（5）将不易挑选的商品和畅销商品分开陈列，根据销售高峰期合理安排，避免出现顾客堵塞通道，给其他顾客的购物带来不便的现象。

（6）注意充分利用货架两端端头的货架，因为顾客在这些地方的驻足时间最长，所以，7-11 摆设了一些高毛利的畅销商品。

（7）考虑到顾客需求，便利店货架一般要比超市低，最好不超过 6 层，中心货架尽量做到不超过 165 厘米。

2．7-11 的商品区域布局

7-11 的商品区域布局主要通过促进商品陈列革新来实现销售的增长。7-11 认为，大型商场超市存在消费者寻找商品和选择困难的弊端；故而其强调，便利店的商品陈列必须减少顾客盲目寻找的时间，要让消费者一进入店铺就能一目了然，清楚地看到大部分商品。所以，7-11 对商品的陈列区域作出了具体的规定。

（1）杂货类商品。此类商品品种多而周转率不高。7-11 通常会从引进小规格的商品开始,配以妥善运用的副陈列架、开设特别的陈列区、专柜化经营等方法来规范。

(2)杂志和读物。杂志和读物放在便利店的入口处,因为这且方便顾客翻阅。顾客就算是白看也无所谓,因为不仅能吸引回头客,还能给便利店带来"顾客喜欢的店"和"好进的店"等印象。

(3)日用品和文具。这类商品通常放在便利店迎门的两排货架上,因为它们被日光照射也不会引起变质。

(4)轻食品、点心、便当和包装蔬菜。这类商品摆放在往里且或靠墙的两例。有的便利店还会放一台投币式复印机。

(5)畅销品以及贵重物品。这类商品通常摆放在收银台的后面,一是收银员方便拿取;二是便于保管贵重物品,防止被偷盗。

(6)即兴购买的商品。这类商品比如热饮料和日本人喜欢的卤煮菜、热包子等,通常放在收款台跟前。因为这些食品放在手边能引起食欲,店员也方便拿取。

(7)酒类以及冷饮。它们一般是放在最里面的冷饮柜里。因为冰镇啤酒和冷饮都是畅销品,顾客会专门来买,所以放在里面。

3. 7-11 的货架利用

(1)货架摆放位置的规定

为了避免取货时发生取错的现象,商品陈列也要注意在货架上的摆放位置,因此,7-11 对货架上商品的摆放也作了详细规定。

① 糖果类的商品一般摆放在货架底部的两端。

② 食品类的质量比较轻的商品一般摆放在货架的上部。

③ 其他商品分别依据性质和重要程度摆放在货架底部的中间部位或货架的中端部位;

④ 相类似的商品必须分开陈列,而不能摆放在一起。为了从根本上消除这种现象,有些便利店还在各类商品的中央竖着摆放一件样品,或者在两类商品中间放一片生菜或绿叶等特殊标记用以区别,使店员在取货时做到一目了然。

(2)7-11 的货架优化管理

由于场地租金的不断增加以及 7-11 便利店传统的经营风格,店铺内货架和仓储空间十分有限。另外,研究表明,有 76% 的产品是经"冲动式"购物方式售出的,而 80% 的商品是通过货架售出的。因此,货架对 7-11 便利店尤为重要,店铺必须对货架作出合理的安排。

7-11 货架优化管理的基本原则是商品的货架面积比例分配与市场占有率相符。因此,实施货架优化管理使 7-11 降低了缺货几率,减少了补货次数,从而降低了人力成本,创造了最大的投资回报率和货架效率。最佳的货架留给销售最好的商品,还会给 7-11 带来其他管理上的好处:①使管理者易于分析,易于陈列符合市场需求趋势的商品;②使消费者轻松有效率地购物;③可以改善订货、补货、存货系统。

4. 7-11 的特色陈列

7-11 在具体的做法上是每周总部都要给分店提供一本至少 50 页的陈列建议彩图,指导各个便利店关于新商品的摆放,招贴画的设计、设置等,帮助它们提高商品陈列水平。7-11还按月对商品陈列进行指导。再如,圣诞节来临之际,圣诞商品如何陈列、店铺如何装修等都是在总部指导下进行的。再如,足球世界杯期间,会将薯片、可乐、零食等陈列在显眼、易于顾客挑选、拿取的地方。除此之外,7-11总部还在每年春、秋两季各举办一次仅仅面向7-11职员和各加盟店店员的商品展示会。总部在会上向各加盟店展示标准化的商品陈列方式,提出7-11半年内的商品陈列和发展战略。

(资料来源:http://wenku.baidu.com,经作者整理)

(二)商品陈列的基本方法

连锁店的商品陈列主要分为封闭式陈列和开架式陈列。封闭式陈列是指利用柜台陈列商品;开架式陈列是指放在货架上或类似货架的物品上陈列商品。连锁店以开架式陈列为主,按商品摆放具体形式的不同,可以分为集中陈列法和特殊陈列法。

1.集中陈列法

在连锁门店中,商品按类别集中式的陈列是最基本的陈列方法,它是把同一种商品集中陈列于一个地方。它构成了陈列卖场的基础。这种方法最适合周转快的商品。以目前普遍使用的高度为165厘米的货架为例,将商品的陈列段位分为4个区,并对每一个段位上应陈列哪些商品进行设定,如表6-2所示。

表6-2 商品集中陈列表

陈列的层面	陈列的商品	销售量百分比/%
上段(高度120~165厘米)	通常陈列一些推荐品或新培育的商品	10
黄金线(高度85~120厘米)	通常陈列一些高利润的商品:自有品牌、独家进口商品或重点销售商品,但不陈列低毛利商品	40
中段(高度50~85厘米)	通常陈列一些低利润但顾客需要的商品	25
下段(高度10~15厘米)	通常陈列一些回转率很快、易碎、体积大、分量重,或毛利很低的商品	25

可以看到黄金线的位置是最容易被看到的,也是商品最容易实现销售的地方。当然也是所有商品梦想的陈列位。

2.特殊陈列法

特殊陈列法是以集中陈列为基础的变化性的陈列方法,是促使顾客冲动性购买的最有效的手段,主要有以下几种。

(1)整齐陈列法。整齐陈列法是按货架的尺寸,确定单个商品的长、宽、高的排面数,将商品整齐地堆积起来以突出商品量感的方法。它是一种非常简洁的陈列方法,整齐陈列的货架一般配置在中央陈列货架的尾端,这种方法适合于超市欲大量推销给顾客的商品及折扣率高的商品,或因季节性需要顾客购买率高、购买量大的商品,如夏季的清凉饮料、罐装啤酒等。整齐陈列法有时会令顾客感到不易拿取,必要时可作适当变动。

(2)随机陈列法。随机陈列法是为了给顾客一种"特卖品即为便宜品"的印象,而在确定的货架上将商品随机堆积的方法。采用随机陈列法所使用的陈列用具,一般是一种圆形或四角形的网状筐,另外还要带有表示特价销售的牌子。随机陈列的网筐的配置位置基本上与整齐陈列一样,但也可配置在中央陈列架的走道内,紧贴在其中一侧的货架旁,或者配置在卖场的某个冷落地带,以带动该处陈列商品的销售。如随便堆放的便宜皮鞋、围巾、过季服装、糖、咸菜和小食品等。

(3)盘式陈列法(割箱陈列法)。盘式陈列法是指将装商品的纸箱底部作盘状切开后留下来,然后以盘为单位堆积上去的方法。这样不仅可以加快商品陈列的速度,而且在一定程度上提示顾客整箱购买。有些盘式陈列,只在上面一层进行盘式陈列,下面的则不打开包装箱而整箱地摆放上去。盘式陈列架的摆放位置可与整齐陈列架一致,也可陈列在进出口处。这种方法适合于陈列饮料、啤酒等商品。盘式陈列架的位置,可与整齐陈列架一致,也可陈列在进出口处。

(4)兼用随机陈列法。这是一种同时兼有整齐陈列法和随机陈列法特点的陈列方法,其功能也可同时具备以上两种方法的特点,但是兼用随机陈列架所摆放的位置应与整齐陈列一致,而不能像随机陈列架那样也可配置在中央陈列架的过道内或其他地方。

(5)端头陈列法。所谓端头是指双面的中央陈列架的两头,是顾客通过流量最大、往返频率最高的地方,顾客可以从三个方向看见陈列在这一位置的商品。端头一般用来陈列要推荐给顾客的新商品、特价品、知名品牌商品及利润高的商品。端头陈列的商品如果是组合商品,则比单件商品更有吸引力。因此,端头陈列应以组合式、关联性强的商品为主。

(6)岛式陈列法。盘式陈列法是指在门店的进口处、中部或底部不设置中央陈列架,而配置特殊用的展台陈列商品。其用具一般有冰柜、平台、大型的网状货筐和屋顶架等。除此之外还有一些在空间不大的通道中进行随机的、活动式的岛式陈列所需的活动台、配上轮子的散装筐等陈列用具。这种方法适合于陈列色彩鲜艳、包装精美的特价品、新产品或蔬菜及冷冻食品等。

(7)窄缝陈列法。窄缝陈列法是指为了打破中央陈列架定位陈列的单调感,在中央陈列架上撤去几层隔板,只留下底部的隔板,形成一个窄长的空间,进行特殊商品陈列。其陈列的商品最好是要介绍给顾客的新商品或利润高的商品,一般只能是 $1\sim2$ 个单品项商品,突出表现商品的量感,才能达到较好的促销效果。

(8)突出陈列法。突出陈列法是指为了打破单调感、吸引顾客进入中央陈列架,而在中央陈列架的前面将特殊陈列突出位置的方法。如在此上面做一个突出的台,并在其上面堆积商品,或将中央陈列架下层的隔板做成一个突出的板,然后将商品堆积在此板上。突出陈列不能影响购物路线的畅通,一般适合于陈列新产品、推销商品及廉价商品。

(9)悬挂式陈列法。悬挂式陈列法是将无立体感的扁平或细长形的商品悬挂在固定的或可以转动的装有挂钩的陈列架上的方法。它能使这些本无立体感的商品产生良好的立体效果,使商品生动形象,从而引起消费者的注意,并能增添其他特殊陈列方法所带来的变化。目前,工厂生产的许多商品都采用可用于悬挂式陈列的有孔形商品包装,如糖果、剃须刀、铅笔、儿童玩具等。

(10)大量陈列法。大量陈列法,是指在门店的大面积、大空间内陈列数量足够多的单一品种商品或系列商品,或者将这些商品呈堆积状陈列,以吸引顾客的目光,同时营造出一种廉价感和热销感,达到刺激购买的目的。这种陈列方法是有选择、有重点地用适量的商品陈列出较佳的量感效果,能更好地烘托购物氛围,达到促销的目的。实践证明,如果引导得当,顾客最终的购买量可能比正常消费量提高3倍左右。

(11) 比较性陈列法。超级市场把相同商品,按不同规格、不同数量予以分类,然后陈列在一起,这种陈列法叫作比较陈列法。比较陈列法所要表现的经营者意图是,促使顾客理解店铺薄利多销的特点,从而更多地购买商品。例如一袋方便面售价1.6元,而旁边陈列的包在一起的6袋方便面只卖8.8元,包在一起出售的12袋方便面售价为15.2元。这样,把单袋装、6袋装、12袋装的方便面陈列在一起,就可使顾客比较出买得越多就越便宜,因而刺激顾客购买包装量较多的方便面。

值得注意的是,在进行比较陈列的作业时,陈列量上要多陈列包装量大的该商品,而包装量小和单品量就相应的少一些,以明确为顾客指出的购买方向。一般来说,比较陈列必须事先计划好商品的价格、包装量和商品的投放量,这样才能保证既达到促销的目的又保证连锁企业的整体盈利水平。

相关链接 6-3

商品陈列小常识

1. 最佳陈列视角

通常人们无意识的观望高度为0.7~1.7米,上下幅度为1米,通常与视线大约成30°范围内的物品最引人注意。

有些商品仰视角度更能吸引人,如工艺礼品、时装等,位置高一些,更能引人注意。而有些商品俯视角度更能吸引人,如化妆品、金银首饰等,尤其是儿童玩具,如果陈列位置过高,反而引不起儿童兴趣,只有低一点,没有遮挡物,使儿童一览无余,才能激起儿童拥有它的欲望。

2. 冲动区陈列

"冲动区"一般是指卖场里面人流最多的通道或区域,一些零售商利用这些区域来展示特价商品、季节性商品或是价格敏感度高的商品。摆在这些区域里的商品比摆在副通道的同样的商品能更快地吸引顾客的注意,并相应的带来更多销量。一些杂货店通过把冲动区放在店铺的进出口处来与折扣百货店竞争,有些人称之为"价值墙"。店里如此布局使顾客进店时必须走过价值墙。通常这条通道的两边摆放的都是折扣店也有可能卖的主力商品,这些商品的价格降得等于或是接近折扣店的价格。很多顾客都认识到这一点,所以他们进店以后就开始装购物车。很多顾客如无必要都不想走得太远,他们会在同一家店里买齐购物单上列的其余商品,而且认为在价值墙那儿买的东西很值,也节省时间,没有必要再去折扣店买东西了。

3. 缺货的陈列处理

由于某些客观原因,常常会出现某些商品品种缺货、断档的现象。在陈列设计中要消除这些不利的影响,可以将众多同类商品摆放出来或适当均匀加大陈列商品的间隔,或补上其他类型的商品。但要注意,一般不允许用相邻的商品来填补空缺(除非该相邻商品也是销售率高的商品），应该用销售率高的其他商品填补空缺，同时这个商品与相邻商品有一个品种和结构之间的配合。

二、连锁门店生鲜商品陈列技巧

（一）水产品陈列技巧

1. 分类集中陈列

水产品品种丰富、用途广泛，在水产品陈列时，首先应对水产品进行分类，在分类的基础上，对每一类商品进行集中陈列。

（1）分类。在连锁门店的处理中心或后场经过处理包装的水产品，可分为淡水鱼、海水鱼、虾贝类和水产干货 4 大类；按肉色来区分，可分为白色肉鱼和红色肉鱼两大类；按其表面形态可分为 4 大类，即鲜活水产品、冰鲜水产品、冷冻水产品和水产干货。

（2）集中。水产品一般采用系统化的集中陈列法，可采用完整水产品集中陈列或切割成段、块、片状进行集中陈列两种方法。全鱼陈列的方向应考虑到习惯和美观，以鱼头朝内、鱼尾朝出口、鱼腹朝边、鱼背朝里的方向陈列。有些水产品体积较大，必须进行切割，分段、块、片来陈列，一是便于销售；二是便于保存陈列。一般用塑料袋包装后陈列于冰柜中，或用深底托盘放置冰块，陈列于平台上，有些则从下至上摆出层次感。

2. 不同水产品采用不同的陈列手段

（1）鲜活水产品用陈列技术。活鱼活虾等用无色的玻璃水箱陈列。水中游弋的鱼虾能展示出商品的活泼感和新鲜感，受消费者喜爱。

（2）冰鲜水产品用陈列技术。冰鲜水产品的特征是出水时间较短、新鲜度高，一般用木板或白色托盘陈列；陈列时鱼头朝里，鱼肚朝下，鱼尾朝外，周围撒上冰块，覆盖部分不超过鱼身长的 1/2，以求达到次序感和新鲜感。

（3）冷冻水产品用陈列技术。冷冻水产品多采用集中陈列法供消费者选购，一般陈列在敞口的连续制冷的冰柜内，商品多用塑料袋包装，但必须能透过包装看到产品的实体。有的商品如冷冻排虾、陈鱼等用小塑料托盘封塑后进行冷冻陈列，以便消费者少量选购。

（4）水产干货用陈列技术。水产干货多用平台陈列，有些则用标准货架陈列，如干贝类、壳类等。

（二）肉类商品陈列技巧

肉类商品品种类很多，一般食用的肉类商品主要有猪肉、牛肉及鸡肉 3 种。不过，每个人对肉类商品的喜爱会随着国情与供需的不同而有相当大的差异。肉类商品的陈列仍要遵守系列化原则，体积大且重的商品要置于下层，易选、易拿、易看，并应按家禽、猪肉、牛羊肉 3 大类来陈列。其陈列方式如下。

（1）家禽类。家禽类的单品计有 36 种之多，以 3 米的展示柜而言，其底层以陈列体积大、较重的全鸡及全鸭为主，第二层以切块或切半的鸡、鸭为主，第三层陈列小部位肉品，最上层则陈列包装量小的内脏为主。

（2）猪肉。猪肉经商品化处理后的单品有 42 种之多，且因国人较喜爱猪肉，因此其陈列面须比家禽类宽。一般而言，以 3.6 米长的展示柜来陈列较能促进其销售。其中，猪肉火锅片及梅花肉片属于火锅类，与牛肉火锅片及羊肉火锅片并排陈列较为合适，其他的单品则宜依陈列原则来摆设。

（3）牛、羊肉类。牛、羊肉的单价比其他肉类高，但在生活品质日渐提高、消费趋势日趋多样化的时代，牛、羊肉的需求量显然有提高的空间，值得超市经营者开拓，因此在陈列上就须多加留意，以开发新客源。

（三）蔬菜、果品陈列技巧

蔬菜、果品简称为蔬果，又称果菜、青果，该部门是超市中最重要的吸引顾客的部门，关系着现代超市经营是否成功。通常，蔬果部门的营业额占超市整体营业额的 8%～20%，蔬果的品种一般在 50～100 种之间。随季节而变化，顾客可从中挑选购买自己所喜好的品种。蔬果的质量关系到消费者的身体健康，保持蔬果的鲜度是超市陈列的重要课题。

1. 蔬菜果品陈列的基本方式

连锁门店中蔬果的陈列主要有排列、置放、堆积、交叠、装饰 5 种基本方式。

（1）排列法。将商品有规则地组合在一起称为排列。排列法是指将蔬果有顺序地并排放置在一起，重点是将边面和前面排列整齐，蔬果的根茎分别对齐，使其根齐叶顺，给人留下美观的印象。

（2）置放法。置放是指将商品散开放置在箱子或笼子等容器中，容器一般是敞口的。由于容器 4 个侧面和底部有隔板，商品不会散落或杂乱，只要将上面一层的商品摆放整齐就可以了。

（3）堆积法。堆积是将商品由下往上顺序堆砌，底层的商品数量较多，顶层的商品数量较少。堆积法既稳妥又有立体感，可以体现出商品纯正的自然色。堆积时，要注意前面和边面要保持一定的幅度。

（4）交叠法。交叠是指将大小不一、形状各异的商品进行交错排列或将这些商品放入包装过的袋子里组合起来等。交叠的目的就是美观，使商品看起来整齐一些。

（5）装饰法。装饰是指将一些商品放在另一些商品上，起陪衬的作用。装饰的情形有两种：装饰的商品身兼销售与装饰的双重作用；装饰的商品仅起装饰的作用，真正要销售的商品则摆放在别处。装饰的目的就是产生良好的视觉效果，使商品显得更为新鲜、更为整齐，以达到促销的目的。例如，用荷兰芹或叶子镶嵌在商品的缝隙中，用假树枝装饰水果，用小树枝装饰荔枝等。

2. 蔬菜果品的陈列形状与顺序

（1）圆积形。主要用来陈列圆形的水果和蔬菜，如苹果、柚子以及西红柿、茄子等。陈列的顺序是：首先决定底面最下层的前边部分，接下来排底层的侧边和后边，然后排底层中央面第一层的部分；第二层商品要排在第一层商品与商品的中心点；接下来排第三层、第四层，依次向上排放。

（2）圆排形。并排或堆积圆形的蔬菜、水果可采用此种陈列。用隔物板等来支撑邻接的商品,将容易松垮的圆形商品叠成不容易松垮的形态,是陈列体积较大一点儿果菜的形式,如冬瓜、椰子等。陈列的顺序是:首先用挡板将商品的两侧固定起来,防止其松垮塌落;然后放置底层商品,每层商品重心相对,层层向上,给人一种整齐有序的感觉。

(3)茎排形。茎排形是陈列葱、芹菜、茭白等长形蔬菜的一种形式,摆放时,蔬菜根部向外,茎部向里,呈纵向排列。陈列的顺序是:首先决定商品的根或叶子的排列方向,然后就可以整整齐齐紧密地堆起来;堆的时候要注意让商品互相重叠边面的部分。如摆放得整齐,商品就可保持一定的长度。

(4)交错形(互相配合形)。交错形是陈列韭菜、蒜黄、蒜薹等长度较长但厚度不同的蔬菜的一种形式。摆放时,层层之间要根茎相对,即一层根(较粗的部分)、一层叶(较细的部分),整体呈方形。如每一层中的两列都以相同的方向来排列,就会陈列出相当完美的效果。

(5)格子形。格子形是陈列青萝卜、胡萝卜等尖形蔬菜的一种形式,彼此交错可叠成格子式,可使用此种陈列法。陈列顺序是:首先决定好第一层商品的排列方向,来陈列底面的部分,接着排前面和边面的部分;排第二层的商品时,要与第一层的商品保持直角,做成格子状。摆放时,萝卜类的商品要根部向外,尖部相对,纵横交错。匀称的圆形根部或带叶的根部朝着顾客,反映商品的良好质地。

(6)盘子形。盘子形是陈列豆芽菜、青豆等形状不一的蔬菜的一种形式,可用白色盘子将这些蔬菜固定陈列起来。

(7)斜立形。斜立形是陈列大白菜的一种形式,棵棵白菜紧靠在一起,根部朝下斜立着。由于相互之间是侧靠着的,重心在侧面,其根部不易损坏,顶部或菜心部分不易张开,确保了蔬菜的新鲜感。

(8)植入形。植入形指将蔬菜根部和顶部相接,根部植入前排蔬菜顶部下面的一种陈列方式。植入形与斜立形的区别在于,斜立形是站立着的,而植入形是平躺着的。采用植入形陈列的蔬菜,根部朝里,叶部朝外,将翠绿色直接展现给消费者,以体现它的新鲜感。

(9)散放形。散放形是陈列形状不一的根菜类和香蕉的一种形式,只要面对消费者的部分摆齐就可以了。这类果菜怕挤压,不能堆积,只能散放,一般做法是根部朝里,顶部面对消费者。

(10)堆积形。将包装过的商品、袋装商品、长形的商品先排好前面和周边的部分,然后向上堆到一定高度,就是堆积形。在运用堆积形陈列商品时,前面的商品要排放整齐,两个侧面可用挡板或商品自身进行固定,第二层商品的重心应在底层两个商品的连接点上,依次上堆,数量递减。

(11)面对面形。面对面形是指将包装过的蔬菜两排为一组,组与组之间根对根或头对头地陈列。这种陈列形式整齐划一,有利于零售店铺果菜卖场的整体布局,有利于维持良好的店堂环境。

(12)围绕形。用甲商品将乙商品围绕起来,或用隔物板、容器将商品围绕起来,这种形式就称围绕形。采用围绕形陈列的商品一般单位价值较高、形体较小,被围绕起来能显示出良好的视觉效果。

(13)搭配形。搭配形是将两种以上的商品陈列在一起,来获得理想的对比效果。例如,大小搭配、长短搭配、红绿搭配、粗细搭配、黑白搭配、黄绿搭配等。通过搭配对比,各种商品的色彩显得更加鲜明,更引人注目,形体特征也更加明显。

(14)阶梯形。事前准备好阶梯形的陈列架,将不能堆积陈列的果菜放于架上。架上的商品要排放整齐、层层有序,以显示商品的丰满与多样。

(15)段积形。段积形指包装在纸盒里的商品、零散的商品以及形状较为固定的果菜依靠商品自身的摆放而成形。陈列时,决定好前面和底面后,接着摆中央面的部分,做好第一层的陈列;摆放第二层商品时,要比第一层的商品后退1个或1/2个,从前面的部分陈列起。段积形陈列形同积木,顶部到底部的线条呈阶梯状的形式。

(16)投入形。比较小的商品,如红辣椒,或形状不一的商品,如四季豆,利用容器或隔物板将前面及边面固定后,就可将此类商品任意地投入其中。注意投入商品时以商品不会掉出的高度为好。

总之,科学的、独具匠心的商品陈列方法,可以增添商品的魅力,收到最佳的促销效果。

项目小结

连锁门店的店铺设计是一项全面而复杂的工作。一个成功的店铺设计主要取决于以下各个因素以及它们之间密切的联系:消费者生活方式和价值观念、目标顾客、企业概念、商品分类、商品构成、卖场构成、商品布局、商品陈列、商品表现。本章主要讲解了连锁商店卖场布局设计的要素与原则,重点讨论了连锁店铺的外观设计,主要包括店面外观、出入口、店面名称与标志、招牌、橱窗等;讨论了店铺卖场内部的布局设计,阐述了卖场商品面积的分配以及商品位置的配置、商品陈列的基本原则、商品陈列的方法与技巧。通过本章的学习,学生能初步掌握门店卖场布局设计的基本知识及商品配置与陈列的基本原理和方法。

练习与讨论

一、基本概念

卖场 店标 店员空间 回形式通道 主题陈列 端头陈列法

二、基本训练

1. 单项选择题

(1)不同店面的开放程度,具有不同的心理效应。经营水果、蔬菜、海鲜产品及日用品的店铺适宜选择(　　)店面。

    A. 全封闭式　　　　B. 半开放式　　　　C. 窗口式　　　　D. 开放式

(2)在沃尔玛超市陈列牛肉干的货架上悬挂着方便包装的牙签,这是应用了商品陈列的(　　)原则。

    A. 分类陈列　　　　　　　　　　B. 主题陈列

C. 关联性陈列　　　　　　　　　　D. 综合配套陈列

（3）能吸引顾客的目光，营造出一种廉价感和热销感，达到刺激购买目的的陈列方法是（　　）。

A. 突出陈列法　　　B. 整齐陈列法　　　C. 大量陈列法　　　D. 盘式陈列法

（4）陈列豆芽菜、青豆等形状不一蔬菜适合采用（　　）。

A. 格子形　　　　　B. 盘子形　　　　　C. 堆积形　　　　　D. 散放形

（5）将玫瑰花、巧克力、对表、"心"形工艺品等组合成一个新的商品群，这是按（　　）的组合方法。

A. 消费季节　　　　B. 消费便利性　　　C. 节庆假日　　　　D. 商品用途

2．多项选择题

（1）连锁店铺的外观设计主要包括（　　）等。

A. 店面外观　　　　　　　　　　　B. 店面名称与标志

C. 招牌　　　　　　　　　　　　　D. 出入口

E. 橱窗

（2）店面的外观类型一般有（　　）。

A. 窗口式　　　　　B. 全封闭式　　　　C. 半开放式　　　　D. 多人口式

E. 开放式

（3）门店卖场的店面标志，按其构成划分有（　　）。

A. 文字标志　　　　B. 图案标志　　　　C. 色彩标志　　　　D. 组合标志

E. 符号标志

（4）商品位置配置应考虑的因素有（　　）。

A. 周转率　　　　　B. 空间分配　　　　C. 毛利　　　　　　D. 单价

E. 需求程度

（5）蔬菜果品陈列的基本方式有（　　）。

A. 置放法　　　　　B. 堆积法　　　　　C. 交叠法　　　　　D. 排列法

E. 装饰法

3．判断题

（1）一般来说，上下 25°～30°范围为招牌设置的易见位置。　　　　　　（　　）

（2）最小的通道宽度不能小于 45 厘米。　　　　　　　　　　　　　　（　　）

（3）到超级市场和便利店购买商品的顾客即时冲动性购买的比例占 50%～60%。

（　　）

（4）人们通常无意识地观望高度为 0.7～1.7 米，上下幅度为 1 米，通常与视线大约成 30°范围内的物品最易引人注意。　　　　　　　　　　　　　　　　（　　）

（5）随机陈列法，即为了给顾客一种"特卖品即为便宜品"的印象，而在确定的货架上将商品随机堆积的方法。　　　　　　　　　　　　　　　　　　　（　　）

4．问答题

（1）连锁店铺设计与布局的原则有哪些？

（2）连锁店命名的原则有哪些？

（3）店铺招牌设计应遵循哪些基本原则？

（4）店铺橱窗设计有哪些要点？

（5）你认为连锁便利店商品布局应采用什么方法更符合顾客需要？

（6）论述卖场磁石点的商品配置。

（7）论述连锁门店商品陈列应遵循的原则。

三、实训项目

（1）观察一家连锁综合超市的牙膏货架，记录其上段、黄金段、中段、下段商品品种各为哪些商品，并分析原因。

（2）请以 5 人为一个小组，分析某一家用电器连锁卖场商品布局的现状、问题，并提出完善措施。

四、案例分析

赢在终端——金帝巧克力陈列

糖果巧克力作为冲动性购买商品，消费者的冲动购买率高达 70%。在巧克力市场消费过程中，90% 以上的顾客在货架前不会超过 2 分钟，90% 的冲动购买兴趣在 10 秒钟后明显减退。在争夺终端的战争日益激烈的今天，如何紧紧抓住这部分目标消费群，做足临门一脚的功夫呢？金帝巧克力在终端陈列上运用了看似简单实则不易的三大陈列原则，并在终端销售过程中显示出强大的竞争力。

一、分布面广——买得到

金帝巧克力作为快速消费品，在渠道分布面上一方面强调产品在渠道结构上的广度，即目标消费渠道均能看到金帝巧克力的销售——金帝巧克力经过不断的目标渠道覆盖，目前已在全国市场建立起密集的销售网路，只要你走进一家带冷气设施的商店就能够买到金帝巧克力，在秋冬季节，即使是小小的便利店也时常能看到金帝的身影；另外，在目标渠道上强调产品的销售品类尽量齐全，让不同需求的消费者均能很容易买到。

二、显而易见——看得到

如何做到金帝巧克力第一眼就被消费者看到？金帝统一展示空间陈列功不可没。不论在国际连锁店沃尔玛、家乐福、普尔斯玛特，还是国内世纪联华、华联、华润等连锁经营渠道，金帝通过精心设计的不同造型陈列（如纸堆头、纸展示柜、纸广告牌），总能吸引消费者的第一视线。艺术陈列做到形象统一、色调统一（可按季节、促销活动进行更新色调）、视觉冲击力强，同时在商场主要通道上辅以小型的、组合型的纸柜陈列，增加单品的突出陈列。金帝巧克力垄断式的陈列配上艺术性的统一操作手法，让消费者无论在哪一家商场都能强烈地感受到金帝的诱惑和魅力。金帝在终端渠道的形象就像麦当劳一样，时刻影响着每一位消费者。

三、随手可及——拿得到

为了创建优良陈列，金帝开发出一套科学有效的陈列标准。在投入最少的前提下通过利益共用的原则争取到最好的陈列地点、最好的货架来寻求促销陈列的机会；进行多重陈列面(争取收银台陈列)、区域化陈列；正确展示产品、正确标明清晰的价格,并通过使用宣传品等方式,让消费者在购买过程中触手可及。

(资料来源:http://www.jieju.cn,经作者整理)

问题讨论:

(1)案例中,金帝巧克力除了良好的终端陈列,还有什么因素会影响消费者的购买决策?

(2)结合案例与实践,谈谈连锁卖场如何做好陈列以应对激烈的竞争。

项目七 连锁企业促销与价格管理

📋 学习目标

知识目标

- 了解连锁促销的目标和促销主题,掌握促销时机的选择;
- 了解促销预算,掌握促销商品的确定;
- 掌握促销活动的实施;
- 掌握连锁企业商品定价的方法与策略;
- 掌握连锁企业价格管理的方法。

技能目标

- 学会确定促销主题和选择促销时机;
- 学会促销方式的选择;
- 学会实施促销活动;
- 能正确运用促销评估方法;
- 能运用正确定价方法制定日用品的价格;
- 能根据市场变化和商品特点正确调整商品价格。

🔧 案例导入

坚持薄利多销　国美重塑海南家电市场格局

2012年8月11日,海南国美将迎来七周岁生日。从落地生根到根深叶茂,再到称霸海南家电市场,海南国美七年的发展历程是国美电器成长为中国最大家电零售渠道的一个缩影,在此过程中,中国家电业也成功走向全球市场,其中国美发挥着至关重要的作用。可以说,海南国美七年峥嵘路就是海南家电业成长的缩影。

7年前,国美电器正式落户海府路,宣告国美迈开了在海南市场战略扩张的步伐。7年来,海南国美奋发图强、开拓进取,创造了家电连锁跨越式扩张的神话。回望7年,国美开拓海南市场的历程见证了整个海南家电市场翻天覆地的变化,不但为消费者带来了更多优质低价的产品,更是主导了当地家电零售业态的变革,重塑了海南地区家电市场格局。

薄利多销攻破"价格孤岛"

2005年12月,国美海府店开业,国美大推低价策略,8元电饭煲、88元VCD,这些在今天看来最寻常不过的促销活动,对当时的海南来说是一个重大冲击。开业时,凌晨两三点就有消费者前来排队购买特价机,到5点门口已有上千人,为了不让消费者等太久,海南第一家国美商城早晨6时就开门营业,午夜12时,商场内还是人头攒动。

国美方面表示,国美的经营神话是用价格的生存哲学创造的。为了实践这个生存哲学,国美取消代理制,避开中间商,直接从生产厂家进货,将价格下拉20%~30%;通过规模效益促进薄利多销,进一步下拉家电价格。事实上,国美的"低价"不仅为消费者带来福利,更加快了当地市场的重新洗牌,如今整个市场已经构建起国美主导下的零售新格局。

重建家电行业新秩序

2007年,国美推出"诚久保障"服务,以消费者为中心,将"传统三包"升级为"诚久四保",全面提升家电行业的服务保障门槛。"诚久保障"中提出,自发票开具之日起19日内,如发现同城市内其他商家同型号商品的价格更低,经核实后可获得差价补偿。该条款的实施,从服务层面进一步保障了国美的低价形象。此外,国美积极推行"明码标价"营销策略。

"国美向来坚持薄利多销、服务当先的经营原则,我们始终坚持并努力实现让消费者在国美买到最便宜的家用电器的目标。"海南国美总经理周志坚表示。国美不仅带来了真正的低价和特色服务,更重要的是改变了当地消费者的消费理念。可以说,国美在海南地区的持续市场扩张正是海南家电行业新秩序重构的过程。

(资料来源:国际频道.http://www.chinadaily.com.cn,经作者整理)

案例点评:国美是怎样在海南坚持它一贯的低价策略?海南由于其自身的地缘特征,在家电市场中一直秉持着自己的价格政策,使其价格略高于其他地区。国美在进入海南这个市场时并没有就此采取高价政策,攫取暴利,而是坚持了自己一贯的低价政策。这么做的好处有如下几点:第一,在海南树立了国美低价的企业形象;第二,迅速打开了海南市场;第三,由于国美的低价无地区差异,且无时间差异的前后一贯性和连续性,使国美这个品牌的无形资产越来越增值,坚定了顾客的忠诚度。

■ 模块一 促销活动的策划

一、确定促销目标

促销目标是促销活动的行动指南和评价标准,连锁企业在组织促销活动前,必须设定促销目标,并根据促销目标来实施具体促销活动。连锁促销的目标主要有以下几点。

(1)提高企业知名度,树立门店形象。一般来说,门店在某地开业之初,连锁企业在该商圈的知名度往往不高。该门店应配合总部通过大型的促销活动和企业形象宣传,在提高连锁企业整体知名度的同时,树立门店形象,扩大连锁门店在消费者心目中的影响,获得消费者对本企业的认同。

(2)提高销售业绩,扩大营业额。为了在激烈的市场竞争中提高市场占有率,实现销售最大化的目标,连锁企业应将增加商品销售作为促销目标之一。特别是新商品、季节性商品和生鲜商品的销售,以商品销售作为促销目标,效果比较直接、明显。

(3)与同行竞争。以同行竞争为目标的促销活动,主要是与该商圈内其他连锁企业举办的促销活动相抗衡,以降低其对本企业的影响,适于在本商圈内同类企业较多、实力相当的情况下实施。

(4)清理滞销商品,加速资金周转。以针对本企业所积压的商品或过季商品实施的特价促销,其目标就是清理滞销商品,回笼货款,加速资金周转。

(5)稳定原有顾客,吸引新顾客。顾客需求有时是一种潜在的存在,对哪些具体商品能满足其需求并不十分清楚。而连锁门店所经营的商品也经常发生变化,或增加新商品,或进行季节性变换。实施例行性促销,经常向目标消费者传递商品信息,其促销目标在于稳定老顾客,吸引新顾客,以增加客流量。

二、选择促销时机

促销时机的选择对连锁企业促销的效果影响巨大,最好选择在以下时机进行。

(1)利用门店庆典时机。连锁企业可以利用庆典时机组织营销活动,扩大庆典对消费者的影响。这样,不但可以通过促销实现销售额的增长,还可以通过庆典活动加深消费者对商家品牌的认识,强化品牌效应,使促销的效益持久深化。

(2)利用相关节日、假日时机。节假日包括法定节日、传统节日、西方节日、周末假日。节日历来被商家认为是组织营销活动的大好时机,连锁企业也不例外。在进行促销活动时,连锁企业要根据各个节日的特点精心策划促销方案和细节,有的放矢,达到促销的目的。

(3)利用社会或连锁企业所在社区重大事件的时机。重大事件往往会吸引人的眼球,得到消费者的广泛关注,那么此时就是商家的必争之机。此时由于重大事件的广泛影响,促销活动往往会得到较平常更好的效果。

需要注意的是,如果连锁企业所在地是在社区里,那么在选择促销时机要依据社区居民的作息特点。一般而言,促销活动的具体时间安排在上午开始,而且上午的开始时间不能太早,以免影响居民的休息。

阅读资料 7-1

经典的节日促销

节日消费心理的特点决定了不同于平常的节日售卖形式。节假期间应采取促销策略吸引消费者有限的注意力,把握节日消费市场的热点和需求变化趋势,做大做活节日市场。

策划一:出位创意 烘托节日氛围

节日是动感的日子,欢乐的日子,捕捉人们的节日消费心理,寓动于乐,寓乐于销,制造热点,最终实现节日营销。针对不同节日,塑造不同活动主题,把最多的顾客吸引到自己的柜台前,营造现场气氛,实现节日销售目的。如端午节,在卖场把超市的堆头设计成龙舟的形状,龙舟上既可摆放真空粽子,又可摆放宣传端午的物料,在现场营造出浓厚的端午节气氛。而赠送香包、开展端午民俗表演更增强了节日氛围,激发了众多消费者主动参与活动的意识。

策划二:文化营销 传达品牌内涵

文化营销,嫁接节日的文化氛围,开展针对性的文化营销。充分挖掘和利用节日的文化内涵,并与自身经营理念和企业文化结合起来,不仅可以吸引众多的消费者,在给消费者艺术享受的同时,也能带来良好的市场效益,树立良好的企业形象。比如情人节,可以在卖场开展一系列与情人节主题相关的活动,通过活动传达出情人节的浪漫与温馨。而且,情侣间平时羞于表达的想法也可以借此表达,丰富了节日的内涵。

策划三:互动营销 增强品牌亲和力

生活水平的提高使消费者的需求开始由大众消费逐渐向个性消费转变,定制营销和个性服务成为新的需求热点,商家如能把握好这一趋势,做活节日市场也就不是难事了。例如在端午节期间,可以开展"教你包粽子"的活动,卖场女工可以借此机会向都市里的家庭主妇展示包粽子绝活,营造现场的火爆场面。

策划四:差异促销 激发售卖潜力

节日营销的主角是"价格战"。广告战、促销战均是围绕价格战展开的。能否搞好价格战是一门很深的学问,许多商家僵化地认为节日就是降价多销,其实这种做法就落进了促销误区,结果往往是赔钱赚吆喝。作为节日营销的惯用方法,诸如"全场特价","买几送几"的煽情广告已司空见惯,千篇一律,对消费者的影响效果不大。因此,如果真要特价也要处理得当,讲究点创意和艺术,比如采用"梯子价格"。具体做法比如在农历的冬至节拿出450克香菇鲜肉水饺、面点做促销,在促销台上只标明价格、售卖时间和"数量有限,售完为止"字样吸引消费者。具体做法是在距冬至18天按全价销售,从倒数第15天到倒数第10天降价25%,倒数第10天到倒数第7天降价35%,倒数第7天到倒数第3天降价50%,倒数第3天到冬至,如仍未售完,赠送给送老人、儿童福利院。之所以敢于采用此法,原因就是消费者都存在这样的心理:"我今天不买,明天就会被他人买走,还是先下手为强。"事实上,许多产品往往在第二时段或经降价就被顾客买走了。梯子价格既激活了超市人气,又延长了节日效应,于前于后拉长产品销售的黄金期。

(资料来源:百度网.http://hi.baidu.com,经作者整理)

三、确定促销商品

顾客的基本需求是买到价廉物美的商品,所以促销商品的品质、价格是否有吸引力将影响促销活动的成败。一般来说,促销商品有以下四种选择。

(1)节令性商品。节令性商品主要是指中秋、元旦、春节等节日的一些专用品和礼品,如月饼、保健品以及酒水等。

(2)敏感性商品。敏感性商品一般属必需品,市场价格变化大且顾客极易感受到价格的变化,如鸡蛋、大米和食油等。选择这类商品作为促销商品,在定价上不妨稍低于市场价格,就能很有效地吸引更多顾客。

(3)众知性商品。众知性商品一般是指品牌知名度高、市面上随处可见、容易取代的商品。选择此类商品作为促销商品往往可获得供应商的大力支持,如化妆品、保健品、饮料、啤酒、儿童食品等。

(4)特殊性商品。特殊性商品主要是指连锁企业自行开发、使用自有品牌、市面上无可比较的商品。这类商品的促销活动主要应体现商品的特殊性,价格不宜定得太低,但应注意价格与品质的一致性。

无论选择何种商品作为促销品都应牢记两个基本要点:一是选择顾客真正需要的商品;二是能给顾客带来实际利益的商品。

四、确定促销主题

(一)促销主题

促销要突出主题,这就要用标语、口号等形式给主题起个好名字并将其表述出来,使其对消费者产生视觉冲击力,形成心理诱导、促成情感共鸣,起到画龙点睛的震撼效果。通过主题表述让顾客了解连锁门店促销的原因,使之产生好感。促销主题的内容必须能够抓住顾客的需求和市场的卖点。在体现促销主题时应把握两个字:"新"、"实"。"新",即促销内容、方式、口号要富有新意,这样才能吸引人;"实",即简单明确,让顾客得到更多的、实在的利益。

阅读资料 7-2

中秋节促销活动主题

中秋节来临了,促销竞赛也开始一轮接一轮地展开,中秋节促销活动主题就成了硝烟中抓住消费者眼球的最主要武器,因此,中秋节促销活动主题的选择无疑是整个促销活动的灵魂所在,那么,这个中秋节促销活动主题该如何去设计?

1. 中秋节促销活动主题的选择

中秋节促销活动主题应从推销产品的历史渊源、文化背景、风土人情等方面挖掘,然后对于选定的中秋节促销活动主题上注入一种思想,一种理念,一种象征,那么就会让顾客在消费过程中得到一种精神体验,并在心理上产生共鸣。

促销主题所蕴含的文化内容,是指导消费者节假日活动和购买行为的深层次的东西,自觉和不自觉地都会影响人们的节假日的消费行为和内容。例如,父亲节,"为了报答父亲累弯的腰",就会不自觉地影响消费者去消费与父亲的腰相关的产品。要暗中引导消费者的消费行为,中秋节促销活动主题就要切合中秋意境,把自己的产品与中秋佳节的文化联系在一起,与中秋佳节人们的亲情联系在一起,让消费者的消费行为成为体验亲情与文化的行为。

2. 中秋节促销活动主题范例

华润万家:"月圆中秋,礼满万家"大型主题抽奖促销活动。

水井坊:"温一壶月光下酒——水井坊中秋新风尚",通过与众不同的中秋新风尚体验,雅致演绎中国传统节庆的韵味,从而在高端消费群中展现了水井坊倡导和代表的高尚生活理念。

天梭：天梭特别推出 PR50 月相腕表，它可以显示月亮的阴晴圆缺。在中秋赏月之时，将此表把玩掌间，岂不乐哉？

西联公司："天涯共此时，西联同牵挂"，祝中秋亲情连通。

哈根达斯：中秋推出五款冰激凌月饼，全球同步上市，同步上市意味着无论是你身处世界的哪个地方，无论是在纽约、巴黎还是伦敦，哈根达斯都可以根据你的订单把你的美好祝愿连同哈根达斯冰激凌月饼一起送到亲友的手中。

大白兔：在全家欢聚的中秋之夜，在徜徉中享受国庆假期带来的种种喜悦，品尝着"大白兔"奶糖，相信它必将演变成为一种有效的沟通载体，一种甜蜜的象征。

中秋节促销活动主题目的是达到商品文化和节假文化的和谐和融合，使顾客在消费过程中不仅是一种物质利益的获取，更有一种文化的交流和精神上的愉悦。因此，对于中秋节促销活动主题如何选择，抓住根本，也就不难设计了。

（资料来源：业务员网.http://www.yewuyuan.com）

（二）促销主题的种类

1．开业促销

开业促销是连锁促销活动中最重要的一类主题，它只有一次，而且与潜在顾客是第一次接触，顾客对连锁门店的商品、价格、服务、氛围等印象，将直接影响其日后是否再度光临。所以，店长及全体员工通常要全力以赴，努力使连锁门店的开业促销活动给顾客留下良好的第一印象。通常开业当日的经济效益也颇为可观，可达平日销售业绩的 5 倍左右。

2．周年店庆促销

连锁企业或连锁门店周年店庆促销活动的重要性仅次于开业促销，因为每年只有一次，供应商大多给予较优惠的条件，以配合连锁企业（门店）的促销活动，故其促销业绩往往可达平日的 1.5～3 倍。

3．例行性促销

例行性促销通常是为配合节庆假日、民俗节日及地方习俗举办的促销活动。一般而言，连锁门店每月可举办 2～3 次例行性促销活动，以吸引新顾客光临，并提高老顾客的购买品项及金额。通常其业绩可比非促销期间提高 2～3 成。

4．竞争性促销

竞争性促销往往发生在商圈内竞争店数密集的地区。由于各种业态兴起，加上各连锁企业（门店）的空间距离有时太近，商圈重叠现象严重，所以面对竞争店采取周年店庆促销或特价促销活动时，通常会推出具有针对性、竞争性的促销活动，以免营业额衰退。

五、选择促销方式

连锁企业的促销内容和方式，永远伴随着促销活动的变动而变化，因此，其促销方式自然与活动密不可分。促销方式因种种技巧的组合应用，变化多样，归纳起来常用的有以下几种。

(一)营业推广

1. 优价促销

优价促销就是将商品以低于正常定价的价格出售。一般有特价拍卖、折扣优惠、淡季促销等。最常见的优价促销有下列3种。

(1)库存大清仓。对于换季商品或库存较久的商品、滞销品等,连锁企业会以大降价方式来促销。这可使连锁门店减少库存积压,较快地回笼资金,加速资金周转。

(2)节庆大优待。连锁企业可利用新店开张、逢年过节和周年店庆等时机以优惠价格来开展促销。这不仅能提高营业额,还有利于提高连锁门店的知名度。

(3)每日特价品。由于市场竞争日益激烈,为争取顾客登门,连锁门店可推出每日一物或每周一物的特价品,让消费者花小钱买到便宜又好的商品,以吸引顾客,带动其他商品的销售,提高营业额。

2. 有奖销售促销

不少消费者总想试试自己的运气如何,所以"抽奖"是一个极有效果的促销活动。抽奖活动一般会有一大堆奖品,如彩色电视机、洗衣机等。这样的奖项,极易激起顾客的参与兴趣,可在短期内对促销产生明显效果。

3. 发放优惠卡促销

为了提高顾客购买金额,稳定本企业的顾客队伍,连锁企业可在各分店对购买商品达到一定金额的顾客发放购物优惠卡,持优惠卡购物可以取得一定比例的价格优惠。优惠卡应在连锁企业的各门店同样有效,以吸引顾客,扩大销售。

4. 举办各种类型的竞赛活动

竞赛是融感性和参与性为一体的促销活动,由比赛来凸显主题或介绍产品,除了可打响商品知名度以外,还可以增加销售量。如喝啤酒比赛、卡拉OK比赛等,除了可使卖场更热闹之外,也可借此增加顾客的话题,加深顾客对本企业的印象。

5. 现场展示与现场制作食品促销

对于顾客不太熟悉的新商品,除了广告宣传外,连锁门店还可设专柜现场展示,演示商品的功能、使用方法,解答顾客提出的问题,制造活跃的购物气氛,启发顾客对新商品的兴趣。此外,连锁企业可邀请多家同类商品供应商,在所属门店内共同举办商品展销会,形成一定声势和规模,让顾客有更多的选择机会,以促进商品销售。

6. 免费品尝和试用促销

连锁门店可在显眼的位置设专柜,免费品尝新包装、新口味的食品。非食品的其他新商品可实行免费赠送促销,免费试用可鼓励顾客使用新商品进而产生购买欲望。如我国许多连锁门店设有美容专柜,免费为愿意试用新品牌化妆品的顾客做美容,让顾客体验新化妆品的功能,刺激其购买欲望。这种促销方式可在连锁企业统一推出新产品时或老产品改包装、口味、性能时采用,目的是迅速向顾客介绍和推广产品,争取消费者认同。

7. 集点赠送与分红促销

为了吸引顾客持续购买,并提高品牌忠诚度,集点赠送是一种非常有效的促销方式。

其基本做法是顾客连续购买某商品或连续光顾本企业后,能累积一定积分的点券,再给予兑换赠品或折价购买。主要形式有以下 3 类。

(1)小礼品。设计一些带有连锁企业形象标志的小礼品,比如钥匙链、小卡通玩具等,在新店开业或顾客购买一定数量商品时免费赠送。这样相当于做了一次广告宣传。

(2)附赠包装。顾客在店中购买商品后,附赠精美的包装。包装可以根据商品的体积、形状及数量分别设计,可以是特别的塑料袋或手拎购物袋。

(3)分红。累积一定的消费额,即可于某特定时间(如年终)获得该累积消费额的一定比例为回馈红利。分红方式通常是一种长期的持续性活动,而非短暂的促销。

8. 打折优待促销

打折优待促销是指连锁企业在适当时机(如节庆日、换季时节等)以低于商品正常售价的价格出售商品,使顾客获得实惠,主要有以下两种形式。

(1)设置特价区。在店内设定一个区域或一个陈列台,销售特价商品。特价商品通常是应季大量销售的商品,或为过多存货,或为接近保质期,或为外包装有损坏的商品。这就需要掌握并且不能鱼目混珠,不能把一些变质损坏的商品卖给顾客;否则,会引起顾客反感,甚至会受到顾客投诉。

(2)批量作价优待。顾客整箱、整包、整桶或较大批量购买商品时,给予价格上的优惠。这种方法一般用在周转频率较高的食品和日常生活用品上,可以增加顾客一次性购买商品的数量。

9. 以旧换新促销

连锁企业可与厂家联合,对本店出售的某种商品以旧换新。新旧差价较大的,可由顾客补交一定数量的价款。

这种方式不仅刺激了消费,加速了商品的更新换代,而且提高了连锁企业和品牌的市场占有率,不失为一种促销良策。但这种方法的运用有一定的局限性,只有那些与厂家关系密切的连锁企业方能使用。

(二)会员制促销

实行会员制的主要目的是稳定顾客队伍。目前,连锁企业中的仓储商店、大型综合超市等都采用会员制促销策略。当顾客向商店缴纳一定数额的会费或年费后,便成为该商店的会员,在购买商品时能够享受一定的价格优惠或折扣。会员制主要形式有以下几种。

1. 公司会员制

顾客不以个人名义而以公司名义入会,企业向入会公司收取一定数额的年费。这种会员卡适宜入会公司内部雇员使用。例如,在美国,日常支付普遍采用支票,很少用现金结算,故经常发生透支现象,因此,公司会员制实际上是入会公司对持卡人购物的一种信用担保。公司会员制的会员在购物时可享受 10%～20% 的购物优惠和一些免费服务项目。非会员购物时不能以个人支票支付,只能用现金结算。

2．终身会员制

顾客一次性向连锁企业缴纳一定数额的会费，成为该企业的终身会员，可长期享受一定的购物优惠，并且长年可以得到企业提供的精美商品广告，还可以享受一些免费服务，如电话订货和免费送货等。

3．普通会员制

顾客无须向连锁企业缴纳会费或年费，只需在企业一次性购买足额商品便可申请到会员卡，此后便可享受 5％～10％的购物价格优惠和一些免费服务项目。

4．内部信用卡会员制

内部信用卡会员制主要适合于经营高档商品的大型连锁店。顾客申请某店信用卡后，购物时只需出示信用卡，便可享受分期支付货款或购物后 15～30 天内现金免息付款的优惠，有的还可以进一步享受一定的价款折扣。

相关链接 7-1

席殊书屋——服务顾客的会员俱乐部

席殊书屋成立于 1996 年，到目前为止，席殊书屋在全国 400 多个城市开设了 512 家连锁店，成为中国最大的图书连锁店。席殊书屋根据自身定位，通过会员制模式创造和满足读者需求，并以此留住核心顾客群。俱乐部的精髓在于为会员提供六大好处。

（1）一流的专家学者为会员推荐各类好书。席殊好书俱乐部组织 100 多位国内一流的专家学者成立"专家导读系统"，为会员推荐和评介经过反复挑选的优秀之作。

（2）会员读者可以获赠好书俱乐部的会刊《好书》杂志，从容选购自己所需要的图书。《好书》推荐的每一本书都是专家或资深编辑精挑细选的，通过《好书》会员可以了解到最新的读书动态、阅读热点、流行时尚。

（3）多种优惠方式，让会员享受真正的实惠。会员在全国各地席殊书屋、席殊书屋网上书店购书，或通过《好书》邮购，除享受相应级别的会员价以外，还可任意购买推出的最新最流行的图书（最低至 6 折）和特价书（最低至 3 折）。

（4）电话、传真、E-mail 购书，快速邮购、送书上门。会员读者只需拨一个电话、发一份传真或轻点鼠标，席殊书屋就会把会员需要的书按会员的要求直接把书送到。

（5）退书、换书使会员读者购书无后顾之忧。会员读者购买的图书如有质量问题，图书可以无条件退换。

（6）免费寻书，使读者很难有买不到的书。如会员读者有需要的图书，在当地书店购买不到，席殊书屋也将尽量满足。席殊书屋将通过各大中城市的数百家席殊书屋及国内 500 多家出版社为会员读者寻购。

（资料来源：百度文库.http://wenku.baidu.com/view/88c3fb07bed5b9f3f90f1ce5.html）

（三）公共关系促销

公共关系促销是通过企业的公共关系活动，使企业与社会各界建立良好的理解、友谊和支持关系，从而以企业的知名度、美誉度来带动商品销售的一种间接促销方式。连锁企业常用的公关方式,是通过具有创意性的活动或事件,使企业成为大众关心的角色,吸引媒体对此的报道与消费者的参与,进而达到提升企业形象、促进销售的目的。常用的公共关系方式有宣传活动、服务活动、公益活动、娱乐活动和教育活动等。

六、选择促销媒介

连锁店举办促销活动,必须通过相应的媒体把信息发布出去。媒体的选择应该根据促销活动的方式、商圈范围、顾客特点、媒体本身的成本等情况来进行选择。常见的媒体有报纸、电视、邮寄、广播、杂志、户外广告、销售时点(POP)广告等。

七、促销预算

企业最重要的任务在于计划、管理和控制共有资金,而要做到这一点,最主要的方法就是做预算。促销预算资金是共有资金,当然就应遵循其他共有资金的使用规定。与其他各种项目一样,最重要的是明确促销的目标。当然做预算也应如此,促销预算是为了某一特殊目的,把特定的一段时期内促销活动所需开支的费用详细列明用钱数表现出来。

(一)促销预算目标

促销预算的目标包括以下四个方面。

(1)判定促销所需资金、生产所需资金以及改进促销活动的方法所需的资金。

(2)检视预算资金是否能创造最高价值。

(3)控制预算资金。

(4)及时让管理人员了解目前执行预算的情况。

(二)促销预算的步骤

要想进行有效的计划与控制,首先要搞清楚哪些活动开支可归入促销开支项目;然后细分促销活动的各种开支。完成这两步之后,才可开始有效地进行编制预算的工作。编制促销预算的步骤如下。

(1)确立公司的促销目标,即所花的钱能销售多少产品,能获利多少。

(2)确认目标及策略以使公司能达到预期的目的。

(3)决定开支的数目。

(4)经常了解现状以应付处理千变万化的情况。

(5)提供一个可行的、严格的、正式的框架。

(三)促销预算的作用

促销预算的作用在于它迫使促销负责人员作出计划,然后管理人员对准备采用的促销活动作出裁决。促销预算的作用还在于它能够对各种促销活动提供必需的款项,且保证这些款项合理使用。促销预算还可被用作检验结果的标准。

参考案例 7-1

7 天连锁酒店的促销策略

与受到商务活动因素影响而淡旺季明显的商务型酒店相比,经济型酒店通常没有太明显的淡旺季之分,其价格常年保持一致。7 天酒店 CEO 郑南雁介绍说,7 天酒店能够让淡季不淡,秘诀在于一贯坚持的会员制、IT 系统平台以及"滚雪球式"的扩张模式,由此节省了分销成本,同时拥有了忠诚的客户群体。

7 天连锁酒店自成立之日起,就一直坚持做会员制营销,并不依赖旅行社和酒店预订代理机构,使 7 天酒店不受制于人,也因此大大节省了分销成本。而且,7 天连锁酒店重点推广会员制,利用会员的反馈提高服务质量,大大减少了人力投入和管理成本,做到了成本最低。

7 天酒店还自主开发了一套基于 IT 信息技术的电子商务平台,建立了国内首家集互联网络、呼叫中心、短信、手机 WAP 及店务管理为一体的系统,具有即时预订、确认及支付功能,使消费者无论何时何地都可以轻松、便捷地查询、预订房间。此外,7 天酒店还在这一平台上构建了各个分支运营体系,包括店务质量控制、开发评估推进、财务流动管理、工程采购、人力资源体系等。

7 天酒店在网络支付、网络营销等方面进行了一系列的合作创新实践。比如,和第三方在线支付平台财付通合作,让顾客拥有安全而多样的网上银行支付渠道;和知名社区天涯、若邻网合作,提供电子商务入口,让顾客体验酒店电子商务;和生活咨询搜索平台酷迅、口碑网、火车时刻查询网站、飞友网,以及信用卡和个人理财产品推广网站商诺公司合作,为顾客带来更为便捷和人性化的服务。通过跨领域、大范围的合作,7 天酒店为电子商务构建了一个全面而良性的生态圈。更为关键的是,7 天酒店在电子商务上的核心优势变得更加强大。

(资料来源:百度文库. http://wenku. baidu. com/view/,经作者整理)

模块二 促销活动的实施与管理

一、促销活动的实施

1. 促销方案的拟订

促销方案是连锁企业开展促销的具体策划,目的是保证促销有组织、有步骤地开展。

(1)连锁总部销售部门要根据年度促销计划,针对近期即将展开的促销活动,就最近商圈内同行的促销活动、顾客的需求变化和市场动态进行研究,初步拟定本次促销的诉求重点及做法,提出活动方案。

(2)邀集财务、采购和公关等部门的相关人员召开讨论审议会,就促销方案的策划及有效性进行讨论修正,主要议项有:促销主题、举办时间、竞争对手、促销活动分析、促销的主要商品项及促销价格等。

阅读资料 7-3

屈臣氏"靓贝"——"缤纷好礼,超值优惠"促销方案

一、活动主题:缤纷好礼,超值优惠。

二、活动地点:屈臣氏"靓贝"化妆品连锁店。

三、活动时间:11 月 20 日至 11 月 27 日。

四、活动道具:张贴告示、产品堆头、奖品摆放。

五、活动人员:本店员工六名,包括店长,导购三名,收银两人。

六、活动目标:3.8 万元营业额。

七、活动奖励(员工):

(1) 每天完成个人销售目标的销售人员奖励现金 50 元。

(2) 销售业绩最为突出的一位销售人员奖励价值 150 元产品一支。

八、活动方式:超值赠送、神奇抽奖、互动游戏。

九、活动对象:18～40 岁的女性。

十、活动前准备工作:

(一) 宣传

(1) 店面布置。

(2) 派发产品宣传单。

(3) 电话、短信通知邀约。

(4) 人员告知。

(5) 短信平台群发信息。

(6) QQ 群里发布"缤纷好礼,超值优惠"公告和信息。

(二) 礼品准备

(1) 会员积分礼品。

(2) 活动赠品。

(三) 热点产品

时刻跟踪热销产品,确保其不断货。

(四) 人员安排

(1) 避免出现有的顾客进店后无人接待的现象。

(2) 落实销售员站位及礼仪接待要求。

(3) 当顾客多、现场忙时,要注意避免出现心里慌乱的情况。

(4) 必须熟悉产品。

(5) 必须提高销售专业水平。

十一、现场活动方案:

(1) 超值赠送。

(2) 神奇抽奖。

(3) 互动游戏。

十二、活动结束善后工作：

(1) 活动结束后必须回访顾客，各销售员负责回访自己的顾客，做好回访记录表。

(2) 对会员资料必须更正。发现部分顾客联系方式更换时，必须及时更新。

（资料来源：百度文库.http://wenku.baidu.com/view/，经作者整理）

2. 促销活动的立案

销售部门把经过讨论、听证并确定的促销方案报送总部负责人，总部负责人在听取公关、采购、财务等部门意见后批准实施，重大促销活动还应集体讨论形成决议后方可实施。

3. 促销商品的采购

供应商的配合是促销成功的关键因素，连锁总部应协调好与供应商的关系，努力争取供应商在数量、质量和价格上的支持，并严格保证促销商品供应时间上的及时性。

4. 宣传方案的确定

主要是根据本次促销活动的预期目标和规模，确定所要宣传的信息，包括促销商品的品种、价格和具体做法等，选择一种或几种合适的宣传媒体，加以落实。

5. 促销活动的准备

促销的宣传品及相关标志制作完成后，至少在活动开展3天前送至各连锁门店，以便准备工作的开展，主要内容有以下几个方面。

(1) 将宣传单分发至各部门，以提醒预估促销商品的数量和及时订货；

(2) 理货员重新标价，信息部门对数据库信息进行更新；

(3) 促销人员将宣传单提前分发到商圈内各住户；

(4) 连锁门店进行促销商品的陈列、海报的张贴、POP的制作和悬挂等工作。

6. 促销活动的举行

按执行方案如期举行，做好现场宣传和服务工作。

7. 促销成果的评估

促销活动举行后，可通过信息统计和顾客反馈了解本次促销是否达到预期目标，并进行反思，检讨得失，积累经验，汲取教训，以便为今后的促销活动打下良好基础。

二、促销活动的评估

促销评估的内容主要分为4部分：促销评估方法、促销效果的评估、供应商配合状况评估和自身运行状况评估。

1. 促销评估方法

促销评估一般分为促销检查表法、前后比较法、顾客调查法和观察法4种类型。

(1) 促销检查表法

通过填表的方式对企业促销前、促销中和促销后的各项工作情况进行检查对比，见表7-1。

表 7-1 促销活动检查表

时　间	项　目	是	否	备　注
促销前 10 日	1. 卖场所有人员是否均知道促销活动即将实施	☐	☐	
	2. 活动前 15 日促销商品(特价品)是否已经订货或进货	☐	☐	
	3. 活动前 5 日促销商品(特价品)是否已经全部到位	☐	☐	
	4. 促销商品是否已经通知电脑部门变价	☐	☐	
	5. 促销宣传单是否发放和准备妥当,POP是否提前 3 天申请书写	☐	☐	
促销当日	6. 促销商品是否全部到位,数量是否足够	☐	☐	
	7. 是否尚有 DM 商品未到货	☐	☐	
	8. 卖场陈列气氛、POP 是否已完善,促销商品是否张贴 POP 海报	☐	☐	
	9. 促销商品是否变价,电脑价格是否和POP 价格相符	☐	☐	
	10. 促销商品陈列表现是否具有吸引力	☐	☐	
	11. 促销商品品质是否良好	☐	☐	
	12. 卖场所有员工对各种促销内容、期限之认知够否	☐	☐	
	13. 服务台人员是否定时广播促销办法	☐	☐	
促销当日	14. DM 商品是否缺货	☐	☐	
	15. 订货是否太慢	☐	☐	
	16. 订货量是否足够	☐	☐	
	17. 促销商品销售状况了解	☐	☐	
	18. 商品质量、POP、气氛陈列是否持续良好	☐	☐	
促销后	19. 退货状况是否良好	☐	☐	
	20. 过期海报、上档期 POP、宣传单是否均已拆下	☐	☐	
	21. 商品是否恢复原价	☐	☐	
	22. 商品陈列是否调整恢复原状	☐	☐	

注:① 如有未完成之事项,请解释原因,并注明预定完成日期。
② 企划部按照此表不定时监督检查。
③ 如果于活动准备当中,遭遇任何问题,欢迎来电来人反映,或直接告知本部经理,与企划部相关的请告知企划经理。

(2)前后比较法

前后比较法是指通过促销前、促销中与促销后销售量的对比分析来评价促销业绩的方法,一般会出现十分成功、基本成功、得不偿失和适得其反等几种情况。

(3)顾客调查法

连锁企业可组织有关人员对顾客进行抽样调查,了解促销效果。例如,调查有多少顾客记得本企业的促销活动,顾客对该活动有何评价,是否从中得到了利益,对他们今后的购物场所选择是否会有影响等,从而评估促销效果。

(4)观察法

观察法简便易行,而且十分直观,主要是通过观察顾客对促销活动的反应来评估促销业绩。例如,顾客在限时折价活动中的踊跃程度、优惠券的回报度、参加抽奖竞赛的人数以及赠品的偿付情况等。

2. 促销效果评估

促销效果评估主要包括三个方面,即促销主题配合度、促销创意与促销目标的差距以及促销商品选择的正确与否。

(1)促销主题配合度

促销主题是否针对整个促销活动的目的,是否抓住了顾客的需求和市场的卖点,促销内容、方式、口号是否富有新意和吸引人。

(2)促销创意与促销目标的差距

促销创意是否偏离促销目标,创意是否符合促销的主题和整个内容,创意是否过于沉闷、正统、陈旧,缺乏创造力、想象力和吸引力。

(3)促销商品选择的正确与否

通过衡量促销商品能否反映本企业的经营特色,是否选择了顾客真正需要的商品,能否给顾客增添实际利益,能否帮助企业或供应商处理积压商品,促销商品的销售额、毛利额是否与预期目标相一致等,判断促销商品的选择正确与否。

3. 供应商配合状况评估

供应商配合状况评估主要评价供应商对连锁企业促销活动的配合是否恰当、及时,能否主动参与、积极支持,并为本企业分担部分促销费用和降价损失;供应商能否及时供货,数量是否充足;在商品采购合同中供应商是否作促销承诺,并切实落实促销期间供应商的配合等相关事宜。

4. 自身运行状况评估

(1)总部运行状况评估。主要包括总部对各连锁门店促销活动的协调、控制及配合程度;是否正确确定促销次数、促销时间和促销主题;是否正确选定与落实参与促销的供应商和商品;组织与落实促销活动是否得力等方面的评价。

(2)配送中心运行状况评估。主要评估社会配送中心送货是否及时、品种是否齐全和质量是否完好等内容;在由本企业配送中心实行配送的情况下,还应注意评估合理组织运输和分配各连锁门店促销商品的数量等工作的实施情况。

(3)连锁门店运行状况评估。主要评估门店对总部促销计划和方案的执行情况,是否完成总部布置的促销任务,促销商品在连锁门店中的陈列方式及数量是否符合连锁门店的实际情况等。

(4)促销人员评估。通过对促销人员的评估,可以帮助促销人员全面并迅速地提高自己的促销水平,督促其在日常工作流程中严格遵守规范,保持对工作的高度热情,并在促销员之间起到相互带动的作用。

促销人员的评估项目主要有：促销业绩是否达到规定要求；是否具有促销的干劲和合作精神；准备和结束工作是否符合规定；是否与顾客保持密切关系，受到顾客的欢迎。

参考案例 7-2

华润苏果实施元旦促销活动

一、活动主题：新年新景象 苏果好礼多

二、活动目的：讲究新年的"新"，突出好礼的"礼"。将节日休闲购物与享受实惠完美结合，让顾客在卖场内感受到新年的愉悦和购物的乐趣，充分体现华润苏果购物广场的家园式购物氛围及无微不至的人性化服务，为春节消费高峰期的来临做好舆论优势。

三、活动时间：2013 年元月 1~3 日

四、活动地点：华润苏果光华路购物中心

五、活动具体内容：

（一）氛围布局

营造浓重的节日气氛，为元旦期间顾客购物创造一个祥和、愉快的购物氛围。

（1）发动厂家（经销大品牌或有意向联营厂家）做场外活动（产品推广及送赠品等）。

（2）商场前楼体柱用带有新年气氛的写真画面包裹，颜色以红黄色为主（可使用至春节）。

（3）设计制作一大型活动促销宣传喷绘画面，悬挂于楼体前方，内容为本次元旦系列促销活动内容概要（主题要醒目）。

（4）楼体橱窗是商场脸面，节日布局要合理到位，既要突出商品个性，又要烘托节日气氛，给节日的商场增添一份喜庆色彩。

（5）节日期间商场内海报展板、POP 书写要带有"欢庆元旦"等字样。在正门入口主通道及超市出入口等处天花板上悬挂彩色布条来装饰卖场。

（二）活动促销

1. 新年送惊喜

活动内容：凡在本卖场选购活动期间指定的促销商品，结算后凭小票或者赠券可至客户服务中心领取赠品。

凭购物小票至服务台换购商品，在小票上做标识或者收取赠券以示已领取，如某商品已换购完，可用同价值商品替换。

2. 满就送话费

活动内容：为吸引人气，烘托节日气氛，为节日期间来商场的顾客带来一份惊喜，凡在本购物中心购满 58 元即可获得钱旺智能所赠送的 5 元话费，顾客可在收银处使用或者自己上网充值，限每个号码一份，赠完为止。

3. 鸡蛋大特价

活动内容：元旦活动期间，热卖商品鸡蛋，再次打折，会员可凭会员卡在收银时以4.28 元的价格购买 1 千克左右的鸡蛋，而非会员则无此优惠。

（资料来源：百度文库. http://wenku.baidu.com/view/，经作者整理）

▌模块三　连锁企业定价方法和策略

一、影响商品零售价格的因素

连锁企业的商品零售价格主要由进货成本、营业费用和利润三部分构成,连锁企业在确定商品价格时,除了受以上三个因素影响外,还要受商品质量、消费者需求、市场竞争和商品市场寿命周期因素的影响。

1. 商品成本费用

连锁企业在商品定价时,首先要考虑的是商品的成本费用(进货成本和营业费用),它是商品定价的基础。只有使价格高于商品成本费用,才能收回总耗费并获得一定利润,从而保证企业的正常经营活动。若连锁企业以低于进货成本的价格出售商品,则不可避免地产生亏损,久而久之,连锁企业的经营必然难以为继。从长期来看,商品的零售价格必须高于商品的进货成本和营业费用,企业才能获利并持续经营下去。

2. 商品质量

商品质量是影响商品定价最重要的因素,质量与价格的关系大体上有三种类型:优质优价、物美价廉和质次价高。在商品供大于求和人们生活水平普遍提高的情况下,消费者更注重商品质量而不是价格。因此连锁企业在制订价格时,一定要以质量为前提。同时,也应根据商品的不同特点,处理好价格与质量的关系,有些商品应高质高价,有些商品则应低价,质量也可差一点,有些商品则应价廉物美。

3. 消费者需求

商品定价时,必须考虑消费者的需求。需求量的大小取决于顾客的购买欲望和支付能力。在供给量不变的情况下,需求量增加,价格趋升;需求量减少时,价格趋降。消费者需求是商品定价的上限,若超过此上限,商品价格便不会被消费者认可。因此,连锁企业的商品定价必须充分考虑目标消费者群的职业、收入、消费心理和消费习惯等因素,使商品价格符合目标消费者群所期望的价位。

4. 竞争对手的价格策略

消费者市场是一个高度竞争的市场。在这个市场中有众多的连锁企业经营同样的商品与服务,相互之间的竞争是不可避免的。连锁企业在定价时需要考虑竞争者的定价。需要比较自己与竞争对手的商品价格、质量、服务等各种因素。若连锁企业与竞争者比较后发现缺乏非价格方面的差别,那么就可能直接参照竞争者的定价;如果在地点、商品组合、商店形象等方面拥有优势,则可以制订不同于竞争者的价格。

5. 商品市场寿命周期

商品市场寿命周期是指商品从进入市场到退出市场的全过程。可分为导入期、成长期、成熟期和衰退期四个阶段。一般来说,商品在导入期,为了引起消费者的注意和兴趣,可以较低的价格出售;成长期商品可以维持一个稳定且有适当利润的售价;成熟期的定价策略与成长期相似,但应注意替代品的出现和竞争者的价格行为,因此要加大促销活动的力度；衰退期应以较低价格,通过促销活动尽快清理存货,并及时退出。

相关链接 7-2

沃尔玛的低价优质和供应商控制

　　1962年,山姆·沃尔顿及其兄弟在阿肯色州的罗杰斯开办了第一家沃尔玛折扣店。刚开始,沃尔玛主要针对那些生活在美国小城镇中注重价值的顾客,以尽可能低的价格打入那些常常被全国性折扣商们忽视的城镇。截至2013年末,沃尔玛在世界各地已开设6000多家商店,可以称得上是无处不在。这些商店累计的营业面积几乎相当于一个小国家,销售的产品种类繁多,数量巨大。在国外,每周都有一家沃尔玛分店开张,沃尔玛是名副其实的零售王国。

　　沃尔玛对大量品种的品牌低价销售,同时又提供杰出的服务和保证,低价优质挑战传统零售业,引发了零售业的革命,同时从根本上提升了零售业的战略地位。沃尔玛的信条是:作为顾客的代理,提供适合他们需要的商品,并以尽可能低的价格出售。为此,公司千方百计地降低成本,保证商品低价销售。

　　为了提高采购效率降低成本,沃尔玛很早就对信息技术大量投资。它投资7亿美元,建立了自己的卫星通信系统,该系统使沃尔玛能够及时获取自己所需要的信息。沃尔玛的计算机系统与它的制造商直接相连,跳过了经纪人和其他中间商。沃尔玛要求它的供应商在运送的商品上挂上标签,以便直接进入商店的销售地点,减少仓储和数据处理成本。在决定顾客需要什么方面,它处于比制造商更为优越的位置。在这一过程中,它不断排挤小的制造商和小零售商,并把节约下来的钱转移给顾客。所有这些都极大地改变了零售业对大小制造商、其他零售商和消费者的意义。如今,连宝洁公司都有一个由20名销售人员组成的小组,专门与沃尔玛公司联络。

　　(资料来源:百度文库.http://wenku.baidu.com/view/,经作者整理)

二、连锁企业定价方法

1. 成本导向定价法

　　成本导向定价法就是以成本为中心来制订价格的方法,其依据是:在定价时,要考虑收回企业在生产、经营中投入的全部成本,且能获得一定的利润。常用的成本导向定价法有以下两种。

　　(1) 成本加成定价法

　　成本加成定价法,又称加额法或标高定价法,是应用得最普遍的一种定价方法。其基本原理是商品单位成本加上若干百分比的毛利定出零售价,其计算公式为:

$$商品零售价 = 商品进货成本 \times (1 + 毛利率)$$

　　【例7-1】　设某连锁店某商品进货成本为100元,连锁店欲获得30%的毛利,则该商品的零售价格计算如下。

　　解:商品零售价=商品进货成本×(1+毛利率)=100×(1+30%)=130(元)
式中:毛利率——进货成本的毛利率,即毛利率=(商品销价－商品进价)÷商品进价。

不同季节、不同市场环境及不同类商品毛利率是不同的。

在市场环境因素基本稳定的情况下,采用这种方法可以保证各行业获得正常的利润,从而保证零售店经营的正常进行。在市场环境比较稳定的情况下,许多企业都采用这种定价方法。但是这种方法灵活性较差,不能适应竞争激烈的买方市场。

(2)售价加成定价法

售价加成定价法是以商品的最后销售价为基数,再按销售价的一定百分比来计算毛利率,最后得出商品的售价。其计算公式为:

$$商品零售价 = \frac{商品进货成本}{1-预定销售毛利率}$$

【例 7-2】 设某商品进货成本为 100 元,预定的销售毛利率是 30%,则该商品的售价应为多少?

解:
$$\begin{aligned} 商品零售价 &= \frac{商品进货成本}{1-预定销售毛利率} \\ &= \frac{100\ 元}{1-30\%} = 142.86(元) \end{aligned}$$

大多数零售企业一般采用以售价为基础的加成定价法,因为对于企业来说,更容易计算出商品销售的毛利率;而对于消费者来说,在售价相同的情况下,用这种方法计算出来的毛利率更容易被认为定价合理,因而该种价格更容易被接受。

2. 需求导向定价法

需求导向定价法是以需求为中心的定价方法。即定价时不是简单地只考虑商品的成本,以成本为依据,而是以消费者对商品价值的理解和认识程度为依据。以需求为中心的定价方法主要有以下两种。

(1)理解价值定价法

理解价值定价法也称觉察价值定价法,是以消费者对商品价值的感受及理解程度作为定价的基本依据。把买方的价值判断与卖方的成本费用相比较,定价时更应侧重考虑前者。因为消费者购买商品时总会在同类商品之间进行比较,选购那些既能满足其消费需要,又符合其支付标准的商品。消费者对商品价值的理解不同,会形成不同的价格限度。这个限度就是消费者宁愿付货款而不愿失去这次购买机会的价格。如果价格刚好定在这一限度内,消费者就会顺利购买。

为了加深消费者对商品价值的理解程度,从而提高其愿意支付的价格限度,零售店定价时首先要搞好商品的市场定位,拉开本企业商品与市场上同类商品的差异,突出商品的特征,并综合运用这种营销手段,加深消费者对商品的印象。使消费者感到购买这些商品能获得更多的相对利益,从而提高他们接受价格的限度,零售店则据此提出一个可销价格,进而估算在此价格水平下商品的销量、成本及盈利状况,最后确定实际价格。

(2)需求差异定价法

需求差异定价法以不同时间、地点、商品及不同消费者的消费需求强度差异为定价的基本依据,针对每种差异决定其在基础价格上是加价还是减价。主要有以下几种形式。

① 因地点而异。如国内机场的商店、餐厅向乘客提供的商品价格普遍高于市内的商店和餐厅。

② 因时间而异。现在五一、国庆、春节三个长假日也是三个购物黄金假期,商品价格较平时有一些增长。

③ 因商品而异。如对于同等质量和规格的商品,花色或式样陈旧的应定低价,而花色或式样新的则可以定高价。高档商品和低档商品的实用价值相差不大,而价格可以差别很大。

④ 因顾客而异。因职业、阶层、年龄等不同,顾客需求也不同。零售店在定价时对不同顾客给予相应的优惠或提高价格,可获得良好的促销效果。

实行差异定价要具备以下条件:市场能够根据需求强度的不同进行细分;细分后的市场在一定时期内相对独立,互不干扰;高价市场中不能有低价竞争者;价格差异适度,不会引起消费者的反感。

3. 竞争导向定价法

竞争导向定价是以市场上相互竞争的同类商品价格为定价基本依据,以市场竞争状况的变化来确定和调整连锁企业的价格水平,与竞争商品价格保持一定的比例,而不过多考虑成本及市场需求因素的定价方法。采用这种方法,要及时研究、把握竞争者的产品价格、质量、性能、服务等情况,对照本企业的实际情况,通过比较分析来确定价格。主要有通行价格定价和竞争价格定价等方法。

(1) 通行价格定价法。也称随行就市定价法,它是竞争导向定价方法中广为流行的一种。定价是使零售店商品的价格与竞争者商品的平均价格保持一致。这种定价法的目的是:

① 平均价格水平在人们观念中常被认为是"合理价格",易为消费者接受。

② 试图与竞争者和平相处,避免激烈竞争产生的风险。

③ 一般能为零售店带来合理、适度的盈利。

(2) 主动竞争定价法。与通行价格定价法相反,它不是追随竞争者的价格,而是根据超市商品的实际情况及与竞争对手的商品差异状况来确定价格。一般为富于进取心的超市所采用。定价时首先将市场上竞争商品价格与超市估算价格进行比较,分为高、一致及低三个价格层次。其次,将超市商品的性能、质量、成本、式样、产量等与竞争超市进行比较,分析造成价格差异的原因。再次,根据以上综合指标确定超市商品的特色、优势及市场定位,在此基础上,按定价所要达到的目标,确定商品价格。最后,跟踪竞争商品的价格变化,及时分析原因,相应调整超市商品价格。

阅读资料 7-4

连锁超市定价的五种参照法

合理的价格策略是连锁超市成功的关键。连锁超市的价格策略归纳起来,有如下几种。

1. 参照定价法

由于连锁超市最主要的特点是薄利多销,因此,同样两个超市,谁的价位偏低,顾客就选择谁。在商品定价之前,经营者应在进行市场调查的基础上,参照竞争对手的定价,尽量等于或小于该种商品的平均市场价格。

2．毛利率法

要薄利多销,经营者可以控制一个较低的毛利率,但并非各种商品均按相同的低毛利率加成出售。可以对所经营的商品划分类别,不同类别的商品按不同的毛利率加成,最终其综合毛利率较低。

3．折扣定价法

折扣定价法的主要形式有一次折扣、累计折扣、限时折扣等。一次折扣即在一定时间对所有商品价格下浮一定比例。累计折扣即根据顾客购买商品的金额常年推出的定价方法,目的在于稳定那些经常光顾超市的顾客。限时折扣是指在商品保质期到来之前给予折扣的方法,此外还有季节折扣、限量性折扣、新产品上市折扣、买一送一等。

4．特卖商品定价法

特卖商品定价法是指该商品的跌价幅度特别大,它对顾客有很强的吸引力。特卖商品是连锁超市的企业形象商品,是价格促销的重要方法。

5．销售赠品定价法

对于利润较高的产品品种,可以采用销售赠品的定价方法,即顾客购买了此种商品,无偿赠送可用于季节削价、限时定价或特卖定价的商品,由此刺激高利润商品的销售。

以上提及的连锁超市的定价策略是商家经常采用的,随着连锁超市的不断普及,新的定价策略也会层出不穷。经营者一定要不断总结经验,充分发挥价格这把金钥匙的作用,使连锁超市的经营更上一层楼。

(资料来源:百度文库.http://wenku.baidu.com/view/,经作者整理)

三、连锁企业的定价策略

连锁企业在确定基本的定价方法以后,还需制订相应的定价策略,以吸引更多的消费者。常用的定价策略有以下几种。

1．高价与低价策略

(1) 高价策略。这种策略也叫撇脂定价策略,即在新产品上调初期,把价格定得较高,以便在短期内获得最大的利润。对于价格需求弹性小的商品或要以价格表现商品价值的商品,以及独家经销的商品都比较适用。但这种策略不容易长期使用,在连锁经营中只适合少数需求弹性低的特色商品在短期内采用此策略。

(2) 低价策略。也称渗透定价。这种策略是把新产品的价格制订得较低,以便全力推出新产品,用最快的速度渗入市场,从而获得对市场一定程度的控制。这种定价策略的主要优点是能够吸引更多的消费者,迅速打开产品销路,同时使竞争对手难以参加竞争。另外,连锁企业的主要特点是薄利多销,对于销售量大、周转快的一些日常用品,可参照竞争对手的定价,尽量等于或小于该种商品的平均市场价格,在消费者心中树立物美价廉的形象。

2. 心理定价策略

（1）尾数定价。又称奇数定价,这种定价策略可以使消费者产生价格便宜的错觉而刺激购买。例如,某商品的标价49.90元或39.90元,比标价50元或40元更受欢迎。消费者会认为尾数价格是经过精细核算的价格,是对顾客负责的表现。同时,在心理上顾客会认为49.90元或39.9元要比50元或40元钱少,一般价格较低的商品都采用这种策略。

（2）整数定价。整数定价是企业有意识地将商品价格的尾数去掉的定价方法。对于价格较高的商品、耐用品和礼品等则采取整数定价策略。它容易使顾客产生“一分钱,一分货”的感觉,提高商品的形象。

（3）声望定价。这是利用企业和产品的声誉对产品定价的策略。有声望的商店、品牌商品可以把其价格定得比一般商店和商品的价格高。消费者对某些名牌或流行产品产生的崇尚心理,对有声望企业的信任感和安全感,能消除购买的心理障碍,价格高也愿意买。一般来说,声望定价最适用于服装、化妆品、饮食和药品等质量不易被消费者鉴别的商品。

（4）招徕定价。招徕定价是指连锁企业利用消费者的求廉心理,将一种或几种商品的价格定得特别的低,把消费者吸引到门店,然后利用连带推销使消费者购买其他商品,增加销售的一种方法。采用这种策略时要注意用来招徕消费者的特价商品大部分家庭都必须的,而且市场价格为大多数消费者所熟悉。只有这样,才能使消费者知道这种商品的价格确实低于一般市价。

（5）习惯定价。有些商品在消费者心中已经形成了一个习惯价格,这些商品的价格稍有变动,就会引起消费者的不满,提价时消费者容易产生抵触心理,降价会被认为降低了质量。因此对这类商品,不能轻易而频繁地变动价格,企业宁可在商品的内容、包装、容量等方面进行调整,也不采取调价的方法。否则会引起消费者的不满。

3. 商品组合定价策略

（1）关联产品组合定价。关联产品是指与主要产品一起使用的产品。对相互关联、相互补充的产品,采取不同的定价策略,可以迎合消费者的某些心理。对于一些既可单独购买,又可成套购买的商品,实行成套优惠价格,称组合定价。一般来说,主要商品制订较低的价格,以刺激消费者购买,而关联商品定价较高,以市价的关联商品获取高利,如打印机与墨盒、饮料与汉堡、游乐场门票与场内各种活动的价格等。

（2）捆绑定价。捆绑定价是指连锁企业将两种或两种以上的相关产品,捆绑打包出售,并制订一个合理的价格出售。连锁企业为消费者提供的许多商品可以采用捆绑定价的方法,即使这一组商品的价格低于单独购买其中每一件商品的费用总和,以此刺激消费者的购买欲望。如买电脑送宽带网、买手机送话费等。连锁企业经营商品繁多,容易找到符合条件的商品进行捆绑销售。所以捆绑定价是连锁商店经常使用的一种组合定价方法。

4. 折扣定价策略

（1）现金折扣。消费者可以在正常价格基础上购买商品后,再获得一定的折扣金额,连锁店有时采取在另一时间或地点返还折扣金额，使消费者产生"获得"的感觉。

（2）数量折扣。为了鼓励消费者多买商品，根据其购买商品的数量达到的标准，给予不同的折扣。买的商品越多，一般折扣越大。主要方式有以下几种。

① 累计折扣。一般用于一次购货，按消费者一次购买总量而给予不同的折扣。这种办法能使消费者一次购买量增大，从而会使销售成本降低，对买卖双方都有利。

② 非累计折扣。一般用于长期性交易活动。即规定在一定时期内消费者购买商品达到一定数量时，就给予一定折扣。这种办法有利于稳定消费者，以建立和消费者的长期关系。

（3）季节折扣。季节性商品的供货商，对提前进货的中间商给予一定的价格优惠，或对已过时的商品折扣出卖，使得零售商店可以借此机会做季节性折扣。

（4）会员折扣。为了吸引顾客成为长期踏实顾客而给予的差价折扣，许多商店的商品价格表上会写上两个价格，一个是正常价格，一个是会员价格，会员价格往往是正常价格的9折或9.5折不等，以促使消费者经常来商店享受这种超级待遇，保持顾客忠诚。

（5）运费折让。对距离较远的消费者，用减让一部分价格的办法弥补其全部或局部运费。

（6）价格折让。价格折让就是根据价目表给顾客以价格折扣的另一种类型，是减价的一种形式。例如，新产品试销折让，如商品标价115元，去掉零头，减价5元，顾客只付110元；以旧换新折让，当顾客买了一件新产品时，可交还同类商品的旧货，在价格上给予折让。

相关链接 7-3

超市商品"捆绑销售"究竟实惠了谁

比起货不对签的张冠李戴和低标高卖的瞒天过海，商家采取的花样繁多的销售手段更是让消费者防不胜防。现如今，各大超市食品促销力度陡增，"捆绑销售"就是超市促销的惯用手段。

"雾里看花"的捆绑销售价格

记者在省城长风街一家大型超市看到一款"看不懂"的咖啡包装——两盒咖啡绑在一起卖，附赠一把咖啡勺，标签上标着15.6元，当记者询问工作人员是不是包装中所有的东西加起来是15.6元时，一位销售人员说："买两个送一个搅拌棒，包装中一盒卖15.6元，整个包装卖31.2元。"若不是询问了销售人员，包括记者在内的多位正在选购此商品的消费者都会在结账时"吃哑巴亏"。在这些咖啡套装中间还夹杂着一些单盒销售的咖啡，而这个15.6元的价格指的就是这些单盒的价格。该销售人员称："购买时只要看标签就可以了，标签上的单位都是单盒。"记者随机采访了一位消费者："一看15.6元这么便宜，基本上不太会注意其标签上的单位，就直接买了。"另一位正在选购的消费者则说："超市这样做不是误导消费者吗？"

捆绑销售商品大多为"临期"食品

市民张先生反映,前几天他在省城双塔寺街的美特好超市买东西时,超市附赠了2大瓶580克原味酸奶以及4小盒120克装红枣酸奶,用透明胶带捆绑在一起。回家后,妻子查看生产日期才发现,大瓶和小盒的酸奶都只剩6天就要过期了。"早知道赠品是快过期的,就不买这么多了。"张先生说。

仔细观察会发现超市里的东西捆绑式的销售越来越多,买牛奶送杯子,买方便面送饭盒,买酒送烟,等等。记者在采访中还了解到,不少消费者感受到这样捆绑式的销售送的东西质量很差,好多东西还是无用的,而且商品中有相当一部分是即将过期的食品。

捆绑销售成超市"潜规则"

消费者过日子图的就是实惠,这些商品乍一看,整组买似乎真的要比单个买要实惠一些,但事实真是这样吗?面对捆绑销售带来的销量激增,众多超市对这种雾里看花的销售方式还是乐此不疲。

记者了解到,这种捆绑销售的策略是很多超市惯用的伎俩,消费者往往从心理上认为是便宜的。商家就是抓住消费者"反正送的东西不花钱,不要白不要"的心理进行销售,但毕竟"羊毛出在羊身上",这只是商家获取利润的一种营销手段。

曾在某大型超市监督科工作过李姓人士告诉记者,对于那些畅销产品,由于购买的人较多,超市方会压低价格让利于顾客。比如赶上超市店庆,就会在单品上采用低毛利的方式促进销售,而组合装通常不在活动的范畴内。"快过期的食品虽然没有损坏,可是一般没人愿意买。所以超市都是这样处理货品的。"该人士还说,这也算超市的一种"潜规则"。一般超市都会给快过期的食品定个超低价或是和新产品搞捆绑销售,一方面能避免货品过期卖不出去,积压在超市手里;另一方面,又能吸引消费者来购物,为超市招来人气。这对超市来说,是两全其美的事。

此外,该人士还说,在捆绑销售的时候,给食品绑胶带也是很有学问的,印有生产日期的包装袋那一面要紧贴着别的商品,一定不能露在外面。如果不能,也要用胶带把生产日期遮住,保证消费者不易察觉。"如果知道商品快过期,即使再便宜,消费者也不会买太多。超市这么做,也是为了快点把这些货卖掉。"

(资料来源:http://www.daynews.com.cn/scdb/wb/1702812.html,经作者整理)

■ 模块四 连锁企业的价格管理

一、价格信息的分析

1. 价格对比分析

价格对比是和竞争对手的商品定价进行比较,可以横向对比,即完全相同的商品与竞争对手的定价对比;也可以纵向对比,即同类不同规格商品的定价对比;可以一对一地单个比较;也可以是整体比较。通过对比可以了解竞争对手的价格水平和价格策略,明确门店与竞争对手价格水平之间的优劣势,进而有针对性地调整本店价格或通过陈列的改变等方式突出低于对比店价格的商品陈列位置,减少高于对比店商品的陈列面等来改变顾客的价格感受。

2．对竞争对手的定价分析

将采集到的竞争对手的价格信息输入电脑,通过设定的统计程序,排列、对比本店与竞争店的价格差异比率,另外通过本次采价与上次采价的对比,也可以了解到竞争店价格变化的升降比率,了解竞争店哪些商品价格变化频率较大,哪些商品价格比较稳定。通过对这些信息的分析,及时调整本店的商品结构及改变定价来保持本店商品定价的有效性。

3．价格信息的利用

通过价格对比,发现竞争店的价格出现了较大幅度的下调或相当于下调,如打折销售、大面积返利顾客等情况时,企业管理人员应立即与供货商联系并要求得到同样的折扣,同时本店价格要立即下调,若没有下调空间,则应立即将商品撤下柜台,或将商品从明显位置更换下来。对于供货商采取的短期特价优惠,本店应积极响应,争取抢先于竞争店推出特价。

4．定价策略的有效分析

定价策略是否成功,一方面在于策略的正确性;另一方面还在于其实施的有效性,定价策略实施是否有效,可从三个方面评价,即财务分析、消费者评价和竞争店变化。

二、连锁企业的降价

连锁企业最常用的价格调整方式是降价。当销售季末、销售缓慢、商品过时(过季)、不适销对路、质次价高或者商品价格高于竞争对手价格时,企业通常会采取降价的促销,并对降价时机和降价幅度做好控制。

1．降价时机的选择

连锁企业必须在保本期内把商品全部卖掉,在保本期内可以选择早降价、迟降价或交错降价。

(1) 早降价

绝大多数连锁企业采用早降价策略。早降价一般适用于商品在销售上有明显的滞销或商品的储存超过了一定时间。在需求还相当活跃时就把商品降价出售。这种时机选择有许多优点:

① 实施这种办法,是在需求还很旺盛时,就将商品降低价格出售,可以大大地刺激消费者的购买欲望,增加客流量,提高市场占有率。

② 降低了销售风险。早降价可以在销售季节中进一步降价,推动销售。

③ 早降价与在销售季节后期降价相比,只需要较少地降低价格就可以把商品卖出去。

④ 早降价可以早些出售商品,为新商品腾出资金、储存和销售空间。

⑤ 早降价可以加快商店资金的周转。

（2）迟降价

迟降价是保持最初的销售价格到期末，然后再采取明显的降价销售。迟降价也有许多优点：

① 商店可以有充足的时间按原价出售商品。

② 避免频繁降价对正常商品销售的干扰。

③ 减少商店由于频繁降价带来的利润降低。

（3）交错降价

交错降价就是在旺销季期间逐次降价，这种降价策略多和"自动降价计划"结合运用。在自动降价计划中，降价的金额和时机选择是由商品库存时间的长短决定的，这样可以有效保证库存的更新和早降价。例如，许多时尚商品专卖店在前几周削价 20%，然后过几周再削价 30%，这样下去直到商品卖完。

（4）全店出清销售

全店出清销售是指零售店定期全面降价的一种方式，通常一年有两三次。这种策略可以避免频繁的降价对正常的商品销售的干扰，其目的是在实时盘存和在一个季节到来之前迅速将商品出清。全店出清存货与自动降价政策相比，其优点是：为按原价出售商品提供了较长期限；频繁降价会破坏顾客对卖场正常定价政策的信任，而全店出清存货可避免这一点。

2. 降价幅度的控制

降价的幅度对降价的促销效果会产生重要影响，一次降价幅度过小，不易引起消费者注意，往往不能起到促销的作用，而一次降价幅度过大，消费者会对商品的使用价值、商品质量等产生怀疑，同样会阻碍商品销售。

根据实践经验，耐用消费品降价幅度一次不宜超过 10%；一般商品应在 10%～15%；流行性或季节性商品通常在最初标价上降价 25%～50%；才会使消费者感兴趣，如果降价幅度超过 50%，顾客可能会对商品品质产生怀疑。

确定商品的降价幅度，应以商品的需求弹性为依据。需求弹性大的商品，只要有较小的降价幅度，就可以使商品销售量大增；相反，需求弹性小的商品，需要有较大的调价幅度，才会扩大销售量。但是由于需求弹性小的商品，降价可能会引起销售收入和利润减少，所以掌握调价幅度时要慎重。

此外，商品的降价幅度，还受到存货水平、销售、储存空间、资金周转等因素的影响。

三、连锁企业的提价

连锁企业通常采用下列提价策略。

1. 做好消费者教育和促销工作，防止老顾客对消费的转移

提价会给消费者直接带来利益的损失，必然招致他们的情绪上的反感和购买行为上的抵制，假如提价超出他们心理承受能力会出现品牌忠诚度的下降甚至品牌的转移，从而给竞争对手制造抢夺市场的良机。因此提价前应公布商品采购成本的真实情况，争取消费者的理解，认同和接受涨价是正常现象，提价后，要对消费者进行必要的教育，说服消费者不要仅仅关注产品的价格，更应该注重产品的品牌、品质；同时在提价期间开展多

种形式的促销活动,给消费者适当的优惠让利,减轻消费者对价格的经济承受程度,维持和巩固他们对品牌的忠诚度。

2. 分步骤提价,一次提价幅度不宜过高

为了减少消费者对提价的抵触心理,连锁企业应采取分步骤提价的办法,明智的做法是分阶段、分步骤提价,尤其是顾客对价格非常敏感的商品,这些商品很多是招徕顾客的拳头商品,失去了这部商品分购买力,企业就会减少营业额,从经济数据上看,每一次提价的幅度不宜超过10%。连锁企业如果需要调整的价格幅度较大,最好采取分段调整的办法。随着时间的推移,使顾客对原来无法认同和接受的价格逐渐地适应,连锁企业的销售量也会稳步上升。

3. 选择提价时机

商品提价要在适当的时机进行,通常选择的提价时机有:

(1)当商品采购成本上升,商店已经出告示通知顾客一段时间,而顾客皆知采购成本上涨后,可进行商品提价。

(2)季节性商品换季时提价。如冬季商品换成春季商品时,对新上市的春季商品可以考虑以高于上一年的商品价格出售。

(3)年度交替时提价。新年或春节期间消费比较旺,消费者手中要花费的钱比较多,此时对商品价格敏感度减弱,在这一时期提价会容易被顾客接受。

(4)节日提价。传统节日和传统习俗时期,因为消费者这时对价格关心程度较低,对商品本身的关心程度较高,这时提高价格往往不会遭到消费者的拒绝。

四、应对价格挑战

价格战是连锁企业争夺客源最直接且最残酷的竞争手段。这就要求连锁企业必须对商品的市场价格做出及时、敏锐的反应,连锁企业可根据实际情况选择合适的应对策略。

1. 维持原价

商店经过分析后,认为本连锁店与竞争店提供的商品与服务有较大的差异性,或连锁店声誉佳、实力雄厚,竞争店的降价行为不会对本连锁店在该地区内或行业内的领导地位造成影响,因此决定维持原来的价格。决策者也可能为了避免恶性竞争,采取一些非价格竞争手段加以应对,如增加其服务内容,树立企业良好的形象等,以此加大企业竞争的差异性。

2. 降低价格

若降价商品的同质性程度较高,需求价格弹性较大,一旦竞争店长期降价,消费者对连锁超市商品的需求急剧降低,甚至导致企业的市场占有率下降,此时企业不得不跟进竞争店的降价行为,相应降低同类商品的价格。有时甚至降价的幅度要超过竞争店你死我活。这种价格战对竞争双方都不一定有利,但在市场中却屡见不鲜。

3. 调整商品群

若连锁企业没有在本行业占据有利地位,企业不具备成本优势与竞争店抗衡,此时,企业应采取补缺策略,经营竞争店不销售或优势较弱的商品,确定自己的经营特色。

参考案例 7-3

家乐福的价格管理策略

从表面上看,家乐福的商品价格大大低于国内其他零售商家。但是,其价格并非像人们所认为的那样低。家乐福为什么能在市场上树立低价的形象呢?除了"低价采购,低价销售"的原则外,它还着眼于消费者的心理感受所形成的效应,实施完善的价格管理。具体表现在如下几点。

1. 先入为主,着力营造价格低廉的公众形象

先入为主,是人们对客观世界形成最初印象的一般规律。家乐福就善于运用这一基本规律,在开业的最初几天把商品价格定得很低,当人们形成"便宜"的印象之后,再有计划地逐步提高某些商品价格。

2. 攻心为上,将低价形象植根于广大消费者心中

消费者购买商品的心理动机是其购买行为的隐秘而微妙的内在因素。家乐福特别擅长运用攻心战术,实施心理价格策略,制订能拨动消费者心弦的价格,将低价形象植根于消费者心中,从而激发其经常光顾的心理需求。

3. 精心挑选"磁石"商品,长年不断进行特价促销

选择一些需求量大、周转快、购买频率高的商品,作为吸引消费者的"磁石"商品,并对其制订低价招徕消费者。由于消费者对这些商品的价格耳熟能详,又便于比较,往往成为家乐福价格特别低廉的标志性商品。

4. 特价商品,特别陈列

另外,商品陈列的艺术也有助于形成和保持价格低廉的形象。家乐福无时不对特价商品实行集中固定陈列,摆放在商店最显眼的地方,使人们记住了特价商品的特低价格,而忽略了其他商品正常的甚至稍高的价格。

5. 商品价格灵活多变

家乐福的商品价格不是固定不变的,而是根据影响商品价格的多种因素的变化和市场需求状况及时调整的。价格的调整变动,使人们感觉到价格能准确地反映成本,也有助于形成价格低廉的形象。

问题讨论:

(1) 家乐福采取了哪些价格管理策略?

(2) 家乐福的定价策略对中国的连锁企业有何借鉴意义?

(资料来源:百度文库. http://wenku. baidu. com/view/,经作者整理)

项目小结

连锁企业促销管理是连锁经营管理的重要内容。连锁企业促销管理是有计划、有目的地进行的,在活动开展之前,首先,要设定促销目标,选择促销时机,确定促销商品。其

次,要突出促销主题。促销主题通常有:开业促销、周年店庆促销、例行性促销和竞争性促销。接着是确定促销方式,连锁企业应根据促销目标和促销主题合理选择促销方式,以提升促销效果。最后是进行促销预算,在明确促销预算目标的前提下,按照促销预算步骤合理规划连锁企业促销活动。连锁企业促销活动的策略通常包括特价促销策略、折扣和优惠促销策略、有奖促销策略和会员制促销策略,连锁企业要根据促销目标合理选择和组合。连锁企业促销管理的重点在于促销活动的实施,包括促销方案的拟订、促销活动的立案、促销商品的采购、宣传方案的确定、促销活动的准备、促销活动的举行和促销成果的评估。促销活动的评估这个环节包括选择促销评估方法、促销效果评估、供应商配合状况评估和自身运行状况评估四个部分。最后,连锁企业要对产品进行相应的定价和价格管理。一般而言,连锁企业商品的定价方法包括:成本导向定价法、需求导向定价法和竞争导向定价法。连锁企业一般采取的策略有:高价策略、低价策略、心理价格策略、差别价格策略、需求弹性价格策略和折让价格策略。连锁企业的价格管理包括价格信息的分析、连锁企业的价格调整和应对价格挑战。

练习与讨论

一、基本概念

促销目标 促销方式 促销预算 促销方案 尾数定价 捆绑定价 需求导向定价法
成本导向定价法 竞争导向定价法

二、基本训练

1. 单项选择题

(1) 品牌知名度高、市面上随处可见、容易取代的商品是( )。

    A. 节令性商品   B. 敏感性商品   C. 众知性商品   D. 特殊性商品

(2) 以下( )不是优价促销方式。

    A. 库存大清仓   B. 节庆大优待   C. 每日特价品   D. 有奖销售

(3) 以下( )不是促销活动的准备工作。

    A. 将宣传单分发至各部门,以提醒预估促销商品的数量和及时订货

    B. 理货员重新标价,信息部门对数据库信息进行更新

    C. 促销人员将宣传单提前分发到商圈内各住户

    D. 商品陈列是否调整恢复原状

(4) 特殊性商品是指( )。

    A. 中秋、元旦、春节等节日的一些专用品和礼品等

    B. 一般属必需品,市场价格变化大且顾客极易感受到价格的变化

    C. 品牌知名度高、市面上随处可见、容易被取代的商品

    D. 连锁企业自行开发、使用自有品牌、市面上无可比较的商品

(5) 以下各项中不是促销预算的目标的有( )。

    A. 检视预算资金是否能创造最高价值

    B. 控制预算资金

C. 及时让管理人员了解目前执行预算的情况

D. 决定开支的数目

（6）对于独家经营的商品定价比较适用（　　　）。

  A. 成本加成定价法　　　　　　　　B. 需求导向法

  C. 竞争导向法　　　　　　　　　　D. 售价加成定价法

（7）用几种商品的低价把顾客吸引到门店,利用连带推销促使顾客购买其他商品,这种定价方法是（　　　）。

  A. 捆绑定价　　　　B. 招徕定价　　　　C. 声望定价　　　　D. 渗透定价

（8）为了鼓励顾客多买商品,根据其购买商品数量达到的标准,给予不同折扣的是（　　　）。

  A. 现金折扣　　　　B. 数量折扣　　　　C. 季节折扣　　　　D. 会员折扣

2. 多项选择题

（1）会员制主要形式有（　　　）。

  A. 公司会员制　　　　　　　　　　B. 终身会员制

  C. 普通会员制　　　　　　　　　　D. 内部信用卡会员制

  E. 收费会员制

（2）促销评估方法包括（　　　）。

  A. 观察法　　　　　　　　　　　　B. 促销检查表法

  C. 前后比较法　　　　　　　　　　D. 访谈法

  E. 顾客调查法

（3）打折优待促销主要包括（　　　）。

  A. 设置特价区　　　　　　　　　　B. 批量作价优待

  C. 有奖促销　　　　　　　　　　　D. 会员制促销

  E. 现场演示促销

（4）下列各项中属于促销后活动的有（　　　）。

  A. 商品是否恢复原价

  B. 商品陈列是否调整恢复原状

  C. 服务台人员是否定时广播促销方式

  D. 过期海报、POP、宣传单是否均已拆下

  E. 卖场所有人员是否均了解促销期限和方式

（5）（　　　）可以作为促销的最佳时机。

  A. 周年庆典　　　　　　　　　　　B. 法定节日

  C. 传统节日　　　　　　　　　　　D. 答谢庆典

  E. 西方节日

（6）促销主题一般包括的种类有（　　　）。

  A. 开业促销　　　　　　　　　　　B. 周年店庆

  C. 例行性促销　　　　　　　　　　D. 竞争性促销

  E. 活动促销

（7）影响商品零售价格的因素有（　　　）。

A. 商品成本费用　　　　　　　　B. 商品质量

C. 消费者需求　　　　　　　　　D. 竞争对手的价格策略

E. 商品市场寿命周期

（8）需求差异定价法的主要形式有（　　　）。

A. 因质量而异　　　　　　　　　B. 因顾客而异

C. 因地点而异　　　　　　　　　D. 因时间而异

E. 因商品而异

（9）商品提价要在适当的时机进行,通常选择的提价时机有（　　　）。

A. 采购成本上升时　　　　　　　B. 商品换季时

C. 商品供不应求时　　　　　　　D. 年度交替时

E. 节日时

（10）应对价格挑战连锁企业选择合适的应对策略有（　　　）。

A. 维持原价　　　　　　　　　　B. 增加服务

C. 降低价格　　　　　　　　　　D. 调整商品群

E. 加大宣传

3. 判断题

（1）众知性商品主要是指连锁企业自行开发、使用自有品牌、市面上无可比较的商品。　　　　　　　　　　　　　　　　　　　　　　　　　　　　　（　　　）

（2）例行性促销通常是为配合节庆假日、民俗节日及地方习俗举办的促销活动。

（　　　）

（3）在连锁企业的促销方式中,分红方式通常是一种短期的持续性活动,而非长期的促销。　　　　　　　　　　　　　　　　　　　　　　　　　　　　　（　　　）

（4）普通会员制的顾客无须向连锁企业缴纳会费或年费。　　　　　（　　　）

（5）高价策略是在产品生命周期的开始阶段以高价投放市场,把产品卖给收入较高、对价格不太敏感又急需的顾客。　　　　　　　　　　　　　　　　　　（　　　）

（6）现金折扣是指对购买商品达到一定数量的顾客给予一定的折扣优待。购买量越多,给予的折扣就越大,以鼓励顾客大量购买。　　　　　　　　　　　　（　　　）

（7）成本导向定价法就是以成本为中心来制订价格的方法,其计算公式为：单位产品价格＝单位产品变动成本＋边际利润率。　　　　　　　　　　　　　（　　　）

（8）总部运行状况评估是主要评估门店对总部促销计划和方案的执行情况,是否完成总部布置的促销任务,促销商品在连锁门店中的陈列方式及数量是否符合连锁门店的实际情况等。　　　　　　　　　　　　　　　　　　　　　　　　　　　（　　　）

（9）连锁企业最常用的价格调整方式是降价。　　　　　　　　　　（　　　）

（10）确定商品的降价幅度,应以商品的需求弹性为依据。需求弹性大的商品,降价幅度应些,需求弹性小的商品,调价幅度则小些。　　　　　　　　　（　　　）。

4. 问答题

（1）连锁企业如何确定促销目标?

（2）连锁企业的促销主题有哪些？

（3）简述连锁企业促销预算的步骤。

（4）简述连锁企业促销效果评估包括哪几个方面。

（5）简述连锁企业促销活动的实施步骤。

（6）论述连锁企业促销方式的选择。

（7）连锁企业商品定价的方法有哪些？

（8）简述连锁企业的定价策略。

（9）连锁企业应如何应对价格挑战？

（10）如何进行价格信息的分析？

三、实训项目

（1）选择你所在社区的一家连锁门店，观察其进行促销的时机往往是一年中的哪些时间。注意其每次进行促销的主题是什么，以及每次进行促销时，促销时机和促销主题是如何结合的。

（2）选择你感兴趣的一家连锁门店，为其拟订一次促销方案。并通过角色扮演分组实训，培养处理实际问题的能力。

（3）考察几家连锁门店，观察其进行促销的商品有哪些，并分析不同的连锁门店在进行商品促销时在选择商品种类方面的异同点。

（4）连锁企业如何进行价格管理？针对本书中提到的每种策略举出具体的实例，并在此基础上，提出更好的策略方法，使连锁企业的效益更大化。

四、案例分析

沃尔玛怎样挖出价格空间

2014 年春节销售旺季来临，沃尔玛中国公司启动"生鲜早市"特卖时段：每天上午10 点前，"生鲜早市"区的指定蔬菜、鲜肉及海鲜类产品均以特惠价销售，蔬菜类商品在部分门店平均降价更是超过 50%。与此同时，沃尔玛 400 客户服务热线于近日完成升级换代，而"一次性买满 188 元，2 千米内免费送货"的便民服务也正在全国推广。

对于大超市消费者来说，完整的低价位定位和全球化大批量的适销产品，是他们选择购物场所最看重的因素，因此便捷的物流和价格比一直是零售业的竞争焦点。记者日前随高福澜总裁在北京北五环外的清河沃尔玛商场进行巡店，从日用百货到生鲜食品，高福澜总裁像普通消费者一样，最关注的是价格。

拥有 30 多年零售工作经验的高福澜介绍说，沃尔玛从 1962 年成立起就在世界各国践行公司核心使命——"为顾客省钱，让他们生活得更好"，自 1996 年进入中国开设第一家购物广场和山姆会员店，便一直为实现"天天平价"这一长远目标而努力。"我们在中国的发展战略是成为零售行业的价格领导者。同时通过市场调研甄选消费者喜爱的商品，配合以不断改良的陈列方式，持续推动店面改造，以提升顾客购物体验，在满足顾客需求的同时带来产品整体销售的增长。"

全球大批量的采购是沃尔玛在零售业站稳脚跟的最大优势。如何将沃尔玛的全球经验更好地运用于中国市场呢？高福澜在 2012 年 3 月就任中国总裁后，投入了大量精力降低商品采购成本和商场运营成本,在全国甚至全球甄选优质的供应商,进行大规模采购,以降低单价。为保持价格优势并吸引消费者,在全国400多家店里还特别推出十几种"省心价"商品。每家门店每月都需提交价格报告,各个门店管理层非常清楚自己在市场当中的价格处于一个什么位置,如果这些品类的商品需要降价,店面的营运管理层有权做降价决定,以确保不被竞争对手打败。

通过物流网络体系的高投入降低流通成本、换取市场份额是衡量零售企业经营管理水平的重要标志,也是影响零售企业经营业绩的重要因素。沃尔玛通过快捷的信息反馈和高效的物流管理系统,使商品库存量大大降低,资金周转速度加快,企业成本也自然降低,从而取得高于市场平均水平的利润。高福澜将沃尔玛的物流战略成功引入中国。据他介绍,沃尔玛在中国引入了国际一流的商场库存管理,确保更多商品经过全国的7家物流配送中心、7家鲜食配送中心严格的质量管理流程,并统一配送,以此来更好地控制成本,从而降低商品价格。以前沃尔玛大卖场在中国有29个采购办公室,竞争对手也在各个城市或区域设有采购办公室。一年前,沃尔玛中国开始调整采购架构,现在所有的采购决策基本上都是由深圳的采购办公室做出来的。"我们认为,把所有的采购人员集中到一个地方,比分散在29个采购办公室更加高效。"

(资料来源:和讯新闻. http://news. hexun. com/2014-01-29/161854172. html)

问题讨论:

(1) 沃尔玛是如何实施她的低价策略的?

(2) 沃尔玛为实现低价所采用的方法和策略对中国的连锁超市有何借鉴意义?

项目八 连锁企业物流与配送管理

学习目标

知识目标

- 掌握连锁企业物流的基本概念、作用；
- 了解连锁企业物流的构成及主要环节；
- 掌握合理商品储存的内容。

技能目标

- 能发现连锁企业配送作业环节存在的具体问题并加以解决；
- 熟悉配送业务流程，能正确地进行配送作业；
- 学会用合理的方法控制商品库存。

案例导入

加拿大大都市公司食品配送中心

加拿大大都市会公司（Metro-Richelieu）的食品杂货配送中心是加拿大魁北克省最大的商品配送中心，M-R配送中心坐落在一幢庞大的单层建筑里，总面积达5.5万平方米，层高近9米。M-R配送中心的固定配货对象有320家零售商、18家区域批发商。配送服务供应半径为300千米，每日配送发货量超过10万箱。从接到客户要货指令，到配送发货、商品到达客户，一般不超过8个小时，实现了"日配"。

1. 计算机管理

M-R配送中心对进货、存货、配送、发货进行全过程的计算机控制。进货、仓位、货架、配送运输线、发往何处、发多少货、库存等，都借助计算机有条不紊地进行。M-R配送中心还与部分零售商的POS系统联网，随时了解商店的销售动态，做到商店尚未提出要货，就已把缺货的商品主动送上门。

2. 条形码

进出M-R配送中心的商品，除了商品条形码标记以外，商品的包装箱外还贴有区位码和物流码。有的区位码是由计算机处理信息后，由配送中心通知供应商贴上的，所以货物由供应商送到配送中心后，可以很快送到指定的仓位、货架存储。物流码则主要用于配送过程中，一般配送发货前贴上，部分在进货时就贴上。借助于物流码，自动分拣系统可以方便地分拣配送商品。

3. 自动分拣系统

自动分拣系统是 M-R 配送中心的关键设备,整个系统有控制室、现场监视器。操作员坐在控制室内,从监视器屏幕上,可以选择看到不同部位商品配送的情景。纵横交错的辊道运输线将各个仓位、货架连成一体,便于进行自动配送。除了主运线外,M-R 配送中心设有 12 条分支线,直接通往 12 个发货出口。发往同一供货对象的不同商品,或者发往不同供货对象的同一商品,在主运送线上移动时,激光扫描仪会自动"阅读"商品箱的物流码,将信息传送到"道口",商品箱移动到"道口"时,便会被自动传入指定的分支线,送达指定的出口处打包发货。

4. 自动打包机

M-R 配送中心的 12 个出口处,每个都装有一台大型自动打包机。发往同一供货对象的商品,由辊道运输线送到打包平台上,自动打包机便将小型分散的不同商品箱,组合打包成一个标准箱,送上卡车运往要货单位。

案例点评:连锁经营已经日益成为我国主流的商业零售业态,大量商业连锁企业兴建物流配送中心,将连锁物流作为连锁经营的纽带,对商业连锁企业的发展起到了强大的推动作用。

(资料来源:中国物流门户网.http://www.56abc.com)

■ 模块一　连锁物流概述

一、连锁物流的含义

连锁物流只是物流运营同连锁经营相结合的结果,是指从商品采购到商品销售给消费者的商品移动过程,是与商流、信息流和现金流并列的四大连锁经营机能之一,主要包括采购、运输、储存、加工、包装、配送、信息伴随等环节。每个环节又可分为许多子系统,如配送环节是由备货、理货和送货三个基本环节组成。

相关链接 8-1

第三个利润源

"第三个利润源"说法主要出自日本。从历史发展来看,人类历史上曾经有过两个大量提供利润的领域。第一个是资源领域;第二个是人力领域。在两个利润源潜力越来越小、利润开拓越来越困难的情况下,物流领域的潜力被人们所重视,按时间序列被排为"第三个利润源"。

(资料来源:东方物流信息网.http://www.df56.net)

二、物流系统在连锁经营中的地位和作用

物流系统在连锁经营中主要起商品的集散作用,主要有集中采购、集中储备和统一配送三大作用。

1. 集中采购

在连锁经营中,除特殊情况外,各分店所需要的商品均集中进行采购。这是连锁经营的生命力所在。通过集中采购,可以极大地降低采购成本,增强对供应商的吸引力,减少流转环节,稳定供货渠道,从而实现企业效益和社会效益双增加。

2. 集中储存

储存是物流系统的主要职能之一。在连锁经营中,将供货集中起来,可以尽可能增加销售门店的营业面积,大大减少各分店单独储存需要的保险储备总量。此外,集中储存通过储销的职能分工及专业化管理,可以减少库存总面积,提高库存周转率,从而降低库存成本。

3. 统一配送

集中采购与集中储备都属于商品"集中"的物流过程,"分散"则由配送职能来完成。配送的质量好坏直接反映物流系统的服务水平。统一配送相对于各自提货来说,可以更好地解决效率问题,从而使物流系统更加趋于完善。

连锁经营的成败,在一定程度上取决于能否建立起一套完善有效的物流系统,这是连锁企业走向更大成功的前提和保障。而评价物流系统效用的标准,就是看上述三大作用的实现情况。

阅读资料 8-1

戴尔成功的诀窍——高效物流配送

在不到 20 年的时间内,戴尔计算机公司的创始人迈克尔·戴尔白手起家,把公司发展到 250 亿美元的规模。即使面对美国经济目前的低迷,在惠普等超大型竞争对手纷纷裁员减产的情况下,戴尔仍以两位数的发展速度飞快前进。根据美国一家权威机构的统计,戴尔 2001 年一季度的个人电脑销售额占全球总量的 13.1%,仍居世界第一。

戴尔公司分管物流配送的副总裁迪克·亨特一语道破天机:"我们只保存可供 5 天生产的存货,而我们的竞争对手则保存 30 天、45 天,甚至 90 天的存货。这就是区别。"

物流配送专家詹姆斯·阿尔里德在其专著《无声的革命》中写道,主要通过提高物流配送打竞争战的时代已经悄悄来临。看清这点的企业和管理人员才是未来竞争激流中的弄潮者,否则,一个企业将可能在新的物流配送环境下苦苦挣扎,甚至被淘汰出局。

亨特在分析戴尔成功的诀窍时说:"戴尔总支出的 74% 用在材料配件购买方面,2000 年这方面的总开支高达 210 亿美元,如果我们能将在物流配送方面的支出降低 0.1%,就等于我们的生产效率提高了 10%。"物流配送对企业的影响之大由此可见一斑。

信息时代,特别是在高科技领域,材料成本随着日趋激烈的竞争而迅速下降。以计算机工业为例,材料配件成本的下降速度为每周 1%。从戴尔公司的经验来看,其材料库存量只有 5 天,当其竞争对手维持 4 周的库存时,就等于戴尔的材料配件开支与对手相比保持着 3% 的优势。当产品最终投放市场时,物流配送优势就可转变成 2%～3% 的产品优势,竞争力的强弱不言而喻。

在提高物流配送效率方面,戴尔和50家材料配件供应商保持着密切、忠实的联系,庞大的跨国集团戴尔所需材料、配件的95%都由这50家供应商提供。戴尔与这些供应商每天都要通过网络进行协调沟通:戴尔监控每个零部件的发展情况,并把自己新的要求随时发布在网络上,供所有的供应商参考,提高透明度和信息流通的效率,并刺激供应商之间的相互竞争;供应商则随时向戴尔通报自己的产品发展、价格变化、存量等方面的信息。

几乎所有工厂都会出现过期、过剩的零部件。而高效率的物流配送使戴尔的过期零部件比例保持在材料开支总额的0.05%~0.1%之间,2000年戴尔全年在这方面的损失为2 100万美元。而这一比例在戴尔的对手企业都高达2%~3%,在其他工业部门更是高达4%~5%。

即使是面对如此高效的物流配送,戴尔的亨特副总裁仍不满意:"有人问5天的库存量是否为戴尔的最佳物流配送极限,我的回答——当然不是,我们能把它缩短到两天。"

(资料来源:http://www.56885.net,2007-03-15)

三、连锁物流的构成

连锁物流活动主要由供应物流、销售物流、回收物流等组成。在构成中连锁物流配送中心处于十分重要的地位。连锁物流主要有下列两种结构形式。

(1) 如果连锁集团有自己的配送中心,而且它只服务于自己的连锁分店,那么其物流的结构如图8-1所示。

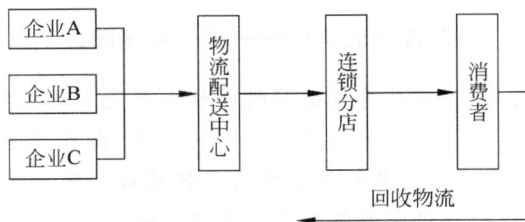

图 8-1 自己的物流配送中心

(2) 有物流配送中心是社会性的,或是连锁集团的配送中心,但担负着供应非连锁店的服务,这种物流中心的物流结构如图8-2所示。

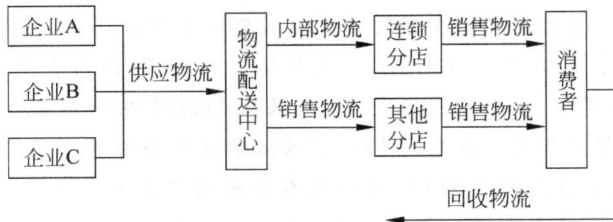

图 8-2 社会性的或供应非连锁店的连锁集团配送中心

■ 模块二　连锁物流的主要环节

连锁物流一般要经过包装、装卸搬运、仓储、运输、流通加工、信息处理等主要环节。

一、包装

1．包装的定义

国家标准《包装流通术语》中（GB/T 4122.1—1996），对包装下的定义是："所谓包装是指为在流通过程中保护商品、方便运输、促进销售，按照一定技术方法而采用的容器、材料及辅助物等的总体名称，也指为了达到上述目的而采用容器、材料和辅助物等的过程中施加一定技术方法等的操作活动。简单地说，包装就是包装物和包装操作活动。"

2．包装的作用

包装的作用归纳起来，有以下几个方面。

（1）保护商品

在物流系统中，包装的首要作用是保护商品，避免在移动和存储过程中发生货损、货差；防止物品在运输、装卸搬运中受到外力冲击、碰撞和摩擦；防止在恶劣环境下发生受潮、发霉、生锈、变质等化学变化；防止有害生物对物品的破坏等。

（2）方便流通

从物流方面考虑，包装单位的大小应和装卸、搬运、仓储、运输条件的能力相适应。在此基础上应尽量做到便于集中输送以获得最佳的经济效果，同时又要求能分割及重新组合以适应多种装运条件及分货要求。从商业交易方面来考虑，包装单位大小应适合于进行交易的批量；在零售商品方面，应适合于消费者的一次性购买。

（3）促进销售

良好的包装，往往能为广大消费者所瞩目，从而激发其购买欲望，成为产品推销的一种主要工具和有力的竞争手段。包装上的说明更能使消费者了解商品，进而购买商品。

（4）便于处理

通过包装而使货物便于处理也是工业包装的作用之一。货物的形态是各种各样的，有固体、液体、气体之分，有大有小，有规则与不规则，有块状与粉末状，有硬与软等各种特性，而装卸运输的工具式样要少得多，为了提高处理的效率，也必须对货物进行包装。

3．包装的种类

可以从多个角度对包装进行划分，按照包装在物流中发挥的作用划分包装有以下几种。

（1）商业包装。为了吸引消费者的注意力，成功的销售包装能够方便顾客，引起消费者的购买欲，并能提高商品的价格。这种包装是以促进销售为目的的，特点是外观美观，有必要的装潢，包装单位适于顾客的购买量及商店陈列要求。

（2）工业包装。它也称为运输包装，相当于外包装。是基于运输的目的，起着保护商品、方便运输、方便装卸搬运及储存的作用，根据需要对包装容器有缓冲、防震、固定、保温、防水的技术措施的要求。

按照包装形态划分,包装有以下几种。

(1)个包装,它是直接盛装和保护商品的最基本的包装形式。个包装的标识、图案和文字应起到指导消费、便于流通的作用。

(2)内包装,它是个包装的组合形式,在流通过程中起到保护商品、简化计量和方便销售的作用。

(3)外包装,它是商品的外层包装,起到保护商品、简化物流环节等作用。

二、装卸搬运

1.装卸搬运的概念

所谓装卸是指将物品在指定地点以人力或机械装入运输设备或卸下的活动;而搬运是指在同一场所内对物品进行以水平移动为主的物流作业,两者全称装卸搬运。

在物流的各个环节之间和同一环节的不同活动之间,都必须进行装卸搬运作业。在企业的整个物流供应链中,是装卸搬运将物流活动的各个阶段连接起来,成为连续的流动过程。所以,商品装卸搬运是发生频率最高的一项作业,装卸搬运活动效率的高低,直接影响物流的效率。

2.装卸搬运的特点

(1)装卸搬运是附属性、伴生性的活动。由于装卸搬运是物流每一项活动开始及必然发生的活动,因而有时常被人忽视,有时又被看作其他操作时不可缺少的组成部分。

(2)装卸搬运是支持、保障性活动。装卸搬运的附属性不能理解成被动的,实际上,装卸搬运对其他物流活动有一定的决定性。装卸搬运会影响其他物流活动的质量和速度。

(3)装卸搬运是衔接性的活动。在任何其他物流活动互相过渡时,都是以装卸搬运来衔接的。因而,装卸搬运往往成为整个物流的"瓶颈",是物流各功能之间能否形成有机联系和紧密衔接的关键,而这又是一个系统的关键。建立一个有效的物流系统,关键看这一衔接是否有效。

3.装卸搬运的地位

装卸搬运活动的基本动作包括装车(船)、卸车(船)、堆垛、入库、出库以及连接上述各项动作的短程输送,是随运输和保管等活动而产生的必要活动。

在物流过程中,装卸搬运活动是不断出现和反复进行的,它出现的频率高于其他各项物流活动,每次装卸活动都要花费很长时间,所以往往成为决定物流速度的关键。装卸活动所消耗的人力也很多,所以装卸费用在物流成本中所占的比重较高。以我国为例,铁路运输的始发和到达的装卸作业费大致占运费的20%;船运费占40%左右。因此,为了降低物流费用,装卸搬运是个重要环节。

此外,进行装卸操作时往往需要接触货物,因此,这是在物流过程中造成货物破损、散失、损耗、混合等损失的主要环节。例如,袋装水泥纸袋破损和水泥散失主要发生在装卸过程中;玻璃、机械、器皿、煤炭等产品在装卸时最容易造成损失。

阅读资料 8-2

装卸搬运小知识

（1）据我国统计，火车货运以 500 千米为分界点，运距超过 500 千米，运输在途时间多于起止的装卸时间；运距低于 500 千米，装卸时间则超过实际运输时间。

（2）美国与日本之间的远洋船运，一个往返需 25 天，其中运输时间 13 天，装卸时间 12 天。

（3）根据我国对生产物流的统计，机械加工工厂每生产 1 吨成品，需进行 252 吨次的装卸搬运，其成本为加工成本的 15.5%。

三、仓储

1. 仓储的概念

仓储是通过仓库对物品进行储存和保管。其中，"仓"也称仓库，是存放物品的建筑物或场所，它可以是房屋建筑物、大型容器、洞穴或其他特定的场所，具有存放和保护物品的功能；"储"表示收存以备使用，具有积蓄、保管和交付使用的意思。"仓储"则是利用仓库存放、储存未使用物品的行为。

2. 仓储在物流中的作用

（1）仓储是保证社会再生产过程顺利进行的必要条件

货物的仓储过程不仅是商品流通的必要保证，也是社会再生产过程得以进行的必要条件，缺少了仓储，流通过程便会终止，再生产过程也将停止。

（2）仓储是物流系统中不可缺少的重要环节

从供应链角度看，物流过程由一系列的"供给"和"需求"组成，在供需之间存在物的"流动"，也存在物的"静止"，这种"静止"是为了更好地使前后两个流动过程衔接，缺少必要的"静止"，会影响物的有效"流动"。仓储环节正是起到物流中的有效"静止"作用。

（3）仓储能对商品进入下一环节前的质量起保护作用

货物在物流过程中，通过仓储环节，在进入下一环节前进行检验，可以防止伪劣商品混入市场。因此，为保证商品的质量，把好仓储管理这一关，以保证商品不变质、不受损、不短缺和有效的使用价值是非常重要的。

（4）仓储是加快商品流通，节约流通费用的重要手段

商品在仓库内的滞留，表面上是流通的停止，而实际上恰恰促进了商品流通的畅通。一方面，仓储在调配余缺、减少生产和销售部门的库存积压，在总量上减少地区内商品存储量等方面起到非常积极的作用。另一方面，加快仓储环节的收发和出库前为流通所做的充分准备，将直接影响商品流通的时间。

（5）仓储为商品进入市场做好准备

仓储可以使商品在进入市场前完成整理、包装、质检、分拣、加标签等加工，以便缩短后续环节的工作和时间，加快商品的流通。

参考案例 8-1

大胆的零库存管理

零库存管理是建立在整个企业信息化管理基础之上的,经过了近十年的信息化建设,格兰仕的集约管理水平也随着企业的逐渐壮大而进一步提升。伴随着零库存管理的思想,格兰仕还向合作伙伴们提出了"商家经营零风险"的策略,这一措施使得原材料供应商、销售合作伙伴都主动接受"格兰仕的目标就是我们的目标"的理念。正是零库存给了格兰仕在家电制造领域强有力的自信。尽管两年前,首次涉水空调产业时,人们纷纷表达了对这个微波炉企业的质疑,但今天格兰仕已经成功地将微波炉生产中积累起来的信息化经验引入空调的生产和营销,并取得了不俗的业绩。除了在视频化的网上营销平台提供产品供应和原材料采购信息外,格兰仕还在自己的企业网站上建立起了用户和客户的档案和交流平台。不过,更有意思的是,格兰仕在网站上还提供了一个视频系统,客户和用户可以通过这个系统看到格兰仕的原材料、产品,甚至还能够直接看到工厂的生产线。视频系统的运用给格兰仕带来的是更多的市场机会。2003 年上半年,尽管 SARS 肆虐给国内的经济蒙上了一层阴影,不少企业业绩下降,但格兰仕却因为对这个视频系统的积极利用,避开了这一劫。因为海外客户虽不能像过去一样亲自到生产现场进行考察,但视频系统却仍然能够使他们"身临其境",对企业的生产、检测、出货等流程一目了然。2003 年,格兰仕的出口不降反升,空调出口更实现了同比 220% 的增长。

(资料来源:互联网周刊.http://www.jctrans.com,2007-09-06)

四、运输

1. 运输的概念

运输是人和物的载运及输送。本书中专指"物"的载运及输送。它是在不同地域范围间(如两个城市、两个工厂之间,或一个大企业内相距较远的两车间之间),以改变"物"的空间位置为目的的活动,对"物"进行空间位移。运输和搬运的区别在于,运输是较大范围的活动;而搬运是在同一地域之内的活动。

2. 运输的地位

(1) 运输是物流的主要功能要素之一

按物流的概念,物流是"物"的物理性运动,这种运动不但改变了"物"的时间状态,也改变了物的空间状态。而运输承担了改变空间状态的主要任务;运输是改变空间状态的主要手段,运输再配以搬运、配送等活动,就能圆满完成改变空间状态的全部任务。

(2) 运输是社会物质生产的必要条件之一

运输作为社会物质生产的必要条件,表现在以下两方面。

① 在生产过程中,运输是生产的直接组成部分,没有运输,生产内部的各环节就无法联结。

② 在社会上,运输是生产过程的继续,这一活动联结生产与再生产、生产与消费的环节,联结国民经济各部门、各企业,联结着城乡,联结着不同国家和地区。

（3）运输可以创造"场所效用"

场所效用的含义是：同种"物"由于空间场所不同，其使用价值的实现程度不同，其效益的实现也不同。由于改变场所而最大限度发挥使用价值，最大限度提高了投入产出比，这就称为"场所效用"。通过运输，将"物"运到场所效用最高的地方，就能发挥"物"的潜力，实现资源的优化配置。从这个意义来讲，也相当于通过运输提高了"物"的使用价值。

（4）运输是"第三利润源"的主要源泉

① 运输是运动中的活动，它和静止的保管不同，要靠大量的动力消耗才能实现这一活动，而运输又承担大跨度空间转移的任务，所以活动的时间长、距离长、消耗也大。消耗的绝对数量大，其节约的潜力也大。

② 从运费来看，运费在全部物流费中占最高的比例，一般综合分析计算社会物流费用，运输费在其中占接近50％的比例，有些产品运费甚至高于产品的生产费。所以节约的潜力很大。

③ 由于运输总里程大，运输总量巨大，通过体制改革和运输合理化可大大缩短运输吨·千米数，从而获得比较大的节约。

3. 运输方式及特点

（1）公路运输

公路运输是主要使用汽车，也使用其他车辆（如人力、畜力车）在公路上进行货客运输的一种方式。公路运输主要承担近距离、小批量的货运和水运、铁路运输难以到达地区的长途、大批量货运及铁路、水运优势难以发挥的短途运输。由于公路运输有很强的灵活性，近年来，在有铁路、水运的地区，较长途的大批量运输也开始使用公路运输。

公路运输主要优点是灵活性强。公路建设期短，投资较低，易于因地制宜，对收到站设施要求不高。可以采取"门到门"运输形式，即从发货者门口直到收货者门口，而不需转运或反复装卸搬运。公路运输也可作为其他运输方式的衔接手段。公路运输的经济半径，一般在200千米以内。

（2）铁路运输

铁路运输是使用铁路列车运送客货的一种运输方式。铁路运输主要承担长距离、大数量的货运，在没有水运条件的地区，几乎所有大批量货物都是依靠铁路，是在干线运输中起主力运输作用的运输形式。

铁路运输优点是速度快，运输不大受自然条件限制，载运量大，运输成本较低。主要缺点是灵活性差，只能在固定线路上实现运输，需要以其他运输手段配合和衔接。铁路运输经济里程一般在200千米以上。

（3）水运

水运是使用船舶运送客货的一种运输方式。

水运主要承担大数量、长距离的运输，是在干线运输中起主力作用的运输形式。在内河及沿海，水运也常作为小型运输工具使用，担任补充及衔接大批量干线运输的任务。

水运的主要优点是成本低，能进行低成本、大批量、远距离的运输。但是水运也有显而易见的缺点，主要是运输速度慢，受港口、水位、季节、气候影响较大，因而一年中中断运输的时间较长。水运有以下四种形式。

① 沿海运输。是使用船舶通过大陆附近沿海航道运送客货的一种方式,一般使用中、小型船舶。

② 近海运输。是使用船舶通过大陆邻近国家海上航道运送客货的一种运输形式,视航程可使用中型船舶,也可使用小型船舶。

③ 远洋运输。是使用船舶跨大洋的长途运输形式,主要依靠运量大的大型船舶。

④ 内河运输。是使用船舶在陆地内的江、河、湖、川等水道进行运输的一种方式,主要使用中、小型船舶。

(4)航空运输

航空运输是使用飞机或其他航空器进行运输的一种形式。航空运输的单位成本很高,因此,主要适合运载的货物有两类,一类是价值高、运费承担能力很强的货物,如贵重设备的零部件、高档产品等;另一类是紧急需要的物资,如救灾抢险物资等。

航空运输的主要优点是速度快,不受地形的限制。在火车、汽车都达不到的地区也可依靠航空运输,因而有其重要意义。

(5)管道运输

管道运输是利用管道输送气体、液体和粉状固体的一种运输方式。其运输形式是靠物体在管道内顺着压力方向循序移动实现的,和其他运输方式的重要区别在于,管道设备是静止不动的。

管道运输的主要优点是,由于采用密封设备,在运输过程中可避免散失、丢失等损失,也不存在其他运输设备本身在运输过程中消耗动力所形成的无效运输问题。另外,运输量大,适合于大且连续不断运送的物资。

相关链接 8-2

效益背反说

效益背反说是物流领域中经常出现的普遍现象,是这一领域中内部矛盾的反映和表现。以包装问题为例,包装方面每少花一分钱,从表面上看这一分钱就必然转到收益上来,包装越省,利益则越高。但是,商品进入流通之后,如果节省的包装降低了商品的防护效果,结果造成了大量损失,就会造成储存、装卸、运输功能要素的工作劣化和效益大减。

五、流通加工

1. 流通加工的概念

商品流通是以货币为媒介的商品交换过程,其重要职能是将生产及消费(或再生产)联系起来,起"桥梁和纽带"作用,完成商品所有权与实物形态的转移。流通与流通中实体的关系,一般不是改变其形态而创造价值,而是保持流通对象的已有形态,完成空间时间的转移,实现商品的"时间效用"及"场所效用"而创造价值。

在流通过程中辅助性的加工活动称为流通加工,是物流系统的构成要素之一。流通加工在生产、流通、消费领域的位置如图 8-3 所示。

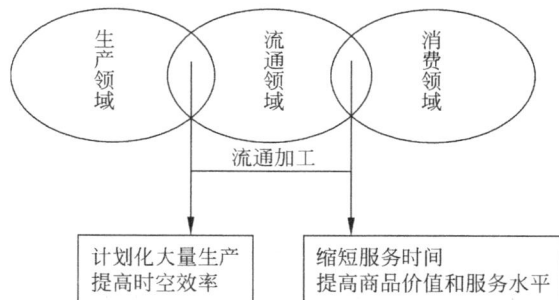

图 8-3 流通加工在生产、流通、消费领域的位置

流通加工是物流中的重要利润源泉。流通加工是一种低投入高产出的加工方式,往往以简单加工解决大问题。实践证明,有的流通加工通过改变装潢使商品档次跃升而实现增值,有的流通加工将产品利用率一下子提高 20%～50%,这是采取一般方法提高生产率所难以完成的。根据我国近些年的实践,流通加工仅就向流通企业提供利润一点,其成效并不亚于从运输和储存中挖掘的利润,是物流中的重要利润源。

2. 流通加工的作用

流通加工的作用主要如下。

(1) 方便流通,包括方便运输、方便储存、方便销售、方便用户。

(2) 提高了生产效益,也提高了流通效益。

(3) 流通加工不但方便了用户购买和使用,还降低了用户成本。

(4) 提高了加工效率及设备利用率。

(5) 充分发挥各种输送手段的效用。

(6) 可实现废物再生,物资充分利用、综合利用,提高物资利用率。

(7) 改变功能,增加商品价值,提高收益。

阅读资料 8-3

蔬菜深加工

发达国家在蔬菜采收后及时进行商品化处理,即预冷—加工—分级包装—冷藏运输—批发市场(或超市)的冷库(或冷柜)—消费者的冰箱,形成一条"冷链",这样既可保持蔬菜原有的外观、新鲜度和营养价值,又可大大降低损耗。

我国许多大中城市的鲜奶及超市中供应的肉禽鱼加工产品、奶制品都是利用"冷链"系统运作的,且成为超市中的一个消费热点。相比之下,超市中的蔬菜及其加工半成品,质量相形见绌,主要原因是蔬菜在采后处理、流通过程中没有按"冷链"系统运作。

发展蔬菜深加工,不仅能解决地产菜的出路,还可实现加工增值,增加农民收入,促进农村外向型经济发展,促进农村经济繁荣。蔬菜加工业的发展为市场提供了优质、营养、保健、丰富多彩的蔬菜加工产品,可以刺激消费,扩大市场,提高效益,进一步促进蔬菜产业持续发展。

蔬菜加工业是蔬菜产业链中一个重要环节,应当把发展蔬菜加工业作为我国农业结构调整和蔬菜产业化的基础工作来抓,加快它的发展。

(资料来源:毕金山,蒋忠明,周康熙.建设开发南京市蔬菜加工业的意见[J].长江蔬菜,2011(2))

六、信息处理

1. 物流信息

物流信息是指与物流活动相关的信息,是反映物流各种活动内容的知识、资料、图像、数据、文件的总称。从信息的来源看,物流信息一部分来自物流活动本身;另一部分则来自商品交易活动和市场。连锁企业物流活动的管理和决策是建立在物流信息准确而全面把握的基础上,物流作业的效率同样业离不开物流信息的支持。例如,运输工具的选择、运输线路的确定、在途货物的跟踪、订单的处理、库存状况的把握、配送计划的制订和分拣的指示等,都需要详细和准确的物流信息。

阅读资料 8-4

沃尔玛的物流信息技术

20 世纪 70 年代沃尔玛建立了物流的信息系统 MIS(Management Information System),也叫管理信息系统,这个系统负责处理系统报表,加快了运作速度。

20 世纪 80 年代与休斯公司合作发射物流通信卫星,1983 年的时候采用了 POS 机(全称 Point Of Sale,即销售始点数据系统)。1985 年建立了 EDI,即电子数据交换系统,进行无纸化作业,所有信息全部在计算机上运作。1986 年的时候它又建立了 QR,称为快速反应机制,对市场快速拉动需求。

凭借这些信息技术,沃尔玛如虎添翼,取得了长足的发展。

(资料来源:黄静.电子商务物流管理[M].北京:清华大学出版社,北京理工大学出版社,2008)

2. 物流信息作用

(1) 效益决定功能

连锁企业的物流信息对企业经营效益有着决定的功能。这是因为在当前信息世界,信息贯穿着企业整个生产经营过程,企业经营管理者是依赖各种信息来决策、指挥和调节生产经营的。没有准确适当的经营信息,企业的生产经营就会产生盲目性,更谈不上经营效益。物流信息是企业信息的重要组成部分,物流信息不仅反映物流活动的情况,也反映市场状况和生产动态,是企业进行经营管理的前提之一。因此,连锁企业能否准确有效地收集、处理和使用物流信息,在一定程度上决定着企业的经济效益和社会效益。

(2) 中枢神经功能

物流信息在物流活动中具有中枢神经的功能。这是因为物流信息在整个物流活动中起着指挥和协调作用。如果信息失误,物流各系统、各环节的衔接活动便无法进行;如果没有物流信息系统,企业的整个信息系统便会瘫痪。商品实体的运动就像一个人的手足活动,大脑的中枢神经活动就是信息源,没有它,就没有人的运动。当然,信息涉及传递方向的问题,中枢神经的信号如果只产生而不能传送到手足,同样也不可能指挥人的运动。这种传递必须依赖于有效的信息系统。所以,物流信息系统,就如传递中枢神经信号的神经系统。高效的信息系统是物流系统正常运转的必要条件。

（3）支持保障功能

物流信息具有支持保障功能。这是因为物流信息对所有的物流活动起着支持作用,没有这种支持,物流设备、设施再好,也很难正常运转。例如,只有物流信息系统把各门店的要货信息及时、准确地传递给配送中心及配送员,连锁企业的配送活动才能正常、稳定地进行下去。

参考案例 8-2

同仁堂的选择——医药连锁业的信息化

当前,我国药品零售业已加快了重组步伐,药品零售企业纷纷通过兼并、收购等手段,抢占市场销售终端。各大制药企业也力图通过建立自己的销售网络,掌控销售终端市场。

而信息化是医药流通企业扩张能否成功的一个关键因素。可以想象,零售店越多,意味着经营成本越高。国内目前最大的医药流通企业的连锁店也没有超过 500 家,但在美国,最大的连锁企业已有 4 000 多家药店,每天有无数货车在路上进行配送,但其管理成本却较低。一般来讲,经营规模越大,意味着管理成本越高。那么通过什么手段把这个成本降低呢? 毫无疑问,那就是 IT 技术和信息化。

我国大部分连锁药店是由原有的国有零售药店改造而成的,虽然经营实现了专业化,但是在信息化管理机制上还没有摆脱原有的模式。以同仁堂为例,以前在北京只有十几个药店,但是它的目标是在 2002 年年底之前在全国开设 100 家药店。那么这些分布在全国的药店,以什么方式管理呢? 总经理如何知道每一天的营业额是多少? 这些药店有的远在海南、新疆,而它们的信息化水平都非常落后。所以,只有建立标准化的信息管理系统,才能解决企业的信息化的机制问题。

2001 年年初,同仁堂集团出资 1 000 万元组建同仁堂连锁药店。同年 3 月,同仁堂连锁药店开始采用佳软"协力商霸"医药连锁管理系统,并在 2001 年 7 月进行公开招标后,最终确定全面引入佳软公司的"协力商霸"管理系统及其解决方案,由佳软公司提供安装、测试并在未来 5 年内免费提供升级、维护服务,合同涉及金额达 1 000 万元。2002 年 6 月,北京的 42 家同仁堂药店全面完成了信息化改造。

在总结信息化改造给企业带来的变化时,北京同仁堂连锁药店总经理李国盛表示:"信息化让同仁堂连锁彻底脱离了传统的管理方式,向更先进的、更有竞争力的现代企业的管理方式变革。"

同仁堂连锁药店副总经理王盛宇的描述比较具体:"一个 400 平方米的货仓存放了 3 000 多种药,过去只能凭借管理员的经验和记忆来找药,常常会出现三四个人也找不到药的情况,现在是 4 000 平方米的货仓、上万个品种的药品,一个人就能很准确地找到了。因为现在在管理系统中采用了货位观念,大大降低了成本。"此外,同仁堂连锁药店还发生了更多变化：对过去企业的采购员的工作实行了合同管理，对采购的价格、厂家都输入数据库统一管理；药品保质期管理实行了电脑自动预警等。

同仁堂医药连锁的信息化应用，实际上解决了制约企业发展的不少问题，如为 GSP 达标提供保障，实现药品的效期管理，优化了库存量的控制，对各门店的控制得到加强，中药饮片管理实现规范化，以及为医药连锁向更大规模化发展提供了管理保障等。

据了解，连锁管理系统带来的变化很多，最明显的效果就是系统实施后，同仁堂医药连锁公司的总库存降低 20％以上，总营业额增加 10％以上，预期总体效益最少增加 20％。并且，信息化改造带给同仁堂医药连锁公司的将不仅是短期效益，而是更多地体现为长期效益。

模块三　连锁企业的配送管理

一、商品配送的概念与特点

（一）配送的概念

配送是以现代送货形式实行资源最终配置的经济活动，按用户订货要求，在配送中心或物流节点进行货物配备，并以最合理的方式送交用户。

配送与商流、物流、资金流紧密结合，并且主要包括了商流活动、物流活动和资金流活动，可以说配送是包括了物流活动中大多数必要因素的一种业务形式。从物流来讲，配送几乎包括了所有的物流功能要素，是物流的一个缩影或在某小范围中物流全部活动的体现。一般的配送集装卸、包装、保管、运输于一身，通过这一系列活动完成。

配送是将货物送达目的地。特殊的配送还要以加工活动为支撑，所以包括的方面更广。但是，配送的主体活动与一般物流不同，一般物流是运输及保管，而配送则是运输及分拣配货，分拣配货是配送的独特要求，也是配送中有特点的活动，以送货为目的的运输则是最后实现配送的主要手段，从这一主要手段出发，常常将配送简化地看成运输中之一种。

从商流来讲，配送和物流的不同之处在于，物流是商物分离的产物；而配送则是商物合一的产物，配送本身就是一种商业形式。虽然配送具体实施时，也有以商物分离形式实现的，但从配送的发展趋势看，商流与物流越来越紧密的结合，是配送成功的重要保障。

（二）配送的作用

配送在整个物流过程中，与采购、运输、保管、装卸、流通加工、包装和物流情报一样，成为物流的基本功能之一，配送的意义和作用主要体现在以下五个方面。

1. 完善了输送及整个物流系统

第二次世界大战之后，由于大吨位、高效率运输力量的出现，使干线运输无论在铁路、海运抑或公路方面都达到了较高水平，长距离、大批量的运输实现了低成本化。但是,在所有的干线运输之后,往往都要辅以支线转运或小搬运,这种支线转运或小搬运,成了物流过程的薄弱环节。这个环节有和干线运输不同的许多特点,如要求灵活性、适应性、服务性,致使运力往往利用不合理、成本过高等问题难以解决。采用配送方式,从范围来讲将支线转运及小搬运统一起来,加上上述的各种优点使输送过程得以优化和完善。

2. 提高了末端物流的效益

配送中所包含的那一部分运输活动,在整个运输过程中处于末端输送的位置,其起止点是物流节点至用户。它将各种用户的需要集中在一起进行一次发货,可以代替过去的分散发货,并使用户以去一处订货代替过去的去多处订货,以一次接货代替过去的频繁接货等。配送以灵活性、适应性、服务性的特点,解决了过去末端物流的运力安排不合理、成本过高等问题,从而提高了末端物流的经济效益。

3. 配送通过集中库存使企业实现低库存或零库存

配送以较低的集中库存总量取代了较高的分散库存总量,并提高供应保证程度,可以使企业实现低库存或零库存。因为配送的"多批次、少批量"的送货,使用户的经常储备平均库存趋近于零;以配送企业在流通领域中广泛的社会联系和集中调节功能较强的优势,使用户的保险储备库存趋近于零;配送企业通过自己强有力的供应保证,使用户根本不出现呆滞库存和超储备库存。配送企业通过自己的有效服务,采取即时配送、准时配送等多种服务形式,保证用户的临时性、偶然性及季节性需求,从而解脱用户其他各种库存压力,实现零库存。同时,我们还应看到配送的功能是将企业外和企业内的两次供应合二为一,即担负了企业外部和内部双重供应,直接将货物供应到车间或流水线,从而取代了原来由商业部门承担的工作,也减少了企业的内部供应库存。不依靠企业内部的供应库存,也可以保证生产的持续正常进行。

4. 配送简化了手续、方便了用户

物流节点按照服务范围内用户的需要,批量购进各种物资,与用户建立比较稳定的供需关系。一般实行计划配送,而对少数用户的临时需要,也进行即时配送服务,用户通过一次购买活动就可以买到多种商品,简化了交易次数及相应的手续。由于配送的"送"的功能,用户不必考虑运输方式、路线及装卸货物等问题,就可在自己的工厂甚至流水线处接到所需的商品,极大地方便了用户。

5. 配送提高了供应保证程度

配送企业依靠自己联系面广、多方组织货源的优势,按用户企业的要求,及时供应,若组织到的货源不能满足用户的需要,配送企业还可利用自己的加工能力进行加工改制,以适应用户的需要并及时地将货物送到用户手中。如果用户自己去采购,由于精力或其他方面所限没有采购到或采购到的物品不适用,必将影响到商品的供应,使生产受到影响。所以,配送的发展在某种程度上可以提高供应的保证程度,使整个社会的生产比较协调地发展。

相关链接 8-3

上海联华生鲜食品加工配送中心

上海联华生鲜食品加工配送中心是我国国内目前设备最先进、规模最大的生鲜食品加工配送中心,总投资 6 000 万元,建筑面积 35 000 平方米,年生产能力 20 000 吨,其中内制品 15 000 吨,生鲜盆菜、调理半成品 3 000 吨,西式熟食制品 2 000 吨,产品结构分为 15 大类约 1 200 种生鲜食品。目前主要承担着联华超市公司上海市及周边江浙二省各种业态 1 000 多家门店常温、生鲜、冷冻商品的配送任务。

(资料来源:电子商务研究网.http://www.ebusiness-in-china.com)

二、商品配送模式与种类

当前连锁超市的配送模式主要有自营配送模式、共同化配送模式、供应商配送模式和第三方物流配送模式。

(一)商品配送模式

1.自营配送模式

自营配送是指企业物流配送的各个环节由企业本身筹建并组织管理,实现对企业内部和外部货物配送的模式。

(1)自营配送模式的优点:首先,便于各环节的协调配合,可以对物流系统运作的全过程进行有效的控制。其次,可以降低交易成本。最后,通过采取自营配送模式,企业可以避免商业秘密的泄露。

(2)自营配送模式的缺点:首先,投入成本较高。其次,资源配置不合理,忙闲不均现象很明显,造成资源浪费。最后,管理机制约束的问题,在我国企业现有经营管理机制下,如何协调各方面的利益,甚至要求某些部门牺牲自身利益以达到企业整体效益的最大化是一件困难的事。

2.共同化配送模式

共同配送是指为提高物流效率对某一地区的用户进行配送时,由许多个配送企业联合在一起进行的配送。

(1)共同化配送模式的优点:首先,可以提高物流作业的效率,降低成本。其次,可以实现社会资源的共享和充分利用,多家企业联合时可以实现资源共享和互补,而企业可以集中精力经营自己的主营业务。

(2)共同化配送模式的缺点:首先,实现共同配送的难度主要在于各家企业之间的配合问题,很难有效地管理。其次,费用的分摊难度加大,泄露商业机密的可能性增加。

3.供应商配送模式

供应商配送模式是由供应商直接进行商品配送,各连锁门店向供应商发出订单,由供应商直接将连锁超市企业采购的商品在指定的时间范围内送到各个门店甚至上架。

（1）供应商配送模式的优点：首先，采用供应商配送模式，连锁超市与供应商的联系与接触非常频繁，因此商品退换货处理也非常迅速。其次，企业可以集中精力做自己的主营业务。

（2）供应商配送模式的缺点：由于连锁超市要求满足商品多品种、小批量、配送频率高、配送地点多的特点，因此每次接受供应商的商品数量少，但接受的频率比较高，这对连锁超市来说是一笔隐形的成本。

4. 第三方物流配送模式

第三方物流配送模式是指交易双方把自己需要完成的配送业务委托第三方来完成的一种配送运作模式。

（1）第三方物流配送模式的优点：首先，企业把物流配送的业务外包，企业可以减少资金的投入，加速资本周转，减少经营的风险。其次，第三方物流企业拥有高效、协调的物流网络体系，通晓物流市场专业知识，可以有效地解决企业的物流配送时间和空间管理的难题。

（2）第三方物流配送模式的缺点：首先，企业不能直接控制物流职能，保证供货的正确和及时。其次，连锁超市要承担连带经营风险。

（二）配送的种类

1. 依据配送对象品种、数量的多少进行分类

（1）单品种、大批量配送。生产企业所需要的物资种类繁多，在向这类用户供货时，就发送量而言，有些物资，单独一个品种或几个品种即可凑成一个装卸单元，达到批量标准，这种物资不需要再与其他产品混装同载，而是由专业性很强的配送组织进行大批量配送。这样的配送活动即为单品种、大批量配送。

（2）多品种、小批量配送。多品种、小批量式的配送系通常按照用户的要求，将需要的各种物资选好、配齐，少量而多次地运抵客户指定的地点。

（3）配套型配送。这是按照生产企业或建设单位的要求，将其所需要的多种物资（配套产品）配备齐全后直接运送到生产厂或建设工地的一种配送形式。

2. 根据时间和数量差别进行分类

（1）定时配送。定时配送系配送企业（配送中心）根据与用户签订的协议，按照商定的时间准时配送货物的一种运动形式。

（2）定量配送。定量配送即在一定的时间范围内，按照规定的批量配送货物的一种行为方式。

（3）定时、定量配送。即按照商定的时间和规定的数量配送货物的运动形式。

（4）定时、定路线配送。定时、定路线配送是指在规定的运行路线上，制订到达时间表，按运行时间表进行配送，用户则可以按规定的路线站及规定的时间接货以及提出配送要求。

（5）即时配送。即时配送是指完全按照用户提出的时间、数量方面的配送要求进行配送。这是一种灵活性很高的应急的方式，它考验的是配送企业的快速反应能力。

相关链接 8-4

网上售药须自行配送

目前部分网上药店仍然委托第三方配送。对此,国家食品药品监督管理总局提出的"从事网上售药的网站必须有专门的配送队伍,不得委托快递公司等其他企业负责配送"的要求,《北京青年报》记者与一号药网、开心人药店、金象大药房等多家网上药店取得联系,在沟通中记者了解到,目前仍有部分网上药店采用委托第三方快递公司的方式进行配送,但多数网上药店客服人员均表示,针对药品的配送,与其他普通商品相比,从发货仓库到包装规格等都有着更为严格的要求和管理。

据业内人士介绍,目前正规的网上药店即使委托第三方快递公司进行配送,药品出仓时也会由药店一方来进行包装。对于有低温储存要求或易碎包装的药品,不会在网上进行交易。同时,通过网上药店销售药品出具的单据中也必须标有药品批号、价格、有效日期等内容,与药店销售的单据内容相同。"不能像一般物品快递单上那么随便划几笔了事"。

同时,业内人士提醒消费者,由于网上购药大多是自我药疗,而具有《互联网药品交易服务资格证书》的正规网上药店都配备专业的执业药师为消费者进行用药量和安全提示,如有疑问可随时拨打热线电话,而非正规网上药店则一般不配备药师热线,或只是由普通工作人员进行服务,消费者很难得到专业的用药指导。此外,正规网上药店都可提供完善的追溯和赔偿制度,便于用药中出现问题的消费者维护自身权益。

(资料来源:http://www.chinawuliu.com.cn,2013-10-18)

三、商品配送的业务流程

1. 配送作业的基本环节

配送作业是按照用户的要求,把货物分拣出来,按时、按量发送到指定地点的过程。从总体上讲,配送是由备货、理货和送货三个基本环节组成的。其中每个环节又包含若干项具体的、枝节性的活动。

(1)备货

备货指准备货物的系列活动,它是配送的基础环节。严格来说,备货包括两项具体活动:筹集货物和存储货物。

(2)理货

理货是配送的一项重要内容,也是配送区别于一般送货的重要标志。理货包括货物分拣、配货和包装等经济活动,其中分拣是指采用适当的方式和手段,从储存的货物中选出用户所需货物的活动。分拣货物一般采取两种方式来操作:其一是摘取式;其二是播种式。

(3)送货

送货是配送活动的核心,也是备货和理货工序的延伸。在物流活动中,送货实际上就是货物的运输。在送货过程中,常常进行三种选择:运输方式、运输路线和运输工具。

2. 配送作业的一般流程

配送作业是配送企业或部门运作的核心内容,因而配送作业流程的合理性,以及配送作业效率的高低都会直接影响整个物流系统的正常运行。配送作业的一般流程如图 8-4 所示。

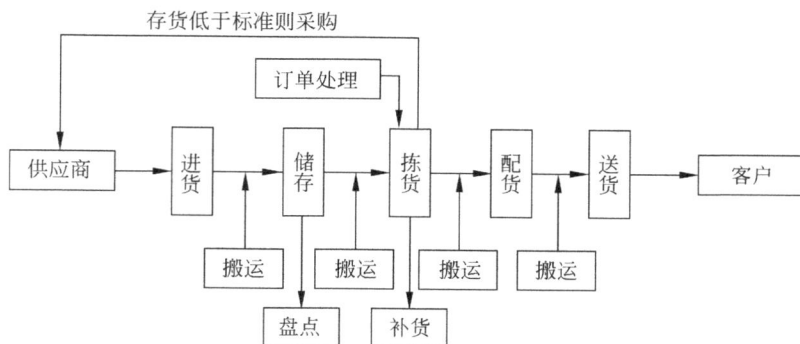

图 8-4　配送作业的一般流程

（1）进货作业

进货作业包括接货、卸货、验收入库,然后将有关信息书面化等一系列工作。进货作业的基本流程如图 8-5 所示。

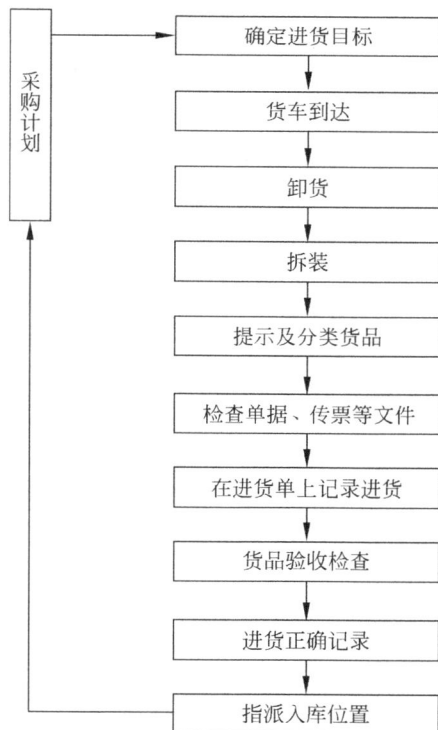

图 8-5　进货作业的基本流程

（2）订单处理

从接到客户订单开始,到着手准备拣货之间的作业阶段,称为订单处理,通常包括订单资料确认、存货查询、单据处理等内容。订单处理分人工和计算机两种形式。人工处理具有较大弹性,但只适合少量的订单处理。计算机处理则速度快、效率高、成本低,适合大量的订单处理,因此目前主要采取后一种形式。订单处理的基本内容及步骤如图8-6所示。

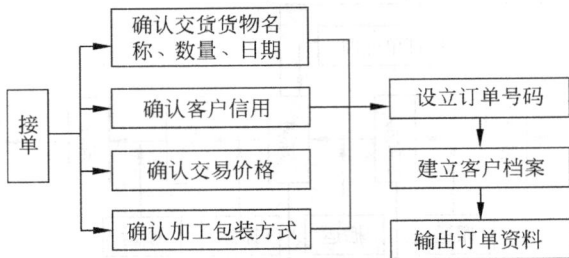

图 8-6 订单处理的基本内容及步骤

（3）拣货作业

拣货作业是配送作业的中心环节。所谓拣货,是依据顾客的订货要求或配送中心的作业计划,尽可能迅速、准确地将商品从其储位或其他区域拣取出来的作业过程。

拣货作业流程如下:制作拣货作业单据→安排拣货路径→分派拣货人员→拣货。

（4）配货作业

配货作业是指把拣取分类完成的货品经过配货检查过程后,装入容器和做好标示,再运到配货准备区,待装车后发送。配货作业既可采用人工作业方式,也可采用人机作业方式,还可采用自动化作业方式,但组织方式有一定区别。其作业流程如图8-7所示。

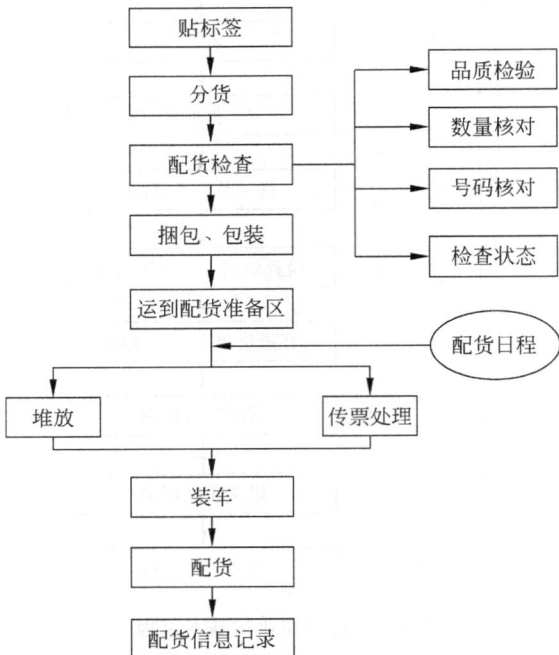

图 8-7 配货作业流程

（5）送货作业

送货作业是利用配送车辆把用户订购的物品从制造厂、生产基地、批发商、经销商或配送中心，送到用户手中的过程。送货通常是一种短距离、小批量、高频率的运输形式，它以服务为目标，以尽可能满足客户需求为宗旨。送货作业的一般业务流程如图 8-8 所示。

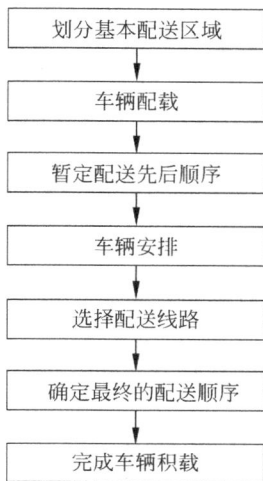

图 8-8　送货作业流程

（6）退调作业

退调作业涉及退货商品的接收和退货商品的处理。而退货商品的处理，还包含着退货商品的分类、整理（部分商品可重新入库）、退供货商或报废销毁以及账务处理。

（7）信息处理

在配送中心的运营中，信息系统起着中枢神经的作用，其对外与生产商、批发商、连锁商场及其他客户等联网，对内向各子系统传递信息，把收货、储存、拣选、流通加工、分拣、配送等物流活动整合起来，协调一致，指挥、控制各种物流设备和设施高效率运转。在配送中心的运营中包含着三种"流"，即物流、资金流和信息流。

📖 **参考案例 8-3**

沃尔玛加强"冷链"配送系统

2012 年 3 月上任至今，沃尔玛中国总裁兼首席执行官高福澜的足迹已经遍布全国 175 个城市的 350 家商场。在巡店过程中，鲜食部门是他最关注的领域之一。

他认为，鲜食部门是大卖场吸引客流的重要部门，也是沃尔玛中国目前工作的重中之重。为此，他给鲜食部门制订了严格的标准，要求每家商场严格执行。

沃尔玛不但利用自身规模优势，集中采购力量向有规模的供应商采购高质量的果蔬产品，还不断投入生鲜配送中心的建设，通过现代供应链体系保障果蔬产品的口味与品质。除了现有的 6 个生鲜配送中心，沃尔玛 2013 年年底前将在武汉新增 1 个生鲜配送中心,明年西南、东北、西北等区域新增的鲜食配送中心也将陆续投入使用,预计到 2014 年年底,"冷链"配送系统将覆盖全国所有沃尔玛门店。

2013 年以来沃尔玛已经对多生鲜、食品等品类进行了调整。例如,沃尔玛实行了简化面包区产品种类和价格的方法,推出"面包房 8 个必须陈列商品",即全国销售最好的8 种面包产品由货架陈列改为堆头陈列,买其中任意两件立减 2 元。简化的品种和价格,带来了 20%的销售增长。

目前,沃尔玛商场每天按照统一标准制作新鲜的油条、馒头、烤鸡等熟食,尤其关注最受欢迎的单品。沃尔玛对于食品区域的关注还体现在对于食品安全领域的持续投入上。未来 3 年沃尔玛会投资超过 1 亿元人民币在食品安全上,并要求要求所有门店、所有的供应商都严格遵循。

2013 年 5 月,沃尔玛食品安全移动检测车正式亮相中国市场。这项管理创新可以将快速检测高效地、灵活地、专业地运用到同城所有的商场。食品安全移动检测车平均每车每年投入近 200 万元,配备专业的检测设备和 4 名专业的第三方检测人员。该项目已覆盖广东省内 70 多家门店。

(资料来源:http://www.chinawuliu.com.cn,2013-10-06)

模块四　商品合理库存及控制方法

一、商品库存的含义与类型

1. 商品库存的含义

库存是指处于储存状态的物资。广义的库存还包括处于制造加工状态和运输状态的物资。

库存对一个企业有双重影响:一是影响企业的成本,也就是影响物流的效率;二是影响对企业的生产和销售的服务水平。

库存是物流总成本的重要方面,库存越多成本越高;同时库存水平越高,则保障供应的水平也越高,生产和销售的连续性越强。随着供应链管理思想和库存管理技术的提高,这个问题将被更合理地解决,"零库存"管理思想成为更多企业所追求的物流管理目标。

2. 库存的作用

(1) 降低运输成本

企业有时会面临原材料和产成品的零担运输问题,长距离零担运输的费用比整车运输要高得多。通过将零担物资运到附近的仓库后再从仓库运出,仓储活动就能够使企业将少量运输结合成大量运输,有效减少运输费用。

(2) 提高服务水平,实现客户所需物资的组合

客户发出订单需求通常都是各种物资的组合。如果这些商品被存放在不同的地点,企业就必须从各个地点分别运货来履行供应和服务的功能,可能会出现运达时间不同,物资弄混等问题。因此,企业可以通过建立混合仓库,用小型交通工具进行集货和交付,

并在最佳时间安排这些活动以避免交通阻塞，提高服务水平。

（3）预防意外的发生

库存可以有效地预防如运输延误、零售商缺货、自然灾害等意外事件的发生。

3．库存的类型

库存可以从物资的用途、存放地点、来源、所处状态等几个方面来进行分类。

（1）经常库存

经常库存指在正常的经营环境下，企业为满足日常需要而建立的库存。这种库存随着每日的需要不断减少，当库存降低到某一水平时（如订货点），就要按一定的规则反复进行订货来补充库存。

（2）安全库存

安全库存指为了防止不确定因素而准备的缓冲库存。安全库存由于不确定性的存在，在进行决策时要比经常库存更难。

（3）季节性库存

季节性库存指为了满足特定季节出现的特定需要而建立的库存，或指对季节性出产的原材料在出产的季节大量收购所建立的库存。

（4）促销库存

促销库存指为了解决企业促销活动引起的预期销售增加而建立的库存。

（5）投机库存

投机库存指了避免因物资价格上涨造成损失或为了从物资价格上涨中获利而建立的库存。

（6）积压库存

积压库存指因物资品质变坏不再有效用的库存或因没有市场销路而卖不出去的产品库存。

二、商品合理库存的内容及控制方法

1．商品合理储存的内容

商品储存应以保证商品销售为原则，按照客观经济规律和国家的有关方针政策，在分析研究影响商品储存的各种因素的基础上，通过对储存商品变化趋势的监督和控制，实现商品储存在数量上、结构上、时间上和空间上的合理化。这四个方面的合理化就是商品合理库存的主要内容。

（1）商品储存量合理

商品储存量是指企业为满足市场需求或者本企业生产经营消耗的需要在预定时间内的商品库存量。所谓商品合理储存数量就是指连锁企业在商品流通过程中能够满足流通正常进行所需要的商品储存数量。一般来讲，既不短缺又不积压且尽可能少的储存量为合理的商品储存量。

（2）商品储存结构合理

商品储存结构是指不同品种、规格和花色商品的构成比例。所谓商品合理储存结构就是指不同商品储存量之间的合理比例关系。合理的储存结构在一定意义上还是合理的储存数量问题,它要求保持每种商品储存数量的合理性。商品储存结构要以销售或者消耗结构为转移,达到产销(耗)存一致。

(3) 商品储存时间合理

商品储存的合理时间是指商品储存应当发生在正确的时间和储存适当一段时期。合理的储存时间无论是对于满足社会需要,还是对于加速商品周转、节约流通费用都有重要的意义。商品储存不得超出一定的时间界限,否则,将会出现变质或者亏损。

(4) 商品储存空间合理

商品储存的合理空间是指在不同的流通环节和不同的地区合理地摆布商品储存。商品储存的合理摆布,应以促进生产、有利流通、减少不合理运输、加速商品周转为目标。

2. 合理库存的控制方法

连锁企业在经营过程中到底需要多少库存量,是管理工作中比较复杂的问题。因为库存量太少会导致脱销,影响企业正常销售活动;而库存量过大,又会造成库存商品积压,影响企业资金正常流转。因此合理制订一个储存的标准十分重要。

(1) 经济采购批量法

一般而言,仓储管理的费用包括仓储费用和采购费用。经济采购批量是确立一个最佳的进货数量以求得两者的平衡。较大的批量导致了较高的库存水平,但采购次数较少;较小的批量导致较低的库存水平,但具有较多的采购次数。图 8-9 表明了两种费用随进货数量变化的情况。

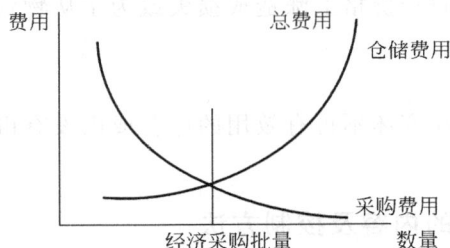

图 8-9　经济采购批量示意图

从图 8-9 可以看出:当批量较小时,仓储费用较低,但采购费用较高;反之,仓储费用高,但采购费用低。而其中仓储费用和采购费用之和在仓储费用曲线和进货费用曲线交叉时获得最小值。我们所确立的经济采购批量就是对应这一最小总费用值的采购数量。

在实际工作中,经济采购批量总是选取一近似值,这是因为总费用曲线在经济采购批量附近的变动相对比较平缓。在一个小范围内,采购数量所引起的总费用变化很小,所以不要求很精确地按照经济采购批量进货,只要取大致的一个整数就可以了。

(2) 定期库存管理法

定期库存控制模式,又称订货间隔期法,是一种以固定检查和订货周期为基础的库存控制法。它是基于时间的订货控制方法,基本原理是:预先确定一个订货周期和最高库存量,周期性地检查库存,根据最高库存量、实际库存和在途订货量,计算出每次订货

批量,发出订货指令,组织订货。订购量的计算公式为:

订购量＝平均每日需用量×(订购时间＋订购间隔期)＋保险储备定额
－实际库存量－在途订货量

这种控制方式可以省去许多库存检查工作,在规定订货的时候检查库存,简化了工作。其缺点是如果某时期需求量突然增大,有时会发生缺货。所以,这种方式主要用于重要性较低的物资。

（3）ABC 重点管理法

ABC 分类管理的基本原理:将库存物品按品种和占用资金的多少分为特别重要的库存 A 类、一般重要的库存 B 类和不重要的库存 C 类,其核心是"抓住重点,分清主次"。一般来说,A 类物资种类占全部库存物资种类总数的 10%左右,而其需求量却占全部物资总需求量的 70%左右;B 类物资种类占 20%左右,其需求量为总需求量的 20%左右;C 类物资种类占 70%左右,而需求量只占总需求量的 10%左右。

A、B、C 三类物资重要程度各不同,其中 A 类物资最重要;B 类物资次之;C 类物资再次之。对 A 类物资要重点、严格控制。对 A 类物资的采购订货,必须尽量缩短供应间隔时间,选择最优的订购批量,在库存控制中,采取重点措施加强控制。对 B 类物资也应引起重视,适当控制。在采购中,其订货数量可适当照顾,与供应企业确定合理的生产批量以及选择合理的运输方式。对 C 类物资放宽控制或一般控制。由于品种繁多,资金占用又小,如果订货次数过于频繁,不仅工作量大,而且从经济效果上也没有必要。一般说来,根据供应条件,规定该物资的最大储备量和最小储备量,当储备量降低到最小时,一次订货到最大储备量,以后订购照此办理,不必重新计算。这样就有利于采购部门和仓库部门集中精力抓好 A 类和 B 类物资的采购和控制。但这不是绝对的,若对 C 类物资放任不管,有时也会造成严重损失。

（4）定量订货管理法

所谓定量订货法是指当库存量下降到预定的最低库存量(订货点)时,按规定数量(一般以经济批量为标准)进行订货补充的一种库存控制方法。实施定量订购法主要靠控制两个参数:一个是订货点,即订货点库存量;另一个是订货批次的数量,即经济批量(EOQ)。

订货批次的数量,即经济批量的确定,可以按上一个问题的方法确定,这里重点介绍订货点的确定。

通常订货点的确定主要取决于需要量、订货提前期和安全库存这三个因素。在需要量固定均匀、订货提前期不变的情况下,订货点的计算公式为

订货点 ＝ 平均每天需要量×订货提前期＋安全库存
安全库存 ＝ (预计每天耗用量－每天正常耗用量)×订货提前期

（5）MRP 与 JIT 模式。定量订货模式和定期订货模式等都是适用于具有独立性质的物资;而当物资的需求具有相关性时,最适用的方式就是 MRP(包括 MRPⅡ、ERP 等系列模式)以及 JIT 模式等。这些模式本来是制订生产计划用的,应用到库存管理中,也就成为一种库存管理模式。

参考案例 8-4

奥康：物流管理零库存

1998 年以前，奥康沿用以产定销营销模式。当时整个温州企业的物流形式都是总部生产什么，营销人员就推销什么，代理商就卖什么。这种模式导致与市场需求脱离、库存加大、利润降低。

1999 年，奥康开始实施产、销两分离，全面导入订单制，即生产部门生产什么，不是生产部门说了算，而是营销部门说了算。营销部门根据市场的信息、分公司的需求、代理商的订单进行信息整合，最后形成需求，向生产部门下订单。这样，奥康的以销定产物流运作模式慢慢形成。

2004 年以前，奥康在深圳、重庆等地外加工生产的鞋子必须通过托运部统一托运到温州总部，经质检合格后方可分销到全国各个省级公司，再由省级公司向各个专店和销售网点进行销售。没有通过质检的鞋子需要重新打回生产厂家，修改合格以后再托运到温州总部。这样一来，既浪费人力、物力，又浪费了大量的时间，加上鞋子是季节性较强的产品，错过上市最佳时机，很可能导致这一季的鞋子积压。

经过不断探索与实践，奥康运用将别人的工厂变成自己仓库的方法，解决这一问题。具体操作方法是：假如奥康在深圳、重庆生产加工的鞋子无须托运回温州总部，只需温州总部派出质检人员前往生产厂家进行质量检验，质量合格后生产厂家就可直接从当地向奥康各省级公司进行发货，再由省级公司向各营销点进行分销。

奥康集团总裁王振滔表示，当时机成熟时，奥康完全可以撤销省级的仓库，借用别人的工厂和仓库来储存奥康的产品，甚至可以直接从生产厂家将产品发往当地直接点。这样，既节省大量人力、物力、财力，又节省了大量时间，使鞋子紧跟市场流行趋势。同时，可以大量减少库存甚至保持零库存。按照这样的设想，奥康在 30 多家省级公司不需要设置任何仓库，温州总部也只需设一个中转仓库就可以了。

（资料来源：中国连锁经营实战网.http://www.flyhorses.com）

项目小结

物流管理技术是连锁经营的三大核心技术之一，商品流通（商流）是商品价值形态变化与实体转移的统一。商流是物流的前提，而物流则为商流提供支援。本章介绍连锁企业物流管理的基本知识，包括包装、装卸搬运、运输、仓储、配送、流通加工及物流信息等七个要素，并在此基础上，介绍连锁企业合理库存的确定。

练习与讨论

一、基本概念
物流　运输　储存　配送　配送中心　流通加工

二、基本训练

1. 单项选择题

（1）创造时间效用的物流活动是（ ）。

    A. 运输   B. 储存   C. 流通加工   D. 配送

（2）连锁经营的生命力在于（ ）。

    A. 集中采购   B. 统一配送   C. 集中储存   D. 统一价格

（3）物流的起点是（ ）。

    A. 流通加工   B. 包装   C. 装卸搬运   D. 运输

（4）以促进销售为目的包装是（ ）。

    A. 外包装   B. 内包装   C. 工业包装   D. 商业包装

（5）从接到客户订单开始到着手准备拣货之间的作业阶段，称为（ ）。

    A. 订单处理   B. 送货作业   C. 拣货作业   D. 配货作业

（6）配送作业的中心环节是（ ）。

    A. 进货   B. 拣货   C. 配货   D. 送货

2. 多项选择题

（1）物流系统在连锁经营中的作用有（ ）。

    A. 集中采购   B. 集中储存   C. 集中备货   D. 统一配送

    E. 统一送货

（2）运输方式包括（ ）。

    A. 公路运输   B. 铁路运输   C. 航空运输   D. 水路运输

    E. 管道运输

（3）包装的作用归纳起来有以下几个方面：（ ）。

    A. 保护商品   B. 方便流通   C. 促进销售   D. 方便搬运

    E. 便于处理

（4）当前连锁超市的配送模式主要有（ ）。

    A. 联合配送   B. 自营配送   C. 共同化配送   D. 供应商配送

    E. 第三方物流配送

（5）共同化配送模式的优点包括（ ）。

    A. 可以提高物流作业的效率，降低成本

    B. 可以实现社会资源的共享和充分利用

    C. 便于各环节的协调配合，可以对物流系统运作的全过程进行有效的控制

    D. 可以降低交易成本

    E. 企业可以避免商业秘密的泄露

（6）商品合理储存的内容包括（ ）。

    A. 商品储存空间合理   B. 商品储存结构合理

    C. 商品储存时间合理   D. 商品储存量合理

    E. 商品储存地点合理

3．判断题

(1) 连锁物流是与商流、信息流和现金流并列的四大连锁经营机能之一。 （　　）

(2) 公路运输主要承担大数量、长距离的运输,是在干线运输中起主力作用的运输形式。 （　　）

(3) 经济采购批量是确立一个最佳的进货数量以求得仓储费用和采购费用的平衡。较大的批量导致了较高的库存水平,但采购次数较少;较小的批量导致较低的库存水平,但具有较多的采购次数。 （　　）

(4) 定时配送是指完全按照用户提出的时间、数量方面的配送要求进行配送。这是一种灵活性很高的应急的方式,它考验的是配送企业的快速反应能力。 （　　）

(5) 根据关键的少数和次要的多数的原理,按物资重要程度的不同,分别进行不同的管理,这就是 ABC 库存管理法的基本思想。 （　　）

4．简答题

(1) 简述物流在连锁经营中的作用。

(2) 简述仓储的作用。

(3) 简述流通加工的类型。

(4) 简述配送作业的一般流程。

(5) 简述配送中心的主要作业环节。

(6) 简述商品合理库存的内容及控制方法。

三、实训项目

(1) 某连锁企业配送中心由一原始仓库改建而成,由于长期以来主要以仓储为主,因此配送中心的其他作业效率都不高。尤其是分拣作业,效率非常低,往往出现找不着货、分拣商品出错等情况。请你根据所学知识提出解决该企业问题的方案,并陈述理由。

(2) 某连锁企业计划期需要统一采购某种商品 20 000 吨,甲、乙两个供应商供应的商品质量均符合企业的要求,信誉也比较好。距企业比较近的甲供应商的报价为 320 元/吨,运费为 5 元/吨,订货费用支出为 200 元;距企业比较远的乙供应商的报价为 300 元/吨,运费为 30 元/吨,订货费用支出为 500 元。请判断:应如何选择该商品的采购供应商?

四、案例分析

上海华联超市物流发展攻略

1．华联超市的发展状况

上海华联超市创立于 1992 年 7 月,投资 3 000 万元,1994 年门店规模达 18 家,1995 年以来,华联开始向发展加盟连锁店转变。1997 年公司决策层提出了"低投入、低风险、高效率、高产出"的"两低两高"原则,依托"华联超市"的品牌效力,大力推进加盟连锁。1999 年,充分发挥经营管理的综合优势,提出经营发展的"重加盟、重管理、重质量、重效益"的"四重方针",精心构筑好特许经营体系,已经建立了覆盖上海及江苏、浙江、安徽、江西、河南、山东、山西、湖南、湖北、北京 11 个省市的特许经营网络。2000 年 10 月,华联超市成功上市,2001年1月,成立北京西单华联超市有限责任公司,揭开了华联超市全国发展战略的序幕。

2. 华联超市物流发展优势分析

(1)管理优势

华联超市创业之初,就坚持"科学、规范、严格"的管理原则,始终坚持以标准化的管理输出来推动加盟连锁事业的发展,公司于1999年5月通过了新加坡国际认证有限公司的审核,率先获得了ISO 9002"商品及日用百货连锁经营管理输出"认证证书。

(2)物流配送优势

目前已投入运行的新物流中心位于享有"上海物流第一站"美誉的桃浦镇,可为1000家门店配货,1999年年初和2001年分别在南京、北京建立了配送中心,构建当地物流网络加强大副食、生鲜食品的经营,于1998年年底成立了自己的生鲜食品加工配送中心。还兴建了4个大型配货中心,促进商品配送的科学化、合理化、高效化、经济化。

(3)信息系统优势

公司于1999年已建立了总部、门店、配送中心、加工中心之间的电脑网络,实施加盟店与公司电脑系统联网的工程。同时通过导入POS系统和EOS系统作业,提高了运营质量和运营效率,从技术手段上提高总部对加盟店的控制能力,保证管理质量,使加盟店与总部之间的纽带更牢固。

(4)人才优势

华联注重为加盟店培训各种专业人才和员工,2000年培训各地加盟店人员近3000名,其中加盟干部复训500多名,从而使公司的远景目标、企业文化、企业精神深深植根于特许经营网络中,确保了加盟店的经营、管理、质量水平不断提高。

(5)品牌优势

经过8年的经营,"华联超市"铸造成颇具影响力的品牌,2000年被中国连锁经营协会授予经营优秀品牌称号。优秀的品牌带来了良好的经济效益。

3. 华联超市制订了五年发展战略

总体目标:计划用五年的时间构建全国六大市场模块:华东、华北、华南、西部、华中和东北地区;在条件许可的情况下,跨出国门,开拓亚洲市场。力争到2005年,门店规模达到5000家,销售额达到600亿~700亿元。阶段性目标:2001年销售85亿元;2002年实现销售120亿元;2003年销售达200亿元,门店规模3000家。

4. 华联超市的物流发展战略

(1)健全全国商品采购网络。把好的商品纳入华联超市的全国采购网络,并与各地供货商携手合作,共同开发市场。华联超市与各地供货商的协同合作实现"四赢"——供货商拥有了开发市场的先机;零售商更好地满足顾客的要求;各区可实现本地企业商品打入华联全国销售网络,促进地方经济的发展;消费者可以买到称心如意、物美价廉的商品。

(2)完善物流中心运作体系。在未来5年,华联超市还将投资建设10个地区性中转型物流配送中心,并与卖场相结合,提高配送效率。为形成领先于同行的物流竞争优势,还要进一步提升配送技术,进一步实施与供应商联网的EDI系统及门店信息反馈,增加集约化配送的能力,实现配送效率的最大化。同时,加强对货量、库存量、周转率的考核与分析,不断完善业务流量和业务分工。

(3) 提升物流信息技术能力。为适应公司管理模式的转型与业务流程的IT化将建设企业内部网络型的办公自动化系统,实现内网和外网的统一。建立数据仓库系统,包括客户情报系统、门店自动补货系统,将实现较高水平的CRM、ERP管理制度。

(4) 培养高素质物流管理人才。华联超市将有组织的开展物流人才培训,专门建立一支高素质物流管理人才队伍。

问题讨论:

(1) 我国大多数企业还没有企业物流发展战略,你认为这些企业是否有必要建立物流战略?

(2) 如何评价企业物流发展战略绩效?

(3) 如何建立完善的企业物流运作体系以确保物流战略的实现?

项目九 连锁企业内部管理

📋 学习目标

知识目标

- 了解连锁企业人力资源管理的概念与原则。
- 理解工作分析的概念与内容。
- 了解连锁企业员工招聘与培训的内容与方法。
- 了解构成连锁企业文化的功能及建设。
- 熟悉连锁企业管理信息系统的组成及各组成部分的功能。
- 熟悉连锁企业财务管理的原则、特点和内容。

技能目标

- 掌握工作分析的流程,并能熟练应用工作分析的各种方法。
- 掌握连锁企业员工招聘与培训的流程。
- 掌握连锁企业各种信息系统的区别。
- 能对连锁企业进行经营绩效评价。

📓 案例导入

沃尔玛的成功之道

沃尔玛的成功之道,可以总结为"一、二、三"秘诀。

所谓"一",即一个口号,"天天平价,始终如一"。

沃尔玛的"天天平价"绝不是空洞的口号,也不是低价处理库存积压商品或一朝一夕短暂的低价促销活动,更不同于某些商场、专卖店为吸引客流而进行的恶意低价倾销,或一面提价、一面用打折来欺骗消费者,而是实实在在的"始终如一"地让利于顾客的行为。"天天平价"的销售理念是针对零售业最广大的消费群,即中等收入和低收入的阶层。因此,它具有普遍性,也成为连锁业基本经营方针。连锁业只有具备规模经营,大幅度降低管理成本,坚持微利原则,才能赢得最广大的消费群,获得可持续的发展。

所谓"二",即两项技术,迅捷、科学、超前的信息处理技术和高度发达的物流配送技术,是沃尔玛得以迅速发展壮大并一举成为零售业巨人的两项核心技术。

沃尔玛最早使用计算机跟踪存货(1969 年),最早使用条形码和电子扫描器管理商品

(1981年),最早将卫星用于零售业(1983年),最早采用EDI——电子数据交换系统(1985年)和1 800余家供应商实行电子数据交换,最早使用无线扫描枪(1988年),较早采用EAS电子防盗系统使沃尔玛商品失窃率降低50%。

"配送中心是沃尔玛帝国物流畅通无阻的奔腾之芯。"目前,沃尔玛在全美拥有30个配送中心,服务于它的有3 000多家商场。这些中心按照各地的贸易区域精心部署。从任何一个中心出发,运货卡车只需一天即可到达它所服务的商店。

所谓"三",即三种关系,沃尔玛在处理与顾客、与员工及与供应商的关系上,尤其值得借鉴。

对待顾客,沃尔玛认为,"顾客满意是保证我们未来成功和成长的最好投资"。为此,沃尔玛不仅要"天天平价",让利于顾客,还为顾客提供"无条件退款保证"和"高品质服务"的担保。

对待员工,沃尔玛要让他们每个人觉得自己是公司的重要一员。在沃尔玛的术语中,公司员工不被称为员工,而被称为合伙人(Associate)。面向每位员工,沃尔玛实施其"利润分红计划"、"购买股票计划"、"员工折扣规定"以及"奖学金计划"等。

为了改善与供应商的关系,沃尔玛和它的供应商通过计算机联网和电子数据交换系统与之分享宝贵的商业信息。早在1990年,沃尔玛的5 000家供货商中就有1800家与沃尔玛建立了电子数据交换系统,供货商可通过沃尔玛的销售统计,及时准确地掌握自己产品的销售情况,制订更加富有针对性的生产计划,从而不断提高效率、降低成本。此外,沃尔玛还为一些大型供应商安排适当的空间展示产品,这样就可以与百货公司和专卖店争夺顾客。

(资料来源:北京商报网站.http://www.bbtnews.com.cn/biz/channel/political58650.shtml)

案例点评:沃尔玛获得巨大成功的原因有很多,像价格营销、服务营销和形象营销的战略;注重信息化建设;拥有高度发达的物流配送技术;良好的内部人事、客户和供应商的关系等。这些都是其成功的基石,但所有这些,归结为一句话,即沃尔玛已真正实现了管理现代化,不论其经营管理思想还是其管理组织、管理方法、管理手段,都已经达到了一种较高的水准。

▌模块一 连锁企业的人力资源管理

一、连锁企业人力资源配置

(一)连锁企业人力资源配置的概念

人力资源是企业各项资源中最重要的资源,对连锁企业而言,无论是现有总部、门店,还是计划中要开设的新店,都存在人力资源的管理问题。连锁企业人力资源配置就是为了提高工作效率、实现人力资源的最优化而实行的对企业人力资源的科学、合理的配置。

（二）人力资源配置的原则

（1）充分考虑内部、外部环境的变化。人力资源配置只有充分地考虑了内、外环境的变化，才能适应需要，真正地做到为企业发展目标服务。内部变化主要指销售的变化、开发的变化或者说企业发展战略的变化，还有公司员工的流动变化等；外部变化指社会消费市场的变化、政府有关人力资源政策的变化、人才市场的变化等。

（2）确保企业的人力资源保障。连锁企业的人力资源保障问题是人力资源配置中应解决的核心问题。它包括人员的流入预测、流出预测，人员的内部流动预测，社会人力资源供给状况分析，人员流动的损益分析等。只有有效地保证了对企业的人力资源供给，才可能进行更深层次的人力资源管理与开发。

（3）使企业和员工都得到长期的利益。人力资源配置不仅是面向企业的规划，也是面向员工的规划。企业的发展和员工的发展是互相依托、互相促进的关系。如果只考虑企业的发展需要，而忽视了员工的发展，则会阻碍企业发展目标的达到。优秀的人力资源配置，一定是能够使企业员工在为企业作出贡献的同时实现个人的目标。否则，企业难以吸收和招聘到企业所需的人才，更难留住已有的人才。

（三）岗位工作分析

岗位工作分析的主要内容如下。

（1）该岗位设置的目的如何？对其他岗位有何帮助与影响？

（2）该岗位需要什么知识或技能？有哪些学历或技能等方面的要求？

（3）该岗位的工作包括哪些内容？岗位职责如何？

（4）该岗位负担的责任与影响度如何？在组织中的位置怎样？

（5）该岗位需要编制多少人？应如何衡量？

（四）人员配置

连锁企业总部各部门的人员编制应以精简为原则，并视公司发展的需要而调整。连锁企业门店的人员编制，由于各连锁门店的规模不同、管理水平不同、店址的位置不同，所以人员的需求量也不同。一般人力编制可分为可量化人力编制和非可量化人力编制。

1. 可量化人力编制

可量化人力编制是指可用营业额、来客数、平均客单价、店数、营业面积等量化的数据，以数学方程式表示的人力编制衡量方法，又称为生产力分析法。常用的公式有以下几种。

（1）以每人目标营业额或每人目标服务顾客数为衡量标准，公式如下：

$$编制人数 = \frac{目标营业额}{每人目标营业额} = \frac{目标来客数}{每人目标服务顾客数}$$

该方法适用于与营业额、来客数有关联的人力编制。每人目标营业额或每人目标服务顾客数，须事先以工作分析法或经验法定出可衡量指标。

(2) 以各项作业工时为衡量标准,公式如下:

编制工时 ＝ 固定常数工时 ＋ 营业额 × 变动工时 A ＋ 来客数 × 变动工时 B

该方法是将门店所有各项工作所需花费时间,以作业研究方式计算出,再以回归分析方法得出方程式。其中,固定常数工时是指不论营业额高低均须使用的固定工时,如商场的清洁、机器设备的清洗等;变动工时受营业额及来客数的影响,因为一般门市商场的需求工时会随着营业额及来客数增加而增加。

(3) 以可用薪水费用额度为衡量标准,公式如下:

$$编制人数 = \frac{目标营业额 × 目标人事费用率}{平均个人薪水标准额}$$

该方法从成本费用及预算控制考虑,在可用的薪水额度内进行人力编制。但是在连锁企业中,即使营业额未达到标准,也必须有最基本的人力编制。

(4) 以店数作为衡量标准,公式如下:

$$编制人数 = \frac{总目标店数}{每人目标店数}$$

该法适用于开店人员、设备维修人员、商品盘点人员,以及物流配送人员等以店数作为生产力指数衡量标准的人力编制。

(5) 以卖场面积作为衡量标准,公式如下:

$$编制人数 = \frac{卖场面积}{每人服务面积}$$

2. 非量化人力编制

非量化人力编制方法又称工作分析法,适用于无法直接以营业额、店数等数量化标准衡量的人力编制。企划人员只能以其职位的工作内容进行工时分析,或是参考相关同行的标准。此方法具有主观性,容易受组织功能需求、作业流程咨询化程度等因素的影响,是最不易控制的人力编制。

二、连锁企业员工的招聘与培训

(一)连锁企业员工的招聘

连锁企业员工招聘就是在本企业人员缺乏的情况下,从本单位或社会"择优"聘用所需的经营管理人员、技术人员或一线人员的人事活动。

1. 员工招聘的原则

(1) 竞争择优原则。竞争择优原则是指在员工招聘中引入竞争机制,在对应聘者的思想素质、道德品质、业务能力等方面进行全面考查的基础上,按照考查的成绩择优选拔录用员工。

(2) 量才适用原则。人的能力有大小,本领有高低,工作有难易,要求有区别。招聘工作,应量才适用,做到人尽其才,用其所长,职得其人。

(3) 因事择人原则。员工的选聘应以实际工作的需要和岗位的空缺情况为出发点,根据岗位对任职者的资格要求选用人员。

2. 员工招聘的渠道

员工招聘的渠道大体可分为内部招聘和外部招聘两种。

（1）内部招聘。内部招聘，就是将招聘信息公布给企业内部员工，员工自己可以来参加应聘。从企业内部的应聘者中选择最合适的人员。

（2）外部招聘。外部招聘的渠道大致有：传统媒体广告、中介机构、网络招聘、校园招聘和员工推荐等。

3. 员工招聘的程序

（1）制订招聘计划。招聘计划是企业根据发展目标和岗位需求对某一阶段招聘工作所做的安排。主要内容包括招聘的岗位、要求及其所需人员数量；招聘信息的发布；招聘对象；招聘方法；招聘预算；招聘时间安排等。

（2）发布招聘信息及搜寻候选人信息。组织要将招聘信息通过多种渠道向社会发布，向社会公众告知用人计划和要求，确保有更多符合要求的人员前来应聘。企业可以通过以下方式搜寻候选人信息：应聘者自己所填的求职表，内容包括性别、年龄、学历、专业、工作经历及业绩等；推荐材料，即有关组织或个人就应聘者向本单位写的推荐材料；调查材料，指对某些岗位人员的招聘，还需要亲自到应聘人员工作过或学习过的单位或向其接触过的有关人员进行调查，以掌握第一手材料。

（3）甄选。当搜寻候选人信息完成后，就可以安排甄选，甄选的过程一般包括对所有应聘者的情况进行的初步的审查、知识与心理素质测试、面试，以确定最终的录用者。

（4）录用。录用则是对经过甄选的合格人员做出聘用决策，人员录用过程一般可分为合同的签订、新员工的安置、岗前培训、试用、正式录用等几个阶段。

（二）连锁企业的员工培训

1. 员工培训的概念

员工培训是在将组织发展目标和员工个人发展目标相结合的基础上，有计划地组织员工从事学习和训练，提高员工的知识技能，改善员工的工作态度，激发员工的创新意识，使员工能胜任本职工作的人力资源管理活动。

2. 人员培训的方法

常见的培训方法有岗位轮换、专家讲授、小组讨论、学习观摩、角色扮演、工作模拟、案例分析和网络培训等。

（1）岗位轮换。这是一种在职培训的方法，目的在于扩展员工的知识和技能，使其胜任多方面的工作，同时增加工作的挑战性和乐趣。企业因此而在人员调配上获得更大的灵活性。

（2）专家讲授。专家讲授是最基础、最主要且最重要的教学手段。讲授法是由培训者向受训者讲授知识，是最传统的培训方式。

（3）小组讨论。小组讨论是指人数较少的讨论方式，小组的人数最好5～10人。以开放式问题，引导学员进行讨论。

（4）学习观摩。观摩即观看彼此的成绩，交流经验，互相学习。连锁企业可以针对自身特点,结合实际,运用多种方法和途径,通过到其他同类知名企业学习交流,汲取好的经验,提高自身员工素质。

(5)角色扮演。角色扮演即学员在观众面前,未经预先演练且无预定的对话剧本而表演实际遭遇的情况,并讨论在类似情况下的各种反应与行为,其演出具有即兴表演的意味。角色扮演的目的是给学员提供不同的为人处世的观点和练习处理各种人际关系的技巧,寻求在情绪激动下解决问题的可能方法。

(6)工作模拟。工作模拟培训能够提供近真实的工作条件,同时又不失去对培训过程的有效控制,从而为受训者创造一种较好的学习条件。这种方法适合于对管理人员进行培训,以提高管理人员的认知技能、决策能力和处理人际关系的能力。

(7)案例分析。案例是对真实管理情境和问题的描述,它可以只涉及一个典型的管理问题,也可以把若干个管理问题综合在一起。

(8)网络培训。网络培训是将现代网络技术应用于人力资源开发领域而创造出来的培训方法产物,它以其无可比拟的优越性受到越来越多的企业的青睐。网络培训,又称基于网络的培训,是指通过公司的网络对员工进行培训。

阅读资料 9-1

沃尔玛的交叉培训

沃尔玛的飞跃发展离不开它那套完整的科学的人力资源体系,也离不开它那世界上独一无二的交叉培训。

所谓交叉培训就是一个部门的员工到其他部门学习,培训上岗,实现达到这位员工在对自己从事的职务操作熟练的基础上,又获得了另外一种职业技能。通俗地讲是一个部门的人员到另一个部门的工作现场接受培训。

交叉培训使员工在整个商场的其他系统、其他角落都能够提供同事或者顾客希望他给予的帮助,促使员工能够完美、快速地解决他们所面临的问题,从而避免了同事或者顾客浪费宝贵时间,提高工作效率和缓解顾客的购物心理压力,让其轻松愉快地度过购物时间。用人们常说的一句话就是一才多用。沃尔玛的交叉培训有如下优势。

优势一:有利于员工掌握新职业技能。

优势二:有利于员工提高积极性,大多数员工以往只从事一种完全没有创新和变革的单调的职务,现在可以消除这种不利的心理因素。

优势三:这种交叉培训,可以祛除员工之间的利益冲突。

优势四:可以让员工在全国的任何一家店相互支援。

优势五:有利于不同部门的员工从不同角度全方位考虑到其他部门的实际情况,减少公司的损耗,达到信息分享。

优势六:可以快速地完成公司的"飞鹰行动"。

(资料来源:百度百科. http://baike.baidu.com/view/1851628.htm)

3. 员工培训的目的和内容

连锁企业的培训应根据不同的对象来确定培训的目的和内容。如表 9-1 所示。

表 9-1　培训目的和内容一览表

培 训 对 象	培 训 目 的	培 训 内 容
新进人员	1. 认识环境：让新进人员熟悉工作场所、工具设备所在位置，以降低初到陌生环境的焦虑 2. 规章介绍：了解公司规章、经营理念、工作守则及应有的权利义务，以培养符合公司规范的工作习惯及态度 3. 认识同事：增加工作场所人际关系支持网络，从而降低疏离感 4. 学习新技能：发挥生产力，避免职业伤害，以降低工作挫折感	1. 环境内容 2. 公司规章制度 3. 人际关系技能 （1）认识伙伴 （2）学习组织中人际关系的建立、维系与增进 4. 作业技能 （1）收银机、标价机等设备的操作、维护、简易故障排除及清洁 （2）清洁工作 （3）商品陈列与补货技巧 （4）基本报表填写 （5）顾客服务服务技巧 （6）安全防范与紧急事件处理
助理店长与副店长	1. 成为店内副主管、店长的当然职务代理人 2. 能够协助店长教导新进人员，做好人员管理、订货、库存管理、机器设备维护、保养及简单故障排除、报表制作、顾客服务等工作	1. 基本工作职责 2. 管理才能 （1）如何协助新进人员，工作教导 （2）倾听与沟通技巧 （3）基本管理概念 3. 专业技能 （1）如何维护商店形象 （2）商品管理 （3）机器设备维护、保养及简易故障排除 （4）营业管理、报表制作
店长或店经理	1. 成为一店的经营管理者，能通过有效的人员管理、行销管理、预算控管，经营分析与顾客服务等，实现利润最大化 2. 成为具有计划、管理、组织、应变及问题解决能力的单店领导者	1. 基本工作职能 2. 管理才能 （1）领导、激励、沟通 （2）会议简报技巧 （3）危机处理 3. 专业技能 （1）生意圈情报收集与分析 （2）经营分析 （3）行销管理 （4）预算编制与控制 （5）人力资源管理

续表

培 训 对 象	培 训 目 的	培 训 内 容
中层督导	1. 成为各店与总店间称职的沟通协调者、问题解决者及专业辅导者 2. 具有专业知识、沟通协调能力、问题感应及解决能力的专业顾问	1. 基本工作职责 2. 管理才能 (1) 情境领导 (2) 团队建立 (3) 咨询辅导 (4) 组织沟通与人际关系 (5) 问题分析与决策 (6) 时间管理 3. 专业技能 (1) 生意圈调查与商情分析 (2) 经营分析指标的建立与运用 (3) 竞争性行销策略分析与运用 (4) 盘损分析与行动计划 (5) 谈判技巧 (6) 情报运用与商品管理 (7) 门市辅导实务见习 (8) 各职能单位部门实习
总部幕僚、企划人员及专业人员	1. 了解产业特性及公司经营型态有关的专业知识 2. 具备系统性思考能力、企划能力、分析能力、组织能力和沟通协调能力	1. 专业知识 与所负责的功能职责有关的专业知识,此类训练宜由该部门自行规划、执行,但可由培训单位协助发展各功能的专业训练 2. 共同性训练 (1) 企划实务 (2) 创意性思考 (3) 系统性思考 (4) 沟通训练 (5) 情报收集与分析 (6) 专案管理
高层主管	高层主管需具备宏观的观察、分析、理性决策能力,以及微观的、人性的、感性的直觉能力	1. 国内外产业环境分析 2. 国际局势与商情分析 3. 策略规划 4. 领导谈判与决策 5. 个人品质与修养

(资料来源:窦志铭.连锁经营管理理论与实务[M].北京:中国人民大学出版社,2007)

三、连锁企业的文化建设

(一)企业文化的概念

企业文化是企业在生产经营实践中逐步形成的,为全体员工所认同并遵守的,带有本企业特点的使命、愿景、宗旨、精神、价值观和经营理念,以及这些理念在生产经营实践、管理制度、员工行为方式与企业对外形象的体现的总和。按照国际广泛认可的一种说法,企业文化是个体在某个特定环境中的行为方式。企业文化是为企业的生存和发展服务的,因此企业运作的特征也表现在企业文化上。

一般来看,企业文化的构成要素有企业环境、价值观念、英雄人物、企业精神和制度规范 5 个方面。

（1）企业环境。是指企业内部的物质、文化环境的总和。连锁企业环境包括工作环境和生活环境两部分,良好的企业环境会提高工作的效率,加强员工的自豪感和凝聚力。

（2）价值观念。是指企业员工对企业存在的意义、经营目的、经营宗旨的价值评价和为之追求的群体意识,是企业全体职工共同的价值准则。它体现了一个企业的基本理念和信仰,反映了企业内部衡量事物重要程度及优劣的根本标准,是企业文化的核心与基石。统一的价值观使企业内成员在判断自己行为时具有统一的标准,并以此来选择自己的行为。具有稳定的、为全体员工共享的价值体系是企业文化发展成熟的重要标志。

（3）英雄人物。是指企业文化的核心人物或企业文化的人格化,其作用在于作为一种活的样板,给企业中其他员工提供可供仿效的榜样,对企业文化的形成和强化起着极为重要的作用。

（4）企业精神。是指企业基于自身特定的性质、任务、宗旨、时代要求和发展方向,并经过精心培养而形成的企业员工共同具有的精神状态和思想境界。企业精神要通过企业全体员工有意识的实践活动体现出来。因此,它又是企业职工观念意识和进取心理的外化。企业精神通常用一些既富于哲理,又简洁明快的语言予以表达,便于职工铭记在心,时刻用于激励自己;也便于对外宣传,容易在人们脑海里形成印象,从而在社会上形成个性鲜明的企业形象。

（5）制度规范。是在生产经营实践活动中所形成的,对人的行为带有强制性,并能保障一定权利的各种规定。从企业文化的层次结构看,制度属中间层次,它是精神文化的表现形式,是物质文化实现的保证。企业制度作为职工行为规范的模式,使个人的活动得以合理进行,内外人际关系得以协调,员工的共同利益受到保护,从而使企业有序地组织起来为实现企业目标而努力。

（二）连锁企业文化的功能

（1）导向功能。连锁企业文化的导向功能是指通过企业文化对企业的领导者和员工的价值取向及行为取向起引导作用,使之符合企业所确定的目标。具体体现在两个方面:一是对价值观念的指导,企业共同的价值观念规定了企业的价值取向,使员工对事物的评判达成共识,有着共同的价值目标,企业的领导和员工为着他们所认定的价值目标去行动。二是连锁企业目标的指引,完美的企业文化会从实际出发,以科学的态度去制订企业的发展目标,这种目标一定具有可行性和科学性。

（2）约束功能。连锁企业文化的约束功能是指对于企业员工的思想、心理和行为具有约束和规范的作用,主要是通过完善管理制度和道德规范来实现。制度规范是企业内部的法规,企业的员工必须遵守和执行,从而形成企业文化的硬约束。企业文化的约束不仅是制度式的硬约束,还是一种软约束,这种软约束即是企业中弥漫的企业文化氛围、群体行为准则和道德规范。群体意识、社会舆论、共同的习惯和风尚等精神文化内容,会造成强大的约束,形成使个体行为从众化的群体心理压力和动力,使组织成员产生心理共鸣,继续产生行为的自我控制。

(3)凝聚功能。连锁企业文化的凝聚功能是指当一种价值观被企业员工共同认可后,它就会成为一种黏合力,从各个方面把其成员凝聚起来,从而产生一种巨大的向心力和凝聚力。

(4)激励功能。连锁企业文化具有使企业成员从内心产生一种高昂情绪和奋发进取的效应。企业文化把尊重人作为中心内容,以人的管理为中心。在这种文化氛围中,领导与员工、员工与员工之间互相关心,互相支持。特别是领导对员工的关心,员工会感到受人尊重,自然会振奋精神,努力工作。另外,当企业文化在社会上产生反响时,企业员工会产生强烈的荣誉感和自豪感,他们会加倍努力,用自己的实际行动去维护企业的荣誉和形象。

(5)辐射功能。连锁企业文化一旦形成,不仅在企业内部发挥作用,也会通过各种渠道(包括传播媒体,公共关系活动等)对社会产生辐射作用。这种企业文化的传播有利于树立企业在公众中的形象,也会对社会文化的发展产生积极的影响。

(三)培育连锁企业文化

企业文化的功能具有普遍性,任何性质的企业都可以依靠强有力的企业文化获得成功。而优秀的企业文化不是自然生成的。其功能的充分发挥有赖于对其精心培育和长期建设。

(1)培育具有优良取向的价值观念,塑造杰出的企业精神。价值观念是企业精神的前提,企业精神是价值观念的集中体现。价值观念具有分散性和内隐性,如存在的价值、工作价值、质量价值等,它是人们的信念和追求。但企业精神则不同,它比较外露,容易被人们所感觉。企业价值观和企业精神共同构成了企业文化的核心,也是培养企业文化的首要任务。

(2)坚持以人文为中心,全面提高员工素质。连锁企业员工文化建设要以人为中心开展各项工作。人是企业的主体,是生产力中最积极、最活跃的因素。同时,人也是文化的载体,是文化生成与承载的第一要素。企业文化建设中必须强调关心人、尊重人、理解人和信任人。要重视从文化的角度研究员工的各种需要,特别是精神方面的需求,通过奖励、表扬、感情交流、人际沟通、群体活动、参与管理等多种形式和手段,为员工创造良好的文化氛围,使员工的交往、归属、尊重、自我实现等高层次的精神需要得到充分满足。

(3)提倡先进的管理制度和行为规范。管理制度和管理方式是企业文化的重要内容,也是企业文化得以维护和延续的基本保证。在企业文化建设中,应当以共有的价值观念体系和企业精神为宗旨。

(4)加强礼仪建设,促进企业文化的习俗化。习俗礼仪是企业文化个性或独特性的具体反映,也是企业文化的主要表现形式。礼仪建设的实质是企业的价值观念、精神追求、道德准则和行为规范进一步习俗化,成为每个职工的自然要求和自觉行动。而要达到企业文化的这一最高境界,就要把礼仪建设贯穿和渗透于企业经营管理的全过程,在工作秩序、办事风格、会议形式、待人接客、信息沟通方式以及内部公文格式等各种活动中充分体现本企业特有的习俗礼仪。

阅读资料 9-2

沃尔玛的企业文化

萨姆·沃尔顿将沃尔玛的企业文化总结为三条原则,即"顾客是上帝","尊重每一个员工"和"每天追求卓越",这三条原则成为沃尔玛企业文化的精髓和核心。

"顾客是上帝。"沃尔玛的服务理念是:第一条,顾客总是对的;第二条,如有疑义,请参见第一条。顾客是上帝,所有的员工都必须为顾客服务。在萨姆·沃尔顿看来,衡量企业成功与否的标准就在于让顾客满意的程度。公司尽其所能使顾客感到在沃尔玛购物是一种亲切、愉快的经历。沃尔玛要求员工对3米以内的顾客微笑,主动帮助顾客,而"保证满意"的退换政策使顾客能在沃尔玛放心购物。为了给消费者提供物美价廉的商品,沃尔玛采取各种手段,努力降低经营费用,节约开支,以让利于消费者,其"天天平价"的口号就是着眼于成本控制,通过低价战略服务顾客,同时占领市场。

"尊重每一个员工。"在沃尔玛,公司员工不被当作"雇员"来看待,而被称为合伙人。任何一名员工佩戴的工牌除了名字之外,没有任何职务名称,包括总裁。公司内部没有上下级之分,可以直呼其名。公司通过利润分享计划、雇员购股计划、损耗奖励计划使员工关心企业发展,并从中获益。公司注重与员工的沟通,推行开放式管理,鼓励员工提建议、关心公司,此外沃尔玛还建立了良好的培训机制,为员工制订培训和发展计划,使员工更好地理解其工作职责。

"每天追求卓越。"尽管已连续几年位居全球商业企业的榜首,但沃尔玛的员工都没有满足的表示,经理们每周要查看周围的竞争商店10次以上,了解商情,取长补短。在每天营业前,员工们会聚集在一起高呼沃尔玛口号,查看前一天的销售情况,讨论当天的目标。"日落原则"要求当天要处理的事情当天完成,对顾客在当天提出的问题必须当天予以答复。

(资料来源:王毓敏.沃尔玛的企业文化[J].特区经济,2010(10))

模块二　连锁企业管理信息系统

一、连锁企业管理信息系统概述

连锁企业的管理信息系统由总部、配送中心、各门店子系统组成,是一个既相互联系又各按一定工作程序组合而成的系统。

(一)连锁总部管理信息系统

连锁企业总部是一个连锁企业的灵魂,起着统领全局的作用。连锁企业总部管理信息系统不仅要对其各职能部门实施管理,更要指导、协调各部门间的业务,采集配送中心、各连锁门店的信息,以便正确决策、统一指挥。连锁总部管理信息系统功能包括以下四个方面。

1. 信息收集功能

连锁企业总部管理系统应系统地搜集来自企业内部和外部的信息。利用互联网的协同处理技术同 POS 系统、EOS 系统的有机结合,采集各门店的扫描终端所获得的 POS 信息;收集配送中心在配送过程中产生的大量物流信息及相关信息,如采购信息、供货信息、运输信息、物流控制和管理信息等。

2. 信息加工功能

系统加工信息包括信息的分类、筛选、整理、计算、判断、分析、编写、鉴别等一系列工作。建立计算机信息系统的企业,可以借助计算机进行信息加工,通过信息加工,使采集到的原始的、无序的、表象的信息变成企业各个层次决策所需要的信息资料。

3. 信息存储和检索功能

连锁总部管理信息系统应成为企业经营管理所常备、常用的信息资料库,因此必须具备存储和检索信息的功能。企业的信息存储有以下三种情况。

(1) 分散存储。按照资料的来源、时间、形式、用途分门别类,分散存储在有关职能部门,分散检索查询,目前许多企业属于这种类型。

(2) 集中存储。企业建立统一的信息库或信息中心室,有信息库统一存储和检索信息,具有很好的信息资源共享性。

(3) 建立计算机存储检索系统。利用计算机对原始信息进行排序、分类、汇总、计算、存储、检索。

4. 信息传输功能

连锁总部管理信息系统在对采集来的信息资料进行加工处理分析后,要把加工的信息分门别类地及时传送到企业内部和外部需要者手中,使不同的使用者及时接收到需要的信息。

连锁总部管理信息系统主要包括库存管理、销售管理、人力资源管理、财务管理、客户管理、新项目管理和决策支持系统等子系统。

(二) 连锁门店管理信息系统

连锁门店管理信息系统是整个连锁企业管理信息系统的重要组成部分,一般由 POS 系统、EOS 系统和 MIS 系统组成。连锁门店管理信息系统是具有利用 POS 机进行销售并管理每一个商品的补货、销售和在架,以及销售数据的汇总、统计、向总部进行数据传送等全部管理功能的信息管理系统。它必须实时地掌握商品信息和顾客信息,对销售活动以具体数据形式进行详细、正确、迅速的分析。

连锁门店管理信息系统主要包括 POS 管理、补货管理、缺货管理、在架管理、会员管理、销售管理和盘点管理等具体功能。

（三）物流配送管理信息系统

配送中心是接受并处理末端用户的订货信息，对上游运来的多品种货物进行分拣，根据用户订货要求进行拣选、加工、组配等作业，并进行送货的设施和机构，是连锁企业的重要组成部分。配送中心的物流操作作业是在配送中心的物流配送管理信息系统下进行的，必须与总部和各门店系统相协调才能完成其功能。物流配送信息系统是连锁企业信息化的核心，有较强的综合性，主要目的是向各配送点提供配送信息，根据订货查询库存及配送能力，发出配送指令，发出结算指令及发货通知，汇总及反馈配送信息。

二、连锁企业主要信息系统介绍

（一）POS 系统

POS 系统即销售时点信息系统（Point of Sales），是指通过自动读取设备（如收银机）在销售商品时直接读取商品销售信息（如商品名、单价、销售数量、销售时间、销售店铺、购买顾客等），并通过通信网络和计算机系统传送至有关部门进行分析加工以提高经营效率的系统。

连锁企业中，POS 系统将前台的电子收银机与后台的计算机通过网络连接起来，通过收银员在销售终端采集有关商品编号、数量、交易时间等信息，通过特定的方式将这些数据传送到后台，由后台的计算机处理完整的商品销售数据，将结果储存在服务器数据库中。连锁企业的相关管理者可以通过后台的数据库查询企业的销售信息，为商品的进货、陈列、人员配备等一系列经营决策提供依据。

（二）MIS 系统

管理信息系统（Management Information System），是一个由人、计算机及其他外围设备等组成的能进行信息的收集、传递、存贮、加工、维护和使用的系统。其主要任务是最大限度地利用现代计算机及网络通信技术加强企业的信息管理，通过对企业拥有的人力、物力、财力、设备、技术等资源的调查了解，建立正确的数据，加工处理并编制成各种信息资料及时提供给管理人员，以便进行正确的决策，不断提高企业的管理水平和经济效益。

连锁企业管理信息系统的主体是由前台的 POS 系统和后台的 MIS 系统组成的。POS 系统接受 MIS 系统所设定的各种基本信息，并将详细的销售资料传送给 MIS 系统进行分析汇总。POS 系统和 MIS 系统相辅相成，构成了完整的连锁企业管理信息系统。后台管理系统除为前台管理系统提供必要的商品、收银员等资料信息外，还要收集前台管理系统提供的各种商业信息，作为统计、分析、查询、决策的依据。后台管理系统除了和前台管理系统有数据接口外，还要和配送中心有数据接口，后台管理系统功能齐全、工作量大、处理信息复杂，因此，后台管理系统的管理内容与连锁企业的业务经营内容是分不开的。

（三）EOS 系统

电子订货系统(Electronic Ordering System)，是指将批发商、零售商所发生的订货数据输入计算机，即通过计算机通信网络连接的方式将资料传送至总公司、批发商、商品供货商或制造商处。因此，EOS能处理从新商品资料的说明直到会计结算等所有商品交易过程中的作业，可以说EOS涵盖了整个物流、资金流和信息流。电子订货系统采用电子手段完成供应链上从零售商到供应商的产品交易过程，因此，一个EOS系统必须有订货系统、通信网络系统和接单电脑系统三部分。

（四）EDI 系统

EDI(Electronic Data Interchange)系统即电子数据交换系统，这是一种利用计算机进行商务处理的方式，将贸易、运输、保险、银行和海关等行业的信息，用一种国际公认的标准格式，形成结构化的事务处理的报文数据格式，通过计算机通信网络，使各有关部门、公司与企业之间进行数据交换与处理，并完成以贸易为中心的全部业务过程。在基于互联网的电子商务普及应用之前，曾是一种主要的电子商务模式。

EDI软件和硬件、通信网络、数据标准化是构成EDI系统的三个要素。一个部门或企业要实现EDI，首先，必须有一套计算机数据处理系统；其次，为使本企业内部数据比较容易地转换为EDI标准格式，须采用EDI标准；最后，通信环境的优劣也是关系EDI成败的重要因素之一。

EDI系统有以下特点。

（1）EDI的使用对象是在不同的组织之间，EDI传输的企业间的报文，是企业间信息交流的一种方式；

（2）EDI所传送的资料是一般业务资料，如发票、订单等，而不是一般性的通知；

（3）EDI传输的报文是格式化的，是符合国际标准的，这是计算机能够自动处理报文的基本前提；

（4）EDI使用的数据通信网络一般是增值网、专用网；

（5）数据传输由收送双方的计算机系统直接传送、交换资料，不需要人工介入操作。

对于连锁企业而言，每天都有大量数据需要在总部、门店、配送中心、交易伙伴之间流动，因此，使用EDI系统既实现了"无纸交易"，又加快了信息传输的速度，提高了连锁企业的工作效率。

（五）VAN 系统

价值增值网(Value Added Network)是将制造业、批发业、物流业、零售业等之间的信息，通过计算机服务网络来相互交换的信息系统。VAN最大的特点是通过计算机服务网络，使不同企业、不同的网络系统可以相互连接，从而使不同形式的数据交换成为可能。由于VAN实现了不同系统的对接和不同格式的交换，为无数的使用者提供了交换数据的服务，创造了附加价值，因而被称作增值网络。

连锁企业与其战略联盟企业可以组成价值增值网，实现联盟企业内部之间的信息资源共享,增进彼此的了解,但对联盟外部则保密。这样可以减少搜寻成本等交易费用,减少中间环节,实现各个企业的价值增值。连锁企业 VAN 系统的基本结构如图 9-1 所示。

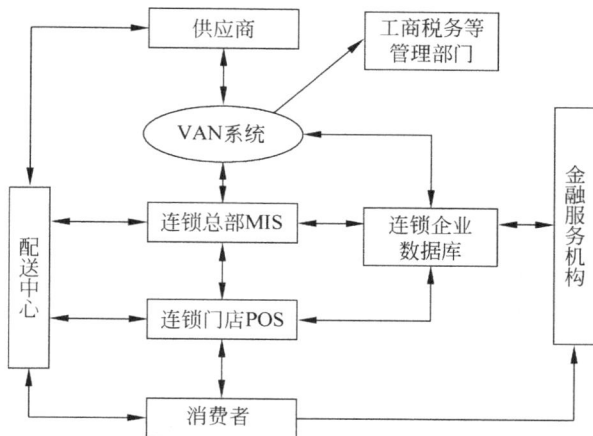

图 9-1　连锁企业 VAN 系统的基本结构

案例分析 9-1

信息化支撑苏宁领跑

苏宁电器近两年以每年新开 200 家店、进入 40 个新城市的惊人速度扩张,这给企业带来的管理挑战是巨大的。在保持原有的开店速度、规模扩张的基础上,苏宁拿出很大一部分精力打造自己的信息化系统,实际上是在夯实自己成就百年企业的基础。

2006 年,苏宁投资高达 8 000 万元请来 SAP 为其打造的 ERP 系统上线。2007 年,苏宁又与 IBM 签订信息化大单,投资总额 3 亿元。

强大的后台 IT 服务,让苏宁电器实现了服务层面的一个转折点。首先,实现了投资、业务、财务、服务、人事的一体化管理,把流程数据、流程控制和计划管理结合起来。其次,实现了跨公司的管理。原来都是分公司对各地工厂,多对多式的采购、分销造成了资源浪费,成本增加,而连锁运营的核心价值恰恰在于统一采购、统一销售、统一配送。最后,实现了跨地区运营。这套系统支持了苏宁在北京采购、在上海结算、在南京服务等一系列战略调整的设想,完成了企业内部的资源整合和优化。

也是依托于 SAP/ERP 信息平台,苏宁的第二代物流配送中心对各个环节的业务流程实行了再造和优化,通过与门店、呼叫服务中心等业务单元以及上游供货商的信息共享,实现信息流畅通无阻,使得苏宁的反应能力、送货能力都得到大幅度提高。WMS 库存管理系统的自动管理也使得进货和出货的差错率几乎为零。由于实现了机械化、自动化作业,减少了物流工作人员的数量,效率大为提高。这让苏宁整体的物流成本大幅度下降,服务质量得到显著提升。

目前,苏宁的系统已经实现和一部分大供应商系统的直连,供应商可以进入苏宁的系统里,随时察看自己产品的销售进度和库存情况,减少业务沟通成本和劳动强度。同时,利用苏宁与消费者直接接触得来的市场信息,供应商可以更快地清除库存,生产适销对路的产品,供应链在这种循环当中得到完善。尤其对于那些本身技术实力就很强的厂商,合作的效益更加明显。比如,三星与苏宁电器的B2B对接,双方围绕客户需求分析、终端商业设计、产品展示演示、产品零售技术等"一体化"提升销售额和市场竞争力。

信息化系统的成功,还让苏宁拥有了低成本规模化扩张的能力。在一个城市如果有一个苏宁电器专卖店,要再开新店,其人力成本几乎可以忽略不计,只需要将相应的系统予以对接就可以了。新开同城门店实现了简单复制,这是目前国内任何同业都没有的能力。正因为后台的强大支撑,苏宁自2008年后的加速发展,才实现了在把控风险的前提下,快速异地扩张,在效率、执行上实现高度统一。

(资料来源:杜娟.信息化支撑苏宁领跑[J]. WTO经济导刊,2010-12-15)

问题讨论:

(1) 苏宁企业信息化系统对其保持行业领先有何作用?

(2) 通过本案例,分析连锁企业管理信息系统对于企业建立自己的竞争优势有何影响。

模块三　连锁企业财务管理

一、连锁企业财务管理的特点

连锁企业财务管理的特点是同连锁经营的特点分不开的。它包括以下四个方面。

(一) 统一核算,分级管理

由连锁总部进行统一核算是连锁经营众多统一中的核心内容。区域性的连锁企业,由总部实行统一核算;跨区域且规模较大的连锁企业,可建立区域性的分总部,负责对本区域内的门店进行核算,再由总部对分总部进行核算。

连锁企业统一核算的主要内容是:对采购货款进行支付结算;对销售货款进行结算;进行连锁企业的资金筹集与调配;等等。

门店一般不设专职财务人员,门店与总部在同一区域内的,由总部统一办理纳税登记,就地缴纳各种税款;门店与总部分跨不同区域的,则由该区域的分总部或门店向当地税务机关办理纳税登记,就地缴纳各种税款。

区域分总部应定期向总部汇报该区域各门店的经营情况、财务状况及各项制度执行情况。原则上连锁企业在建立时就应实行统一核算,有特殊情况的企业在实行连锁初期,可以分阶段、分步骤地逐步进行核算上的统一。

(二) 票流、物流分开

由于连锁企业实行总部统一核算,由配送中心统一进货,统一对门店配送,从流程上看,票流和物流是分开的,这同单店式经营中资金与商品同步运行有着很大的不同。因此,在连锁企业中财务部门与进货部门保持紧密的联系是非常重要的。财务部门在支付货款以前,要对进货部门转来的税票和签字凭证进行认真核对,同时,在企业财务制度中要规定与付款金额数量相对应的签字生效权限。

(三)资产统一运作,资金统一使用,发挥规模效益

连锁经营的关键是发挥企业的规模效益,主要体现为以下三个方面。

(1)连锁企业从表面上看是多门店的结合,但由于实行了统一的经营管理,企业的组织化程度大大提高,特别是统一进货、统一配送,使资产的规模优势充分发挥出来。

(2)由总部统一核算,实行资金的统一管理,提高企业资金的使用效率和效益,降低成本、减少费用、增加利润。

(3)实行资产和资金的统筹调配、统一调剂和融通。总部有权在企业内部对各门店的商品、资金和固定资产等进行调动,以达到盘活资产、加快商品和资金周转、获取最大的经济效益的目的。

(四)地位平等,利益均衡

连锁企业利润的取得是各个部门通力协作共同创造的,不存在谁地位比谁低、谁为谁服务的问题,各方都遵循利益均沾、风险共担、地位平等、协商共事的原则,不能靠牺牲对方利益获取自身利益。

二、连锁企业财务管理的主要内容

(一)连锁企业资金管理

货币资金是连锁企业在经营过程中暂时停留在货币形态的资金,它们具有普遍可接受性和流动性强的特点,既是企业中收入的主要表现形式,又是各种支付的主要手段。企业拥有足够的货币资金对降低企业财务风险、增强企业资金的流动性具有十分重要的意义。货币资金主要包括库存现金、银行存款、银行本票、银行汇票等。

1. 货币资金的管理原则

(1)统一使用与授权使用相结合的原则

资金由总部统一筹措,集中管理,统一使用。门店本地采购商品、鲜活商品和保管期短的商品,经请示总部同意后,在总部授权范围内可动用银行存款,否则不能动用;门店存入银行的销货款未经批准不得自行动用。

(2)统一控制费用原则

总部、门店及其他部门费用由总部统一核定,统一支付,各部门、门店工资等日常费用的开支,由总部统一开支。门店经理有节约费用开支的责任,总部有审查费用使用情况的权利。

(3)统一登记注册、统一缴纳税款的原则

连锁企业应是享有独立法人资格的企业,总部和所属门店在统一区域内,由总部向税务及工商部门登记、注册、统一缴纳各种税款、统一办理法人执照及营业执照,门店只办理经营执照。国家对企业在税收上的优惠政策,由税务部门直接对连锁总部实行,在

特殊情况下,总店和门店不在同一区域内,门店一般处于委托法人地位,实行本地纳税。

(4)统一银行存款原则

门店在总部指定银行办理户头、账号,只存款不取款,门店每日必须将销货款全额存入指定银行,不得坐支销货款,同时,门店应向总部报送销售日报表。它的核心内容是发挥企业规模效益,以低于社会平均成本取得社会平均利润。

2. 连锁资金管理的具体规定

各门店经营和改造所需资金,由总部统一筹措,统一安排。各门店存入银行的款项,要及时通过银行结算划转到总部指定账户,由总部统一计划调剂。总部对门店可建立备用金制度,门店不得坐支销货款。为加强总部的资金融通和调度力度,总部在内部资金管理上,应通过建立内部资金调剂中心,对门店实行统一开户、统一结算、统一管理、统一调度。

(二)连锁企业资产管理

连锁企业的资产管理包含流动资产管理和固定资产管理。

1. 连锁企业流动资产管理

连锁企业的流动资产主要指存货部分(即由总部配送和门店自采的商品)和低值易耗部分。

(1)流动资产的管理原则

① 总部和门店分级负责的原则。总部配送到各门店的商品由总部设置总账控制管理,在进入门店以前,一切损失由总部负责;门店自采的商品,由门店自行管理,商品在店内被盗、短缺由门店负责。对低值易耗品的管理,总部可规定在一定价值内的单件商品由门店经理批准购买,超过此价值的商品由总部统一购买或总部批准后由门店购买。

② 合理设置库存的原则。对进入连锁企业配送中心的商品加强管理,加快对各门店的配送,减少装卸损失,降低商品损耗率;对进入各门店的商品加强管理,一要统一管理店堂和后场的商品,原则上讲,门店不设库房,后场只设一定面积用于临时摆放上架销售前的商品,但目前由于配送功能发挥不到位,大多数门店仍有一小型仓库;二要按照"二八"比例原则对商品结构进行调整,对骨干商品的经营要形成系列化,保证不脱销、不断档。

③ 分类指导的原则。由总部对各门店的流动资产进行分类指导,如:总部要对各门店的订货数量、品种进行监测审核;总部要定期督促各门店及时根据销售情况调整商品结构;总部有责任督促各门店对超过保质期的商品进行清理,并在规定的商品范围和期限内由总部负责退货处理。

(2)流动资产管理

① 加强存货管理。对保管期长、销售量大且长期稳定的商品由总部统一采购,统一配送到各门店;对部分保管期短的商品、鲜活商品和部分地产品在总部统一配送有困难的时候,可由社会化配送中心及其他供货单位向各门店直接配送,由总部统一结算;门店也可以在总部授权的商品品种及数量金额范围内自采。无论是总部和门店,在结算时应严格根据结算规定,将购销合同、采购单、仓库验收单进行核对,相符合后结算付款。

各门店要根据商品销售情况及时调整商品结构,对接近保质期的商品要积极开展促销,对超过保质期的商品要及时进行清理。

② 加强商品销售管理。总部对配送中心及门店的全部商品要设置商品管理总账,对门店自采的商品一般实行按商品大类管理,有条件的要逐步过渡到实行单品管理,并建立实物负责制,以保证账实相符。各门店要定期对商品进行盘点,由总部核定商品损耗率,超过部分由总部从门店的工资总额中作相应扣除。

2. 连锁企业固定资产管理

连锁企业的固定资产由总部统一管理,统一核算,统一提取折旧,各门店不分摊。总部统一购置、调拨和报废固定资产,门店无权处置。门店需要添置、报废固定资产时,需事先向总部提出申请,经总部批准后送交职能部门办理。

总部对各门店的全部固定资产要建立明细实物卡,由财务部门注册登记,各门店指定专人负责保管,同时,要进行定期盘点,门店要保证物卡相符。门店在使用固定资产的过程中,发生的损坏由门店负责赔偿,门店所占用的固定资产保养费用由门店自行承担。

(三)连锁企业筹资管理

资金筹集是企业财务活动的起点,筹资活动是企业生存、发展的基本前提,没有资金企业将难以生存,也不可能发展。资金筹集是指企业从各种不同的来源,用各种不同的方式筹集其生产经营过程中所需要的资金。

1. 资金筹集的目的

(1)扩大经营规模。随着连锁企业生产经营规模不断扩大,需要大量筹集资金。

(2)偿还债务,调整资金结构。降低资金成本和风险。

2. 筹资的渠道和方式

(1)筹资渠道是筹措资金的来源方向。目前我国筹资渠道有以下几种。

① 国家财政资金。国家或地方政府以财政拨款的形式投入企业的资金。

② 银行信贷资金。是指商业银行对连锁经营企业的各种贷款。

③ 非银行金融资金。是指保险公司、证券公司、信托投资公司、租赁公司等对连锁经营企业提供的各种金融服务。

④ 其他企业资金。连锁企业可以吸收其他企业或非营利组织经营活动中形成的暂时闲置或长期闲置的资金。

⑤ 居民个人资金。居民个人的结余资金,对连锁企业进行投资,形成民间资金来源渠道。

⑥ 企业自留资金。连锁企业内部形成的资金,如税后利润提取的盈余公积金和未分配利润。

⑦ 外商资金。外商投入连锁企业的资金。

(2)筹资方式是筹措资金所采取的具体形式。具体有:吸收直接投资、发行股票、利用留存收益、向银行借款、利用商业信用、发行公司债券和融资租赁。

阅读资料 9-3

苏宁电器获 96 亿元人民币政策性贷款

2006 年 7 月 28 日,国家开发银行和苏宁正式签署意向性协议,在未来的 5 年中,国开行拟向苏宁提供的政策性贷款总额度为 96 亿元,还款期限为 10～15 年,而首期向苏宁提供的贷款规模为 8 亿元。苏宁成为零售业"国家队"流通扶持款的第一位受益者。此次苏宁电器成为零售业"国家队"中首批获取国家资金战略支持的流通企业,8 亿元贷款也成为国开行 500 亿元政策性贷款总盘子中第一批被划拨出的资金。

对于贷款资金注入,苏宁广宣部阎经理在接受《中国产经新闻》记者采访时表示:此次国开行 8 亿元的投资加上苏宁自筹共 10 亿元资金,将主要用于在国内一线城市和二线发达城市的核心商圈和地段自建、购置 4～5 个标准旗舰店,预计总投资 6.5 亿元;另外,还计划在上海、广州、无锡、深圳、沈阳、武汉等城市中选择建设 3～4 个现代化的物流配送中心,预计总投资在 3.5 亿元左右。

(资料来源:中国产经新闻.http://www.cien.com.cn)

(四) 连锁企业成本费用管理

连锁企业营运过程中发生的成本费用包括两部分:固定成本费用和变动成本费用。

固定成本费用是指那些不随着业务量变化而发生变化的成本费用,包括连锁企业的租赁费、房屋折旧费、办公费、水电费、广告费、业务招待费、房产税、印花税、车船税等。

变动成本费用是指那些随着业务量变化而变化的成本费用,包括商品成本、职工工资、劳动保险费、财产保险费、福利费、修理费、包装费、物料消耗费、交通费、差旅费、电话费、培训费等。

连锁企业主要通过商品毛利率、费用开支标准及范围、销售费用率三大指标控制成本费用,由总部统一进行成本核算,统一管理。成本费用管理的具体内容有以下几个方面。

(1) 总部要严格控制自身的费用开支(如宣传广告费、人工费以及其他费用开支等)。

(2) 总部统一整个企业的资产折旧,统一支付贷款利息。

(3) 总部对各门店基本上采用先进先出法按商品大类计算毛利率;一些规模小的连锁企业也可以过渡性地采用混合平均法或加权平均法计算商品的毛利率。

(4) 总部要建立毛利率预算计划管理,对门店实行计划控制。总部对各门店的综合毛利率进行定期考核,对影响效益的骨干商品的毛利率进行重点考核。

(5) 总部规定各门店的费用细目范围及开支标准,原则上不允许随意扩大和超标。

(6) 总部对一些费用(如水电费、包装费等)要进行分解,尽量划细到各门店和商品大类。能直接认定到各门店和商品大类的,要直接认定;不能直接认定到各门店和商品大类的,可参考各门店占企业工资总额的比例、资产的比例或按各门店的人数、经营面积分摊到门店和商品大类。

(7) 总部对各门店的费用通过下达销售费用率进行总体控制,要建立费用率预算计划管理。各门店的直接费用(如业务招待费、人工费等)要同店长的利益直接挂钩。对达不到预算计划的门店,总部通过督导制度,帮助其分析造成费用增长、费用率上升的原因,并提出调整改进措施。

一般情况下,每个门店在开张初期的销售费用率可能会高一些,应尽快通过加强管理使之降到企业平均、合理的水平。

(五)连锁企业收入利润管理

所谓收入是指连锁企业在日常活动中形成的、会导致所有者权益增加的、与所有者投入资本无关的经济利益的总流入。所涉及的收入,包括销售商品收入、提供劳务收入和让渡资产使用权收入。利润是指企业在一定会计期间的经营成果。利润包括收入减去费用后的净额、直接计入当期利润的利得和损失等。收入利润管理的具体内容有以下几个方面。

(1)总部各部门及门店要严格执行企业内部核算制度。总部在进行自身利润考核的同时要对各门店的利润进行考核。总部通过对门店进货额(包括配送和自采部分)、库存价值量、销售额和费用开支等指标对各门店的利润实现进行控制,并建立相应的利润控制、考核制度。

(2)各门店要定期将进货额(包括配送和自采部分)、库存价值量、销售额、费用支出情况进行登记,报送总部,为保证核算的准确性和真实性,各门店在总部统一规定的费用细目范围内进行填报,由总部财务部门按规定办法进行利润核算。总部将各门店的利润汇总后再扣除总部自身的费用及不需分摊的有关费用,即为连锁企业当月实现的净利润核算。总部将各门店的利润汇总后再扣除总部自身的费用及不需分摊的有关费用,即为连锁企业当月实现的净利润总额。

(3)总部对各门店的考核重点以考核销售额和考核利润两项指标完成情况为主,两项指标并重,不可偏废。

三、连锁企业的经营绩效评价

(一)连锁企业经营绩效评价概述

连锁企业经营绩效评价,是指运用数理统计和运筹学原理,按照特定指标体系,对照统一的标准,按照一定的程序,通过定量定性对比分析,对企业一定经营期间的经营效益和经营者业绩做出客观、公正和准确的综合评判。

根据连锁企业的特点,财务指标包括四个方面,即财务效益状况、资产营运状况、偿债能力状况和发展能力状况。非财务指标主要从创新能力、成本下降率、新产品销售率、事故减少率、市场占有率、顾客满意度、合同交货率、员工满意度和员工合理化建议数等方面来反映企业的经营业绩。

(二)财务指标分析

1. 偿债能力分析

企业偿债能力是反映企业财务状况和经营能力的重要标志。偿债能力是企业偿还到期债务的承受能力或保证程度,包括偿还短期债务和长期债务的能力。

(1)流动比率

流动比率是指企业流动资产与流动负债的比率。表示每1元流动负债有多少流动资产作为偿还的保证。其计算公式为:

$$流动比率 = \frac{流动资产}{流动负债}$$

一般情况下,流动比率越高,表明企业短期偿债能力越强;流通比率越低,表明企业可能难以偿还债务。通常,该指标在200%左右较好。流动比率过高,表明企业流动资产占用较多,会影响资金的使用效率和企业的筹资成本,进而影响赢利能力。

流动比率虽然可以用来评价流动资产总体的变现能力,但流动资产中包含像存货这类变现能力较差的资产,如能将其剔除,其所反映的短期偿债能力更加可信,这个指标就是速动比率。

(2)速动比率

速动比率表示每1元流动负债有多少速动资产作为偿还的保证,进一步反映流动负债的保障程度。其计算公式为:

$$速动比率 = \frac{流动资产 - 存货}{流动负债}$$

速动比率的高低能直接反映企业的短期偿债能力强弱,是对流动比率的补充,并且比流动比率反映得更加直观可信。一般情况下,速动比率越高,表明公司短期偿债能力越强;速动比率越低,表明公司短期偿债能力越弱。通常,该指标在100%左右较好。

(3)现金比率

现金比率表示每1元流动负债有多少现金及现金等价物作为偿还的保证,反映公司可用现金及变现方式清偿流动负债的能力。其计算公式为:

$$现金比率 = \frac{货币资金 + 短期投资}{流动负债}$$

一般情况下,现金比率越高,表明企业短期偿债能力越强;现金比率低,表明企业可能难以偿还债务。

(4)资产负债率

资产负债率表示企业负债总额与资产总额的比率,反映公司清偿长期债务的能力。其计算公式为:

$$资产负债率 = \frac{负债总额}{资产总额}$$

一般情况下,资产负债率越低,表明企业的长期偿债能力越强,债权的安全性越好。反之,资产负债率越高,表明企业的长期偿债能力越弱。通常,该指标维持在50%左右是比较安全的。

(5)利息保障倍数

利息保障倍数表示企业息税前利润与利息费用之比,又称已获利息倍数,用以衡量偿付借款利息的能力,它是衡量企业支付负债利息能力的指标。其计算公式为:

$$利息保障倍数 = \frac{息税前利润}{利息费用}$$

一般情况下,要维持正常偿债能力,利息保障倍数至少应大于1,且比值越高,表明企业偿付借款利息的能力越强,负债经营的财务风险就小。如果利息保障倍数过低,企业将面临亏损、偿债的安全性与稳定性下降的风险。

2. 营运能力分析

企业营运能力是指企业的经营运行能力,即企业运用各项资产赚取利润的能力。

(1)流动资产周转情况分析

① 应收账款周转率

应收账款周转率是反映应收账款周转速度的指标,它是一定时期内销售收入净额与应收账款平均余额的比率。应收账款周转率有两种表示方法。一种是应收账款在一定时期内(通常为一年)的周转次数;另一种是应收账款的周转天数。其计算公式为:

$$应收账款周转次数 = \frac{销售收入净值}{应收账款平均余额}$$

$$应收账款周转次数 = \frac{计算期天数 \times 应收账款平均余额}{销售收入净值}$$

其中,

$$应收账款平均余额 = \frac{期初应收账款 + 期末应收账款}{2}$$

在一定时期内应收账款周转的次数越多,表明应收账款回收速度越快,企业管理工作的效率越高。这不仅有利于企业及时收回贷款,减少或避免发生坏账损失的可能性,而且有利于提高企业资产的流动性,提高企业短期债务的偿还能力。

② 存货周转率

存货周转率是指一定时期内企业销售成本与存货平均资金占用的比率。它是反映企业销售能力和流动资产流动性的一个指标,也是衡量企业生产经营各个环节中存货运营效率的一个综合性指标。其计算公式为:

$$存货周转率 = \frac{销售成本}{存货平均余额}$$

其中,

$$存货平均余额 = \frac{期货存货 + 期末存货}{2}$$

或

$$存货周转天数 = \frac{计算期天数}{存货周转次数}$$

一般情况下,存货周转率越高越好。存货周转率高,表明企业存货占用水平低,流动性强,存货变现速度快,能够增强企业的短期偿债能力及获利能力。

③ 流动资产周转率

流动资产周转率是反映企业流动资产周转速度的指标。它是一定时期销售收入净额与企业流动资产平均占用额之间的比率。其计算公式为:

$$流动资产周转率 = \frac{销售收入净额}{流动资产平均余额}$$

其中,

$$流动资产平均余额 = \frac{期初流动资产 + 期末流动资产}{2}$$

或

$$流动资产周转天数 = \frac{计算期天数}{流动资产周转次数}$$

在一定时期内,流动资产周转次数越多,表明以相同的流动资产完成的周转额越多,流动资产利用的效果越好。流动资产周转率用周转天数表示时,周转一次所需要的天数越少,表明流动资产在经历生产和销售各阶段时占用的时间越短,周转越快。生产经营任何一个环节上的工作得到改善,都会反映到周转天数的缩短上来。按天数表示的流动资产周转率能更直接地反映生产经营状况的改善,便于比较不同时期的流动资产周转率,应用较为普遍。

（2）固定资产周转情况分析

反映固定资产周转情况的是固定资产周转率。固定资产周转率是指企业年销售收入净额与固定资产平均净值的比率。它是反映企业固定资产周转情况,从而衡量固定资产利用效率的一项指标。其计算公式为:

$$固定资产周转率 = \frac{销售收入净额}{固定资产平均净值}$$

其中,

$$固定资产平均净值 = \frac{期初固定资产净值 + 期末固定资产净值}{2}$$

一般情况,固定资产周转率高,说明企业固定资产利用充分,投资得当,结构合理,能够充分发挥效率。反之,如果固定资产周转率不高,则表明固定资产使用效率不高,提供的生产成果不多,企业的营运能力不强。

（3）总资产周转情况分析

反映总资产周转情况的指标是总资产周转率。总资产周转率是企业销售收入净额与资产总额的比率。其计算公式为:

$$总资产周转率 = \frac{销售收入净额}{资产平均总额}$$

其中,

$$资产平均总额 = \frac{期末资产总额 + 期末资产总额}{2}$$

总资产周转率综合反映了企业整体资产的营运能力,一般来说,其比率越高,营运能力越强。反之,总资产周转率越低,则说明企业利用全部资产进行经营的效率较低,最终会影响企业的获得能力。企业可以通过薄利多销的办法,加速资产的周转,带来利润绝对额的增加。

3. 盈利能力

盈利能力分析是指企业获取利润、资金不断增值的能力,主要涉及以下几项指标。

（1）营业利润率

营业利润率是指企业的营业利润与营业收入之间的比率,反映了在不考虑非营业成

本的情况下,企业管理者通过经营获取利润的能力。其计算公式为:

$$营业利润率 = \frac{营业利润}{营业收入}$$

营业利润率越高,说明企业单位销售额提供的营业利润越多,企业的盈利能力越强;反之,此比率越低,说明企业盈利能力越弱。

（2）成本费用利润率

成本费用利润率是指企业利润总额与成本费用总额的比率。它是反映企业生产经营过程中发生的耗费与获得的收益之间关系的指标。其计算公式为:

$$成本费用利润率 = \frac{利润总额}{成本费用总额}$$

成本费用利润率越高,表明企业耗费所取得的收益越高,这是一个能直接反映增收节支、增产节约效益的指标。企业生产销售的增加和费用开支的节约,都能使这一比率提高。

（3）盈余现金保障倍数

盈余现金保障倍数是指企业一定时期经营现金净流量同净利润的比率,反映了企业当期净利润中现金收益的保障程度,真实地反映了企业的盈余的质量。盈余现金保障倍数从现金流入和流出的动态角度,对企业收益的质量进行评价,对企业的实际收益能力再一次修正。其计算公式为:

$$盈余现金保障倍数 = \frac{经营现金净流量}{净利润}$$

一般而言,当企业当期净利润大于 0 时,该指标应当大于 1。该指标越大,表明企业经营活动产生的净利润对现金的贡献越大。但是,由于指标分母变动较大,致使该指标的数值变动也比较大,所以,对该指标应根据企业实际效益状况有针对性地进行分析。

（4）总资产利润率

总资产利润率是企业利润总额与企业资产平均总额的比率。它是反映企业资产综合利用效果的指标,也是衡量企业利用债权人和所有者权益总额所取得盈利的重要指标。其计算公式为:

$$总资产周转率 = \frac{利润总量}{资产平均总额}$$

其中,

$$资产平均总额 = \frac{期末资产总额 + 期末资产总额}{2}$$

总资产利润率越高,表明资产利用的效益越好,整个企业获利能力越强,经营管理水平越高;该指标越低,说明企业资产利用效率越低,应分析差异原因,提高销售利润率,加速资金周转,提高企业经营管理水平。

（5）净资产收益率

净资产收益率是指净利润与平均所有者权益的比率,它反映企业自有资金的投资收益水平。其计算公式为:

$$净资产收益率 = \frac{净利润}{平均所有者权益}$$

一般情况下,净资产收益率越高,企业自有资本获取收益的能力越强,运营效益越好,对企业投资人、债权人利益的保证程度越高。

(6) 资本收益率

资本收益率又称资本利润率,是指企业净利润(即税后利润)与所有者权益(即资产总额减负债总额后的净资产)的比率。用以反映企业运用资本获得收益的能力。其计算公式为:

$$资本收益率 = \frac{税后净利润}{所有者权益}$$

一般情况下,资本收益率越高,说明企业自有投资的经济效益越好,投资者的风险越少,企业值得投资或继续投资。

4. 发展能力分析

发展能力是企业在生存的基础上,扩大规模、壮大实力的潜在能力。

(1) 营业收入增长率

营业收入增长率是企业本期营业收入增长额与上期营业收入总额的比率,反映企业营业收入的增减变动情况。其计算公式为:

$$营业收入增长率 = \frac{本期营业收入增长额}{上期营业收入总额}$$

式中: 本期营业收入增长额＝本期营业收入总额－上期营业收入总额

营业收入增长率大于零,表明企业本期营业收入有所增长。该指标值越高,表明企业营业收入的增长速度越快,企业市场前景越好。

(2) 资本保值增值率

资本保值增值率是企业扣除客观因素后的本期末所有者权益总额与期初所有者权益总额的比率,反映企业本期资本在企业自身努力下实际增减变动的情况。其计算公式为:

$$资本保值增值率 = \frac{扣除客观因素的期末所有者权益总额}{期末所有者权益总额}$$

一般情况下,资本保值增值率越高,表明企业的资本保全状况越好,所有者权益增长越快,债权人的债务越有保障。该指标通常应当大于100%。

(3) 资本积累率

资本积累率是企业本期所有者权益增长额与期初所有者权益的比率,反映企业当期资本的积累能力。其计算公式为:

$$资本积累率 = \frac{本期所有者权益增长额}{期初所有者权益}$$

一般情况下,资本积累率越高,表明企业的资本积累越多,应对风险、持续发展的能力越强。

(4) 总资产增长率

总资产增长率是企业本期总资产增长额同期初资产总额的比率,反映企业本期资产规模的增长情况。其计算公式为:

$$总资产增长率 = \frac{本期总资产增长额}{期末资产总额}$$

其中,

$$本期总资产增长额 = 期末资产总额 - 期初资产总额$$

一般情况下,总资产增长率越高,表明企业一定时期内资产经营规模扩张的速度越快。

（5）营业利润增长率

营业利润增长率是企业本期营业利润增长额与上期营业利润总额的比率,反映企业营业利润的增减变动情况。其计算公式为:

$$营业利润增长率 = \frac{本期营业利润增长额}{上期营业利润总额}$$

其中,

$$本期营业利润增长额 = 本期营业利润总额 - 上期营业利润总额$$

（6）技术投入比率

技术投入比率是企业本期科技支出与本期营业收入的比率,反映企业在科技进步方面的投入,在一定程度上可以体现企业的发展潜力。其计算公式为:

$$投入技术比率 = \frac{本期科技支出合计}{本期营业收入}$$

（7）营业收入三期平均增长率

营业收入三期平均增长率表明企业营业收入连续三期的增长情况,反映企业的持续发展态势和市场扩张能力。其计算公式为:

$$营业收入三期平均增长率 = \sqrt[3]{\frac{本期营业收入}{三期前营业收入}} - 1$$

一般情况下,营业收入三期平均增长率越高,表明企业营业持续增长势头越好,市场扩张能力越强。

（8）资本三期平均增长率

资本三期平均增长率表示企业资本连续三期的积累情况,在一定程度上反映了企业的持续发展水平和发展趋势。其计算公式为:

$$资本三期平均增长率 = \sqrt[3]{\frac{期末所有者权益总额}{三期前期末所有者权益总额}} - 1$$

一般情况下,资本三期平均增长率越高,表明企业所有者权益得到保障的程度越大,应对风险和持续发展的能力越强。

项目小结

连锁企业的内部管理理论,主要包括连锁企业的人力资源管理、信息管理和财务管理。本章介绍了人力资源管理的基本概念,连锁企业工作分析的概念、术语、作用、流程与方法,连锁企业员工的招聘与培训及企业文化建设的相关内容;介绍了连锁企业信息系统的基本概念、组成及其各组成部分的功能,说明了连锁企业各种信息系统的相关内容；介绍了连锁企业财务管理的原则和特点，强调了连锁企业财务管理的资金管理、资产管理、筹资管理、成本费用管理、收入利润管理的内容，最后论述了连锁企业经营绩效评价的方法。

练习与讨论

一、基本概念

人力资源配置　企业文化　POS系统　MIS系统　EOS系统　EDI系统　VAN系统

二、基本训练

1. 单项选择题

(1) 具有主观性，容易受组织功能需求、作业流程咨询化程度等因素的影响，最不易控制的人力编制是(　　)。

　　A. 可量化人力编制　　　　　　　　B. 非量化人力编制

　　C. 主观判断法　　　　　　　　　　D. 生产力分析法

(2) 用人单位将招聘广告张贴在自己的网站上，或者在专门的招聘网站上发布信息的招聘形式，属于(　　)。

　　A. 内部招聘　　　B. 中介招聘　　　C. 网络招聘　　　D. 员工推荐

(3) POS系统是指(　　)。

　　A. 销售时点信息系统　　　　　　　B. 管理信息系统

　　C. 电子订货系统　　　　　　　　　D. 电子数据交换系统

(4) 连锁企业流动资产管理的原则不包括(　　)。

　　A. 总店和门店分级负责原则　　　　B. 合理设置库存原则

　　C. 分类指导原则　　　　　　　　　D. 重点管理原则

(5) 下列属于连锁企业固定成本费用的是(　　)。

　　A. 福利费　　　B. 物料消耗费　　　C. 广告费　　　D. 交通费

2. 多项选择题

(1) 员工招聘时应遵循的原则有(　　)。

　　A. 量才适用原则　　　　　　　　　B. 因事择人原则

　　C. 因人择事原则　　　　　　　　　D. 竞争择优原则

　　E. 前瞻性原则

(2) 连锁企业文化的功能有(　　)。

　　A. 导向功能　　　　　　　　　　　B. 约束功能

　　C. 凝聚功能　　　　　　　　　　　D. 激励功能

　　E. 辐射功能

(3) 连锁企业总部管理信息系统的功能主要有(　　)。

　　A. 信息收集功能　　　　　　　　　B. 信息加工功能

　　C. 信息存储和检索功能　　　　　　D. 信息传输功能

　　E. 信息分类功能

（4）连锁企业财务管理的特点有（　　　）。

  A. 统一核算、分级管理　　　　　　B. 投资分散

  C. 票流、物流分开　　　　　　　　D. 资产统一运作，资金统一使用

  E. 地位平等，利益均衡

（5）下列属于连锁企业固定成本费用的是（　　　）。

  A. 电话费　　　　B. 培训费　　　　C. 差旅费　　　　D. 包装费

  E. 水电费

3．判断题

（1）人力资源是企业各项资源中最重要的资源之一。　　　　　　　　　（　　）

（2）店长培训的目的是成为各店与总店间称职的沟通协调者、问题解决者及专业辅导者。　　　　　　　　　　　　　　　　　　　　　　　　　　　　　　（　　）

（3）MIS 系统属于前台收银系统。　　　　　　　　　　　　　　　　　（　　）

（4）货币资金是连锁企业在经营过程中暂时停留在货币形态的资金，它们具有普遍可接受性和流动性强的特点，既是企业中收入的主要表现形式，又是各种支付的主要手段。　　　　　　　　　　　　　　　　　　　　　　　　　　　　　　　（　　）

（5）应收账款周转率是指一定时期内销售收入净额与应收账款平均余额的比率。

                      （　　）

4．问答题

（1）简述连锁企业员工的招聘和培训流程。

（2）如何进行连锁企业的文化建设？

（3）连锁企业管理信息系统主要包括哪些内容？

（4）连锁企业财务管理的主要内容有哪些？

（5）财务指标分析包括哪些方面的内容？各方面又有哪些指标？

三、实训项目

（1）参观某连锁企业，了解其管理信息系统的构成及主要功能。

（2）根据某连锁企业的财务报表，试对其主要财务指标进行财务分析。

四、案例分析

沃尔玛的成本领先战略

  沃尔玛的经营策略是"天天平价，始终如一"，即所有商品（非一种或若干种商品），在所有地区（非一个或一些地区），常年（非一时或一段时间）以最低价格销售。为做到这一点，沃尔玛在采购、存货、销售和运输等各个商品流通环节，采取各种措施将流通成本降至行业最低，把商品价格保持在最低价格线上。沃尔玛降低成本的具体举措如下。

  1．将物流循环链条作为成本领先战略实施的载体

  （1）直接向工厂统一购货和协助供应商减低成本，以降低购货成本。

  ① 直接向工厂购货。零售市场的很多企业为规避经营风险，采取代销的经营方式，沃尔玛却实施直接买断购货，并对货款结算采取固定时间、绝不拖延的做法。这种购货方式虽然要冒一定的风险，却能保护供应商的利益，这大大激发了供应商与沃尔玛建立

业务的积极性,赢取了供应商的信赖,保证沃尔玛能以最优惠的价格进货,大大降低了购货成本。据沃尔玛自己统计,实行向生产厂家直接购货的策略使采购成本降低了 2%～6%。

② 统一购货。沃尔玛采取中央采购制度,尽量由总部实行统一进货,特别是那些在全球范围内销售的高知名度商品,如可口可乐、柯达胶卷等,沃尔玛一般对 1 年销售的商品一次性地签订采购合同。由于数量巨大,沃尔玛获得的价格优惠远远高于同行。

③ 协助供应商减低产品成本。沃尔玛通过强制供应商实现最低成本来提高收益率,如对供应商的劳动力成本、生产场所、存货控制及管理工作进行质询和记录,迫使其进行流程再造和提高价格性能比,使供应商同沃尔玛共同致力于降低产品成本及供应链的运作成本。

(2) 建立高效运转的物流配送中心,保持低成本存货。

为解决各店铺分散订货、存货及补货所带来的高昂的库存成本代价,沃尔玛采取建立配送中心、由配送中心集中配送商品的方式。为提高效率,配送中心内部实行完全自动化,所有货物都在激光传送带上运入和运出,平均每个配送中心可同时为 30 辆卡车装货,可为送货的供应商提供 135 个车位。配送中心的高效运转使得商品在配送中心的时间很短,一般不会超过 48 小时。通过建立配送中心,沃尔玛大大提高了库存周转率,缩短了商品储存时间,避免了公司在正常库存条件下由各店铺设置仓库所付出的较高成本。在沃尔玛各店铺销售的商品中,87% 左右的商品由配送中心提供,库存成本比正常情况下降低 50%。

(3) 建立自有车队,有效地降低运输成本。

运输环节是整个物流链条中最昂贵的部分,沃尔玛采取了自建车队的方法,并辅之全球定位的高技术管理手段,保证车队处在一种准确、高效、快速、满负荷的状态。这一方面减少了不可控的、成本较高的中间环节和车辆供应商对运输环节的中间盘剥;另一方面保证了沃尔玛对配送中与和各店铺之间的运输掌握主控权,将货等车、店等货等现象控制在最低限度,保证配送中心发货与各店铺收货的平滑、无重叠衔接,把流通成本控制在最低限度。

2. 利用发达的高技术信息处理系统作为战略实施的基本保障

沃尔玛开发了高技术信息处理系统来处理物流链条循环的各个点,实现了点与点之间光滑、平稳、无重叠的衔接,使点与点之间的衔接成本保持在较低水平。

3. 对日常经费进行严格控制

沃尔玛对于行政费用的控制非常严格。在行业平均水平为 5% 的情况下,沃尔玛整个公司的管理费用仅占销售额的 2%,这 2% 的销售额用于支付公司所有的采购费用、一般管理成本、上至董事长下至普通员工的工资等。

(资料来源:清华服务创新研究网.http://thirs.org/caseoftsinghua/2008109234939.asp)

问题讨论:

(1) 沃尔玛是从哪些方面制定成本领先战略的?

(2) 为什么沃尔玛将物流循环链条作为成本领先战略实施的载体?

项目十　连锁经营相关法律法规

学习目标

知识目标

- 了解连锁经营的主要管理部门及行业组织。
- 了解目前我国连锁经营的相关政策法规。
- 掌握商业特许经营管理条例的主要内容。

技能目标

- 能够判断某种行为是否违反了连锁经营的相关法律法规。
- 会应用特许经营相关法律法规解决经营中的实际问题。

案例导入

特许经营商标权纠纷案

2007 年 10 月,刘某在网上看到了北京三邦公司的招商加盟广告。加盟销售的产品为"护眼郎"系列产品。经过了解和考察,刘某与该公司签订了正式的合同。

合同约定:乙方(即刘某)按本协议约定成为甲方(即三邦公司)的地区合作商,在浙江省宁波市范围内,独家负责甲方产品在当地营销终端的建设和终端物流仓储、销售运营、售后服务、广告公关等工作;甲方授权乙方经销的产品为"护眼郎"系列产品;甲方授权乙方在协议规定的区域和时间内独家使用"护眼郎"的商号和商标(包括图形)以及其他经营标识;乙方按甲方确定的标准,缴纳营销管理费 3.38 万元;甲方提供 1 万元的铺底货物;作为对合作伙伴的支持,乙方按甲方完成进货任务量返利;协议期限 1 年。同时,为配合刘某向工商部门申请营业执照,三邦公司向刘某提供"护眼郎"商标注册申请受理通知书、授权刘某为"护眼郎"学生视力健康服务中心浙江省宁波市特许代理商的授权书、三邦公司的企业法人营业执照等证件。

协议签订后,刘某向三邦公司支付了营销管理费 3.38 万元。三邦公司根据合同约定向刘某发来价值 1 万元的眼膏、眼贴等产品,并配送视力灯箱、授权铜牌、近视治疗仪等设备,随后派员对刘某聘用的员工进行了业务培训。同年 11 月中旬,刘某持三邦公司提供的相关证件向工商部门申领营业执照,工商部门以"护眼郎"不是注册商标和商号为由对刘某的营业申请不予审批。

刘某看无法实现合同的目的,便起诉到法院,要求解除合同,退还加盟费并赔偿自己相应的损失。最终,法院支持了刘某的诉讼请求。

案例点评:在本案中,刘某与三邦公司签订的合同,是一种商业特许经营合同。这种合同的目的,就在于一方授权另一方使用自己的商标来进行经营。但是,我们看到,三邦公司所申请的商标只是被商标局受理了,而并没有获得批准注册(能否批准注册也是个未知数)。此时,三邦公司对"护眼郎"并不具有商标所有权。在自己都没有商标所有权的情况下,又如何能谈得上许可他人使用?因此,刘某想要使用该商标的目的根本也就无法实现。根据合同法的规定,当合同目的无法实现时,可以要求解除合同。所以,法院支持了刘某的诉讼请求。

(资料来源:华律网.http://www.66law.cn,经作者整理)

模块一　我国连锁经营的政策环境

目前,我国已发展成为连锁经营大国,连锁经营已经成为我国零售业、餐饮业、服务业等众多行业普遍采用的经营方式,日益显示出强大的发展潜力。但是,由于我国连锁业起步较晚,经营活动还不够规范,在快速发展中还存在着一些突出问题。因此,以法律手段建立起规范、有序的连锁经营环境势在必行。

一、连锁经营的主要管理部门及行业组织

(一)中华人民共和国商务部

中华人民共和国商务部是主管我国国内外贸易和国际经济合作的国务院组成部门,承担制定和实施我国国内外经济贸易政策、推进扩大对外开放的重要职责。

商务部的主要职能包括以下几个方面。

(1)拟订国内外贸易和国际经济合作的发展战略、方针、政策,起草国内外贸易、国际经济合作和外商投资的法律法规,制定实施细则、规章;研究提出我国经济贸易法规之间及其与国际多边、双边经贸条约、协定之间的衔接意见。

(2)拟订国内贸易发展规划,研究提出流通体制改革意见,培育发展城乡市场,推进流通产业结构调整和连锁经营、物流配送、电子商务等现代流通方式。

(3)研究拟订规范市场运行、流通秩序和打破市场垄断,地区封锁的政策,建立健全统一、开放、竞争、有序的市场体系;监测分析市场运行和商品供求状况,组织实施重要消费品市场调控和重要生产资料流通管理。

(4)研究制订进出口商品管理办法和进出口商品目录,组织实施进出口配额计划,确定配额、发放许可证;拟订和执行进出口商品配额招标政策。

(5)负责组织协调反倾销、反补贴、保障措施及其他与进出口公平贸易相关的工作,建立进出口公平贸易预警机制,组织产业损害调查;指导协调国外对我国出口商品的反倾销、反补贴、保障措施的应诉及相关工作。

(6)宏观指导全国外商投资工作。

（二）中华人民共和国国家经济贸易委员会

1998年8月设置的国家经济贸易委员会，是负责调节近期国民经济运行的宏观调控部门。国家经济贸易委员会的主要职责有以下几个方面。

（1）监测、分析国民经济运行态势，调节国民经济目标运行；编制并组织实施近期经济运行调控目标、政策和措施，组织解决经济运行中的重大问题并向国务院提出意见和建议。

（2）组织拟定、实施国家产业政策，监督、检查执行情况；指导产业结构调整，提出重点行业、重点产品的调整方案；联系工商领域社会中介组织并指导其改革与调整。

（3）组织拟定工业、商贸方面的综合性经济法规和政策并监督检查；收集、整理、分析和发布经济信息。

（4）指导国家相关部门拟定行业规划和行业法规；制定电力（含水电）、医药、黄金的行业规划、行业法规，实施行业管理。

（5）研究和规划竞争性行业投资布局，定期公布项目投资引导目录，指导除国家拨款以外的工商企业投资和商业性银行贷款的方向，进行项目的登记备案和监督，纳入国家发展计划委员会的总量平衡；研究拟定利用外资有关政策，指导工商企业利用外资（包括外商直接投资项目），制订工商领域外商投资产业指导目录并进行监督；提出工业、商业企业利用国外贷款的投向；研究制定国有企业向外商转让资产、股权、经营权的政策并实行监督；指导企业开展国际化经营，实施当年的企业海外投资规划。

（6）研究和指导流通体制改革，培育发展和完善市场体系，拟定规范流通秩序和市场规则的法规、政策；监测分析市场运行和重要商品的供求状况并组织调控；组织拟定和协调内外贸政策和进出口政策，协商国家发展计划委员会编制关系国计民生和大宗、重点工业品、原材料的进出口计划，根据经济运行情况进行计划调整并向国家发展计划委员会备案；协调外贸货运；承办国家茧丝绸协调小组的日常工作。

（7）负责企业工作，对各种经济成分的企业实行宏观管理和指导，规范企业行为规则；研究拟定国有企业改革的方针、政策和企业体制改革方案，推进现代企业制度的建立；研究发展大型企业和企业集团的政策、措施，指导国有企业实施战略性改组；参与指导企业直接融资工作；指导国有企业的管理、扭亏和减轻企业负担工作；指导中小企业的改革与发展；组织管理企业内部的法律顾问工作；指导企业管理人员的培训。

（8）研究拟定监管企业国有资产的政策、法规；提出需由国务院派出稽查特派员的国有企业名单，审核稽查特派员提出的稽查报告。

（9）研究企业技术进步的方针、政策，指导技术创新、技术引进、重大装备国产化和重大技术装备研制；指导资源节约和综合利用，组织协调工业环境保护和环保产业发展。

（10）根据国务院的规定，管理国家国内贸易局、国家煤炭工业局、国家机械工业局、国家冶金工业局、国家石油和化学工业局、国家轻工业局、国家纺织工业局、国家建筑材料工业局、国家有色金属工业局、国家烟草专卖局。

（三）中国连锁经营协会

中国连锁经营协会（CCFA）于1997年在民政部注册成立，是连锁经营领域唯一的全国性行业组织。会员包括本土和跨国零售商、特许加盟企业、供应商、地方连锁协会等。团体会员涵盖了零售、餐饮、服务等行业中的50多个业态,企业主要为国内知名和在华外资连锁公司、重要供应商及相关中介组织。个人会员为企业高层管理人员、专家和记者等。协会以推动连锁经营在中国的发展为己任,以会员服务为核心,代表行业利益,维护会员合法权益,提供各项促进企业发展的服务内容,主要包括以下几点。

(1) 政策协调,为企业与政府之间沟通搭建平台,通过政策建议、标准制订、信用体系建设等为行业发展创造良好环境。

(2) 企业合作,以中国连锁业大会、中国连锁店展览会、中国特许加盟大会、中国特许展等活动为平台,推动行业合作交流与发展。

(3) 行业培训,通过"中国零售管理人员商务证书"、"中国特许经营管理人员商务证书"两个从业人员认证培训体系,帮助企业管理人员提高业务水平。

(4) 资讯整合,通过协会网站、电子通信和《连锁》月刊传递各行业资讯,使企业及时把握行业发展脉搏。同时,保持与中央、地方媒体的紧密合作。

(5) 国际交流,作为WFC、APFC成员国,与世界50多个国家在零售连锁和特许经营方面建立了紧密联系,积极推动国际化交流。

(6) 行业研究,通过行业统计和专项调查,发布连锁百强报告、特许经营蓝皮书、食品安全等十多项报告,为政府和企业提供涉及行业发展趋势等方面的调研服务,为企业决策提供依据。

(7) 行业自律,以《中国连锁经营协会章程》、《连锁超市行业道德规范》、《商业特许经营管理条例》为准则,规范企业经营行为,促进行业健康发展。

协会本着"引导行业、服务会员、回报社会、提升自我"的理念,为会员提供系列化专业培训,行业发展动态信息与数据,搭建业内交流与合作平台,维护行业和会员利益,参与特许经营相关立法工作,受政府主管部门委托起草制订国家相关行业标准,争取政策支持,为开展行业调研和统计数据提供服务等。

此外,工商、税务、环保、质检、城管、物价、交通等部门也是连锁企业的重要管理部门。在地方,连锁企业一般由当地的地方性经济贸易委员会进行管理。

二、连锁经营的政策环境

近年来为提高我国连锁零售行业整体实力、增强与外资企业抗衡的能力及规范市场竞争行为,国务院和商务部等政府部门相继出台了多项行业法规,涉及企业资产重组、培育大型商业企业集团、商业网点规划、零售企业与供应商关系及促销行为等多方面内容。

(一)国务院体改办、国家经贸委颁布的《关于促进连锁经营发展的若干意见》

国务院体改办、国家经贸委颁布的《关于促进连锁经营发展的若干意见》于2002年8月定稿,9月由国务院办公厅下发。《关于促进连锁经营发展的若干意见》分为四大部分:

(1) 充分认识促进连锁经营发展的重要意义;

(2) 采取切实措施,促进连锁经营的发展;

（3）为发展连锁经营创造良好的外部环境；

（4）切实加强对发展连锁经营工作的领导。

相关链接 10-1

《超市食品安全操作规范（试行）》正式出台

2006 年 12 月，商务部出台推荐性的《超市食品安全操作规范（试行）》（以下简称《规范》）。《规范》提出，经营有食品项目的超市、便利店和大型综合超市等企业，在食品的采购、运输、储藏和销售过程中，应避免所有危害消费者的可能性。《规范》对超市整个食品供应链的各个环节，即食品采购、验收、存储、销售环节，以及现场制作、问题食品处理等方面都作了具体要求，明确了每个环节的关键控制点。

在采购环节，要求食品进货必须"索证索票"；在验收环节，要求对定型和非定型商品进行区分，同时要求冷藏食品脱离"冷链"时间不得超过 20 分钟，冷冻食品脱离"冷链"时间不得超过 30 分钟；在存储环节，要求新鲜蔬菜、水果的存放温度应控制在 5℃～15℃，要求冷冻存放的食品应储存在温度 -18℃ 以下冷冻库中，热柜的温度达到 60℃ 以上等；在现场制作环节，明确了食品加工工艺及流程，要求食品加工人员、加工环境及设备设施等必须符合食品安全相关标准，要求超市自制凉菜要在 4 小时内销售完，直接入口的食物必须遮盖防尘；在销售环节，要求对上架销售的食品必须严格控制在保质期内，并为消费者预留合理的存放和使用期；在问题食品处理方面，要求问题商品必须在 48 小时下架等。同时，要求企业逐步建立健全食品安全管理制度，设立食品安全管理部门或配备食品安全管理人员。

（资料来源：中国质量新闻网.http://www.sina.com.cn,2007-02-02）

（二）《中华人民共和国国民经济和社会发展第十一个五年规划纲要》

1. 主要内容

《中华人民共和国国民经济和社会发展第十一个五年规划纲要》的主要内容是进一步扩大国内需求，调整投资和消费的关系，增加消费对经济增长的拉动作用。适应居民消费结构升级趋势，继续发展主要面向消费者的服务业，扩大短缺服务产品供给，满足多样化的服务需求。总体目标是：社会消费品零售总额年均实际增长约 11%，批发零售贸易和餐饮业增加值年均实际增长约 9%，占 GDP 的 10% 左右；限额以上连锁企业销售总额年均增长约 21%，占社会消费品零售总额的 25% 左右；形成 15～20 家有全国影响力和一定国际竞争力的大型国内贸易企业及一批区域性龙头企业。

2. 政策解读

《中华人民共和国国民经济和社会发展第十一个五年规划纲要》中第十七章第一节明确指出：鼓励发展所有制形式和经营业态多样化、诚信便民的零售、餐饮等商贸服务。积极发展连锁经营、物流配送等现代流通方式和组织形式。按照优化城市功能、疏解交通的要求，合理调整城市商业网点结构和布局，将推动我国连锁经营向更大范围、更深层次延伸，切实推进连锁经营快速发展，进一步提高连锁经营的规模化和规范化水平。

(三)《零售商供应商公平交易管理办法》

1. 制定背景

2006 年 10 月 13 日,中华人民共和国商务部、发展改革委员会、公安部、税务总局、工商总局联合发布了《零售商供应商公平交易管理办法》(以下简称《办法》),自 2006 年 11 月 15 日起施行。文中强调,零售商与供应商应当本着合法、自愿、公平、诚实信用的原则进行交易。

2. 制定的目的

制定《办法》的指导思想是:规制滥用优势地位行为,维护公平交易秩序,倡导零、供双方互惠互利、合作共赢,建立正常、良好的商业伙伴关系,构建和谐的商业环境,更好地维护消费者及零售商、供应商的合法权益。

《办法》力求针对交易过程中存在的问题,尽可能做出具有可操作性的规定,使零售商、供应商在交易过程中能够直接引用相应的条款主张来保护自己的合法权益。

3. 主要内容

《办法》主要针对两类问题做出规范。《办法》规定,零售商不得强迫供应商承担商品损耗、销售返利等不公平交易行为,不得限制供应商经营活动妨碍公平竞争,不得不合理使用供应商促销人员,不得向供应商不合理退货等,并详细规定了零售商收取促销服务费的条件、程序,不得收取的费用项目,以及零售商向供应商支付货款应当遵循的原则,针对零售商支付货款账期过长的问题,明确规定零售商与供应商约定的支付期限最长不超过收货后 60 天。同时,《办法》也规定供应商不得要求零售商强行搭售未订购的商品,也不得采取限制零售商销售其他供应商的商品等行为。当然,根据当前市场交易的实际状况,《办法》规范的重点是前一类交易行为。

《办法》明确规定:零售商或者供应商违反本办法规定,法律法规有规定的,从其规定;没有规定的,有关部门将责令其改正;有违法所得的,可处违法所得三倍以下罚款,但最高不超过三万元;没有违法所得的,可处一万元以下罚款;并可向社会公告。

阅读资料 10-1

国外一些国家的零售法规

国际上一些发达国家十分重视零售商与供应商的公平交易关系,出台了相应的法律法规进行规范。

在规范零售商向供应商不合理收费方面,法国有 2001 年颁布的《新经济调整法》,日本有 2005 年出台的《大规模零售商与供应商交易中的特定不公平交易方法》,都对零售商收费时应当遵循的原则做出了明确规定。

在规范零售商拖欠供应商货款方面,西班牙 1999 年出台的《商法典》、法国 1992 年修订的《法国商法典》、德国 2000 年 5 月颁布的《反不道德支付法》,均对货款支付的期限做出了相关规定。

在零售商与供应商的其他不公平交易行为方面,英国 2002 年 3 月开始实施《超级市场执业准则》等规定。

(资料来源:蒋令,杨立佳.连锁经营管理基础[M].北京:机械工业出版社,2008)

(四)《零售商促销行为管理办法》

2006 年 9 月 12 日,商务部、发展改革委员会、公安部、税务总局、工商总局联合公布了《零售商促销行为管理办法》。

1. 主要内容

《零售商促销行为管理办法》主要内容如下。

(1)明确零售商在促销中应遵循的原则,维护消费者的知情权

《零售商促销行为管理办法》详细规定了零售商在促销中应遵循的原则:①合法、公平、诚实信用;②促销内容应当真实、合法、清晰、易懂,不得使用含糊、易引起误解的语言、文字、图片或影像,不得以保留最终解释权为由,损害消费者的合法权益;③规定了需要明示的具体事项:促销原因、促销方式、促销规则、促销期限、促销商品的范围以及相关限制性条件等;④对例外情形的明示提出具体要求:对不参加促销活动的柜台或商品,应当明示,并不得宣称全场促销,明示例外商品、含有限制性条件、附加条件的促销规则时,其文字、图片应当醒目明确;⑤对明示事项的变更进行了严格限定。规定零售商开展促销活动后在明示期限内不得变更促销内容,因不可抗力而导致的变更除外。

(2)加强对促销商品价格的规范

《零售商促销行为管理办法》对促销商品价格的规范加强了政府的监管作用,主要表现在以下几个方面:①零售商开展促销活动应当明码标价,价签价目齐全、标价内容真实明确、字迹清晰、货签对位、标志醒目。②不得在标价之外加价出售商品,不得收取任何未予明示的费用,不得利用虚构原价打折或者使人误解的标价形式或价格手段欺骗、诱导消费者购买商品。③零售商开展促销活动应当建立健全内部价格管理档案,如实、准确、完整记录促销活动前、促销活动中的价格资料,妥善保存并依法接受监督检查。

(3)加强促销活动的监管力度

针对一些较大型的促销活动,《零售商促销行为管理办法》规定了具备一定条件的促销需要向有关的主管部门进行备案,加强了对促销的监督管理,有利于活动的健康有序开展。《零售商促销行为管理办法》规定:单店营业面积在 3 000 平方米以上的零售商,以新店开业、节庆、店庆等名义开展促销活动,应当在促销活动结束后 15 日内,将其明示的促销内容,向经营场所所在地的县级以上(含县级)商务主管部门备案。

2. 重大意义

目前,我国虽有一些规范促销行为的规定,但分散于消费者权益保护法、价格法等法律及相关规定中,难以直接适用。《零售商促销行为管理办法》的实施将有利于促销活动的规范化、统一化,加强对促销活动的监管,更好地维护消费者的合法权益,维护零售业公平竞争秩序,规范零售商的促销行为,保障消费者的合法权益,维护公平竞争秩序和社会公共利益。

(五)《关于进一步做好城市商业网点规划制定和实施工作的通知》

2005 年 9 月,商务部、财政部、建设部联合颁布《关于进一步做好城市商业网点规划制定和实施工作的通知》(以下简称《通知》)。

1. 主要内容

《通知》主要内容包括 4 个部分:

(1) 进一步提高对城市商业网点规划工作的认识;

(2) 加强组织领导,加快商业网点规划工作进度;

(3) 切实提高商业网点规划编制水平;

(4) 认真做好商业网点规划实施工作。

2. 政策解读

城市商业网点规划是一种科学的调控手段,有利于改善宏观调控,促进商业网点特别是大型商业设施的健康发展,有效防止流通领域盲目投资、重复建设的行为。有利于避免过度进入带来的恶性竞争,对原有商业网点的零售企业起到保护作用。

大型网点特别是连锁化的大型店铺,在商品流通中处于强势地位,具有规模优势,效率高,竞争力强。大型网点发展过多,很多中小店铺受到强大挤压,导致破产倒闭和失业问题。大型网点的建设还会使城市的交通流量增加、道路状况恶化,造成噪声污染和空气污染。零售网点的竞争具有明显的地域性,不少业态的大店铺几乎都经营生活用品,必然会争夺周边零售企业的市场份额,如果开设过多必然导致恶性竞争。

城市商业网点(包括商品交易市场、零售商店、购物中心、餐饮店等)的新建、改建和扩建,改变现有商业网点的用途,都必须符合城市商业网点规划。城市商务主管部门应当组织或参与对新建大型商业网点的论证。新建大型商业网点的选址以及城市新区开发、旧城更新过程中商业网点的规划布置,应当征求商务主管部门的意见。对于不符合规划要求的商业网点,应当通过规划的调控和引导,逐步进行调整和改造。城市商务主管部门应定期发布鼓励和限制建设的商业网点指导目录,引导社会资金投向。

(六)《流通标准"十一五"发展规划》

2007 年 3 月商务部颁布了《流通标准"十一五"发展规划》(以下简称《规划》)。

1. 背景和意义

《规划》出台的背景主要有两个方面:一是具体落实《中华人民共和国国民经济和社会发展第十一个五年规划纲要》以及《国务院关于促进流通业发展的若干意见》(国发〔2005〕9 号)和《国内贸易"十一五"发展规划》等相关文件精神。二是适应流通业发展,充分发挥标准化规范市场秩序,引导消费安全,优化产业结构和提升产业竞争力的支撑作用的需要。

2. 主要内容

依据《规划》安排,我国将在"十一五"期间逐步建成重点突出、结构合理、系统科学、与国际接轨的现代流通标准体系和科学促进机制;完成批发与零售、商贸服务、生产性服务、居民服务、流通加工及流通基础设施等领域 300 项重要标准的制订和修订。最终全面改善流通标准实施与监督环境。

《规划》通过三维结构图和系列矩形框架图描述了流通标准体系。流通标准体系三维结构图,直观描述了流通标准所涉及的领域和管理门类:零售与批发、商贸服务、生产性服务、居民服务、流通加工及基础设施设备六大领域,每个领域对应市场建设与管理、现代流通技术、消费安全、资源综合利用 4 个管理门类;按标准的内容将标准归纳为基础、管理、质量、方法、产品 5 个标准类别。通过流通标准体系系列矩形框架图,对六大重点领域又细分为商品验货及售后服务、农畜产品流通、消费品流通、生产资料流通、商贸物流、住宿餐饮、洗染沐浴、流通技术与分析方法、商用机械等 30 个子体系,对重点领域的子体系进行了标准细分,并按拟订和制订的标准的性质、行业类别和隶属关系,分别对应了标准框架的不同层次和位置。

相关链接 10-2

美国对特许行业的法律规范

美国是特许经营的发源地,已有 100 多年的历史,现今,美国商业零售总额中的 50%来自特许经营业。美国对特许经营的法律规定是全球最多的,也是最详细的,其法律及规范可以分为四类:一是联邦政府的专项法规;二是州政府的专项法规;三是普遍适用的经济法规,如《公司法》、《反垄断法》、《注册法》等;四是行业协会的规范。

1979 年美国联邦贸易委员会通过了《关于特许经营与商业投资中有关行为的禁止与公开说明的规定》(以下简称 FTC 法规),它是联邦政府有关特许经营最重要的专项法规。FTC 法规旨在规范特许人的经营行为,以保护受许人的权益。其核心内容是要求特许人在特许权转让 10 个工作日之前或签约之前,向受许人提供特许转让统一通知,依照统一格式披露与特许经营权转让有关的 23 项内容。FTC 法规确立了特许经营的信息披露制度。

在州法这一层次,1971 年加利福尼亚州率先制定《特许经营投资法》,随后,另有14 个州也相继制定了有关特许经营的法规。许多州的专项法规比联邦法规规定更全面、更具体,涉及特许权的注册、转让、延续、结束及广告审查等多项内容,某些规定比 FTC法规更严格。

(资料来源:Robert T. Justis,Richard J. Judd. 特许经营管理[M]. 第 3 版. 张志辉,王丹,等,译. 北京:清华大学出版社,2005.)

■ 模块二 我国特许连锁经营法律法规

连锁经营是与法律有密切关系的经营方式。特别是采用特许连锁经营方式的企业,在生产经营活动中的投资、贷款、合同、商标、专利、著作权、产品质量、工商登记、纳税等方面更需要完善的政策法律保障。一旦市场经济主体活动脱离法律的约束,市场的秩序将陷入混乱。

参考案例 10-1

避风塘公司与唐某特许经营合同纠纷案

2003 年,避风塘公司与唐某订立特许加盟合同,约定:避风塘公司向唐某授予"避风塘茶楼"特许经营权、传授加盟店知识等,期限为 5 年,唐某应支付加盟费 15 万元(无论何种情况均不退还),特许保证金 10 万元(非定金性质,在唐某违约等情况下避风塘公司有权没收),并按月支付特许使用费、特许广告费等。合同还约定如一方违约另一方可解除合同,违约金为 30 万元,唐某以该特许加盟合同参与设立的公司对唐某的上述义务承担连带责任。合同签订后,唐某缴纳了加盟费 15 万元及保证金 3 万元;唐某与他人共同出资设立了海通餐饮公司,由海通餐饮公司作为经营"避风塘茶楼"加盟店的载体。之后,因唐某长期拖欠特许使用费和特许广告费等,避风塘公司经催讨未果于 2004 年提起诉讼,要求判令:解除特许加盟合同;唐某支付特许广告费、特许使用费 4 171.28 元、违约金 30 万元、特许保证金 3 万元;唐某设立的海通餐饮公司承担连带责任。唐某反诉称因避风塘公司未履行员工培训、广告制作等合同义务,要求继续履行合同,并由避风塘公司承担违约责任。同时,唐某认为特许加盟合同中违约金过高,请求法院予以调整。海通餐饮公司同意唐某的意见,并对承担连带责任没有异议。

原审法院经审理后认为:避风塘公司已依约履行了相关义务,唐某拖欠相关费用的违约行为已构成合同解除条件,避风塘公司有权解除合同,解除合同后应对该合同的后果一并进行处理。遂判决解除双方的特许加盟合同,唐某支付避风塘公司特许广告费、特许使用费 4 171.28 元并支付违约金 15 万元,海通餐饮公司承担连带责任;避风塘公司返还唐某特许加盟费 12 万元、特许保证金 3 万元。避风塘公司不服,提起上诉称其不应返还加盟费及保证金、唐某应全额支付违约金等。二审法院经审理后认为:特许加盟费是被特许人为获得特许经营权而向特许人支付的一次性费用,系争合同中关于该费用不予退还的条款符合该费用的性质及行业惯例,且合同系因唐某违约致解除,故加盟费不应退还。综合本案实际履行情况,因避风塘公司未能提供证据证明其具体损失,原审判决的违约金显属过高,应酌情减少。系争保证金不具有定金性质,应予退还。遂改判撤销原审判决主文中关于避风塘公司退还唐某 12 万元加盟费的条款,同时变更唐某支付违约金金额 15 万元为 3 万元。

案例点评:本案是一起典型的特许经营合同纠纷。纠纷产生的原因是特许加盟合同提前解除后,双方对合同解除的后果不能达成一致的认识,这在当前的特许经营纠纷中是一个比较突出的问题,具有代表性。首先,从法律规定来看,商务部发布的《商业特许经营管理办法》将加盟费定义为"被特许人为获得特许经营权而向特许人支付的一次性费用"。在合同开始履行后,特许方如果切实履行了收取加盟费所应承担的义务,将特许经营权授予被特许人,即使中途解除合同,也不存在加盟费的返还问题。其次,从特许经营权的法律属性分析,特许经营权一般包含着特许人拥有的注册商标、企业标志、专利、专有资源、管理技术等一系列具有商业价值的要素,特许加盟费是加盟者为获得特许经营资格所支付的对价。该案中唐某已经获得经营"避风塘茶楼"加盟店的资格,切实使用了企业商号、经营模式等资源,应该支付加盟费。最后,该案双方在合同中已经约定了加盟费的处理,即"无论何种情况均不退还"。本案合同的解除主要由于被特许人的违约所致,避风塘公司对合同的解除并无过错。没有显示公平的情况存在,因此该条不能认定为可撤销条款。

特许经营合同是特许经营成功的基础和关键,它关系到特许经营双方的切身利益,同时,它也是解决特许经营有关纠纷的依据和基础。

(资料来源:中顾法律网.http://www.9ask.cn,经作者整理)

一、特许经营相关法律概述

(一)知识产权法

知识产权法是调整因创造、使用智力成果而产生的,以及在确认、保护与行使智力成果所有人的知识产权的过程中,所发生的各种社会关系的法律规范之总称。一般包括:著作权法律制度;专利权法律制度;版权法律制度;商标权法律制度;商号权法律制度;产地标记权法律制度;商业秘密权法律制度;以及反不正当竞争等法律制度。

我国知识产权法包括《中华人民共和国商标法》(以下简称《商标法》)及实施细则,《中华人民共和国著作权法》(以下简称《著作权法》)及实施细则,《中华人民共和国专利法》(以下简称《专利法》)及实施细则等。

对于连锁经营而言,尤其是特许经营,被特许方之所以加盟连锁,很大程度上基于特许方所拥有的商标(包括服务商标)、商号、产品、专利和专有技术、经营模式等知识产权背后蕴藏的市场利益。连锁经营中主要涉及著作权、商标权、专利权以及反不正当竞争4个方面。

1.《著作权法》

《著作权法》于1990年9月7日在全国人民代表大会常务委员会第十五次会议上通过,根据2001年10月27日第九届全国人民代表大会常务委员会第二十四次会议《关于修改〈中华人民共和国著作权法〉的决定》修正。

连锁经营行业的著作权问题,主要体现在连锁运营商将自己所拥有的有著作权的作品(例如经营手册、广告词、宣传册、店铺设计图等)通过著作权授权使用合同授予门店使用。

2.《商标法》

《商标法》于2001年10月21日第九届全国人民代表大会常务委员会第二十四次会议《关于修改〈中华人民共和国商标法〉的决定》第二次修正,用以加强商标管理,保护商标专用权,促使生产、经营者保证商品和服务质量,维护商标信誉,以保障消费者和生产、经营者的利益,促进社会主义市场经济的发展。

连锁经营必须有统一的企业识别系统。商标是企业的招牌之所在,通常的连锁经营运营商是用企业名称中的商号来作为其商标标示给予注册的,连锁经营企业在申请注册商标时应当注意选择那些显著性较为突出的商标进行注册。商标不得与他人在先取得的合法权利相冲突,包括他人在先取得的商号、域名、专利、版权等,因此连锁经营企业在注册商标时,应尽可能通过各种手段进行必要的调查、检索,以免与他人的合法在先权利相冲突而产生法律上的障碍。为了有效地保护连锁企业经营体系的商号权,防止他人在其他行政区域内登记注册与本企业相同的企业名称,企业可以将相同文字同时作为商号和商标使用,在商号和商标文字不同时,也可以将商号文字注册为商标,使商号在受到企业名称登记管理法规保护的同时,受到《商标法》的保护。连锁经营企业虽然可以将商号作为特许经营权的组成部分,但当商号没有被注册为商标时不宜将商号作为连锁经营体系的主要识别标志使用。连锁经营企业应当尽可能把商号作为商标进行注册,才能更有效地保护商号的专用权。如果商号未作为商标注册,则有可能与他人注册商标相冲突,而使商号的使用受到限制。

3.《专利法》

《专利法》于 2000 年 8 月 25 日第九届全国人民代表大会常务委员会第十七次会议《关于修改〈中华人民共和国专利法〉的决定》第二次修正。用以保护发明创造专利权,鼓励发明创造,有利于发明创造的推广应用,促进科学技术进步和创新,适应社会主义现代化建设的需要。

专利主要包括发明、实用新型、外观设计 3 种。具体到连锁经营主要体现在发明专利和外观设计专利上。例如符合专利要求的连锁经营方法、外观图形设计等。连锁企业的专利权被授予后,除法律另有规定的以外,任何单位或者个人未经许可,不得为生产经营目的制造、使用、销售其专利产品,或者使用其专利方法以及使用、销售依照该专利方法直接获得的产品。除法律另有规定的以外,专利权人有权阻止他人未经专利权人许可而实施其专利或进口依照其专利方法直接获得的产品。任何单位或者个人在实施他人专利时,除《专利法》有特别规定的(如强制许可情况)以外,都必须与专利权人订立书面实施许可合同,向专利权人支付专利使用费。被许可人未经过专利权人同意无权许可合同以外的任何单位或者个人实施该专利。

(二)《中华人民共和国反不正当竞争法》

《中华人民共和国反不正当竞争法》(以下简称《反不正当竞争法》)于 1993 年 9 月通过并于同年实施。《反不正当竞争法》的主要内容就是确定和制止不正当竞争行为,与连锁经营有关的内容主要有:侵犯商业秘密的规定及采购限制的规定等。

根据我国《反不正当竞争法》第十条的规定,商业秘密是指不为公众所知悉、能为权利人带来经济利益、具有实用性并经权利人采取保密措施的技术信息和经营信息。秘密性、价值性、创新性是商业秘密的三大法律特征。连锁经营运营商一般都会拥有一些商业秘密,例如机密经营方案、操作手册等。因此连锁经营运营商对内必须制定商业秘密认定和保护机制,限制商业秘密的知悉范围,降低泄密的可能性;对外可以通过与门店签订商业秘密保密协议和条款来约束加盟店和合作单位,保守己所拥有的商业秘密。在特许经营纠纷中,经常有门店对总部规定的限制门店自行采购的制度表示不满。事实上,限制加盟门店只能向总部采购,这样的规定是为维系加盟体系运作而必须建立的规则。

（三）《中华人民共和国合同法》

连锁经营尤其是特许连锁（又称合同连锁）必须建立在契约的基础上，接受合同法相关制度的调整。特许经营模式是一种授权模式，是特许者将自己拥有的商标（包括服务商标）、商号、产品、专利和专有技术、经营模式等以特许经营合同的形式授予被特许者使用，被特许者按合同约定，在特许者统一的业务模式下从事经营活动，并向特许者支付相应费用的合同。由于我国的连锁经营要求连锁企业做到统一管理、统一经营方针、统一服务规范、统一形象标志、统一营业场所风格等，因此各门店只有通过连锁运营商，支付相应的加盟费、保证金，以签订特许经营合同的方式才能取得相应的授权。合同中关于合同的签订、合同的履行、特许经营权的使用方式、许可的形式、相关权利的保留、合同的解除以及对违反合同的处理等方面的约定，都与《中华人民共和国合同法》（以下简称《合同法》）息息相关。

阅读资料 10-2

超市存包遭窃，如何赔偿

2000 年 5 月 4 日，消费者周某到某商场的超市购物。该超市为自助式存包。周某将随身携带的皮包放进编号为"81"的储柜内，锁好并将钥匙牌收好。两小时后，周某购物结束，打开"81"号储柜，却发现里面的皮包不见了。经询问，商场工作人员无法记起何人打开过该储柜。周某称包内有手机一部（价值 2 500 元）、现金 2 000 元、信用卡 1 张（所存金额 5 000 元），要商场赔偿上述损失及皮包共计 10 000 元。该商场对此有异议，称商场存包并未收费，且钥匙一直在顾客手里，皮包丢失应由顾客负责。

（资料来源：赵桂莲，王吉方.特许经营法律与实务［M］.北京：科学出版社，2008.）

案例点评：保管是商场为招徕顾客而采取的措施之一，商场为顾客存包属于保管合同。我国《民法通则》和过去的三大合同法都没有对保管合同做出明确的规定。《合同法》第三百六十九条第一款规定："保管人应当妥善保管保管物。"

本案例中，商场超市为顾客存包，虽然是无偿的，但该商场的营业所得利润中已包括了为顾客保存物品而应由顾客支付的费用，这类保管合同实际上并非是无偿的。因此，商场对消费者寄存的物品，应尽保管人的责任，这也充分体现了保护消费者的合法权益。

《合同法》第三百七十五条规定，寄存人寄存货币、有价证券或者其他贵重物品的，应当向保管人声明，由保管人验收或者封存。寄存人未声明的，该物品损毁、灭失后，保管人可以按照一般物品予以赔偿。

"按照一般物品予以赔偿"实际上规定了赔偿的标准。一般物品标准是指依照保管物品外观，按社会一般人标准所能确定的该保管物的价值，而不是按货币、有价证券或贵重物品的实际价值赔偿。

本案例中，顾客周某在商场超市存包，应当认定商场与顾客之间存在一个保管合同。由于商场属商业营业场所，商场不能因该保管合同无偿而主张免责。同时，由于顾客周某在存包时对包内现金及其他贵重物品未予事先说明,因而只能按一般物品赔偿即按皮包价值由商场赔偿周某损失 400 元,其要求赔偿 10 000 元不予支持。

(四)《中华人民共和国消费者权益保护法》

消费者权益保护法是调整在保护公民消费权益过程中所产生的社会关系的法律规范的总称。我们平时所说的消费者权益保护法是指 1993 年 10 月 31 日颁布、1994 年 1 月 1 日起施行的《中华人民共和国消费者权益保护法》。这是我国第一次以立法的形式全面确认消费者的权利。其特点:一是以保护消费者权益为宗旨。该法列举的消费者权利有 9 项之多,并用专章规定消费者的权益;二是特别强调经营者的义务。首先规定经营者与消费者进行交易时应当遵循自愿、平等、公平、诚实信用原则;其次以专章规定了经营者对特定消费者以及社会公众的义务;再次鼓励、动员全社会为保护消费者合法权益共同承担责任,对损害消费者权益的不法行为进行全方位监督;最后重视对消费者的群体性保护,以专章规定了消费者组织的法律地位。

(五)《中华人民共和国产品质量法》

产品质量法是调整产品质量监督管理关系和产品质量责任关系的法律规范的总称。产品质量法有广义和狭义之分。广义的产品质量法包括所有调整产品质量及产品责任关系的法律、法规。通常所说的产品质量法,即现在实施的《中华人民共和国产品质量法》(以下简称《产品质量法》),该法于 1993 年 2 月 22 日颁布、同年 9 月 1 日实施,并于 2000 年 7 月 8 日修订。

《产品质量法》第一条就提出了该法的立法宗旨,指出该法是为了加强对产品质量的监督管理,提出高产品质量水平,明确产品质量责任,保护消费者的合法权益,维护社会经济秩序。对此,可以从以下几个方面来理解。

(1) 加强质量监督管理,提高产品质量水平。运用法律手段规范产品质量是现代法治社会的要求。该法为此作了不懈努力,尤其是修订后的《产品质量法》,增加了一倍的条款强化政府对产品质量监督管理的职权。

(2) 明确产品质量责任。该法分章分节地对各个主体如经营者、销售者、质量监管部门的责任作了详细、明确的规定。

(3) 保护消费者的合法权益,维护社会经济秩序。加强管理、明确责任的根本目的就是保护消费者的合法权益,促使生产、消费、再生产的良性循环,保障社会经济的正常秩序。该法通过建立质量监督、检验、责任分配、违法制裁等一系列规则,较好地体现了这一目的。

二、特许经营行业的主要管理法规

我国于 20 世纪 90 年代初期进行连锁经营的试点经过十几年的发展,已经呈蓬勃发展之势,未来几十年连锁经营在中国将会有更大的发展。我国从 1997 年以来,先后颁布了多部与连锁经营有关的政策性法规,主要是由国务院各部委发布的文件,这些规章对连锁经营起到了一定的规范作用。

商务部颁布的《商业特许经营管理条例》（以下简称《条例》）于 2007 年 2 月颁布，5 月正式实施，《条例》是我国特许经营领域的第一部专门法规，《条例》的实施标志着商业特许经营的发展步入了法制化、规范化的轨道，也成为推动中国特许经营领域变革和发展的外在动力，详见附录二《商业特许经营管理条例》。

三、目前我国特许经营立法中存在的问题

上述法律法规肯定了特许经营的合法性，对特许经营的规范、发展起到了一定的积极作用。但是，现行法规定仍存在诸多不完善之处，主要表现在以下几个方面。

（1）现行规定的法律层次、法律效力较低，部属于行政规章。因为部属于行政规章，所以，对法院只具有参照意义，并不一定当然适用。这就使当事人对自己行为的预期产生不确定性，从而影响特许经营的进一步发展。

（2）现行规定"政出多门"，相互之间不够衔接、协调，甚至存在矛盾。例如，国内贸易部的《连锁店经营管理规范意见》规定了自营连锁、自愿连锁、特许连锁 3 种形式，后两种形式中总部与分部（加盟店）或特许人与受许人之间是相互独立的法人组织，特许人对受许人并无直接的经营权和管理权。而在财政部的《企业连锁经营有关财务管理问题的暂行规定》中，却规定总店拥有经营权和管理权。

（3）现行规定对特许经营所涉及的相关法律关系缺乏全面、周详的考虑，因而，操作性较差。

综上所述，我们应加快立法步伐，以单行法的形式，对特许经营这一具有强大生命力的经营模式予以规范化，以保障当事人的合法权益，推动特许经营的发展。

连锁经营活跃了中国市场，为商业领域带来新的经营方式和经营理念，为中国商业系统的改革和发展提供了一条新的思路。同时也对我国市场运行规范化和市场监管法制化提出了新的要求。完善连锁经营的监管立法，应当建立在对上述缺陷的深刻认识基础之上，以克服法律监管中的随意性，防止权力的滥用，保证监管活动的正当性、合法性。

经过十几年的发展，连锁行业已经成为我国商业领域最具发展潜力的业态。我国连锁经营的行业管理部门和组织包括：中华人民共和国商务部、中华人民共和国国家经济贸易委员会，承担连锁经营、商业特许经营、物流配送等现代流通方式的行政管理工作；中国连锁经营协会（CCFA）是连锁经营领域唯一的全国性行业组织。

我国从 1997 年以来，先后颁布了多部与连锁经营有关的政策性法规，主要是由国务院各部委发布的文件，包括《关于促进连锁经营发展的若干意见》、《中华人民共和国国民经济和社会发展第十一个五年规划纲要》、《零售商供应商公平交易管理办法》、《零售商促销行为管理办法》、《关于进一步做好城市商业网点规划制定和实施工作的通知》、《流通标准"十一五"发展规划》等，这些规章对连锁经营起到了一定的规范作用。

与特许经营相关的法律、法规主要包括《知识产权法》、《中华人民共和国反不正当竞争法》、《中华人民共和国合同法》、《中华人民共和国消费者权益保护法》、《中华人民共和国产品质量法》等；商务部颁布的《商业特许经营管理条例》是我国特许经营领域的第一部专门法规，它的实施标志着商业特许经营的发展步入了法制化、规范化的轨道，由于我国连锁业起步较晚，经营活动还不够规范，在快速发展中还存在着一些突出问题。因此，

以法律手段建立起规范、有序的连锁经营环境势在必行。

可以预见,随着中国对连锁经营立法的进一步完善,许多国际著名连锁经营企业将会更加关注中国市场。这样不仅有利于国内连锁经营企业的发展,也有利于为国际连锁经营企业在中国的发展提供健全的法制环境。

案例分析 10-1

赵某诉北京某特许经营连锁公司侵犯著作权纠纷

原告赵某所著的美术作品画册于 1992 年由某出版社出版。该画册收入了其独立创作的美术作品若干幅。2001 年 7 月 18 日,被告北京某特许经营连锁公司和上海某广告有限公司签订广告合约,该广告公司负责被告一次活动的广告创意、设计和完稿工作的费用。2001 年 7 月 20 日北京某特许经营连锁公司支付了该活动设计制作费,2001 年 8 月 31 日至 9 月 30 日北京某特许经营连锁公司在此次行动中,未经原告许可使用了该画册中的 7 幅作品作为宣传内容,且未署名作者姓名,原告赵某认为被告的行为严重侵害了其著作权,以此为由向法院提出被告停止侵权并赔偿经济损失 50 万元的诉讼请求。

经法院核实其作品属作者自行创作并有独特特征的作品,属于《著作权法》保护的作品,应受到法律保护。据《著作权法》的规定,被告应赔偿原告的经济损失并向原告赔礼道歉。

问题讨论:

(1) 分析侵犯著作权行为的界定依据。

(2) 讨论特许经营企业在经营中,如何避免侵犯他人的知识产权。

练习与讨论

一、基本概念

中国连锁经营协会(CCFA) 知识产权法 消费者权利 商业秘密 商业特许经营管理条例

二、基本训练

1. 单项选择题

(1) 我国连锁经营管理的主管部门是(   )。

    A. 商务部   B. 工商行政管理部门

    C. 公安部   D. 税务局

(2) 商务部颁布的(   )是我国特许经营领域的第一部专门法规,于 2007 年 2 月颁布,5 月正式实施。

    A.《消费者权益保护法》

    B.《关于促进连锁经营发展的若干意见》

    C.《商业特许经营管理条例》

    D.《中华人民共和国反不正当竞争法》

（3）经营者提供商品或服务，应向消费者出具购货凭证或服务单据；消费者索要购货凭证或服务单据的，经营者（　　）出具。

    A. 必须   B. 不一定   C. 可以   D. 视具体情况

（4）国家制定有关消费者权益的法律、法规和政策时，应当听取（　　）的意见和要求。

    A. 生产者   B. 服务者   C. 销售者   D. 消费者

（5）《零售商促销行为管理办法》规定零售商开展促销活动后在明示期限内不得变更促销内容，因（　　）而导致的变更除外。

    A. 进货价格上涨   B. 员工工作疏忽
    C. 不可抗力   D. 汇率变化

2. 多项选择题

（1）中国连锁经营协会（CCFA）于1997年在民政部注册成立，是连锁经营领域唯一的全国性行业组织。会员包括（　　）等。

    A. 本土零售商   B. 特许加盟企业
    C. 供应商   D. 跨国零售商
    E. 地方连锁协会

（2）与特许经营知识产权相关的法律包括（　　）。

    A.《著作权法》   B.《合同法》
    C.《商标法》   D.《专利权法》
    E.《产品质量法》

（3）《产品质量法》规定"三无"产品是指（　　）。

    A. 无产品合格证明
    B. 无产品名称、生产厂名和厂址
    C. 无产品生产日期和安全使用日期或者失效日期
    D. 无质量认证标志
    E. 无防伪标志

（4）经营者提供商品或者服务，造成消费者或者其他受害人人身伤害的，应当支付（　　）。

    A. 医疗费   B. 治疗期间的护理费
    C. 因误工减少的收入   D. 抚养费
    E. 治疗期间生活费

（5）下列行为属于不正当竞争行为的有（　　）。

    A. 假冒他人的注册商标   B. 出售伪劣商品
    C. 虚假宣传行为   D. 披露他人的商业秘密
    E. 低于成本价销售商品

3. 判断题

（1）农民购买、使用直接用于农业的生产资料，适用《消费者权益保护法》。（　　）
（2）消费者享有自主选择商品或服务的权利。（　　）
（3）商店提供商品应当明码标价。（　　）

(4)《产品质量法》所称的缺陷是指产品存在危及人身、他人财产安全的不合理的危险。　　　　　　　　　　　　　　　　　　　　　　（　　）

(5) 按照我国《产品质量法》的规定,被告只要证明原告在使用有缺陷的产品时也有疏忽之处,则可以不承担赔偿责任。　　　　　　　　　　　　　　（　　）

4. 问答题

(1) 近年来,我国为提高连锁零售行业整体实力、增强与外资企业抗衡的能力及规范市场竞争行为,国务院和商务部等政府部门相继出台了哪些行业法规?

(2) 依据《零售商促销行为管理办法》,零售商在促销中应遵循哪些原则?

(3) 应如何加强对促销商品价格的规范?

(4) 与特许经营相关的法律、法规和规章主要涉及哪几大类?

(5) 针对特许经营发展中所存在的问题,《商业特许经营管理办法》主要确立了哪几个方面的制度? 结合实际论述这些制度的作用。

三、实训项目

(1) 运用所学知识,5 人左右一组,到商标或专利管理部门调查特许商标或专利的申请程序,模拟为企业申请注册商标或专利。

(2) 调查一家特许经营企业,了解特许经营合同订立的一般程序,模拟为企业发展加盟商。

四、案例分析

"蛋糕中毒事件"引起的纠纷

2005 年 5 月 24 日,上海某食品有限公司(以下简称"甲公司")与乙某签订一份《"香提"蛋糕特许经营合同》,约定由甲公司将"香提"特许经营权授予乙某设立"香提"加盟店,期限三年,乙某定期缴纳特许权使用管理金,每月最低 1 350 元。合同签订后,乙某向甲公司支付了保证金 50 000 元。

2006 年 6 月 22 日,某报纸刊登报道称:顾客因食用甲公司生产的"香提"蛋糕出现了多起中毒事故,质量监督部门对其罚款 20 万元并吊销其卫生许可证。乙某因为此事件经营受到严重影响。同年 7 月,乙某遂将甲公司起诉至法院,要求解除合同并由甲公司作相应补偿。

乙某诉称:乙某经营的加盟店业绩很好,但因甲公司生产的蛋糕发生食物中毒事件,致使经营受到严重影响,为避免损失扩大,乙某被迫关店。乙某请求:甲公司退还保证金 50 000 元、赔偿乙某各项损失共计 86 983.28 元。

甲公司辩称:乙某刻意夸大"蛋糕中毒事件"的影响,欲将其经营不善的责任推卸给甲公司,要求甲公司赔偿损失于法无据。

问题讨论:

(1) 本案的双方当事人在那些问题上存在纠纷?

(2) 处理本案应以那些法律为依据? 你认为本案应如何处理?

附录 1 零售业态分类

1. 范围

本标准规定了零售业态的分类标准及其分类原则和各种业态的结构特点。

本标准适用于在中华人民共和国境内从事零售业的企业和店铺。

2. 术语和定义

下列定义适用于本标准。

2.1 零售业(Retail Industry)

以向消费者销售商品为主,并提供相关服务的行业。

2.2 零售业态(Retail Formats)

零售企业为满足不同的消费需求进行相应的要素组合而形成的不同经营形态。

3. 零售业态分类原则(Classification Principle of Retail Formats)

零售业态按零售店铺的结构特点分类。根据其经营方式、商品结构、服务功能,以及选址、商圈、规模、店堂设施、目标顾客和有无固定营业场所进行分类。

4. 零售业态分类(Classification of Retail Formats)

按照零售业态分类原则分为食杂店、便利店、折扣店、超市、大型超市、仓储式会员店、百货店、专业店、专卖店、家居建材商店、购物中心、厂家直销中心、电视购物、邮购、网上商店、自动售货亭、电话购物 17 种零售业态。

零售业态从总体上可以分为有店铺零售业态和无店铺零售业态两类。

4.1 有店铺零售(Store-Based Retailing)

有固定的进行商品陈列和销售所需要的场所和空间,并且消费者的购买行为主要在这一场所内完成的零售业态。

4.1.1 食杂店(Grocery Store)

以香烟、酒、饮料、休闲食品为主,独立、传统的无明显品牌形象的零售业态。

4.1.2 便利店(Convenience Store)

以满足顾客便利性需求为主要目的的零售业态。

4.1.3 折扣店(Discount Store)

店铺装修简单,提供有限服务,商品价格低廉的一种小型超市业态。折扣店拥有不到 2 000 个品种,经营一定数量的自有品牌商品。

4.1.4 超市(Supermarket)

开架售货,集中收款,满足社区消费者日常生活需要的零售业态。根据商品结构的不同,可将其分为食品超市和综合超市。

4.1.5 大型超市(Hypermarket)

实际营业面积在6 000平方米以上,品种齐全,满足顾客一次性购齐所需的零售业态。根据商品结构,可以分为以经营食品为主的大型超市和以经营日用品为主的大型超市。

4.1.6 仓储式会员店(Warehouse Club)

以会员制为基础,实行储销一体、批零兼营,以提供有限服务和低价格商品为主要特征的零售业态。

4.1.7 百货店(Department Store)

在一个建筑物内,经营若干大类商品,实行统一管理,分区销售,满足顾客对时尚商品多样化选择需求的零售业态。

4.1.8 专业店(Specialy Store)

以专门经营某一大类商品为主的零售业态,如办公用品专业店(Office Supply)、玩具专业店(Toy Store)、家电专业店(Home Appliance)、药品专业店(Drug Store)、服饰店(Appal Shop)等。

4.1.9 专卖店(Exclusive Shop)

以专门经营或被授权经营某一主要品牌商品为主的零售业态。

4.1.10 家居建材商店(Home Center)

以专门销售建材、装饰、家居用品为主的零售业态。

4.1.11 购物中心(Shopping Center/Shopping Mall)

多种零售店铺、服务设施集中在由企业有计划地开发、管理、运营建筑物内或一个区域内,向消费者提供综合性服务的商业集合体。

4.1.11.1 社区购物中心(Community Shopping Center)

在城市的区域商业中心建立的,面积在5万平方米以内的购物中心。

4.1.11.2 市区购物中心(Regional Shopping Center)

在城市的商业中心建立的,面积在10万平方米以内的购物中心。

4.1.11.3 城郊购物中心(Super Regional Shopping Center)

在城市的郊区建立的,面积在10万平方米以上的购物中心。

4.1.12 厂家直销中心(Factory Outlets Center)

由生产商直接设立或委托独立经营者设立,专门经营本企业品牌商品,并且多个企业品牌的营业场所集中在一个区域的零售业态。

4.2 无店铺零售(Non Store Selling)

不通过店铺销售,由厂家或商家直接将商品递送给消费者的零售业态。

4.2.1 电视购物(Television Shopping)

以电视作为向消费者进行商品推介、展示的渠道,并取得订单的零售业态。

4.2.2 邮购(Mail Order)

以邮寄商品目录为主向消费者进行商品推介展示的渠道,并通过邮寄的方式将商品送达给消费者的零售业态。

4.2.3 网上商店(Shop on Network)

通过互联网络进行买卖活动的零售业态。

4.2.4 自动售货亭(Vending Machine)

通过售货机进行商品售卖活动的零售业态。

4.2.5 电话购物(Tele Shopping)

主要通过电话完成销售或购买活动的一种零售业态。

（资料来源：国家质量监督检验检疫总局、国家标准化管理委员会于 2004 年联合颁布）

附录 2　商业特许经营管理条例

2007 年 1 月 31 日,国务院常务会议第 167 次通过

第一章　总　　则

第一条　为规范商业特许经营活动,促进商业特许经营健康、有序发展,维护市场秩序,制定本条例。

第二条　在中华人民共和国境内从事商业特许经营活动,应当遵守本条例。

第三条　本条例所称商业特许经营(以下简称特许经营),是指拥有注册商标、企业标志、专利、专有技术等经营资源的企业(以下称特许人),以合同形式将其拥有的经营资源许可其他经营者(以下称被特许人)使用,被特许人按照合同约定在统一的经营模式下开展经营,并向特许人支付特许经营费用的经营活动。

企业以外的其他单位和个人不得作为特许人从事特许经营活动。

第四条　从事特许经营活动,应当遵循自愿、公平、诚实信用的原则。

第五条　国务院商务主管部门依照本条例规定,负责对全国范围内的特许经营活动实施监督管理。省、自治区、直辖市人民政府商务主管部门和设区的市级人民政府商务主管部门依照本条例规定,负责对本行政区域内的特许经营活动实施监督管理。

第六条　任何单位或者个人对违反本条例规定的行为,有权向商务主管部门举报。商务主管部门接到举报后应当依法及时处理。

第二章　特许经营活动

第七条　特许人从事特许经营活动应当拥有成熟的经营模式,并具备为被特许人持续提供经营指导、技术支持和业务培训等服务的能力。

特许人从事特许经营活动应当拥有至少 2 个直营店,并且经营时间超过 1 年。

第八条　特许人应当自首次订立特许经营合同之日起 15 日内,依照本条例的规定向商务主管部门备案。在省、自治区、直辖市范围内从事特许经营活动的,应当向所在地省、自治区、直辖市人民政府商务主管部门备案;跨省、自治区、直辖市范围从事特许经营活动的,应当向国务院商务主管部门备案。

特许人向商务主管部门备案,应当提交下列文件、资料:

(一)营业执照复印件或者企业登记(注册)证书复印件;

(二)特许经营合同样本;

（三）特许经营操作手册；

（四）市场计划书；

（五）表明其符合本条例第七条规定的书面承诺及相关证明材料；

（六）国务院商务主管部门规定的其他文件、资料。

特许经营的产品或者服务，依法应当经批准方可经营的，特许人还应当提交有关批准文件。

第九条 商务主管部门应当自收到特许人提交的符合本条例第八条规定的文件、资料之日起 10 日内予以备案，并通知特许人。特许人提交的文件、资料不完备的，商务主管部门可以要求其在 7 日内补充提交文件、资料。

第十条 商务主管部门应当将备案的特许人名单在政府网站上公布，并及时更新。

第十一条 从事特许经营活动，特许人和被特许人应当采用书面形式订立特许经营合同。

特许经营合同应当包括下列主要内容：

（一）特许人、被特许人的基本情况；

（二）特许经营的内容、期限；

（三）特许经营费用的种类、金额及其支付方式；

（四）经营指导、技术支持以及业务培训等服务的具体内容和提供方式；

（五）产品或者服务的质量、标准要求和保证措施；

（六）产品或者服务的促销与广告宣传；

（七）特许经营中的消费者权益保护和赔偿责任的承担；

（八）特许经营合同的变更、解除和终止；

（九）违约责任；

（十）争议的解决方式；

（十一）特许人与被特许人约定的其他事项。

第十二条 特许人和被特许人应当在特许经营合同中约定，被特许人在特许经营合同订立后一定期限内，可以单方解除合同。

第十三条 特许经营合同约定的特许经营期限应当不少于 3 年。但是，被特许人同意的除外。

特许人和被特许人续签特许经营合同的，不适用前款规定。

第十四条 特许人应当向被特许人提供特许经营操作手册，并按照约定的内容和方式为被特许人持续提供经营指导、技术支持、业务培训等服务。

第十五条 特许经营的产品或者服务的质量、标准应当符合法律、行政法规和国家有关规定的要求。

第十六条 特许人要求被特许人在订立特许经营合同前支付费用的，应当以书面形式向被特许人说明该部分费用的用途以及退还的条件、方式。

第十七条 特许人向被特许人收取的推广、宣传费用，应当按照合同约定的用途使用。推广、宣传费用的使用情况应当及时向被特许人披露。

特许人在推广、宣传活动中，不得有欺骗、误导的行为，其发布的广告中不得含有宣传被特许人从事特许经营活动收益的内容。

第十八条　未经特许人同意，被特许人不得向他人转让特许经营权。

被特许人不得向他人泄露或者允许他人使用其所掌握的特许人的商业秘密。

第十九条　特许人应当在每年第一季度将其上一年度订立特许经营合同的情况向商务主管部门报告。

第三章　信息披露

第二十条　特许人应当依照国务院商务主管部门的规定，建立并实行完备的信息披露制度。

第二十一条　特许人应当在订立特许经营合同之日前至少 30 日，以书面形式向被特许人提供本条例第二十二条规定的信息，并提供特许经营合同文本。

第二十二条　特许人应当向被特许人提供以下信息：

（一）特许人的名称、住所、法定代表人、注册资本额、经营范围以及从事特许经营活动的基本情况；

（二）特许人的注册商标、企业标志、专利、专有技术和经营模式的基本情况；

（三）特许经营费用的种类、金额和支付方式（包括是否收取保证金以及保证金的返还条件和返还方式）；

（四）向被特许人提供产品、服务、设备的价格和条件；

（五）为被特许人持续提供经营指导、技术支持、业务培训等服务的具体内容、提供方式和实施计划；

（六）对被特许人的经营活动进行指导、监督的具体办法；

（七）特许经营网点投资预算；

（八）在中国境内现有的被特许人的数量、分布地域以及经营状况评估；

（九）最近两年的经会计师事务所审计的财务会计报告摘要和审计报告摘要；

（十）最近 5 年内与特许经营相关的诉讼和仲裁情况；

（十一）特许人及其法定代表人是否有重大违法经营记录；

（十二）国务院商务主管部门规定的其他信息。

第二十三条　特许人向被特许人提供的信息应当真实、准确、完整，不得隐瞒有关信息，或者提供虚假信息。

特许人向被特许人提供的信息发生重大变更的，应当及时通知被特许人。

特许人隐瞒有关信息或者提供虚假信息的，被特许人可以解除特许经营合同。

第四章　法律责任

第二十四条　特许人不具备本条例第七条第二款规定的条件，从事特许经营活动的，由商务主管部门责令改正，没收违法所得，处 10 万元以上 50 万元以下的罚款，并予以公告。企业以外的其他单位和个人作为特许人从事特许经营活动的，由商务主管部门责令停止非法经营活动,没收违法所得,并处10万元以上50万元以下的罚款。

第二十五条　特许人未依照本条例第八条的规定向商务主管部门备案的,由商务主管部门责令限期备案,处1万元以上5万元以下的罚款;逾期仍不备案的,处5万元以上10万元以下的罚款,并予以公告。

第二十六条　特许人违反本条例第十六条、第十九条规定的,由商务主管部门责令改正,可以处1万元以下的罚款;情节严重的,处1万元以上5万元以下的罚款,并予以公告。

第二十七条　特许人违反本条例第十七条第二款规定的,由工商行政管理部门责令改正,处3万元以上10万元以下的罚款;情节严重的,处10万元以上30万元以下的罚款,并予以公告;构成犯罪的,依法追究刑事责任。

特许人利用广告实施欺骗、误导行为的,依照广告法的有关规定予以处罚。

第二十八条　特许人违反本条例第二十一条、第二十三条规定,被特许人向商务主管部门举报并经查实的,由商务主管部门责令改正,处1万元以上5万元以下的罚款;情节严重的,处5万元以上10万元以下的罚款,并予以公告。

第二十九条　以特许经营名义骗取他人财物,构成犯罪的,依法追究刑事责任;尚不构成犯罪的,由公安机关依照《中华人民共和国治安管理处罚法》的规定予以处罚。

以特许经营名义从事传销行为的,依照《禁止传销条例》的有关规定予以处罚。

第三十条　商务主管部门的工作人员滥用职权、玩忽职守、徇私舞弊,构成犯罪的,依法追究刑事责任;尚不构成犯罪的,依法给予处分。

第五章　附　　则

第三十一条　特许经营活动中涉及商标许可、专利许可的,依照有关商标、专利的法律、行政法规的规定办理。

第三十二条　有关协会组织在国务院商务主管部门指导下,依照本条例的规定制定特许经营活动规范,加强行业自律,为特许经营活动当事人提供相关服务。

第三十三条　本条例施行前已经从事特许经营活动的特许人,应当自本条例施行之日起1年内,依照本条例的规定向商务主管部门备案;逾期不备案的,依照本条例第二十五条的规定处罚。

前款规定的特许人,不适用本条例第七条第二款的规定。

第三十四条　本条例自2007年5月1日起施行。

参 考 文 献

[1] 彼得·J.麦戈德瑞克.零售营销[M].裴亮,等,译.北京：机械工业出版社,2004.

[2] 迈克尔·利维,巴顿·韦茨.零售管理[M].俞利军,等,译.北京：人民邮电出版社,2004.

[3] 罗玛丽·瓦利,莫尔曼德·拉夫.零售管理教程[M].胡金有,译.北京：经济管理出版社,2005.

[4] 赵越春.连锁经营管理概论[M].北京：科学出版社,2009.

[5] 唐树伶.连锁商业营销与管理[M].北京：清华大学出版社,北京交通大学出版社,2006.

[6] 肖怡.企业连锁经营与管理[M].大连：东北财经大学出版社,2012.

[7] 王吉方.连锁经营管理——理论·实务·案例[M].北京：首都经济贸易大学出版社,2010.

[8] 窦志铭.连锁店经营管理[M].北京：中国财政经济出版社,2009.

[9] 蒋祥龙.连锁经营管理实务[M].北京：化学工业出版社,2010.

[10] 严世清.企业连锁经营管理[M].西安：西安交通大学出版社,2011.

[11] 汤伟伟.现代连锁经营与管理[M].北京：清华大学出版社,2010.

[12] 五琴.连锁经营管理[M].北京：北京理工大学出版社,2012.

[13] 马凤棋,王菲.连锁经营管理原理与实务[M].大连：大连理工大学出版社,2011.

[14] 姜登武.连锁超市经营管理[M].北京：科学出版社,2009.

[15] 郑昕,盛梅.连锁门店运营管理[M].北京：机械工业出版社,2009.